DER AUS- UND WEITERBILDUNGSPÄDAGOGE
LEHRBUCH 2

Prof. Dr. Wolfgang Seyd
Dr. Elke-H. Schmidt
Dipl.-Päd. Werner Wilhelm

Der Aus- und Weiterbildungspädagoge

Lehrbuch zur Fortbildung
Geprüfte Aus- und Weiterbildungspädagogin
Geprüfter Aus- und Weiterbildungspädagoge

**Planungsprozesse in der beruflichen Bildung
Berufspädagogisches Handeln**

Planungsprozesse in der beruflichen Bildung:
Kapitel 5,6,8 und 9 von Wolfgang Seyd;
Kapitel 7 von Werner Wilhelm

Berufspädagogisches Handeln von Elke-H. Schmidt

ISBN 978-3-88264-545-3

© 2013
FELDHAUS VERLAG GmbH & Co. KG
Postfach 73 02 40
22122 Hamburg
Telefon +49 40 679430-0
Fax +49 40 67943030
post@feldhaus-verlag.de
www.feldhaus-verlag.de

Satz und Gestaltung: FELDHAUS VERLAG, Hamburg
Umschlaggestaltung: Reinhardt Kommunikation, Hamburg
Druck und Verarbeitung: WERTDRUCK, Hamburg

Bibliografische Information der Deutschen Nationalbibliothek
Die Deutsche Nationalbibliothek verzeichnet diese Publikation in der
Deutschen Nationalbibliographie; detaillierte bibliografische Daten
sind im Internet über http://dnb.d-nb.de abrufbar.

Vorwort

Man nennt es »duales System«, aber es ist kein austariertes, gleichgewichtiges System. In der Praxis dominiert der Ausbildungsbetrieb, in der Prüfungsvorbereitung die Berufsschule. Die Lehrer werden universitär mit einem Volumen von rund 660 Seminarstunden ausgebildet, die Ausbilder nach der Ausbilder-Eignungsverordnung (AEVO) mit 115 Stunden, davon entfallen 25 auf häusliche Vor- und Nachbereitung. Das duale System ist also durch Schieflagen gekennzeichnet.

Das mochte angehen in einer Zeit, in der die Arbeitsprozesse noch überschaubar und im wahrsten Sinne des Wortes »begreifbar« waren. Aber mit der zunehmenden Computerisierung in Werkstätten und Büros verschwammen auch die Grenzen zwischen praktischer und theoretischer sowie zwischen schulischer und betrieblicher Ausbildung. Das hat sich schließlich in der »handlungsorientierten Ausbildung der Ausbilder« 1998 niedergeschlagen. Dementsprechend wurde die AEVO auf die spezifischen Aufgaben eines betrieblichen Ausbilders zugeschnitten. Implizit waren damit auch die Aufgaben eines Aus- und Weiterbildungsleiters sowie eines Ausbildenden von der Generierung von Ausbildungsplätzen über die Auswahl geeigneter Ausbildungsbewerber und die inhaltliche und methodische Gestaltung der Ausbildung bis hin zur Prüfungsvorbereitung insgesamt einbezogen. Aber man musste und muss Zweifel hegen, ob das alles in einem Zeitrahmen von 115 Stunden, davon 90 in Präsenzform, unterzubringen war, vor allem wenn man den Anspruch handlungsorientierter Ausbildung der Ausbilder wirklich ernst nimmt.

Insofern fehlte immer noch ein Pendant zur universitären Berufsschullehrerausbildung. Die erstreckt sich nach dem Beschluss der europäischen Kultusminister in Bologna 1999 auf 10 Semester = 5 Jahre Universitätsstudium, sowie vorgeschaltet eigene Ausbildung von zwei bis dreieinhalb Jahren und in der Regel zweijährige Praxistätigkeit, dazu nachgehend ein im Regelfall 1 ½ jähriges Referendariat. Etwas Gleichwertiges war bislang auf betrieblicher Seite nicht zu finden. Zusammen genommen sind das gut und gern 12 Jahre Befassung mit berufspädagogischen Aufgaben!

Mit dieser »Schieflage« hat der Verordnungsgeber nunmehr Schluss gemacht. Der »Geprüfte Aus- und Weiterbildungspädagoge« (AWP) soll in 550 Stunden ausgebildet werden. Vorausgesetzt wird der erfolgreiche Abschluss gemäß AEVO, also noch einmal 115 Stunden. Daraus ergibt sich ein spürbares zeitliches Äquivalent zum Berufsschullehrer. Man darf wohl erwarten, dass der Lernort Betrieb damit in pädagogischer Hinsicht deutlich aufgewertet wird – und mit ihm das duale System. Denn jedes System ist nur so gut wie seine schwächste Stelle – man denke an den Engpassfaktor!

Vor dem Hintergrund des demografischen Wandels und des immer dramatischer werdenden Fachkräftemangels kommt der betrieblichen Aus- und Weiterbildung heute eine steigende Bedeutung zu: Wo (anders als in den 1990er Jahren, als in den Vorruhestand verabschiedete ältere Mitarbeiter problemlos durch Nachwuchskräfte ersetzt werden konnten) Arbeitskräfte knapp sind, wird die Ausbildung, Anpassungs- und Höherqualifizierung des verfügbaren Potentials immer wichtiger. Eine gute Ausbildung, ein attraktives Fortbildungsangebot und entsprechende Aufstiegschancen sind zu wesentlichen Faktoren im Wettbewerb um Mitarbeiter geworden. Entwicklung und Ausgestaltung gehören in die Hände von Profis. Der Geprüfte Aus- und Weiterbildungspädagoge wird in der Regel selbst eine betriebliche Ausbildung durchlaufen haben und über Berufspraxis verfügen. In seiner Position als Ausbilder und/oder Weiterbildner im Betrieb obliegt ihm die Organisation und Planung beruflicher, in den Betrieb eingebetteter Bildungsprozesse. In Kenntnis handlungsorientierter Methoden entwirft und realisiert er Lernwege für Auszubildende, Trainees und etablierte Mitarbeiter unter Berücksichtigung der Anforderungen besonderer, auch benachteiligter, Zielgruppen. Er macht sich mit Verfahren zur Eignungsfeststellung, Personalauswahl und -beurteilung vertraut, berät und begleitet die in die Ausbildung einbezogenen betrieblichen Fachkräfte und sichert somit die Qualität der beruflichen Bildung.

Personal ist nicht nur wichtigste betriebliche Ressource, sondern auch ein bedeutender, wenn nicht der wichtigste Kostenfaktor. Berufliche Bildung kostet Geld, aber unterlassene oder fehlgeschlagene Bildung kostet noch mehr Geld: Insofern kommt dem Aus- und Weiterbildungspädagogen eine betriebliche Schlüsselrolle zu, angesiedelt wenigstens in mittlerer Leitungsebene.

Dem DIHK verdanken wir eine ausgesprochen differenzierte Gliederung des Stoffs, der somit bis auf wenige Abweichungen auch dem vorliegenden Werk zugrunde gelegt werden konnte. Textliche Wiederholungen wurden vermieden, Bezüge und didaktische Positionen aufgenommen. Damit ist sichergestellt, dass beide Lehrbücher sowohl dem Selbststudium der Lernenden zugrunde gelegt als auch für die Vorbereitung der Lehrenden genutzt werden können.

Dass mit der Verordnung zum Geprüften Aus- und Weiterbildungspädagogen auch ein erweitertes Verständnis von der Rolle des Ausbilders im Sinne handlungsorientierter, individualisierter Gestaltung betrieblichen Lernens einher geht, wird schon durch die aktualisierte Begrifflichkeit deutlich gemacht, indem von Lernberatung in der Gestaltung selbst bestimmter Lernprozesse und vom Lernbegleiter als »Hochform« des betrieblichen Ausbilders die Rede ist.

Nicht zuletzt eröffnet der Abschluss dieser Weiterbildung mit dem erfolgreichen Ableisten der Prüfung vor der Industrie- und Handelskammer den Zugang zum höchsten pädagogischen Abschluss, den die Kammern zu vergeben haben, nämlich dem/der »Geprüften Berufspädagogen/-pädagogin«.

Autoren und Verlag wünschen der Leserschaft nicht nur eine interessante, aufschlussreiche Lektüre, sondern auch einen hohen Gebrauchswert bei der Gestaltung handlungsorientierter Ausbildungsleitung und handlungsorientierter Seminare.

Hamburg, im Oktober 2013 Autoren und Verlag

Inhaltsverzeichnis LEHRBUCH 2

II Planungsprozesse in der beruflichen Bildung

III Berufspädagogisches Handeln

Inhaltsübersicht LEHRBUCH 1

I Lernprozesse und Lernbegleitung

Lern- und Arbeitsmethodik

Die Lern- und Arbeitsmethodik in ihrer Bedeutung für das »Lernen zu lernen« · Subjektive und objektive Rahmenbedingungen und ihr Einfluss auf das Lernen · Lerntechniken anwenden · Zeit- und Themenplanung · Lernen in der Gruppe · Grundlagen der Rede- und Präsentationstechnik

1 Gestaltung von Lernprozessen und Lernbegleitung

Lern- und entwicklungstheoretische Grundlagen für die Gestaltung von Lern- und Qualifizierungsprozessen · Didaktische und pädagogische einschließlich methodischer Gestaltung von Lernbegleitung unter Berücksichtigung von Geschäfts- und Arbeitsprozessen und unterschiedlicher jugendlicher und erwachsener Zielgruppen · Lernbegleitung in und außerhalb von Arbeitsprozessen; Organisation der Lernbegleitung auch von Lernungewohnten

2 Lernpsychologisch, jugend-, erwachsenen- und sozialpädagogisch gestützte Lernbegleitung

Lernpsychologische, jugend-, erwachsenen- und sozialpädagogische Methoden zur Erkennung und Behandlung von Problemen und Benachteiligungen im Lernen oder in der Persönlichkeitsbildung · Erkennen und Behandeln von Lernproblemen und -benachteiligungen · Erkennen und Behandeln von Entwicklungsproblemen und -benachteiligungen · Mit Lernenden angemessen und gewaltfrei kommunizieren, Feedback geben, Konflikte deeskalieren, Konfliktgespräche führen · Zusammenarbeit mit sozialpsychologischen Erziehungsberatungs- und pädagogischen Fachdiensten

3 Medienauswahl und -einsatz

Anwenden von Lehrmedien · Anwenden von Lernmedien · Lehr- und Lernhilfen erstellen und anpassen; Mediendidaktik · Didaktische Grundsätze sowie technische Möglichkeiten der Medienentwicklung

4 Lern- und Entwicklungsberatung

Lernberatung in Bildungsprozessen, insbesondere bei Lernkrisen; Abbruchprophylaxe · Lerntherapien und Kooperation mit lerntherapeutischen Dienstleistungen · Umgang mit disziplinarischen Problemen · Bildungs- und Entwicklungsberatung für die berufsbiografische Lebensgestaltung und in betrieblichen Veränderungsprozessen

II Planungsprozesse in der beruflichen Bildung

5 Organisation und Planung beruflicher Bildungsprozesse

Im Handlungsbereich »Organisation und Planung beruflicher Bildungsprozesse« soll die Fähigkeit nachgewiesen werden, komplexe Maßnahmen der Berufsausbildung sowie betrieblichen Weiterbildung zu planen, zu entwickeln, zu organisieren und dabei die wesentlichen

betrieblichen,

fachlichen,

didaktischen, pädagogischen,

wirtschaftlichen,

zielgruppenspezifischen und

organisatorischen

Gesichtspunkte abzuwägen und zu berücksichtigen.

Wer nicht selbst für geeigneten Berufsnachwuchs sorgt, darf nicht andere dafür verantwortlich machen, dass ihm die Arbeitskräfte heute fehlen. Diese Rüge ging vor einiger Zeit vom Präsidenten der Bundesanstalt für Arbeit an die Adresse der Computerfirmen, denen nach eigenen Angaben 100.000 Nachwuchskräfte fehlten. Nach wie vor überwiegen die Vorteile betrieblicher Ausbildung die Nachteile. Und das ist nicht in erster Linie eine Frage der Kosten-Nutzen-Relation. »Wer nie an die Kosten denkt, gefährdet die Zukunft seines Unternehmens, wer nur an die Kosten denkt, hat es schon ruiniert« hat der Unternehmer Philipp ROSENTHAL einmal gesagt. Das gilt in besonderer Weise für die Ausbildungsbereitschaft.

Zusammengefasst hat die eigene Ausbildung folgende **Vorteile:**

- Die Auszubildenden werden hinsichtlich ihrer Qualifikationen auf die Anforderungen des Betriebes »zugeschnitten«.

- Schon während der Ausbildungszeit vermag sich der Betrieb ein Bild von der Leistungsfähigkeit der Auszubildenden zu machen und kann sie im Anschluss an die Ausbildung ggf. bedarfsgerecht einsetzen.

- Der Ausbilder lernt mit seinen Auszubildenden; insofern ist Ausbildung immer auch eine ergiebige Form der Weiterbildung für das Personal.

- Betriebliche Ausbildung ist ein Imagefaktor, ein Werbeträger bei Kunden. Denn Ausbildung ist auch eine soziale Verpflichtung, und der ausbildende Betrieb »steht daher in besserem Lichte da« als ein nichtausbildender – besonders in Zeiten knapper Ausbildungsplätze. Das wussten schon die Erfinder des Aufklebers »Wir bilden aus!«, vorzufinden am Heck von Handwerkerautos.

Dagegen stehen folgende **Nachteile:**

* Auszubildende binden Personalkapazität.

* Auszubildende können nach ihrer Ausbildung zur Konkurrenz wechseln und ihr inzwischen erworbenes Know how mitnehmen.

* Auszubildende kosten Geld, zumindest in der Anfangsphase der Ausbildungszeit und bei der Einrichtung ihrer betrieblichen Arbeitsplätze. Die Bindung der ausbildenden Mitarbeiter kommt hinzu.

Gäbe es keine betriebliche Ausbildung, müsste die Ausbildung vom Staat allein getragen werden. Eine schulische Ausbildung kann aber niemals so praxisgemäß sein wie eine betriebliche Ausbildung.

In der Bundesrepublik Deutschland kommen (im Jahre 2010) auf 100 Beschäftigte 6 Auszubildende. Besonders aktiv sind in dieser Hinsicht

* die Land- und Forstwirtschaft, Fischerei mit 9,3 %,

* das Baugewerbe mit 9,4 %,

* das Gastgewerbe mit 9,3 %,

* Erziehung und Unterricht mit 9,7 %.

(http://www.bibb.de/dokumente/pdf/ausbildungsquote_wirtschaftszweige_d_2008-2010.pdf).

Häufig wird darauf verwiesen, dass die Bundesrepublik in Sachen Studentenzahlen hinter anderen Industrienationen herhinkt. Bei diesem Vergleich wird aber die Qualität der Hochschulen im internationalen Vergleich ausgeblendet. So werden beispielsweise Erzieherinnen in anderen Ländern an Fachhochschulen ausgebildet. Wer daraus die Güte der Ausbildung von Erzieherinnen ableiten will, übersieht, dass die eigentliche Qualität einer Berufsausbildung, in die bereits die Betriebe eingebunden sind, häufig höher ist als fern der Praxis gelegene Studienplätze. Noch dazu, wenn das Studium eher einer Paukschule denn einer anspruchsvollen Theorie-Praxis-Verbindung gleicht. Vieles, was an Hochschulen angesiedelt ist, stellt eben kein Studium in unserem Sinne, sondern Schulunterricht auf höherem Abstraktionsniveau dar.

5.1 Kundenorientierte Feststellung von betrieblichem Lern- und Qualifikationsbedarf

Der betriebliche Lern- und Qualifikationsbedarf resultiert aus der Gegenüberstellung von Anforderungsprofilen (Welche Aufgaben werden auf den Betrieb in den nächsten Jahren zukommen und welche Qualifikationen muss die Belegschaft dazu aufweisen?) und dem vorhandenen Qualifikationsprofil eben dieser Belegschaft. Zur Schließung einer etwaigen Qualifikationslücke sind dann grundsätzlich drei Strategien möglich, die auch durchaus in Kombination eingesetzt werden können: Der Betrieb »kauft« fehlendes Qualifikationspotenzial durch Einstellung qualifizierter Mitarbeiter zu, der Betrieb bildet die vorhandenen geeigneten Mitarbeiter seinen künftigen Anforderungen entsprechend weiter oder bildet eigenen Nachwuchs aus. In allen Fällen bietet die »Bildungsbedarfsanalyse« eine solide Grundlage für die Zukunftsplanung, will man sich nicht allein »aus dem Bauch heraus« entscheiden. Denn Fehlentscheidungen könnten fatale Folgen haben. Jeder Betrieb ist schließlich – bei aller Modernität und Funktionalität seiner räumlichen und technischen Ausstattung – nur so gut, wie es seine Belegschaft ist.

5.1.1 Anforderungsprofile feststellen

Personalentwicklung: Das heißt Nachdenken über die Anzahl und Qualifikationen der künftig benötigten Mitarbeiter und Sicherstellen des entsprechenden Personalbedarfs.

Der Betriebsinhaber in kleineren, der Personalleiter in mittleren und größeren Betrieben werden die verschiedenen Möglichkeiten sorgfältig abwägen. Entscheidet man sich – falls vorhanden, möglichst gemeinsam mit dem Betriebsrat – für die Einrichtung von Ausbildungsplätzen, wird zunächst zu klären sein, welche Abteilungen und welche Mitarbeiter dort Ausbilderfunktionen wahrnehmen können und sollen. Man wird deren Qualifikation, ihre zeitlichen Möglichkeiten und pädagogischen Fähigkeiten prüfen und einen internen Vermerk über seine Einschätzungen und deren Konsequenzen verfassen.

Gespräche mit dem Ausbildungsberater der zuständigen Stelle und dem Berufsberater der Agentur für Arbeit können den Personalverantwortlichen bei seinen Recherchen und Schlussfolgerungen unterstützen.

5.1.1.1 Ermittlung des Personalbedarfs

Drei Gruppen von Entscheidungen sind zu treffen:

1. **Sachliche** Entscheidungen: An welchem Lernort können und sollen welche Kenntnisse, Fertigkeiten und Fähigkeiten vermittelt werden? Sollte ggf. die Kooperation mit einem oder mehreren anderen Betrieben gesucht werden, falls nicht alle Inhalte aus dem Ausbildungsrahmenplan im eigenen Unternehmen abgedeckt werden können (Verbundausbildung)?

2. **Personelle** Entscheidungen: Welche betrieblichen Fachkräfte in welchen Abteilungen sollen mit Ausbildungsaufgaben betraut werden? Sollen zusätzlich hauptamtliche Ausbilder eingestellt werden, und welche pädagogischen Aufgaben sollen sie erfüllen? Benötigen die Mitarbeiter eine Schulung in Sachen Betriebspädagogik oder kann man sich auf ihre vorhandenen didaktischen Kenntnisse und Fähigkeiten verlassen?

3. **Betriebswirtschaftliche** Entscheidungen: Welche Kosten sind mit welchen Ausbildungsgängen und welcher Anzahl Ausbildungsplätze verbunden? Welches Personal ist zusätzlich einzustellen und welche Kosten entstehen daraus? Wie viel Zeit benötigt die Erarbeitung der Ausbildungspläne? Wie viel Zeit wird durch den Einsatz der nebenamtlichen Ausbilder in den Fachabteilungen verbraucht, und in welchem Umfang muss der Personalbestand aufgestockt werden, um die in Ausbildung investierte Zeit zu kompensieren? Ist Fremdbezug qualifizierter Arbeitskräfte günstiger als Eigenausbildung?

Es würde hier zu weit führen, Finanzierungsmodelle auszubreiten. Überhaupt ist das sogenannte Bildungscontrolling nicht so weit entwickelt, dass es verlässliche Programme gäbe, die eine gültige Entscheidungsgrundlage bieten. Insofern lassen sich lediglich Standardkosten ermitteln; die grundsätzlichen Entscheidungen werden eher auf Erfahrung und Überzeugung gegründet und qualitativ fundiert sein.

Es ist ohne Einschränkungen empfehlenswert, sich vor der Ausschreibung der Ausbildungsstelle(n), gleich ob in einer Tageszeitung oder im Internet über die Jobbörse der Arbeitsagentur, Gedanken über das Anforderungsprofil zu machen und diese der Klarheit halber auch zu verschriftlichen. Dabei kann man sich vom Arbeitgeber-Service (AG-S) der regionalen Arbeitsagentur unterstützen lassen: http://www.arbeitsagentur.de/nn_452240/ Navigation/zentral/Unternehmen/Ausbildung/Service-Arbeitgeber/Vermittlung/Vermittlung-Nav.html. Dort trifft man auf Ansprechpartner, die bereit sind, sich mit dem Vertreter des ausbildungsinteressierten Unternehmens zu treffen und mit ihm gemeinsam das Anforderungsprofil für die Stelle zu bestimmen. Die Stelle kann dann in das Portal, die »Jobbörse« der Agentur für Arbeit, eingestellt werden. Das kann anonym geschehen, aber auch mit Namen und Anschrift, was durchaus werbliche Wirkung für das Unternehmen mit sich bringen kann. Der Ansprechpartner wird auf Wunsch eine Vorauswahl treffen. Damit bietet sich die Möglichkeit einer Arbeitserleichterung, vor allem, wenn man bedenkt, wie viele Bewerber sich um Ausbildungsplätze bei renommieren Unternehmen bewerben. Das kann schnell eine vierstellige Summe bedeuten, sodass der Ausbildende gut beraten ist, das Vermittlungs- und Auswahlangebot des Arbeitgeber-Service anzunehmen.

5.1.1.2 Voraussetzungen für die Einrichtung eines betrieblichen Ausbildungsplatzes

Die Ausbildung in einem anerkannten Ausbildungsberuf ist an das Vorliegen bestimmter Voraussetzungen gebunden:

• Angemessene sachliche Bedingungen (Räume, Ausstattung etc.),

• angemessene Betreuungsrelation,

• persönliche Eignung des Ausbilders,

• fachliche Eignung des Ausbilders,

• berufs- und arbeitspädagogische Eignung des Ausbilders.

Die Eignung muss durch die Kammer festgestellt worden sein, und es dürfen auch keine sonstigen Beeinträchtigungen vorliegen, die einer Ausbildung entgegenstehen. Daher ist es ratsam, bereits im Anschluss an erste Überlegungen zur Bereitstellung und Einrichtung eines Ausbildungsplatzes den Kontakt zur zuständigen Kammer zu suchen und sich dort vom zuständigen **Ausbildungsberater** beraten zu lassen.

Bevor ein Auszubildender den ersten Tag in einem Betrieb verbringt, ist eine Kette von Entscheidungen gefallen:

• Der Betrieb hat eine Ausbildungsstelle ausgeschrieben,

• nachdem er sich zuvor für die Einrichtung einer solchen Stelle entschieden hat,

• dem ist eine sorgfältige Analyse der künftigen Personalbedarfe voraus gegangen,

- die wiederum eine Vorausschätzung der zu erwartenden Beschäftigung erfordert,

- deren Grundlage die erwartete Kundennachfrage abgibt, und schließlich

- ist die Wahl des Betriebes auf ihn als Bewerber gefallen.

Derart systematisch wird nicht immer vorgegangen. Viele Entscheidungen fallen aus Gewohnheiten und Erfahrungen. Es mögen auch persönliche Beziehungen im Spiel sein, vielleicht gibt es eine Anfrage eines guten Kunden, ob nicht ein naher Verwandter eine Möglichkeit zur Ausbildung bekommen könnte. Möglicherweise hat die Innung gebeten, einmal zu prüfen, ob man nicht einen Beitrag zur Erhöhung des Ausbildungsplatzangebotes zu leisten vermöge oder oder oder...

Gleichwohl ist die gedankliche Kette, wie oben aufgereiht, eine gute Richtschnur für die Überlegungen, die sich an die Einrichtung eines Ausbildungsplatzes heften. Sie soll im Folgenden durchlaufen werden.

Ein Ratschlag vorweg: Die Schritte, die bei der Planung und Entscheidung über einen Ausbildungsplatz durchlaufen werden, sollten in ihrem Ergebnis sorgfältig **dokumentiert** werden. Sie bilden die Grundlage für die Stellenausschreibung, vor allem aber auch für die endgültige Bewerberauswahl. Was für die Einrichtung der Stelle gilt, kann später auch als Kriterium für die Bewerberauslese herangezogen werden.

Die Ausbildungsstätte muss nach Art und Einrichtung für die Berufsausbildung geeignet sein (§ 27 Abs. 1, Ziffer 1 BBiG). Das ist sie, wenn Art und Umfang der Produktion (im Handel das Sortiment, sonst die Dienstleistungen) sowie die Arbeitsverfahren gewährleisten, dass alle in der Ausbildungsordnung aufgeführten Fertigkeiten, Kenntnisse und Fähigkeiten vermittelt werden können.

5.1.1.3   Unfall- und Gesundheitsschutz

Auch der Unfall- und Gesundheitsschutz spielen eine wichtige Rolle: Nach dem Arbeitsschutzgesetz (ArbSchG) sind die Betriebe verpflichtet, die Arbeitsbedingungen ständig zu prüfen und Arbeitsräume, Betriebsvorrichtungen, Maschinen und Geräte so einzurichten, dass die Arbeitnehmer gegen Gefahren für Leben und Gesundheit soweit geschützt sind, wie es die Natur des Betriebes gestattet. Hierbei ist im Rahmen diverser Rechtsverordnungen u. a. für genügendes Licht, ausreichenden Luftraum und Luftwechsel sowie für die Beseitigung von Staub, Dünsten, Gasen und Abfällen zu sorgen. Außerdem sind die Arbeitnehmer vor gefährlichen Berührungen von Maschinen oder Maschinenteilen und vor Bränden zu sichern. Arbeitgeber und Arbeitnehmer und besonders die Ausbilder sind gleichermaßen zur peinlichst genauen Beachtung der Unfallverhütungsvorschriften verpflichtet. Entsprechendes ergibt sich auch aus § 618 Abs. 1 BGB und § 62 Handelsgesetzbuch (HGB).

Als Maßnahmen zur Vorbeugung gegen Unfälle und zur ständigen Aufklärung über Unfallgefahren dienen Plakate, Vorträge, Videos, Lehrgänge sowie direkte Hinweise am Arbeitsplatz, die »Betriebsanweisungen«.

Nach § 89 BetrVG hat der Betriebsrat bei der Bekämpfung von Unfall- und Gesundheitsgefahren die zuständigen Behörden durch Anregung, Beratung und Auskunft zu unterstützen und sich für die Durchführung der Vorschriften im Betrieb einzusetzen.

Außerdem hat er ein Mitbestimmungsrecht bei innerbetrieblichen Regelungen über Unfallverhütung und Gesundheitsschutz. Das gilt ebenso für die Belange des Mutterschutzes.

Der Betrieb ist nach § 120 b Gewerbeordnung (GewO) aber auch zur Aufrechterhaltung von Sitte und Anstand im Betrieb verpflichtet. Im Hinblick auf die Beschäftigung von Jugendlichen gelten zusätzlich die entsprechenden Bestimmungen des Jugendarbeitsschutzgesetzes.

Eine überbetriebliche Vermittlung von Fertigkeiten, Kenntnissen und Fähigkeiten, die nicht in vollem Umfang im Ausbildungsbetrieb erworben werden können, ist möglich (§ 27 Abs. 2 BBiG). Selbstverständlich sollte der Umfang der überbetrieblich vermittelten Inhalte in einer angemessenen Relation zu den betrieblich vermittelten Ausbildungsinhalten stehen.

Mithin ist es unerlässlich, dass in einem Ausbildungsbetrieb die Grundausstattung an Werkzeugen, Maschinen, Apparaten und Geräten, Pflege- und Wartungseinrichtungen, in kaufmännischen Berufen die notwendigen bürotechnischen Einrichtungen, Büroorganisationsmittel und Bürohilfsmittel vorhanden sind.

5.1.1.4 Betreuungsverhältnis Ausbilder zu Auszubildenden

Die Zahl der Auszubildenden muss in einem angemessenen Verhältnis zur Zahl der Ausbildungsplätze oder zur Zahl der benötigten Fachkräfte stehen, es sei denn, dass andernfalls die Berufsausbildung nicht gefährdet wird: So verlangt es § 27 Abs. 1 BBiG.

Der frühere Bundesausschuss für Berufsbildung hat am 28./29.3.1972 eine Empfehlung über die Eignung der Ausbildungsstätten mit Richtzahlen für ein angemessenes Verhältnis von Auszubildenden zu Fachkräften herausgegeben, die auch heute noch gültig ist.

Danach sind **angemessen:**

- ein bis zwei Fachkräfte = 1 Auszubildender,
- drei bis fünf Fachkräfte = 2 Auszubildende,
- sechs bis acht Fachkräfte = 3 Auszubildende,
- je weitere drei Fachkräfte = 1 weiterer Auszubildender.

Als **Fachkräfte** gelten:

- der Ausbildende,
- der zum Ausbilder bestellte Mitarbeiter und
- derjenige, der eine Ausbildung in einer dem Ausbildungsberuf entsprechenden Fachrichtung abgeschlossen hat oder mindestens das Zweifache der Zeit, die als Ausbildungszeit vorgeschrieben ist, in demjenigen Beruf tätig gewesen ist, in dem ausgebildet werden soll.

Ausbildende und Ausbilder, die neben der Tätigkeit des Ausbildens noch weitere betriebliche Funktionen ausüben, sollen durchschnittlich nicht mehr als drei Auszubildende selbst betreuen. Es muss sichergestellt sein, dass ein angemessener Teil der Arbeitszeit für die Tätigkeit als Ausbilder zur Verfügung steht.

Ausbilder, denen ausschließlich Ausbildungsaufgaben übertragen sind, sollten nicht mehr als 16 Auszubildende in einer Gruppe unmittelbar selbst ausbilden.

5.1.2 Qualifikationsprofil der Auszubildenden

Das Qualifikationsprofil ergibt sich zum einen aus dem für den gewählten Ausbildungsberuf gültigen Berufsbild und Ausbildungsrahmenplan als Bestandteil der Ausbildungsordnung. Zum anderen weist der angestrebte Arbeitsplatz bestimmte Qualifikationsvoraussetzungen auf, die vom jeweiligen Mitarbeiter erfüllt werden müssen. Sie sollten so konkret wie möglich benannt werden. In mittleren und größeren Unternehmen finden sich Stellenbeschreibungen, in denen die Stellenbezeichnung, die verschiedenen auszuübenden Tätigkeiten, oft mit Zeitanteilen versehen, aufgeführt sind.

Der Ausbildende oder der von ihm beauftragte Ausbildungsleiter müssen diesen Abgleich zwischen den Vorgaben der Ausbildungsordnung und den Erwartungen des Betriebes an den künftigen Stelleninhaber vornehmen. Schließlich ist nicht nur die Eignung des Stelleninhabers für eine bestimmte Aufgabe im Unternehmen gefragt, sondern die Qualifizierung für eine der Ausbildungsordnung entsprechende **Tätigkeit.** Das muss nicht unbedingt eine Stelle im eigenen Unternehmen sein. Der Auszubildende soll ja die Möglichkeit eines späteren Stellenwechsels haben. Seine Mobilität spielt insofern bei den Überlegungen zur Ausgestaltung des Ausbildungsplans eine nicht zu übergehende Rolle.

5.1.3   Qualifikationsbedarf

5.1.3.1   Ziele und Instrumente der Personalentwicklung

Jugendliche für das eigene Unternehmen auszubilden heißt auch, sie auf die Mitgliedschaft in einer zeitgemäßen Arbeitsorganisation vorzubereiten. Darüber gibt die Organisationsentwicklung – deren wichtigsten Zweig die Personalentwicklung darstellt – Aufschluss. Dass dabei der Teamgedanke eine entscheidende Rolle spielt, ist auch für die Ausbildungsgestaltung zu beachten.

Die Struktur von Betrieben war in ihren historischen Anfängen weitgehend militärischen Strukturen entlehnt. Das muss auch gar nicht wundern, denn größere Organisationseinheiten sind in der Geschichte zunächst in kriegerischen Zusammenhängen auszumachen.

Ein gemeinsames Ziel (Eroberung der Stadt X oder – andersherum – Verteidigung der Stadt Y) bedurfte zu seiner Realisierung einer größeren Masse oder Ansammlung von Menschen, die verschiedenen Aufgaben nachzugehen hatten, bei denen sie angeleitet und beaufsichtigt werden mussten. Überschaubarkeit, schnelle Information, flexible Reaktion auf die Absichten und Taktiken des Feindes: Das waren die Auslöser für eine differenzierte Kriegstechnik, und dazu gehörten Struktur, System und Strategie.

Wir finden diese Elemente in den großen Unternehmen wieder, die sich im 19. Jahrhundert in der Industrie herausgebildet hatten, wir finden sie ebenso im sogenannten Staatsapparat, der sich seit dem Mittelalter herausschälte. Dabei ging es aber immer um relativ einfache, überschaubare Aufgaben, die prinzipiell über einen längeren Zeitraum ziemlich gleichförmig blieben.

Die Zeiten haben sich geändert – und mit ihnen auch die Anforderungen an den Erwerbstätigen. Seine Aufgaben ändern sich schnell, er muss flexibel reagieren, er hat sich auf Automatisierungsprozesse mit EDV-Steuerung in den verschiedensten Formen (CNC, CAD, Textverarbeitung, SPS usw.) einzustellen.

Starre »Einbahnstraßen-Strukturen«, wie es die bekannte Linienorganisation im Betrieb darstellt (Informationen von unten nach oben, Weisungen von oben nach unten), stehen dieser Tendenz ebenso entgegen wie unflexible Systeme und fehlende Strategien.

5.1.3.2   Organisationsentwicklung

Mit der optimalen Organisation als Grundlage für die dauerhafte Sicherung hoher Qualität beschäftigt sich die Organisationsentwicklung (OE). Sie stellt der starren Linienorganisation, die auf die Trennung von Anweisungen und Ausführungen setzt, das Modell einer modernen Teamorganisation entgegen. Teamorganisation bedeutet, dass die Kenntnisse, Fähigkeiten, Einsichten und Erfahrungen von den Mitarbeitern in Entscheidungsgremien gebündelt werden. Dazu müssen die Mitarbeiter bereit und in der Lage sein. Wer daran gewöhnt ist, strikt nach Anweisungen zu arbeiten, wird nicht ohne weiteres aktiver Teilnehmer an der Teamorganisation sein. Insofern ist es nötig, bereits in der Ausbildung für die Grundlagen zu sorgen, damit der künftige Mitarbeiter seine Rolle als aktives Mitglied in der Teamorganisation kennen lernt und sich darin üben kann. Entsprechender Methoden bedarf die Ausbildung am Arbeitsplatz ebenso wie der Unterricht in der Berufsschule.

OE ist beileibe kein moderner Begriff. Er findet sich schon in der betriebswirtschaftlichen Literatur Ende der 60er Jahre des vergangenen Jahrhunderts. Entstanden war er allerdings bereits kurz nach dem Zweiten Weltkrieg; jedoch wird er erst in den letzten Jahren auch in der Unternehmenspraxis verwendet.

Unter OE wird allgemein die permanente Anpassung der Strukturen und Abläufe im Unternehmen mit dem Ziel verstanden, die betrieblichen Aufgaben noch besser zu lösen. Der Schwerpunkt der Entwicklungsarbeit richtet sich auf die Mitarbeiter: Sie sollen aktive Träger von Entwicklungsprozessen sein.

Damit setzt sich OE deutlich von radikalen Managementkonzepten wie »Category Management« ab (hier werden die Unternehmensentscheidungen zentral auf der Grundlage hochdifferenzierter Datenauswertungen – sozusagen ferngesteuert und über die Köpfe der Akteure an der Basis hinweg – getroffen) oder »Business Reengeneering« (hier »bleibt kein Stein auf dem anderen«, weil kompromisslos davon ausgegangen wird, dass grundlegende Verbesserungen nur möglich sind, wenn sämtliche Strukturen und Abläufe im Unternehmen durchforstet und möglichst vollständig umgekrempelt werden).

Keine Frage, OE will Organisation und damit die Arbeitsabläufe im Betrieb **optimieren,** OE strebt nach dem Ideal einer »entwickelten Organisation«, die auch in dem Begriff des »lernenden Unternehmens« ihren Ausdruck findet. Und dabei spielen die Auszubildenden als künftig tragende Kräfte eine herausgehobene Rolle.

5.1.3.3 Das lernende Unternehmen als Ziel der Organisationsentwicklung

Für das Modell eines »lernenden Unternehmens« ist (von ENGELHARDT und Mitarbeitern) eine Reihe von Anforderungen formuliert worden, die auch für zeitgemäße Ausbildung eine hohe Bedeutung haben:

* »die MitarbeiterInnen als Personen zu respektieren und mit ihren Qualifikationen und Erfahrungen insgesamt als wichtige Ressource zu betrachten;
* ihre Detailkenntnisse zur Analyse der Stärken und Schwächen in den Herstellungs- bzw. Dienstleistungsprozessen und
* zur Verbesserung offensichtlicher Schwachstellen, z. B. bei Arbeitsabläufen und Schnittstellen, wirksam werden zu lassen;

die Kompetenzen der MitarbeiterInnen weiter zu entwickeln in Bezug auf

* Flexibilität,
* methodisches Arbeiten,
* Problemlösungen (Innovation),
* Fachwissen,
* Kooperation, Koordination, Konfliktverhalten;
* ihnen für die genannten Entwicklungsvorhaben die benötigten materiellen und personellen Hilfen und Experten zur Verfügung zu stellen;
* ihnen Handlungsspielräume und Verantwortung für ihren Arbeitsbereich zu übertragen und sie entsprechend zu entlohnen;

- Mitarbeiter an Prozessen der Ziel- und Entscheidungsfindung zu beteiligen, soweit ihr Arbeitsbereich davon betroffen ist;

- die individuellen Lernfortschritte in Fortschritte des Steuerungspotentials von Gruppen, Abteilungen und schließlich der ganzen Organisation zu überführen« (ENGELHARDT 1996, S. 88 f.).

5.1.3.4   Der demografische Wandel als Hintergrund vorausschauender Personalentwicklung

Im Handwerk gibt es in Deutschland rund 700.000 Unternehmen mit 6,7 Mio. Beschäftigten. Beim Blick auf den »demografischen Wandel« sehen Sprecher des Handwerks starke Einbrüche bei den Schulabsolventenzahlen und damit fehlender Nachwuchskräfte auf sich zukommen. Schon suchen vorausschauende Arbeitgeber händeringend nach geeigneten Auszubildenden und locken sie mit Vergünstigungen bis hin zum Firmenauto. Besonders das Interesse Jugendlicher an einer Ausbildung in einem Metall-, Gastronomie-, Pflege-, Gesundheits- und Reinigungsberuf ist zu gering – und das in einer Zeit, in der immer noch viele Jugendliche Schwierigkeiten haben, den von ihnen gewünschten Ausbildungsplatz zu erhalten. Die Unternehmer werden nicht müde, ihre Ausbildungsbereitschaft zu signalisieren. Was veranlasst sie dazu? Welche Ziele verfolgen sie mit der Heranbildung »eigener« Nachwuchskräfte?

Aus **drei Blickwinkeln** richten sich Ansprüche an eine solide Berufsausbildung:

- Ausbildungsbewerber und Auszubildende,

- Ausbildende und Ausbilder,

- Gesamtheit der Interessenten als Mitglieder von Wirtschaft und Gesellschaft, anders ausgedrückt: wir alle.

Die drei Perspektiven sollen im Folgenden trotz gewisser Überschneidungen der Klarheit halber jeweils für sich genommen betrachtet werden.

Es zeichnet sich ein deutlicher Bevölkerungsrückgang ab, begleitet von einer starken Zunahme des Anteils älterer Bundesbürger. War Ende des 19. Jahrhunderts noch fast die Hälfte der deutschen Bevölkerung unter 20 Jahre alt, so ist es heute nur noch ein Sechstel. Das insgesamt verfügbare Arbeitsvolumen wird in den nächsten Jahren abnehmen, der demografischen Entwicklung geschuldet. Die Verlängerung der Lebensarbeitszeit auf 67 Jahre kann den Rückgang nur begrenzt kompensieren. In Deutschland bekommen Frauen statistisch gesehen nur noch rund 1,3 Kinder; 2,1 müssten es aber sein, um die Bevölkerungszahl auf dem Niveau von 80 Mio. zu halten. Bis 2050 wird ein Rückgang auf unter 70 Mio. geschätzt, beeinflusst auch durch den nicht hinreichenden Zuzug von Migranten.

Als Gründe für den Rückgang der Geburtenrate gelten:

- Die erhöhte Quote der zur Zeugung nicht fähigen Ehepartner, soweit sie nicht durch künstliche Befruchtung quasi kompensiert wird (im Jahr 2000 sollte schon jedes zweite Kind auf künstlichem Wege gezeugt worden sein);

- die durch die Anti-Baby-Pille ermöglichte und einfach zu handhabende Empfängnisverhütung;

- die Zunahme an Menschen, die aus ethischen Gründen keine Kinder zeugen wollen, sei es dass sie »die Übervölkerung nicht noch voran treiben« wollen, sei es dass sie angesichts der als problematisch empfundenen »Überbevölkerung« keinen Nachwuchs »in diese Welt setzen« wollen,

- die verlängerte Ausbildungszeit und die damit verbundene Problematik, diese Zeit durch eine Heirat und Familiengründung zu unterbrechen;

- die gestiegene Konsumneigung junger Erwachsener und die z. T. damit begründete Berufstätigkeit beider Ehepartner;

- die finanziellen Belastungen der Kindererziehung ohne entsprechenden steuerlichen oder sonstigen Ausgleich;

- ungewisse Zukunftserwartungen hinsichtlich der wirtschaftlichen Situation und damit einhergehend der mangelnden Aussicht auf dauerhafte Beschäftigungsverhältnisse, was zum Verzicht auf eigene Kinder einlädt.

Seriöse Studien gehen davon aus, dass im Jahre 2024 das Angebot an beruflich Qualifizierten auch rechnerisch nicht mehr an den Einstellungsbedarf der Unternehmen heranreicht (PROGNOS 2008). Heute fehlen in den sogenannten MINT-Berufen (Mechanik, Informatik, Naturwissenschaften, Technik) schon rund 120.000 Fachkräfte. Im Pflegebereich wird von heute 545.000 Beschäftigten eine Steigerung auf 1,8 Mio. für 2050 prognostiziert. Bereiche, in denen ein deutlicher Arbeitskräftemangel vorhergesagt wird und in denen die Vorsorge von Seiten der Unternehmen geradezu überlebenswichtig sein dürfte, sind neben der Pflege (und hier insbesondere in der geriatrischen und der psychiatrischen Pflege)

- Kindergärten,

- Gastronomie und Beherbergung,

- Gesundheitspflege,

- Logistik,

- Freizeitanimation,

- Tourismus und

- Reinigung.

Allein für den Tourismus gehen die PROGNOS-Experten von einer Steigerung von heute 842 Mio. Reisetagen auf 1,6 Mrd. im Jahre 2029 aus. Demnach würden dann 14 % aller Arbeitsplätze auf diese Branche entfallen.

Dass das Arbeitskräftepotenzial deutlich gesteigert werden muss, dafür spricht aber nicht nur die Versorgungslage der Bevölkerung (für Nahrungsmittel und Bekleidung dürften die Deutschen dann erheblich weniger ausgeben), sondern vor allem, dass die Rentenansprüche nicht mehr von nachwachsenden Generationen befriedigt werden können, zumal sich die Lebensdauer älterer Menschen auch deutlich nach oben bewegt hat und weiter bewegt. Die Lebenserwartung ist inzwischen bei Männern auf 77, bei Frauen auf 83 Jahre gestiegen. Jedes zweite heute in Deutschland geborene Kind wird die 100-Jahre-Schwelle überschreiten.

Wer mit 65 Jahren in den »Ruhestand« geht, darf statistisch gesehen noch auf 17 weitere Lebensjahre hoffen, als Frau sogar auf mehr als 20 Jahre. Und im Jahre 2015 wird auf einen Erwerbstätigen ein Rentner entfallen, was rein rechnerisch bedeutet, dass der Erwerbstätige zum Erhalt des Rentenniveaus auf eigene Einkünfte verzichten müsste.

Nehmen wir als Beispiel für ausbildungsstrategische Überlegungen einmal eine große Bäckerei, die 25 Mitarbeiter in der Produktion und Auslieferung und sieben Mitarbeiter in der kaufmännischen Verwaltung beschäftigt. Der Umsatz sei in den vergangenen Jahren stetig um jeweils 6 – 10 % gestiegen. In früheren Jahren hatte man stets drei bis vier Auszubildende in der Produktion beschäftigt. Allerdings sei es immer schwieriger geworden, geeigneten Nachwuchs zu finden. Die Neigung und das Interesse Jugendlicher, sich zum Bäcker ausbilden zu lassen, scheint denn auch – schon allein wegen der problematischen Arbeitszeiten – drastisch gesunken zu sein.

Also überlegt der Inhaber, ob man nicht auch andere Ausbildungen anbieten könnte, beispielsweise in der kaufmännischen Verwaltung. Aber dazu wäre es sicher notwendig, ein Bild vom Arbeitskräftebedarf in den nächsten drei bis zehn Jahren zu besitzen. Dieser wiederum ist von der Nachfrage nach den Erzeugnissen des Betriebes, von Möglichkeiten zu weiteren Rationalisierungen und von strukturellen Entscheidungen des Inhabers abhängig. Erst darauf kann eine sinnvolle Personalentwicklung aufbauen. Und bei allen betriebswirtschaftlichen Überlegungen dürfen die oben gezeichneten volkswirtschaftlichen Entwicklungen nicht außer Acht gelassen werden.

5.1.3.5   Grundlagen der betrieblichen Personalpolitik

Unternehmen stellen Mitarbeiter ein, wenn sie eine günstige Auslastung ihrer Kapazitäten erwarten. Das ist eine Binsenweisheit. Insofern ist die Nachfrage nach Arbeitskräften unmittelbar abhängig von den konjunkturellen und strukturellen Erwartungen, aber auch der aktuellen Konjunktur- und Auftragslage. Zum Zweiten sind die Kosten der Arbeitskräfte in einer arbeitsintensiven Volkswirtschaft von besonderer Bedeutung. Zu den Kosten rechnen auch die sogenannten **Lohnnebenkosten.** Bei ihnen hat Deutschland im internationalen Maßstab eine Spitzenposition eingenommen; sie betragen über 40 % der Bruttolöhne.

Den Kosten ist der Nutzen der Arbeitskraft gegenüberzustellen. Angesichts kürzerer Arbeitszeiten ist die Ausnutzung des Faktors Arbeit in vielen Branchen problematisch geworden. Vor allem die Verlagerung von Arbeitsplätzen in sogenannte Billiglohnländer ist für die deutsche Erwerbsbevölkerung zunehmend problematisch. Mittlerweile werden nicht allein sich wiederholende Teilaufgaben in ausländische Werke verlagert oder an ausländische Anbieter vergeben, sondern teilweise sogar anspruchsvolle Aufgaben wie die Entwicklung von Computerprogrammen in Schwellen- und Entwicklungsländer verlagert.

Unternehmen, die ihren Arbeitskräftebedarf gering einschätzen oder sich in einem konjunkturbedingten Absatztal befinden, sind erfahrungsgemäß wenig geneigt, in Ausbildung zu investieren. Sie sind es umso weniger, je höher die Ausbildungskosten zu Buche schlagen. Es entsteht ein Ungleichgewicht zwischen Arbeitsmarkt und Ausbildungsmarkt. Die Gesamtzahl neu abgeschlossener Ausbildungsverhältnisse folgt daher einer Berg- und Talfahrt. Sie ist im Zeitraum von 1992 – 1998 von ca. 595.000 zunächst auf ca. 568.000 gesunken (1994), hat sich 1998 auf ca. 613.000 wieder erhöht und ist 2004 auf 573.000 gesunken (Zeitraum ist immer der 1.10. bis 30.9. des Folgejahres). Im Jahr 2008 gab es wieder einen Gipfel mit 616.259 Neuabschlüssen, während – krisenbedingt – die Zahl für 2009 mit einem Minus von rund 10 % wieder deutlich darunter liegt. Die neueste verfügbare Zahl ist: 570.140 Ausbildungsverträge (betriebliche und außerbetriebliche zusammengenommen) im Zeitraum 1.10.2010 bis 30.9.2011. Dabei ist die Zahl betrieblicher Ausbildungsplätze um 4 % gestiegen. Das bedeutet, dass der Abbau außerbetrieblicher Ausbildungsplätze begonnen hat. Diese Entwicklung dürfte sich wegen der längerfristig sinkenden Zahl an Schulabsolventen fortsetzen.

Viele Betriebe spüren bereits den Rückgang an (geeigneten!) Bewerbern. Ganze Branchen können ihren Nachwuchsbedarf mittlerweile nicht mehr über Ausbildung decken. Dazu gehören insbesondere solche mit relativ ungünstigen Arbeitszeiten (Bäcker) und -bedingungen (Einzelhandelskaufleute). Eine Folgeerscheinung dürfte auch die nach wie vor hohe **Abbruchneigung** sein; rund ein Viertel der Ausbildungsanfänger bricht die Ausbildung vorzeitig ab. Über die Hälfte tun das aus eigenem Antrieb, nur bei einem Drittel ist es der Ausbildungsbetrieb, der den Ausbildungsvertrag löst. Als Hauptgründe werden in einer Studie aus dem Jahre 2009 »die betriebliche Sphäre« (von 70 % der Befragten) und Konflikte mit Ausbildern oder Inhabern (60 %) genannt (vgl. Lehrbuch 1, Abschn. 4.1).

Der Arbeitskräftebedarf ist allerdings hinsichtlich der nachgefragten Qualifikationen höchst unterschiedlich. Erwerbspersonen ohne qualifizierte Berufsausbildung sind kaum gefragt und machen mittlerweile mehr als die Hälfte der arbeitslos gemeldeten Erwerbspersonen aus, während an Facharbeitern in vielen Berufszweigen bereits ein erheblicher und weiter zunehmender Mangel besteht. So im Gastronomie- und im Gesundheitsbereich – wo hunderttausende Pflegekräfte fehlen. Will ein Unternehmen seine Flexibilität und Qualität sichern, ist es praktisch gezwungen, **selbst** auszubilden. In beiden Bereichen liegen die Ausbildungsquoten folgerichtig bei knapp 10 %, damit deutlich über dem Durchschnittswert von 6,0 %.

Als problematisch wird gegenwärtig die Altersstruktur der Beschäftigten angesehen. Ein Fünftel der Bevölkerung ist mittlerweile über 60 Jahre alt. Die Kernfrage wird sein, ob die Rationalisierung soweit voranschreiten wird, dass ein Potenzial von rund 30 Mio. Erwerbspersonen zur Aufrechterhaltung der bundesdeutschen Wirtschaftskraft und des an sie gekoppelten Sozialsystems ausreicht.

Der Trend in die kaufmännischen Ausbildungsberufe hat sich nach der Vereinigung der beiden deutschen Staaten noch ausgeprägt, die Nachfrage nach gewerblich-technischen Ausbildungen ist hinter das Angebot zurückgefallen. Besonders in Ostdeutschland ist das Interesse an elektro- und metalltechnischer Ausbildung rapide gesunken, aber auch in Westdeutschland wird für die kommenden Jahre fehlender Facharbeiternachwuchs in der industriellen Produktion befürchtet.

5.1.3.6   Ausbildungskosten im Blickfeld der Personalentwicklung

Schaut man auf die Kosten der Ausbildung, so stechen die Ausbildungsvergütungen ins Auge. Sie sind in den letzten dreißig Jahren um ein Mehrfaches gestiegen. Inzwischen werden im Durchschnitt monatlich 737,– € in West- und 674,– € in Ostdeutschland an Auszubildende gezahlt (2012); in manchen Berufen liegt dieser Betrag weit darüber. Spitzenreiter sind die Maurer (mit 968,– € West und 772,– € Ost vor den Mechatronikern (909,– € West und 885,– € Ost) und den Medientechnologen (905,– € West und Ost). Schlusslichter sind Bäcker (500,– € West und Ost), Floristen (460,– € West und 312,– € Ost) und Friseure (454,– € West und 269,– € Ost) – (BWPplus 1/2013, S. 2). Die Ausbildungsvergütung sichert den Jugendlichen eine gewisse Selbstständigkeit, wenn der Betrag auch in der Regel nicht ausreicht, um den Lebensunterhalt einschließlich Wohnung, Bekleidung, Verkehrsmitteln und Ernährung zu finanzieren.

Zu den Ausbildungsvergütungen kommen die Arbeitgeberanteile zur Sozialversicherung hinzu. Aber damit sind noch nicht sämtliche Kosten erfasst, die durch einen Auszubildenden entstehen. Dieser besetzt einen Arbeitsplatz mit zugehöriger Ausstattung, er verbraucht Materialien, und er nimmt die Beratung und damit Arbeitszeit der haupt- und nebenamtlichen Ausbilder in Anspruch. Auf der anderen Seite erhält der Betrieb in der Regel einen Gegenwert in Form von Arbeitsleistungen. Der Auszubildende soll ja möglichst früh die Chance erhalten, sich mit den Anforderungen seines künftigen Berufs vertraut zu machen – nach entsprechender Einarbeitung, versteht sich. Er bringt in vielen Berufen relativ frühzeitig Leistungen, die einerseits die Arbeit der Fachkräfte ergänzen und unterstützen und damit auch Kunden in Rechnung gestellt werden können und die andererseits die Fachkräfte entlasten und so zu einem produktiveren Einsatz ihrer Qualifikationen beitragen können.

Das Bundesinstitut für Berufsbildung ermittelt von Zeit zu Zeit die Höhe der im dualen System bei den Betrieben entstehenden **jährlichen Ausbildungskosten.** Im Jahre 2007 lagen diese bei 15.288,– €, darunter 9.490,– € Personalkosten für den Auszubildenden, 3.292,– € für die Ausbilder, 691,– € für Anlage- und Sachkosten und 1.814,– € für sonstige Kosten. Dem standen durch den Auszubildenden erwirtschaftete Erträge in Höhe von durchschnittlich 11.692,– € gegenüber, sodass sich durchschnittliche Nettokosten in Höhe von 3.596,– € ergaben.

Dabei ist allerdings zu bedenken, dass Wirtschaftsbereich und Betriebsgröße großen Einfluss auf Kosten und Erträge haben und die Kosten der Suche geeigneter Mitarbeiter, die nicht im eigenen Betrieb ausgebildet wurden, nicht in die Rechnung eingegangen sind. Sie belaufen sich auf durchschnittlich 4.214,– € pro Jahr, darin eingeschlossen 2.319,– € für die Einarbeitung eines von außen kommenden Mitarbeiters.

Auch der nicht quantifizierbare Nutzen wird meist übersehen. So besteht ein geringeres Fehlbesetzungsrisiko bei Eigenausbildung. Die Fluktuation ist in der Regel geringer, Ausfallkosten fallen in geringerem Umfang an. Nimmt man Image- und Reputationsgründe mit hinzu, stellt unter dem Strich der Ausbildungsaufwand gegenüber dem Fremdbezug von anderweitig ausgebildeten Fachkräften nach wie vor das geringere Risiko dar, von der Wirtschaftlichkeit ganz zu schweigen.

5.1.3.7   Ermittlung des Qualifikationsbedarfs in der Praxis

Welche Methoden stehen dem Firmeninhaber für die Ermittlung des Qualifikationsbedarfs zur Verfügung? Naheliegend sind Informationen der zuständigen **Kammern.** Deren Ausbildungsberater sollten in dieser Frage versiert sein. Sie anzusprechen, stellt daher eine weitere Erkundungsmöglichkeit dar. Kundenbefragungen lassen sich auf einfache Weise anhand eines vorbereiteten standardisierten Einschätzungsbogens vornehmen, z. B.

- Werden Sie auch künftig unsere Leistungen in Anspruch nehmen?
  - Auf jeden Fall,
  - keineswegs,
  - lässt sich heute noch nicht abschätzen.
- Wird das künftig ...
  - häufiger,
  - seltener,
  - in gleichem Umfange

  der Fall sein?
- Was können wir dazu beitragen, Ihre Zufriedenheit mit unseren Leistungen zu steigern?
  - Preisgünstiger anbieten,
  - termingerecht liefern,
  - Qualität steigern,
  - Beratung intensivieren,
  - durch nichts.

Auch eine gezielte Auswertung von Reklamationen kann Aufschluss über die erwartete Auftragsentwicklung gewähren. Woran hat es aus Kundensicht gehapert? Wo haben wir aus deren Sicht falsch gehandelt? Sind wir nicht genügend auf ihre Bedürfnisse eingegangen? Eine Management-Beratungsfirma will ermittelt haben, dass von vier Personen über die Güte der Leistungsausführung berichtet wird, wenn man zufrieden war, aber von zehn Personen, wenn man unzufrieden war.

Hilfreich ist auch die Rückbetrachtung gelaufener Assessment-Center. Sind die Teilnehmer von ihren Voraussetzungen her noch mit den Bewerbern vor – sagen wir – zehn Jahren vergleichbar? In welchen Bereichen haben sich Einschränkungen gezeigt, in welchen Besserungen? Letzteres dürfte vor allem den Umgang mit Personal Computer, vor allem i-pad, i-phone und Blackberry betreffen.

5.2　Betriebliche Ausbildungspläne, betriebliche Zusatzqualifikationen sowie Weiterbildungsmaßnahmen

5.2.1　Umsetzung der Aus- und Weiterbildungsmaßnahmen

5.2.1.1　Ausbildungspläne

Keine Frage: Ausbildung hat **systematisch** zu erfolgen. Voraussetzung für Systematik ist eine solide, klare und hinreichend differenzierte Planung. Sie gipfelt für den **betrieblichen Teil** der Ausbildung in einem Ausbildungsplan. Daran können sich Ausbildende, Ausbilder und Auszubildende gleichermaßen orientieren. Für den Ausbildungsberater der zuständigen Stelle ist der Plan eine Grundlage, um zunächst die Eignung des Ausbildungsbetriebs zu prüfen und danach die Ausbildungsberechtigung zuzuerkennen – oder auch nicht.

Das Berufsbildungsgesetz (BBiG) schreibt vor, dass Jugendliche nur in anerkannten Ausbildungsberufen und »nur nach der Ausbildungsordnung ausgebildet werden« dürfen. Ausbildungsordnungen sind notwendig zur ständigen Anpassung der Berufsbildung an die technische, wirtschaftliche und gesellschaftliche Entwicklung und zur Sicherung einer geordneten und einheitlichen Berufsausbildung. Die Ausbildungsordnungen ersetzen die bis zur Verabschiedung des Berufsbildungsgesetzes 1969 von den Tarifparteien erarbeiteten Berufsordnungsmittel.

Die Erstellung von Ausbildungsordnungen obliegt dem Bundesinstitut für Berufsbildung (BiBB) mit Sitz in Bonn. In mehreren Schritten wurde das Neuordnungsverfahren für staatlich anerkannte Ausbildungsberufe systematisiert, zuletzt 1980 durch die Vereinbarung über die Gestaltung des Neuordnungsverfahrens. Das Verfahren selbst ist relativ komplex; mit der Beteiligung der unterschiedlichen Interessengruppen (Arbeitgeber- und -nehmerseite, Schulverwaltung, Bundesregierung und Landesregierungen) wird eine repräsentative Vertretung gesellschaftlicher Interessen sichergestellt. Und trotz der gestiegenen Komplexität ist es gelungen, die durchschnittliche Erarbeitungszeit vom Antrag auf ein Neuordnungsverfahren bis zu seinem Abschluss auf acht (!) Monate zu drücken.

Die **Ausbildungsordnung** ist eine **Rechtsverordnung**, die vom zuständigen Fachminister – das ist in der Mehrzahl der rund 350 Ausbildungsordnungen der Bundesminister für Wirtschaft – im Einvernehmen mit dem Bundesministerium für Bildung und Forschung (BMBF) erlassen wird. Es gibt für jeden staatlich anerkannten Ausbildungsberuf – und damit für alle Ausbildungsverhältnisse des betreffenden Berufs – nur **eine** Ausbildungsordnung, die für ganz Deutschland gilt. Alle Ausbildungsordnungen sind einheitlich gegliedert.

Grundlage der Gliederung sind die Vorgaben des BBiG. Danach soll jede Ausbildungsordnung mindestens festlegen:

- Die **Bezeichnung** des Ausbildungsberufes, z. B. »Verfahrensmechaniker/Verfahrensmechanikerin für Kunststoff- und Kautschuktechnik« oder »Kaufmann/Kauffrau für Bürokommunikation«;

- die **Ausbildungsdauer,** z. B. drei Jahre (das BBiG bestimmt, dass sie im Regelfall nicht mehr als drei Jahre und nicht weniger als zwei Jahre betragen soll);

- das **Ausbildungsberufsbild:** Hierin sind die Fertigkeiten, Kenntnisse und Fähigkeiten, die mindestens Gegenstand der Berufsausbildung sind, in einer kurz gefassten Grobgliederung aufgelistet;

- den **Ausbildungsrahmenplan:** In einer Anleitung zur sachlichen Gliederung werden die Grobthemen aus dem Ausbildungsberufsbild in Einzelthemen präzisiert und weiter aufgegliedert; in einer Anleitung zur zeitlichen Ordnung wird festgelegt, welche Kenntnisse,

Fähigkeiten und Fertigkeiten in welchem Zeitraum zu vermitteln sind (diese Angaben in der sachlichen Gliederung sind Richtwerte, die als Mindestanforderungen gelten);

- die **Prüfungsanforderungen:** Hier sind für die Zwischen- und Abschlussprüfungen die Fächer, die Inhalte, die Dauer, die Form und die Bewertungsvorschriften festgelegt.

Die Prüfung kann »in zwei zeitlich auseinander fallenden Teilen durchgeführt« werden (§ 5 Abs. 2, Ziffer 2 BBiG). Diese Form wird als »gestreckte Prüfung« bezeichnet.

Die Ausbildungsordnung kann aber über diese Mindestregelungen hinaus weitergehende Vorschriften enthalten. Sie kann z. B. festlegen, dass die Berufsausbildung in geeigneten Einrichtungen außerhalb der betrieblichen Ausbildungsstätte durchgeführt wird, wenn und soweit dies für eine ordnungsgemäße Berufsausbildung erforderlich ist.

Ausbildungsordnungen werden vom für die jeweiligen Ausbildungsberufe zuständigen Bundesministerium – in den für die gewerbliche Wirtschaft in Frage kommenden Berufen ist dies das Bundesministerium für Wirtschaft – in Form eines Projektverfahrens initiiert, vom BiBB konzipiert, in Zusammenarbeit mit Betrieben, den Sozialpartnern (Gewerkschaften, Arbeitgeberverbände) erarbeitet und anschließend in Form von Rechtsverordnungen in Kraft gesetzt.

Die **Ausbildungsrahmenpläne** stellen ein Mindestmaß dessen dar, was der Auszubildende lernen muss; insoweit begründen die darin aufgelisteten Inhalte auch einen Rechtsanspruch gegenüber dem Ausbildenden. Der ist daher gut beraten, den für einen bestimmten Ausbildungsberuf verbindlichen Ausbildungsrahmenplan seiner betrieblichen Ausbildungsplanung ernst zu nehmen und zugrunde zu legen.

Das **Ausbildungsberufsbild** liefert eine recht grobe Abbildung der Qualifikationen, die ein Ausbildungsabsolvent in seinem Lehrberuf aufweisen soll. Dabei werden lediglich berufspraktische und -theoretische Kenntnisse, Fähigkeiten und Fertigkeiten berücksichtigt, nicht aber solche, die der Allgemeinbildung zugerechnet werden und die ebenfalls Gegenstand der Ausbildung im Betrieb und vor allem in der Berufsschule sind.

Eine Verteilung der Qualifikationen auf die beiden Partner im dualen System wird nicht vorgenommen; das Berufsbild ist auch Orientierungsgrundlage für die Berufsschule.

Die Auflistung mag Aufbau und Inhalt am Beispiel für die »Ausbildung zum IT-System-Elektroniker/zur IT-System-Elektronikerin« veranschaulichen:

Gegenstand der Berufsausbildung sind mindestens die folgenden Fertigkeiten und Kenntnisse:

1. der Ausbildungsbetrieb:
1.1 Stellung, Rechtsform und Struktur,
1.2 Berufsbildung, Arbeits- und Tarifrecht,
1.3 Sicherheit und Gesundheitsschutz bei der Arbeit,
1.4 Umweltschutz;
2. Geschäfts- und Leistungsprozesse:
2.1 Leistungserstellung und -verwertung,
2.2 betriebliche Organisation,
2.3 Beschaffung,
2.4 Markt- und Kundenbeziehungen,
2.5 kaufmännische Steuerung und Kontrolle;
3. Arbeitsorganisation und Arbeitstechniken:
3.1 Informieren und Kommunizieren,
3.2 Planen und Organisieren,
3.3 Teamarbeit;
4. informations- und telekommunikations-
  technische Produkte und Märkte:
4.1 Einsatzfelder und Entwicklungstrends,
4.2 Systemarchitektur, Hardware und Betriebssysteme,
4.3 Anwendungssoftware,
4.4 Netze, Dienste;

5. Herstellen und Betreuen von Systemlösungen:
5.1 Ist-Analyse und Konzeption,
5.2 Programmiertechniken,
5.3 Installieren und Konfigurieren,
5.4 Datenschutz und Urheberrecht,
5.5 Systempflege;
6. Systemtechnik:
6.1 Systemkomponenten,
6.2 ergonomische Geräteaufstellung;
7. Installation:
7.1 Montagetechnik,
7.2 Stromversorgung, Schutzmaßnahmen,
7.3 Datensicherheit, Hard- und Softwaretests,
7.4 Netzwerke;
8. Serviceleistungen;
9. Instandhaltung;
10. Fachaufgaben im Einsatzgebiet:
10.1 Produkte, Prozesse und Verfahren,
10.2 Projektplanung,
10.3 Projektdurchführung und Auftragsbearbeitung,
10.4 Projektkontrolle, Qualitätssicherung.

Ausbildungsberufsbild »IT-Systemelektroniker/in«

5.2.1.1.1   Der Ausbildungsrahmenplan

Erheblich konkreter als das Ausbildungsberufsbild ist der Ausbildungsrahmenplan. Er weist die zu vermittelnden Kenntnisse, Fähigkeiten und Fertigkeiten als detaillierte Grobziele aus, ordnet sie den Qualifikationen des Berufsbildes zu und bringt die einzelnen Grobziele nicht nur in eine Reihenfolge, sondern verteilt sie auch auf die Ausbildungshalbjahre. In älteren Ausbildungsrahmenplänen findet sich zudem die Angabe der »Lernstufe«: Dahinter verbirgt sich der Hinweis, wie gut die Kenntnisse und Fertigkeiten vom Auszubildenden beherrscht bzw. wie intensiv die jeweiligen Ausbildungsinhalte dem Auszubildenden nahe gebracht werden sollen. Das ist durchaus dem DIHK-Rahmenplan mit Lernzielen zur Ausbilder-Eignungsverordnung oder dem DIHK-Rahmenplan für den Geprüften Aus- und Weiterbildungspädagogen vergleichbar, wenn es sich dort auch nur um eine dreistufige Taxonomie des kognitiven Lernbereichs handelt: Wissen, Verstehen und Anwenden.

Ein Auszug aus dem Ausbildungsrahmenplan für die Ausbildung »zum IT-Systemkaufmann/zur IT-Systemkauffrau« soll wiederum Aufbau und Inhalt verdeutlichen (siehe die folgende Abbildung). An ihm lässt sich erkennen, dass der Ausbildungsbetrieb nach wie vor einen erheblichen Spielraum für die Festlegung der einzelnen Ausbildungsschritte und Lerninhalte besitzt.

Die 2003 neu geordneten Berufsausbildungen in der Kfz-Branche nehmen als Gliederungsprinzip »Arbeitsfelder« auf. Hier sollen die Auszubildenden anhand praktischer Arbeitsaufgaben komplexe, anspruchsvolle Aufträge bearbeiten. Diese Aufträge weisen Kundenberatung, Arbeitsplanung, weitgehend selbstständige Bearbeitung und Ergebniskontrolle auf. Sie sollen möglichst mit den Lernfeldern des Berufsschullehrplans von den zuständigen Ausbildern und Lehrern abgestimmt werden.

5.2.1.1.2   Rechtliche Grundlagen und Inhalte des Berufsausbildungsvertrages

Vor Beginn einer Berufsausbildung muss zwischen dem Ausbildenden und dem Auszubildenden sowie ggf. dessen Erziehungsberechtigten ein Berufsausbildungsvertrag abgeschlossen werden. Erst durch den Abschluss des Berufsausbildungsvertrages und dessen Aufnahme in das von den Kammern geführte Verzeichnis der Ausbildungen (früher: »Lehrlingsrolle«) entsteht ein Berufsausbildungsverhältnis.

Das Rechtsverhältnis zwischen Ausbildenden – den Betrieben – und den Auszubildenden ist im Prinzip privatrechtlicher Natur. Aber wie ein Arbeitsvertrag im Hinblick auf die gegenseitigen arbeitsvertraglichen Bestimmungen, Rechte und Pflichten privatrechtlich ist und sich dieser Vertrag im Hinblick auf zwingende Normen gesetzlicher oder tarifvertraglicher Bestimmungen als z. T. »öffentlich-rechtlich« charakterisieren lässt, unterliegt besonders der Ausbildungsvertrag solchen öffentlich-rechtlichen Regelungen aus dem Arbeits-, Tarifvertrags- und Schulrecht.

In einem Berufsausbildungsvertrag könnte also z. B. nicht vereinbart werden, dass die Ausbildungszeit vier Jahre (bei einer Regelausbildungszeit von drei Jahren in dem konkreten Beruf) beträgt, dass wesentliche Inhalte der Ausbildungsordnung ausgespart werden, dass gleichzeitig während der Berufsausbildung ein Gymnasium besucht oder dass auf den vorgeschriebenen Berufsschulbesuch verzichtet wird, weil sich der Auszubildende die notwendigen Kenntnisse zum Bestehen der Abschlussprüfung auf andere Art aneignen möchte.

Das Berufsausbildungsverhältnis wird maßgeblich durch die wechselseitigen Rechte und Pflichten des Ausbildenden bzw. des Ausbilders einerseits und des Auszubildenden andererseits bestimmt. Zu beachten ist, dass der Ausbildende bzw. Ausbilder natürlich größere und verantwortungsvollere Pflichten als der Auszubildende übernimmt; er hat nämlich nicht nur die Aufgabe, berufliches Wissen und Können zu vermitteln, sondern auch die Pflicht zur besonderen Betreuung und **Fürsorge,** während der Auszubildende hauptsächlich eine **Lernpflicht** hat.

1	2	3
Lfd. Nr.	Teil des Ausbildungsberufsbildes	Fertigkeiten und Kenntnisse, die unter Einbeziehung selbständigen Planens, Durchführens und Kontrollierens zu vermitteln sind
7.	Vertrieb (§ 16 Abs. 1 Nr. 7)	
7.1	Vertriebstechniken (§ 16 Abs. 1 Nr. 7.1)	a) Vertriebswege für unterschiedliche Produkt- und Zielgruppen sowie die damit verbundenen Kosten ermitteln b) Kundenkontakte und Informationen über den Kundenstamm des Ausbildungsunternehmens systematisch auswerten und für die Durchführung von vertrieblichen Maßnahmen nutzen c) Kundenkontakte vorbereiten, herstellen sowie die Ergebnisse festhalten und aufbereiten
7.2	Kundenberatung (§ 16 Abs. 1 Nr. 7.2)	a) Kundenwünsche und -erwartungen hinsichtlich der Eigenschaften der Produkte mit dem eigenen Leistungsangebot vergleichen und daraus Vorgehens-weisen für die Kundenberatung ableiten b) Produkte und Dienstleistungen des Ausbildungsbetriebes unter Beachtung der Kundenwünsche aus technischer und kaufmännischer Sicht präsentieren sowie Kunden bei der Auswahl beraten
8.	Kundenspezifische Systemlösungen (§ 16 Abs. 1 Nr. 8)	
8.1	Analyse (§ 16 Abs. 1 Nr. 8.1)	a) Geschäftsprozesse des Kunden im Hinblick auf die Anforderungen an Systeme der Informations- und Telekommunikationstechnik analysieren b) Organisationsstruktur, Informationswege und -verarbeitung sowie Schnittstellen zwischen verschiedenen Funktionsbereichen des Kundenunternehmens analysieren c) Systeme der Informations- und Telekommunikationstechnik des Kunden erfassen und nach Maßgabe ihrer Leistungsfähigkeit, Funktionalität, Wirtschaftlichkeit und Erweiterbarkeit bewerten d) relevante Mengengerüste, insbesondere Datenbestände und Transaktionsvolumen, ermitteln e) Richtlinien des Kundenunternehmens zum Einsatz von Systemen der Informations- und Telekommunikationstechnik auswerten sowie technische und organisatorische Rahmenbedingungen für die Auftragsdurchführung ermitteln
8.2	Konzeption (§ 16 Abs. 1 Nr. 8.2)	a) Realisierungsmöglichkeiten der Kundenanforderungen in Absprache mit den beteiligten Organisationseinheiten, unter Berücksichtigung von Kapazitäten, Ressourcen und Terminen, abschätzen b) Lösungsvarianten unter Berücksichtigung fachlicher, wirtschaftlicher, arbeits-organisatorischer und sozialer Aspekte entwickeln und bewerten c) Systemkonfiguration sowie Hard- und Softwareschnittstellen festlegen; Vernetzungen planen d) Ein- und Ausgabeformate, Dateien und Verarbeitungsalgorithmen festlegen e) Datenbankstrukturen unter Beachtung von Datenmodellen entwerfen f) Benutzerkommunikation und Bedienoberflächen unter Beachtung ergonomischer Gesichtspunkte konzipieren g) kundenspezifische Softwarelösungen konzipieren h) Abläufe zur Auftragsdurchführung festlegen i) Kosten-Nutzen-Rechnung für den Kunden erstellen
8.3	Servicekonzepte (§ 16 Abs. 1 Nr. 8.3)	a) Serviceleistungen mit Kunden abstimmen b) Leistungen zur Benutzerunterstützung festlegen c) Einführungs- und Schulungsmaßnahmen unter Berücksichtigung der Kundenwünsche konzipieren

Auszug aus einem Ausbildungsrahmenplan (»IT-Systemkaufmann/kauffrau«)

Das Formular des Ausbildungsvertrages ist zwar nicht bindend vorgeschrieben, jedoch soll das von den Kammern beschlossene Vertragsmuster grundsätzlich verwandt werden.

Die **Schriftform** (»Vertragsniederschrift«) ist **zwingend,** § 11 Abs. 1 und 2 BBiG. Zwar ist auch ein mündlich abgeschlossener Berufsausbildungsvertrag rechtswirksam; doch muss der wesentliche Inhalt des Berufsausbildungsvertrages unmittelbar nach Abschluss des Vertrages, spätestens jedoch **vor** der Aufnahme der Berufsausbildung, schriftlich niedergelegt sein. Das Unterlassen dieser Verpflichtung kann als Ordnungswidrigkeit mit einer Geldbuße gegenüber dem Ausbildenden (§ 102 Abs. 1 Ziffer 1 BBiG) belegt werden.

Ein Berufsausbildungsverhältnis ist ein **Arbeitsverhältnis besonderer Art:** Soweit das Berufsbildungsgesetz oder das Jugendarbeitsschutzgesetz keine zwingenden, besonderen Vorschriften vorsieht, finden auf die Berufsausbildungsverhältnisse die allgemeinen Vorschriften des Arbeitsrechts Anwendung. Aus der Tatsache, dass ein Ausbildungsverhältnis ein solches von besonderer Art ist, ergibt sich aber auch, dass die beiderseitigen Rechte und Pflichten aus einem Ausbildungsverhältnis von denen eines allgemeinen Arbeitsverhältnisses abweichen:

Der Auszubildende ist z. B. nur insoweit zu Arbeitsleistungen verpflichtet, als sie dem Ausbildungszweck dienen und in der Ausbildungsordnung bzw. in der zeitlichen und sachlichen Gliederung vorgesehen sind.

Das Berufsausbildungsverhältnis enthält überdies auch die Elemente eines Erziehungsverhältnisses, weil der Ausbildende dafür sorgen muss, dass der Auszubildende charakterlich gefördert und sittlich oder körperlich nicht gefährdet wird.

5.2.1.1.3　Mindestinhalte des Ausbildungsvertrages

Die »Vertragsniederschrift« muss genaue Angaben enthalten (§ 11 Abs. 1 BBiG) über:

* Art, sachliche und zeitliche Gliederung sowie Ziel der Berufsausbildung, insbesondere die Berufstätigkeit, für die ausgebildet werden soll;
* Beginn und Dauer der Berufsausbildung;
* Ausbildungsmaßnahmen außerhalb der Ausbildungsstätte;
* Dauer der regelmäßigen täglichen Ausbildungszeit;
* Dauer der Probezeit;
* Zahlung und Höhe der Vergütung;
* Dauer des Urlaubs;
* Voraussetzungen, unter denen der Vertrag gekündigt werden kann;
* Hinweise auf die Geltung von Tarifverträgen oder Betriebsvereinbarungen.

5.2.1.1.4　Der betriebliche Ausbildungsplan als Unterlage für die Ausbildung im Betrieb

Dem Berufsausbildungsvertrag **muss** ein betrieblicher Ausbildungsplan beigefügt werden, der Bestandteil des Vertrages ist. Dieser Ausbildungsplan begründet einen Anspruch des Auszubildenden auf Einhaltung desselben. Die Berufsausbildung muss zeitlich und sachlich so gegliedert sein, dass das Ausbildungsziel in der vorgesehenen Zeit erreicht werden kann:

In seinem **sachlichen Inhalt** muss der betriebliche Ausbildungsplan in jedem Fall der Ausbildungsordnung, insbesondere dem darin enthaltenen Ausbildungsrahmenplan, entsprechen. Die zeitliche Gliederung ist auf die Gesamtausbildungszeit abzustimmen; betriebliche Belange sind angemessen zu berücksichtigen.

Im Allgemeinen sind folgende Arbeitsschritte vorzunehmen:

- Der Ausbildende oder der Ausbilder stellt die einzelnen Funktionsbereiche des Betriebes (Einkauf, Qualitätskontrolle, Fertigungsvorbereitung...) zusammen.
- Er entnimmt dem Ausbildungsrahmenplan die darin aufgeführten Fertigkeiten und Kenntnisse – in neueren Ordnungen kann er neben der »sachlichen« die »zeitliche Gliederung« heranziehen – und überlegt, in welchen Funktionsbereichen diese am verständlichsten und einprägsamsten vermittelt werden können.
- Er vergewissert sich bei den Abteilungsleitern und den mit der Betreuung der Auszubildenden betrauten oder zu betrauenden Mitarbeitern, wo die im Ausbildungsrahmenplan aufgeführten Lernziele und -inhalte in den von ihm vorgesehenen Funktionsbereichen am einfachsten und gründlichsten vermittelt werden können und wer letztlich in der Abteilung für die Vermittlung verantwortlich ist und sich dementsprechend um den Auszubildenden kümmert.
- Er prüft anhand des Rahmenlehrplans, welche inhaltlichen Beiträge die Berufsschule übernimmt, und vergewissert sich bei der zuständigen Schule (Schulleiter oder Abteilungsleiter ist der Ansprechpartner), ob diese Inhalte – gemäß gültigem Lehrplan – auch tatsächlich vermittelt werden.
- Schließlich wählt er die jeweils am besten geeigneten Lernorte aus und trägt diese in den Ausbildungsplan ein.

Für die **äußere Form** des betrieblichen Ausbildungsplanes bestehen keine Vorschriften. Aus der Sachlogik heraus bieten sich jedoch bestimmte Ausführungen an. Im Folgenden wird der Aufbau einer von R.-H. SCHAPER entwickelten Form des betrieblichen Ausbildungsplanes schrittweise erläutert. Gewählt wurde hierfür die Berufsausbildung zum Metallbauer/zur Metallbauerin, Fachrichtung Konstruktionstechnik (siehe die folgende Abbildung).

5.2.1.1.4.1 Qualifikationen und Funktionsbereiche

Zunächst werden aus dem Ausbildungsrahmenplan bzw. dem Ausbildungsberufsbild alle Fertigkeiten, Kenntnisse und Fähigkeiten entnommen und in das dafür vorgesehene Feld eines Vordrucks oder selbst entworfenen Formulars übertragen (linke Spalte). Entsprechend verfährt man mit den Funktionsbereichen des Betriebes, aufgeteilt auf die Lehrjahre (Spalte oben).

5.2.1.1.4.2 Zuordnung der zu vermittelnden Kenntnisse, Fertigkeiten und Fähigkeiten zu den Funktionsbereichen

Es werden Lernorte des Betriebes (Abteilungen, Werkstätten, Büros, Labors, Montagestellen usw.) ausgewählt, an denen die im Ausbildungsrahmenplan festgelegten Fertigkeiten, Kenntnisse und Fähigkeiten vermittelt oder vertieft werden können. Sie sind in der Reihenfolge zu ordnen, in der die Auszubildenden im Normalfall **versetzt** werden sollen.

Lernorte, an denen wenig vorausgesetzt wird oder an denen Grundkenntnisse und -fertigkeiten vermittelt werden (z. B. in einem Ausbildungszentrum), stehen naturgemäß am Anfang. Lernorte mit erhöhten Anforderungen und Abteilungen, in denen komplexe Ausbildungsinhalte zu vermitteln sind, bilden den Abschluss (z. B. Fertigungsbereich oder Montagestelle). Dabei ist der im Ausbildungsrahmenplan angegebene zeitliche Ablauf der Ausbildung so weit wie möglich zu berücksichtigen. Die Lernorte werden dann in dieser Reihenfolge von links nach rechts in das Formular eingetragen; im Mittelfeld die Lernorte durch Kreuze gekennzeichnet, an denen die im Ausbildungsrahmenplan für das betreffende Ausbildungsjahr bzw. -halbjahr genannten und näher beschriebenen Lernziele erreicht werden sollen.

Betrieblicher Ausbildungsplan

Ausbildungsbetrieb: MetaKo GmbH

Ausbildungsberuf: Metallbauer, FR Konstruktionstechnik

Lernort: Abteilung, Werkstatt etc.	1. Lehrjahr			2. Lehrjahr					3. und 4. Lehrjahr				
	Zeit in Wochen	Ausbildungszentrum	Metallbauwerkstatt	Zeit in Wochen	Metallbauwerkstatt	Maschinelles Bearbeiten	Schweißerei	Montagestelle	Zeit in Wochen	Ausbildungszentrum	Metallbauwerkstatt	Fertigungsbereich	Montagestelle
Einsatzwochen	7	38		18	13	6	8		6	20	21	20	
Fertigkeiten, Kenntnisse und Fähigkeiten													
Grundl. Arbeitsrecht, Betriebsorg., Sicherh., Umweltschutz		o	x		o	o	o	o		o	o	o	o
Lesen und interpretieren techn. Unterlagen		x	o		o	o	o	o		o	o	o	o
Planen und Steuern von Arbeitsabläufen	4	o	x	3	o	o	o	o		o	o	o	o
Instandhalten und Warten von Betriebsmitteln	3	o	x		o	o	o	o		o	o	o	o
Prüfen, Messen, Anreißen	4	x	x	3	o	o	o	o	2	o	o	o	o
Betriebliche, techn. und kundenorientierte Kommunikation	4		x	3	o	o	o	x	2		o	o	x
Qualitätsmanagement	3		x	3	o			o			o	o	o
Fügen	8		x	3	o	o	o	o	4		o	o	o
manuelles Spanen und Umformen	6	x	x	3	o								
maschinelles Bearbeiten	8		x	3	o	o			6	o	o		
Schweißen, thermisches Trennen	5	x	o	8	o		x	o				o	o
Elektrotechnik				3	x			o			o	o	o
Transportieren von Bauteilen und Baugruppen				3				x					
Oberflächenbehandlung				4	x			x			o	o	o
Demontieren und Montieren Bauteile und Baugruppen				6				x					o
Montieren und Prüfen von hydraulischen, pneumatischen und elektrotechnischen Bauteilen									6	x	x	o	x
Baustelleneinrichtung								x	3				o
Herstellen von Metall- und Stahlbaukonstruktionen									14		x	x	x
Herstellen und Befestigen von Bauteilen und Bauelementen an Bauwerken									10		x	x	x
Montieren und Demontieren von Metall- oder Stahlbaukonstruktionen									6				
Montieren, Prüfen und Einstellen von Systemen									8		x	x	x
Instandhaltung von Konstruktionen des Metall- oder Stahlbaus									6		x	x	x

x = Schwerpunkt

o = Anwendung

Betrieblicher Ausbildungsplan

In der betrieblichen Ausbildung folgen auf die Erstunterweisungen in der Regel Wiederholungs-, Anwendungs- und Vertiefungsphasen an denselben oder anderen Lernorten. Zur besseren Unterscheidung sollten diese durch ein anderes Zeichen, zum Beispiel durch einen Kreis, hervorgehoben werden. Diese Gewichtung erleichtert das Aufstellen der (individuellen) Ausbildungspläne für die Auszubildenden.

Die für die Ausbildung an den einzelnen Lernorten des Betriebes erforderliche Zeit (Verweildauer) wird dann unter Berücksichtigung der zeitlichen Gliederung des Ausbildungsrahmenplans festgelegt.

Besucht der Auszubildende jeweils wöchentlich an einem Tag die Berufsschule, so wird in der Regel vorausgesetzt, dass die angegebenen Zeiten den Berufsschultag mit einschließen. Ist dagegen der Unterricht in der Berufsschule in Blockform organisiert, ist er im betrieblichen Ausbildungsplan besonders auszuweisen. Die betrieblichen Ausbildungszeiten sind dann entsprechend um die Dauer des Blockunterrichtes zu kürzen.

Beim Planen der Verweildauer sollten die im Folgenden erläuterten Zusammenhänge beachtet werden. Ausbildung wird ja von mancher Fachkraft nicht unbedingt als Bereicherung ihres Arbeitsalltages angesehen. Insofern sollte frühzeitig überlegt werden, welche Widerstände der – in der Regel zusätzlich zu übernehmenden – Ausbildungsaufgabe entgegengebracht werden könnten. Argumente für die Übernahme der Ausbildungsaufgabe sind zu überlegen, Voraussetzungen und Folgewirkungen für das vorhandene und noch zu rekrutierende Ausbildungspersonal zu bedenken und – soweit vorhanden – mit dem Betriebsrat zu erörtern.

5.2.1.1.4.3 Zahlenmäßige Ermittlung der betrieblichen Ausbildungsplätze

Die Zahl der an einem bestimmten Ausbildungsort, z. B. einer bestimmten Abteilung, bei gleichmäßiger Belegung benötigten Ausbildungsplätze kann leicht überschlägig errechnet werden. Das lässt sich nach folgender Formel durchführen:

$$z = n \cdot t/w$$

Dabei bedeuten

– z die Zahl der am Lernort benötigten Ausbildungsplätze,

– n die Zahl der pro Jahr eingestellten Auszubildenden,

– t die Dauer der Ausbildung an diesem Lernort in Wochen (Verweildauer),

– w die Zahl der im Kalenderjahr effektiv für die Ausbildung zur Verfügung stehenden Wochen (Nettozeit); das sind 52 Kalenderwochen minus Dauer des Urlaubs und, bei Berufschulunterricht in Blockform, minus Gesamtdauer der Unterrichtsblöcke pro Jahr, falls die Ausbildungsplätze während dieser Zeit nicht belegt werden können. Wird in mehreren Berufen ausgebildet, so sind diese Berechnungen für jeden Beruf gesondert durchzuführen und die Ergebnisse danach zu addieren.

Ein Betrieb stellt regelmäßig jährlich für die Berufe Industriemechaniker acht Auszubildende, Konstruktionsmechaniker zehn Auszubildende und Werkzeugmechaniker drei Auszubildende ein. Die Berufsschule für Industriemechaniker erteilt Unterricht in Blockform (13 Wochen pro Jahr). Die Berufsschule für Konstruktionsmechaniker und Werkzeugmechaniker unterrichtet wöchentlich an einem Tage. Wie viele Ausbildungsplätze werden in der Reparaturabteilung benötigt, wenn dort die Industriemechaniker zwölf, die Konstruktionsmechaniker achtzehn und die Werkzeugmechaniker sechs Wochen lang ausgebildet werden sollen?

Eine mögliche Bedarfsberechnung ergibt sich wie folgt:

Ausbildungsberuf	Auszubildende pro Jahr	Dauer der Ausbildung am Ausbildungsort in Wochen	$z = \dfrac{n \cdot t}{w}$	Erforderliche Plätze
Industriemechaniker	8	12	$\dfrac{8 \cdot 12}{34}$	2,8
Konstruktionsmechaniker	10	18	$\dfrac{10 \cdot 18}{47}$	3,8
Werkzeugmechaniker	3	6	$\dfrac{3 \cdot 6}{47}$	0,4
			Zahl der in der Reparaturabteilung erforderlichen Plätze: **7,0**	

Beispiel einer Bedarfsberechnung

Wenn bei dieser vorläufigen Berechnung die Zahl der an einem Ausbildungsort notwendigen Ausbildungsplätze ermittelt worden ist, muss geprüft werden, ob außer den räumlichen Voraussetzungen, der Ausrüstung der Arbeitsplätze und den erforderlichen Ausbildungsmitteln auch die für die Ausbildung geeigneten Ausbilder in angemessener Zahl zur Verfügung stehen. Hierfür ist nicht nur die persönliche und fachliche Eignung erforderlich: Mitarbeiter, die ständig stark mit betrieblichen Aufgaben belastet oder mit Akkordarbeit beschäftigt sind, kommen für die Unterweisung und Ausbildung in der Regel nicht in Betracht.

Nicht nur die betrieblichen Gegebenheiten sind beim Erstellen des Versetzungsplans zu beachten, sondern auch die Organisationsplanung und die Stoffverteilung der Berufsschule. Das gilt in besonderer Weise bei Phasen- oder Blockunterricht. Im Ausbildungsplan für den Auszubildenden muss stets ein Monat Urlaub für jedes Ausbildungsjahr berücksichtigt werden. Bei verkürzter Ausbildung muss der Verbleib des Auszubildenden an den einzelnen Lernorten verkürzt werden, ohne dass dadurch wesentliche Inhalte vernachlässigt werden und die vorgezogene Prüfung gefährdet wird.

5.2.1.1.5 Weitere rechtliche Vorgaben für das Ausbildungsverhältnis

Jugendliche unter 18 Jahren dürfen nur in anerkannten Ausbildungsberufen ausgebildet werden. Wird ein Ausbildungsvertrag über einen nicht anerkannten Ausbildungsberuf abgeschlossen, verstößt dieser Vertrag gegen § 4 Abs. 3 BBiG mit der Folge, dass er nach § 134 BGB – Verstoß gegen ein gesetzliches Verbot – nichtig ist.

Die Dauer des Berufsausbildungsverhältnisses ergibt sich grundsätzlich aus der Festlegung in der jeweiligen Ausbildungsordnung. Das Ende ist normalerweise der Ablauf der Ausbildungszeit oder der Ablauf der letzten Stufe bei Stufenausbildung (§ 21 Abs. 1 BBiG). Besteht der Auszubildende die Abschlussprüfung vor Ablauf der Ausbildungszeit, so endet das Berufsausbildungsverhältnis mit dem Bestehen der Abschlussprüfung (§ 21 Abs. 2 BBiG).

Ausbildungsmaßnahmen außerhalb der Ausbildungsstätte, die notwendig sind, weil die Fertigkeiten und Kenntnisse im eigenen Betrieb nicht vermittelt werden können, müssen ausdrücklich mit der vorgesehenen Zeit (z. B. »je zwei Wochen im 2. und 3. Ausbildungsjahr«) und dem Ort der Durchführung vermerkt werden (vergl. §§ 2 und 27 Abs. 2 BBiG).

Die Dauer der **Probezeit** beträgt mindestens einen, höchstens vier Monate (§ 20 BBiG). Wird die Ausbildung während der Probezeit um mehr als ein Drittel dieser Zeit unterbrochen, verlängert sich die Probezeit um den Zeitraum der Unterbrechung. Die Probezeit darf regelmäßig nur bei längerer Krankheit o. ä. verlängert werden, nicht aber dann, wenn z. B. zu Beginn der Ausbildung Blockunterricht der Berufsschule vorgesehen ist. Es empfiehlt sich also, eine ausreichend lange Probezeit zu vereinbaren, denn: In der Probezeit muss sich der Betrieb in jedem Fall ein Bild davon verschaffen, ob der Auszubildende für den Beruf in seiner ganzen Breite und Tiefe geeignet ist und ob die Ausbildung (etwa wegen ungünstiger Verkehrsbedingungen) eventuell nicht erfolgreich zu Ende geführt werden kann. Und: Auch der Auszubildende soll sich ja innerhalb der Probezeit darüber klar werden, ob seine Berufswahl die richtige war und er den Anforderungen der Ausbildung gewachsen ist.

Der Ausbildende hat dem Auszubildenden eine **angemessene Vergütung** zu gewähren. Sie ist in der Höhe und nach dem Lebensalter des Auszubildenden so zu bemessen, dass sie mindestens jährlich ansteigt (§ 17 Abs. 1 BBiG). Die Vergütung richtet sich in den meisten Fällen nach den in Tarifverträgen enthaltenen Sätzen. Diese können jedoch in der Regel um bis zu 20 % unterschritten werden, es sei denn, beide Vertragspartner sind Mitglieder der Tarifpartner, oder es handelt sich um nach den Regelungen des Tarifvertragsgesetzes für allgemein verbindlich erklärte Tarife; in beiden Fällen gibt es keine Möglichkeit eines »Abweichens nach unten«. Eine über die vereinbarte regelmäßige Ausbildungszeit hinausgehende Beschäftigung ist besonders zu vergüten oder durch Freizeit abzugelten (§ 17 Abs. 3 BBiG).

In der vereinbarten Höhe ist die Vergütung weiterzuzahlen für die Zeit des Berufsschulunterrichts sowie während der Teilnahme an Prüfungen und an Maßnahmen außerhalb der Ausbildungsstätte, ferner bis zu einer Dauer von sechs Wochen, wenn der Auszubildende infolge Krankheit an der Berufsausbildung nicht teilnehmen kann oder aus einem sonstigen, in seiner Person liegenden Grund unverschuldet verhindert ist, seine Pflichten aus dem Berufsausbildungsverhältnis zu erfüllen.

Die Vergütung der Auszubildenden ist keine Gegenleistung für geleistete Arbeit. Sie bezweckt vielmehr, den Unterhalt und die Ausbildung des Auszubildenden während der Ausbildungszeit sicherzustellen. Aus diesem Grunde darf auch wegen Schäden, die der Auszubildende angerichtet hat, die Vergütung nicht ohne weiteres einbehalten werden.

Die Ausbildungsvergütung für den laufenden Monat muss spätestens am letzten Werktag ausgezahlt werden.

Der **Urlaub** ist für jedes Kalenderjahr (nicht Ausbildungsjahr) genau zu errechnen. Die Länge richtet sich nach den Vorschriften des Jugendarbeitsschutzgesetzes (JArbSchG), wenn der Auszubildende zu Beginn des Kalenderjahres noch nicht 18 Jahre alt ist, und nach den Vorschriften des Bundesurlaubsgesetzes (BUrlG) bzw. des Tarifvertrages, wenn der Auszubildende zum 1. Januar des jeweiligen Jahres das 18. Lebensjahr vollendet hat. Nach dem BUrlG steht ihm ein Jahresurlaub von mindestens 24 Werktagen zu. Tarifliche Vereinbarungen gelten dann, wenn für Auszubildende besondere Tarifvereinbarungen vorliegen, die jedoch nicht ungünstiger als die im JArbSchG oder im BUrlG niedergelegten Regelungen sein dürfen.

Grundsätzlich dient der Urlaub der Erhaltung und Förderung der Gesundheit und Arbeitskraft. Deshalb darf während des Urlaubs keine dem Urlaubszweck zuwiderlaufende Erwerbstätigkeit ausgeübt werden.

Mit Geld darf der Urlaub nur dann abgegolten werden, wenn er wegen Beendigung des Berufsausbildungsverhältnisses nicht mehr gewährt werden kann.

Die Niederschrift zum Berufsausbildungsvertrag muss, wie bereits gesagt, gemäß § 11 Abs. 1 BBiG unter anderem Angaben über die sachliche und zeitliche Gliederung der Berufsausbildung enthalten. Es können **bis zu drei Pläne** erforderlich sein:

1. Ein individueller Ausbildungsplan, in dem aufgeführt ist, in welchen Zeitabschnitten sich der Auszubildende mit welchen Inhalten befassen soll;

2. ein betrieblicher Versetzungsplan, in dem aufgeführt ist, an welchen Arbeitsplätzen oder in welchen Abteilungen sich der Auszubildende in welchem Zeitraum befinden soll;

3. ein Gesamtversetzungsplan, der aufschlüsselt, wann welcher Auszubildende an welchem Arbeitsplatz oder in welcher Abteilung tätig sein soll.

5.2.1.1.6 Bedeutung der Systematik der Berufsbilder für die Ausbildungsplanung

Die neuen Ausbildungsordnungen setzen auf **»berufliche Handlungsfähigkeit«** als Leitziel der Ausbildung. Diese wird pragmatisch definiert als »Fähigkeit zur selbstständigen Planung, Durchführung und Kontrolle« aller im Berufsbild aufgelisteten berufstypischen Arbeitsvorgänge. Also geht es bei der Bewerberauswahl um die Gewinnung von Personen, denen man mit einiger Sicherheit zutrauen kann, die erforderliche »berufliche Handlungsfähigkeit bzw. -kompetenz« zu erwerben.

Das Berufsbild legt die Gegenstände der Ausbildung fest, der Ausbildungsrahmenplan die Inhalte der betrieblichen Ausbildung, der Rahmenlehrplan zudem die Inhalte der Lernfelder der Berufsschule. Das folgende Beispiel »Bauzeichner/Bauzeichnerin« zeigt zunächst das Berufsbild gemäß »Verordnung über die Berufsausbildung zum Bauzeichner/zur Bauzeichnerin vom 12. Juli 2002 (BGBl. I S. 2622; 2003 I S. 277), die durch Artikel 1 der Verordnung vom 12. Mai 2004 (BGBl. I S. 931) geändert worden ist«, sodann die Lernfelder der Berufsschule gemäß Beschluss der Kultusministerkonferenz vom 14.06.2002.

---

§ 4 Ausbildungsberufsbild

Gegenstand der Berufsausbildung sind mindestens die folgenden Fertigkeiten und Kenntnisse:

1. Berufsbildung, Arbeits- und Tarifrecht,
2. Aufbau und Organisation des Ausbildungsbetriebes,
3. Sicherheit und Gesundheitsschutz bei der Arbeit,
4. Umweltschutz,
5. Organisation und Kommunikation, Arbeitsabläufe,
6. Zusammenarbeit mit Behörden und anderen am Bau Beteiligten,
7. Umgang mit Informations- und Kommunikationstechniken,
8. Techniken des Zeichnens,
9. Auswahl und Verwendung von Baustoffen und Bauelementen,
10. Mitwirken bei Bauprozessen und Durchführen von Bauarbeiten,
11. Bestandsaufnahme und Vermessung,
12. Rechnergestütztes Zeichnen,
13. Konstruieren von Bauteilen,
14. Qualitätssichernde Maßnahmen, Kundenorientierung,
15. Erstellen von Plänen und Zeichnungen, fachspezifische Berechnungen.

Auszug aus dem Ausbildungsrahmenplan Bauzeichner/Bauzeichnerin vom 12.7.2002

1	2	3	4		
Lfd. Nr.	Teil des Ausbildungs- berufsbildes	Fertigkeiten und Kenntnisse, die unter Einbeziehung selbständigen Planens, Durchführens und Kontrollierens zu vermitteln sind	Zeitliche Richtwerte in Wochen im Ausbildungsjahr		
			1	2	3
13	Konstruieren von Bauteilen (§ 4 Nr. 13)	a) Gründungen und Unterfangungen zeichnen	2		
		b) Grundrisse, Schnitte, Ansichten und Details von Wänden, Stützen und Decken zeichnen		6	
		c) Treppen und Dächer konstruieren			7
		d) Mengen- und Massenermittlungen von Bauteilen durchführen			

Übersicht über die Lernfelder für den Ausbildungsberuf Bauzeichner/Bauzeichnerin				
Lernfelder		**Zeitrichtwerte**		
Nr.		**1. Jahr**	**2. Jahr**	**3. Jahr**
1	Mitwirken bei der Bauplanung	40		
2	Aufnehmen eines Bauwerkes	60		
3	Erschließen eines Baugrundstückes	60		
4	Planen einer Gründung	60		
5	Planen eines Kellergeschosses	60		
6	Konstruieren eines Stahlbetonbalkens		60	
7	Konstruieren von Treppen		80	
8	Planen einer Geschossdecke		60	
9	Entwerfen eines Dachtragwerkes		60	
Schwerpunkt Architektur				
10(A)	Erstellen eines Bauantrages			60
11(A)	Entwickeln einer Außenwand			60
12(A)	Planen einer Halle			40
13(A)	Konstruieren eines Dachaufbaues			60
14(A)	Ausbauen eines Geschosses			60
Schwerpunkt Ingenieurbau				
10(I)	Sichern eines Bauwerkes			40
11(I)	Entwickeln einer Außenwand			60
12(I)	Planen einer Halle			60
13(I)	Konstruieren eines Daches			60
14(I)	Planen eines Stahlbetonbauwerkes			60
Schwerpunkt Tief-, Straßen- und Landschaftsbau				
10(TSL)	Ausarbeiten eines Straßenentwurfs			60
11(TSL)	Konstruieren eines Straßenoberbaues			60
12(TSL)	Planen einer Wasserversorgung			40
13(TSL)	Planen einer Wasserentsorgung			60
14(TSL)	Planen einer Außenanlage			60
	Summe (insgesamt 840 Std.)	280	280	280

An diese Vorgaben müssen sich Ausbilder und Berufsschullehrer halten.

Die Systematik ist **zweistufig:**

1. Die Ausbildungsordnung enthält Angaben zum »Berufsbild«. Abgebildet werden die grundlegenden Anforderungen, die an einen Ausgebildeten, im allgemeinen Sprachgebrauch also einen Gesellen oder Gehilfen, gestellt werden. Sie werden differenziert im Ausbildungsrahmenplan. Dort findet der Ausbilder jene Vorgaben, auf die er im Ausbildungsvertrag verpflichtet wird. Sie bilden den äußeren Rahmen für die Abschlussprüfung, den inneren Rahmen für die Ausbildung.

2. Auf die Inhalte im Berufsbild sind die Lernfelder des (für die Berufsschule gültigen) Rahmenlehrplans abgestimmt. Insofern ist die Abstufung eigentlich dreistufi.: Obenan stehen

   - Berufsbild und Lernfelder, darunter finden sich die
   - Berufsbildpositionen, differenziert im Ausbildungsrahmenplan, und die Lernfeldziele und -inhalte, und auf der operativen Ebene finden sich
   - Absprachen zwischen Ausbildern und Berufsschullehrern über die Inhalte an den beiden Lernorten Arbeitsplatz und Unterricht.

5.2.1.2   Betriebliche Weiterbildungsmaßnahmen

Kleinbetriebe werden sich eine eigene betriebliche Weiterbildung nicht leisten können. Sie entsenden ihre Meister und Kaufmannsgehilfen zu externen Weiterbildungen. Die Teilnehmer werden dann, so die Weiterbildung systematisch angelegt ist, von ihren Erkenntnissen und Erfahrungen berichten.

Mittel- und Großunternehmen sind gut beraten, wenn sie eigene Weiterbildungen anbieten. Dazu bedarf es zumindest eines Weiterbildungsbeauftragten, in Großunternehmen einer Weiterbildungsabteilung. Sie hat oft auch die Personalentwicklung zu betreuen.

Die angebotenen Weiterbildungen können sich auf fachliche Themen oder auf die Förderung der Persönlichkeit beziehen. Ersteres zielt meist auf technische Neuerungen, die neue Anforderungen an die Mitarbeiter mit sich bringen und ggf. auch veränderte Arbeitsanforderungen zur Folge haben. Zu den Persönlichkeit fördernden Themen gehören Verkaufsschulungen, Kundenbetreuung, Umgang mit Reklamationen, Teamarbeit u.v.m.

Es kann sich um einzelne Veranstaltungen – z. B. ein Vortrag über Zeitmanagement – handeln, aber auch um Tagesseminare oder mehrtägige Seminare. Sie können einzeln erfolgen, aber auch als Veranstaltungssequenz. Dazu kann u. a. auch die Ausbildung der Ausbilder gemäß AEVO gehören. Vorgesehen sind hier im DIHK-Rahmenplan 115 Stunden, von denen 25 in häuslicher Alleinarbeit absolviert werden können, sodass für einen betrieblichen Kurs 90 Stunden zur Verfügung ständen. Diese können als Tageskurs (z. B. jeweils donnerstags von 13 – 16 Uhr) oder als Abendkurs (z. B. jeweils dienstags von 16 – 19 Uhr) abgehalten werden. Weitere Kombinationen, etwa die Bündelung zu halbwöchigen Fortsetzungsseminaren, sind selbstverständlich denkbar. Die Organisation muss mit dem Betriebsrat abgestimmt werden. Dieser hat zwar kein inhaltliches Mitbestimmungsrecht, wohl aber eines in Fragen der organisatorischen Ausgestaltung. Welcher Mitarbeiter woran, wann und wo teilnimmt, entzieht sich seiner Mitbestimmung.

Gute Dozenten sind oft auf Monate ausgebucht. Insofern tut man gut daran, die Planung langfristig anzulegen. Auch hier gilt, dass der beste Plan nichts taugt, wenn nicht qualifizierte Ausführende gefunden werden. Als Honorar sollte man einen Betrag zwischen 800,– € und 2.000,– € als Tagessatz (nach oben offen) veranschlagen, zuzüglich Reise- und Unterbringungskosten, versteht sich.

Es hat sich nicht bewährt, als Seminarort einen Raum im Unternehmen zu nutzen. Die Nähe zum Arbeitsplatz und die vermeintliche Unentbehrlichkeit fördern die Konzentration der Teilnehmer nicht sonderlich. Insofern ist ein Tagungsort außerhalb des Unternehmens – trotz Anmietungskosten – der Seminarkultur eher zuträglich. Es bedarf klarer Vereinbarungen, was Zielsetzung, Inhalte, aber auch Methodik und Zeitrahmen angeht. Unterschiedliche Auffassungen sollten im Vorwege ausgeräumt werden; denn sie schlagen sonst auf die Weiterbildungsqualität durch.

Der Dozent ist gut beraten, wenn er seine Vorstellungen von der Räumlichkeit und vom Medieneinsatz dezidiert mit dem Veranstalter bespricht. Moderationskoffer gehören zur Grundausstattung, ein Beamer, möglichst geräuscharm, mit bereits angeschlossenem Laptop sollte ebenfalls die Regel sein. Unentbehrlich ist ein Ansprechpartner für den Medieneinsatz, der den Raum und seine Visualisierungsmöglichkeiten rechtzeitig vor Beginn mit dem Dozenten abstimmt. Dieser wird die Vorbereitungen genau inspizieren, denn es ist ärgerlich, wenn wertvolle Seminarzeit mit Probierattacken auf störrische Medien vergeudet wird.

5.2.2   Aus- und Weiterbildungsprozesse optimieren

Allgemein: Seminarteilnehmer sollten gehalten werden, ein Portfolio anzulegen. Darin sammeln sie die vom Dozenten ausgeteilten Unterlagen von der Einladung bis zu einzelnen Arbeitsblättern und Mitschriften. Schließlich sollten Bewertungsbögen vorhanden sein, die am Ende des Seminars ausgefüllt und eingesammelt werden.

Anonymität ist zuzusichern, damit die Teilnehmer nicht befürchten müssen, sich für eine negative Einschätzung rechtfertigen zu müssen. Davon abgesehen sollten die Teilnehmer die gewonnenen Erkenntnisse auch für sich schriftlich festhalten und dem Portfolio hinzu fügen.

Ein ausgewogenes Verhältnis von Information zu Diskussion und Vertiefung sollte die Regel sein. Höchstens 20 Minuten Redezeit sollten auf den Dozenten und mindestens 20 Minuten auf die Teilnehmer entfallen.

Der Lernberater sollte sowohl hinsichtlich der Erfolgskontrollen als auch hinsichtlich der Planung von Weiterbildungsveranstaltungen hinreichend versiert sein. Zu den Erfolgs-kontrollen möge er sich auf Kapitel 7 freuen, hinsichtlich der Planung sei er auf den voran-gegangenen Abschnitt verwiesen.

Für die Teilnehmer an Weiterbildung sind dann Veranstaltungen besonders attraktiv, wenn diese sie nicht nur mit Zusatzqualifikationen ausstatten, sondern diese auch zertifizieren, sodass sie tarif- und/oder bewerbungsrelevant werden. Die Ausstellung eines **Zertifikats** sollte ohnehin die Regel sein. In bestimmten Berufen ist das gang und gäbe, so bei den Medizinern, die eine bestimmte Anzahl von Punkten – und mit einem Punktestand ist je-des von ihnen besuchte Seminar beziffert – für den Erhalt ihrer Approbation benötigen. Vergleichbares gibt es übrigens auch bei Hamburger Lehrern, die 45 Weiterbildungsstun-den pro Jahr nachweisen müssen.

5.3 Lernprozesse und Lernsituationen unter Berücksichtigung kundenbezogener Anforderungen planen und moderieren

5.3.1 Arbeits- und Geschäftsprozesse auf zu vermittelnde Lerninhalte analysieren

Die praktische Ausbildung lebt nun einmal von Lernaufträgen, denen sich der Auszubildende widmet. Sie sollten weder zu schwierig noch zu lapidar ausfallen. Im ersten Fall entsteht die Gefahr, dass er mutlos wird, mit seinem Scheitern nicht zurechtkommt, im zweiten spricht ihn die Aufgabe nicht an, ist uninteressant, lässt ihn nicht aktiv werden. Insofern muss der Ausbilder nicht allein auf seine Erfahrung setzen, sondern sich beim Auszubildenden vergewissern, ob dieser die Aufgabenstellung wirklich **verstanden** hat. Berufsschullehrer, die Aufgaben stets schriftlich fassen, wissen warum sie das tun. Ärgerlich sind schließlich Missverständnisse, weil die Botschaft »Aufgabe xy« vom Empfänger der Nachricht anders verstanden und/oder fehlinterpretiert wird.

Das passende Anforderungsniveau zu finden, ist aber nur die eine Sache. Eine andere ist der Aufwand, den die Eigendefinition verursacht. Das gilt vor allem dann, wenn mit ihr der Anspruch verknüpft ist, erprobte Aufgaben zu stellen. Deshalb ist vor der Eigendefinition zu prüfen, ob sich nicht im Kollegenkreis »fertige« Aufgaben oder Aufgabenbeschreibungen finden lassen; die müssen ja keineswegs 1 : 1 übernommen werden. Sie lassen sich oft ohne großen Aufwand auf die eigenen Auszubildenden übertragen.

5.3.2 Lernsituationen in Unternehmensprozessen

Eigentlich kann man einen Auszubildenden nur »lernen lassen«. Selbst bei größter Mühe kann der Lernberater keinen Erfolg erzielen, wenn der »Belehrte« sich im Innern gegen die Belehrung sträubt oder ihm das Verständnis für das zu Lernende abgeht: »Lernen ist nur über die aktive Beteiligung des Lernenden (einschließlich Motivation und Interesse) möglich; kein Lernen ist ohne selbstgesteuerten Anteil denkbar.« (REINMANN-ROTH-MEIER/MANDL 1997, S. 356). Knapp formuliert: Man kann nicht nicht lernen!

Mit der Größe einer Lerngruppe steigt auch die Schwierigkeit, jedem Einzelnen gerecht zu werden. Strittig ist denn auch, inwieweit sich ein direkter Einfluss von der Größe auf die Qualität der Lernprozesse nachweisen lässt. In Waldorf-Schulen z. B. finden sich oft Lerngruppen, deren Schülerzahl weit über 30 hinausgeht, ohne dass man dieser Schulform vorwerfen kann, die Schüler nicht hinreichend individuell zu behandeln.

Andererseits verleiten große Gruppen zum Dozieren und zum sogenannten Frontalunterricht. Vielleicht ist er deshalb nach wie vor dermaßen verbreitet, dass er über 80 % der Unterrichtszeit sowohl in allgemein bildenden Schulen als auch in beruflichen einnimmt. Ideal ist eine Gruppengröße von 10 bis 20 Teilnehmern; hier kann individuell und gruppenweise gearbeitet werden; hier sind die räumlichen Verhältnisse weniger prägend als etwa bei Schulklassen, deren Größe die Zahl 20 oft weit überschreitet. Auch für die Lehrkräfte ergibt sich eine deutliche Belastungsverringerung, wenn sich die Zahl der Arbeiten im Rahmen der Lernerfolgskontrolle vermindert.

Betriebe arbeiten nach eigenen Gesetzen. In der Familie, im Freundeskreis, und in der Schule gelten andere Werte als in Betrieben. In der Familie gilt es einen hohen gemeinsamen inneren Wert zu erzeugen, einen Zusammenhalt und gegenseitige Unterstützung zu pflegen. In Betrieben gilt das erwerbswirtschaftliche Prinzip: hohe Erträge bei gegebenem Kostenrahmen oder Erzielung eines angestrebten Ertrags unter minimalen Kosten. In Kapitalgesellschaften kommen die Ansprüche der Anteilseigner hinzu: Sie wollen eine möglichst hohe Rendite ihres eingesetzten Kapitals erreichen.

Jedenfalls sind die Normen und Werte im Betrieb stark von außen bestimmt und nach außen gerichtet. Der Jugendliche erfährt sich als Glied in einer Mitarbeiterkette. Er muss »spuren«, seine Kreativität im Zaum halten, seine Gefühle kontrollieren und seine Arbeitsleistung optimieren. Arbeitgeber erwarten VVS: Verträglichkeit, Verlässlichkeit und Selbstständigkeit, wie an anderer Stelle schon ausgeführt. Diese Unterordnung unter betriebliche Zwänge mag Jugendliche stören, andere wiederum finden durchaus Gefallen an der außenorientierten, am »Output« gemessenen Leistungserwartung.

Die Bedeutung des sozialen Lernens

Soziales Lernen geschieht vornehmlich an menschlichen Vorbildern. Insofern sind die gelebten oder filmisch dargebotenen Modelle für die Einstellungen, Neigungen und Interessen der Jugendlichen besonders bedeutsam. Der Ausbilder ist einer der wichtigsten Identifikationspartner. Sein prägender Einfluss wird nicht so sehr in der Vermittlung beruflicher Fähigkeiten, Kenntnisse und Fertigkeiten, sondern vielmehr in der Vermittlung umfassender **Schlüsselqualifikationen** spürbar.

In diesem Zusammenhang ist, wie bereits betont, die eigene Einstellung des Ausbilders zur beruflichen Weiterbildung wichtig. Ist er selbst reserviert gegenüber Fortbildungsangeboten, so wird man nicht erwarten können, dass seine Auszubildenden sonderliches Interesse daran entwickeln werden.

Viele Jugendliche, denen die Schule mit ihren abstrakten, von der Lehrerperson gesetzten Zielen und ausgewählten Themen wenig Sinn gestiftet hat, fühlen sich im Betrieb mit seinen konkreten Leistungsanforderungen nicht nur gut aufgehoben, sondern auf der sachlichen Seite angesprochen. Sie vollziehen gleichsam eine motivationale Kehrtwendung. Aus einem desinteressierten, »faulen« Schüler wird oft über Nacht ein fleißiger Auszubildender voller Tatendrang. Dieser **Sozialisationseffekt** ist durchaus wünschenswert, solange er nicht in übertriebene Selbsterwartung, verknüpft mit Versagensängsten, ausartet. Hier muss der Ausbilder behutsam vorgehen und ggf. dämpfend eingreifen.

5.3.3   Didaktische Aufbereitung von Lernsituationen

5.3.3.1   Auftragsorientiertes Lernen

Die griffigste Lernsituation bietet zweifellos der **Kundenauftrag.** Hier müssen Anforderungen nicht künstlich hergestellt werden. Das hat der Kunde mit seinen Wünschen ja bereits getan, soweit die Wünsche durch den Betrieb auch erfüllt werden können. Die didaktische Aufbereitung besteht hier zunächst einmal in der Zerlegung des Auftrags in einzelne Arbeitsschritte. Zeichnungen müssen erstellt, Aufmaße genommen, Anforderungen definiert, Zeit eingeteilt werden. Das alles hängt natürlich ganz besonders von der Art des Auftrags ab: Handelt es sich um die Herstellung eines Möbelstücks, dann ist anders vorzugehen als bei einer Bestellung in einem Lebensmittelladen oder bei der Fehlersuche bei einem defekten Pkw.

Eines aber haben die Aufträge gemeinsam: Sie müssen zunächst virtuell, in der Vorstellung des Ausführenden bedacht werden, bevor es an die Ausführung geht. Dazu bedarf es der Beantwortung einer ganzen Reihe von Fragen; die Antwortpassung zieht sich durch die gesamte Auftragserledigung. Daher darf diese Planungsphase nicht allzu knapp ausfallen, das könnte sich bei der Ausführung später rächen.

Wenn der Auftrag noch nicht hinreichend konkretisiert ist und etwaige Material- oder Warenbestellungen noch nicht vorgenommen werden können, bietet sich eine Skizze als Zwischenschritt an. Das kann auch eine Stichwortsammlung einzelner Auftragsphasen sein oder ein Materialschein, auf dem einzukaufende Waren oder Vorprodukte vermerkt sind. Zudem ist zu klären, welche Teilarbeiten vom Auszubildenden übernommen werden können und welche besser der Fachkraft vorbehalten bleiben. Handelt es sich um einen umfangreicheren Auftrag, tut man gut daran, Meilensteine bzw. Fixpunkte zu setzen, zu dem Teilaufträge abgearbeitet und ggf. einer Vorkontrolle durch den Auftraggeber zugeführt werden.

Der Auszubildende wird diese Verfahrensschritte zumindest beobachten, wenn nicht sogar begleiten. Wenn es sich um ein größeres Projekt handelt, wäre eine **Projektplanung** angezeigt, die durchaus schon dem Auszubildenden obliegen könnte, ggf. auch parallel zur Planung der Fachkraft. Der Lernberater = Ausbilder = ausbildende Fachkraft wird sich immer vergewissern, welche Arbeitsschritte sich während der Ausführung des Auftrags für den Auszubildenden eignen.

Die Abnahme des fertigen Werkstücks bzw. der gelieferten Waren obliegt dem Kunden; aber bevor dieser Gelegenheit zur Prüfung erhält, findet im Regelfall erst einmal eine interne Prüfung statt. Hier wird der Auszubildende in die Rolle eines Prüfers versetzt. Er sollte in der Lage sein, etwaige Mängel oder Fehler zu identifizieren und vorzuschlagen, wie sie behoben oder beseitigt werden können.

Den Schluss der Auftragsbearbeitung bildet die Übergabe der Leistung an den Kunden. Anschließend wird eine kritische Rückschau der Auftragsausführung vorgenommen. War der Kunde zufrieden? Sind Fehler aufgetreten, die künftig abgestellt werden sollten? Haben die Auftragsfertigung und -bearbeitung zu viel Zeit und Arbeitskapazität gebunden? Was nimmt der Auszubildende aus den Lerneinheiten für seine Qualifizierung mit? Und welche Kompetenzen waren neben der unausweichlichen Fachkompetenz besonders gefordert?

5.3.3.2   Auswahl und Reihung der Ausbildungsinhalte

Kernproblem didaktischer Planung ist es, die Vielfalt der Realität (»Was könnte man nicht alles zu diesem Thema behandeln?!«) so zu vereinfachen und aufzubereiten, dass der Lerngegenstand fasslich wird, ohne seinen Aussagegehalt einzubüßen. Bei der Vereinfachung darf der Sachverhalt nicht verfälscht werden. Diesem Problem, der Aufgabe der sogenannten didaktischen Reduktion, widmen sich Pädagogen und Philosophen, seit es Lernsituationen gibt.

Man kann die Bestimmung der Planungsschritte mit der Funktion eines Siebes vergleichen: Zunächst werden für die Ausbildung nicht so wichtige Stoffe herausgefiltert, dann werden sie geordnet und mit Veranschaulichungsbeispielen, Praxisfällen u. a. wieder angereichert.

Es gibt allerdings kein »Patentrezept« für diese Aufgabe, da es sowohl an allgemeingültigen Merkmalen einer »Normalqualifikation« von Menschen fehlt als auch an Mitteln, daraus Bildungsinhalte zu entwickeln. Wie man die Aufgabe anpackt und löst, ist vor allem von der Komplexität und Abstraktheit des Stoffes, von den Vorkenntnissen und der Auffassungsgabe der Auszubildenden abhängig. Als **Faustregel** mag gelten: Je komplexer und abstrakter ein Ausbildungsinhalt, desto kürzer sollten die Lernschritte angelegt und desto stärker mit Beispielen, Aufgaben, Skizzen usw. angereichert werden.

Das Wissen ist unendlich. Grenzenlos ist auch das Berufswissen, das sich der Auszubildende in seiner Ausbildungszeit aneignen könnte. Deshalb wird man aus dem insgesamt vorhandenen Berufswissen immer eine Auswahl treffen müssen. Diese Auswahl kann willkürlich vorgenommen werden, sie sollte es selbstverständlich nicht. Vielmehr sollte diese »didaktische Reduktion« nach sach- und lernpsychologischen Kriterien vorgenommen werden. Wie das am sinnvollsten zu geschehen habe, stand im Zentrum der Diskussion um die sogenannte didaktische Reduktion, die ihre Blütezeit in den 1970er Jahren hatte. Das Problem ist nach wie vor gegeben, deshalb wird es hier ausführlich besprochen.

5.3.3.3　Didaktische Reduktion als zentrales Thema der Berufspädagogik

Dietrich HERING (1925 – 1974, Prof. für Didaktik an der Fakultät Berufspädagogik der Technischen Universität Dresden), verstand Ende der 50er Jahre des vergangenen Jahrhunderts die Wissenschaften als Lieferanten für die Inhalte des (naturwissenschaftlich-technischen) Unterrichts. Da Übereinstimmung zwischen den Interessen der Wissenschaftler und der übrigen Bevölkerung bestehe, sei die Aufgabe des Lehrers nicht auf eine Reduktion der Inhalte in materieller Hinsicht, sondern lediglich auf eine leichtere Fasslichkeit für den Schüler gerichtet. So stellt didaktische Vereinfachung im Wesentlichen eine sprachliche Verallgemeinerung dar: Eine komplizierte Ausgangsaussage (»Als Zuschläge für den Hochofenprozess kommen in Betracht: Quarz, Feldspat, Schiefer, Kalkstein, Dolomit.«) wird zu einer einfachen Aussage reduziert: »Als Zuschläge kommen bestimmte Stoffe in Betracht.« Wesentlich ist die Forderung, den Gültigkeitsumfang der Ausgangsaussage nicht zu beschneiden, sondern lediglich die differenzierte wissenschaftliche Aussage in die verallgemeinerte schulische Aussage zu überführen.

Gustav GRÜNER (1924 – 1988; Prof. an der Universität Frankfurt am Main) unterschied später (1967) »horizontale« und »vertikale« Reduktion:

- »Vertikal« heißt, dass die Ausgangsaussage inhaltlich in ihrem Gültigkeitsumfang eingeschränkt wird (es wird nur ein Ausschnitt der wissenschaftlichen Aussagen vermittelt);

- »horizontal« heißt, dass die Ausgangsaussage methodisch verändert wird, z. B. das Abstraktionsniveau einer mathematischen Formel sprachlich aufgelöst und anhand von Beispielen eine konkrete Vorstellung erzeugt wird (Veranschaulichung durch Materialien ist dabei sehr bedeutsam).

Im Übrigen bestritt er, dass die wissenschaftliche Aussage den alleinigen Ausgangspunkt der Inhaltsbestimmung abgeben sollte; die Praxis sei mindestens ebenso bedeutsam und damit Lieferant für die Ausbildungsthemen.

Zur gleichen Zeit sprach sich Saul Benjamin ROBINSOHN (1916 – 1972, Direktor des Berliner Max-Planck-Instituts für Bildungsforschung) in seiner berühmt gewordenen Schrift »Bildungsreform als Revision des Curriculums« für die Anlegung eines Kriterienbündels bei der Auswahl geeigneter Inhalte aus. Nicht mehr ein abstrakter Bildungsgedanke sollte Richtschnur für die Auswahl von Lerninhalten sein, sondern

»1. die Bedeutung eines Gegenstandes im Gefüge der Wissenschaft, damit auch als Voraussetzung für weiteres Studium und weitere Ausbildung;

2. die Leistung eines Gegenstandes für Weltverstehen, d. h. für die Orientierung innerhalb einer Kultur und für die Interpretation ihrer Phänomene;

3. die Funktion eines Gegenstandes in spezifischen Verwendungssituationen des privaten und öffentlichen Lebens« (1967; S. 48).

Grundlage der Inhaltsbestimmung sollten die späteren Lebenssituationen des Lernenden sein, die beruflichen wie privaten, die gegenwärtigen wie zukünftigen. Und dabei sei in einem Dreischritt vorzugehen, der insbesondere für die betriebliche Ausbildung interessant ist: Aus den (Arbeitsplatz-)Situationen mit den darin zu erfüllenden (Arbeits-) Funktionen sollen (berufliche) Qualifikationen abgeleitet werden; aus ihnen soll auf die Bildungsinhalte geschlossen werden, die für den Erwerb der Qualifikationen nötig und daher in Schule und Ausbildung zu behandeln sind.

In dieser Richtung wurde fortan in der Pädagogik weithin gedacht: »situativ«, von den Anforderungen in der Berufstätigkeit und im privaten Lebensbereich her, nicht mehr von einem abstrakten Bildungsgedanken aus. Solchen Gedankengängen folgt auch der nachstehende Vorschlag, wie denn nun strategisch im Rahmen einer Ausbildungsplanung eine solche didaktische Analyse vorgenommen werden kann.

5.3.3.4 Ein Praxisbeispiel für »didaktische Reduktion«

Am Beispiel des Themas »Organigramm« (aus dem Fachgebiet Betriebsorganisation) werden sechs Schritte didaktischer Analyse vorgestellt und erläutert:

a) Wie wird das Thema in der Fachliteratur behandelt? (Kriterium: verfügbare Fachliteratur)	Was steht in der einschlägigen Organisationsliteratur über das Organigramm?
b) Welche Aussagen über das Thema sind zutreffend (gültig), welche nicht? (Kriterium: logische und empirische Gültikeit)	Ungültig: Organigramm ist eine Darstellungsform betrieblicher Abläufe; gültig: ... Darstellungsform betrieblicher Strukturen.
c) Welche Aussagen über den Unterweisungsgegenstand sind wichtig, welche nicht? (Kriterien: gegenwärtige und zukünftige Arbeitsanforderungen an den Auszubildenden)	Personenorientierte Organigrammform ist mglw. nicht wichtig, die (gebräuchlichste) funktionsorientierte Organigrammform reicht aus; auf Matrixorganisation wird verzichtet.
d) Wie lassen sich die einzelnen Aussagen über das Thema ordnen (ist der sachlogische Aufbau auch der lernpsychologisch sinnvolle)? (Kriterien: Sachlogik, Vorkenntnisse und Auffassungsgabe des Auszubildenden)	Z. B. Dreischritt: (1) Begriff und Grundstruktur Organigramm (2) Anwendungsbeispiel (3) Einbettung in betriebliche Praxis, angrenzende und übergeordnete Themengebiete.
e) Welche Voraussetzung bringt der Auszubildende für das Verständnis des Themas bereits mit? An welchen weiteren Lernorten werden parallel entsprechende Inhalte behandelt? Auf welche anschließenden Themen muss hingearbeitet werden? (Kriterien: Funktion und Stellenwert des Gegenstandes in der gesamten Ausbildung)	Wurden grafische Darstellungen bereits im (Berufs-) Schulunterricht behandelt? Wirtschaftslehreunterricht bringt mglw. betriebliche Gliederung; wird der Auszubildende demnächst in der Personalabteilung tätig sein?
f) Welche (weiteren) Anwendungsbereiche für das Thema lassen sich finden? Sollte die historische Entwicklung aufgezeigt werden? Ist ein Ausblick auf weitere Entwicklung des Themas sinnvoll? (Kriterien: Funktion und Stellenwert des Themas in der Berufsperspektive des Auszubildenden, lernpsychologische Gesichtspunkte hinsichtlich Aufmerksamkeit, Verständnis und Gedächtnis)	Organigramm als Darstellungsmittel für Abteilungsstrukturen, Verantwortlichkeitsbereiche etc., Anwendung des Organigramms auf die eigene Betriebsstruktur.

(Quelle: Seyd, W.: Lernzielbestimmung im Rahmen individueller Unterrichtsplanung, in: Die Deutsche Berufs- und Fachschule, Heft 12/1975, S. 935)

Geht man an die Reihung der Lerninhalte heran, lassen sich grundsätzlich drei Wege beschreiten:

- Man geht willkürlich vor, überlässt die Reihenfolge der Inhalte dem Zufall.
- Man geht nach sachlogischen Merkmalen vor: Das kann eine historische Entwicklung sein, es kann auch vom Einfachen zum Komplexen, vom Allgemeinen zum Besonderen, gestaffelt werden.
- Man richtet sich nach lernpsychologischen Kriterien: vom Bekannten zum Unbekannten, vom Konkreten zum Abstrakten usw.

Die **lernpsychologische Reihung** wird als die optimale empfohlen; sie kann, muss aber nicht mit der sachlogischen Reihung übereinstimmen. Das Thema wird in Abschnitt 5.4.4 noch einmal aufgegriffen und vertieft.

Im Anschluss an die Ausführungen zu den Lernzieltaxonomien (siehe in Lehrbuch 1, Abschn. 1.3.1.1) sei noch einmal auf die des Amerikaners Benjamin S. BLOOM zurückgegriffen. Zur ersten Stufe der Taxonomie des kognitiven Bereichs gibt es eine nützliche Aufteilung. Sie differenziert Lerninhalte nach dem Grad zunehmender Komplexität. An diese Klassifikation kann sich der Ausbilder anlehnen, wenn – wie im untenstehenden Beispiel – Lerninhalte in eine sinnvolle Reihenfolge zu bringen sind:

(1)   konkrete Einzelheiten
(1.1) Begriffe
(1.2) einzelne Fakten
(2)   Verfahrensweisen mit konkreten Einzelheiten
(2.1) Übereinkünfte, Vereinbarungen, Regeln
(2.2) zeitliche Verläufe
(2.3) Klassen, Kategorien, Gliederungsmöglichkeiten, übergeordnete Gesichtspunkte
(2.4) Kriterien (zum Prüfen, zum Messen)
(2.5) Forschungsmethoden, Techniken, Verfahren
(3)   Gesamtheiten und Begriffsbildungen
(3.1) Gesetze und Verallgemeinerungen
(3.2) Theorien und Strukturen

Bei genauerem Hinsehen erkennt der Betrachter, dass am Anfang anschauliche Einzelheiten genannt werden, denen später immer allgemeinere und abstraktere Inhalte folgen. Nicht jeder Schritt ist bei jedem Lehrstoff sinnvoll. Aber wenn etwa naturwissenschaftliche Gesetze (z. B. das OHMsche Gesetz) behandelt werden, sollten die voran stehenden Schritte auch im Lernprozess wirklich vorangegangen sein. Ein Beispiel bietet das BiBB mit seinem Fernlehrgang zur Elektronik (in »Baustein 1, Grundlagen der Elektrotechnik«, 1978, S. 39):

»Die Adressaten sollen dabei lernen, wie man mit dem OHMschen Gesetz rechnet und mit seiner Hilfe Kennlinien konstruiert und auswertet. Dazu sind folgende Einzelschritte vorgesehen:

1. Eine zutreffende Beschreibung für den elektrischen Widerstand geben,
2. angeben, welche Spannung in einem einfachen Stromkreis am Widerstand liegt und wie die Richtung der Strom- und Spannungspfeile festgelegt ist,
3. die Proportionalität zwischen Strom und Spannung bei konstantem Widerstand und zwischen Strom und Widerstand bei konstanter Spannung angeben,
4. den Strom durch einen Widerstand berechnen, wenn die Spannung und der Wert des Widerstandes bekannt sind,
5. die Spannung an einem Widerstand berechnen, wenn der Strom durch den Widerstand und der Wert des Widerstandes bekannt sind,

6. aus den Messwerten von Strom und Spannung an einem Widerstand den Wert des Widerstandes berechnen und drei verschiedene Formeln für das OHMsche Gesetz angeben,

7. die Abhängigkeit des Stromes von der Spannung an einem Widerstand in einem Diagramm darstellen und aus einer Widerstandsgeraden den Wert des Widerstandes ermitteln,

8. ein Strom-Widerstands-Diagramm auswerten.«

Eine Zeitlang sind Pädagogen davon ausgegangen, dass mit der Bestimmung von Lerninhalten auch schon die geeigneten Methoden festgelegt seien. Davon ist man inzwischen längst abgerückt. Es gibt eine Methodenvielfalt und der Einsatz einer bestimmten Methode richtet sich nach ihrer Eignung für einen bestimmten Teilnehmerkreis, ein bestimmtes Thema, den materialen und medialen Möglichkeiten usw. Im nächsten Abschnitt werden darum vielfältige Methoden vorgestellt, die nicht allgemein als gut oder schlecht angesehen werden können. Erstens kommt es auf den Zusammenhang mit Intentionen, Inhalten und Medien an, zweitens auf die Art und Weise, wie mit ihnen umgegangen wird. Auch die beste Methode lässt sich noch durch ungeschickte Ausbilder »verhunzen«. Der Lernberater ist gut beraten, wenn er sich einen Kranz an Methoden – siehe nächsten Abschnitt – aneignet und sie situations- und teilnehmergerecht einzusetzen vermag. Das hat sehr viel mit Erfahrungen zu tun, und die sammelt man nicht vom Hörensagen.

5.3.3.5   Funktion und Bedeutung der Kompetenzanalyse

Wenn man herausfindet, welche Kenntnisse, Fähigkeiten und Fertigkeiten, aber auch welche Begrenzungen und Miss-Erfahrungen die Lernenden mitbringen, hat man schon das Wesentliche des Unterrichts erreicht, mahnt der amerikanische Lernpsychologie David P. AUSUBEL: Das kann im persönlichen Gespräch erfolgen, das lässt sich aber auch in systematischer Form mit Hilfe eines standardisierten Anamnesebogens aufspüren. Die nachfolgend dargestellten, beispielhaften Erhebungsbögen können eine solide Grundlage bieten.

Matthias Jerusalem und Ralf Schwarzer: **Allgemeine Selbstwirksamkeitserwartung (SWE)**		Stimmt …			
		genau	eher	kaum	nicht
		4	3	2	1
1.	Wenn sich Widerstände auftun, finde ich Mittel und Wege, mich durchzusetzen.				
2.	Die Lösung schwieriger Probleme gelingt mir immer, wenn ich mich darum bemühe.				
3.	Es bereitet mir keine Schwierigkeiten, meine Absichten und Ziele zu verwirklichen.				
4.	In unerwarteten Situationen weiß ich immer, wie ich mich verhalten soll.				
5.	Auch bei überraschenden Ereignissen glaube ich, dass ich gut mit ihnen zurechtkommen kann.				
6.	Schwierigkeiten sehe ich gelassen entgegen, weil ich meinen Fähigkeiten immer vertrauen kann.				
7.	Was auch immer passiert, ich werden schon klarkommen.				
8.	Für jedes Problem kann ich eine Lösung finden.				
9.	Wenn eine neue Sache auf mich zukommt, weiß ich, wie ich damit umgehen kann.				
10.	Wenn ein Problem auftaucht, kann ich es aus eigener Kraft meistern.				

Der dargestellte Bogen zur Einschätzung der Sozialkompetenz wurde im Rahmen des Forschungs- und Entwicklungsprojekts »Ganzheitliche berufliche Rehabilitation Erwachsener in Berufsförderungswerken« (1995 – 2002) gemeinsam mit dem BFW Bad Wildbach entwickelt und getestet.

Beurteilungsbogen zur Sozial- und Selbstkompetenz				
TeilnehmerIn		Kurs		
AusbilderIn		Zeitraum der Beurteilung	von: bis:	

	4 3 2 1	4 3 2 1
Lern- und Arbeitsbereitschaft	TeilnehmerIn	AusbilderIn
Ich arbeite mit.		
Ich zeige Interesse an Aufgaben.		
Ich bringe mich ein.		
Ich bin veränderungsbereit.		
Ich entwickle meine Persönlichkeit weiter.		
Ich bringe Vorschläge und Ideen ein.		
Bemerkungen		
Zuverlässigkeit	TeilnehmerIn	AusbilderIn
Ich bin zuverlässig.		
Ich führe übertragene Aufträge aus.		
Ich halte Verabredungen ein.		
Ich löse Probleme auf eigene Initiative.		
Ich arbeite eigenverantwortlich und selbstständig.		
Bemerkungen		
Sorgfalt	TeilnehmerIn	AusbilderIn
Ich arbeite genau.		
Ich arbeite sauber.		
Ich arbeite gründlich.		
Bemerkungen		
Arbeitstempo	TeilnehmerIn	AusbilderIn
Ich schätze meinen Zeitbedarf realistisch ein.		
Ich arbeite zügig.		
Ich arbeite ohne Hektik.		
Ich halte verabredete Termine ain.		
Ich erledige die Arbeit im gesetzten Zeitkorridor.		
Bemerkungen		

Beurteilungsbogen zur Sozial- und Selbstkompetenz   4 = genau   3 = eher   2 = kaum   1 = nicht

	4 3 2 1	4 3 2 1
Beständigkeit	TeilnehmerIn	AusbilderIn
Ich halte Anstrengungen über längere Zeit durch.		
Ich bleibe konzentriert.		
Ich lasse mich nicht von der Arbeit abbringen.		
ich will Aufgaben zu Ende bringen.		
Bemerkungen		
Auffassungsgabe	TeilnehmerIn	AusbilderIn
Ich bin für neue Fachinhalte aufgeschlossen.		
Ich nehme Dinge in meiner Umwelt gezielt wahr.		
Ich begreife schnell.		
Ich nehme Informationen sicher auf.		
Ich behalte das Wesentliche im Gedächtnis.		
Bemerkungen		
Kooperationsfähigkeit	TeilnehmerIn	AusbilderIn
Ich arbeite gern mit anderen zusammen.		
Ich füge mich in ein Team ein.		
Ich arbeite an der Meinungsbildung mit.		
Ich nehme problemlos Kontakt mit Anderen auf.		
Ich bin hilfsbereit.		
Ich nehme Hilfe von Anderen an.		
Bemerkungen		
Selbstvertrauen	TeilnehmerIn	AusbilderIn
Ich bin mir meiner Stärke sicher.		
Ich arbeite gezielt an der Beseitigung meiner Schwächen.		
Ich kann Kritik gut annehmen.		
Es fällt mir nicht schwer, Andere zu kritisieren.		
Rückschläge werfen mich nicht aus der Bahn.		
Bemerkungen		
Problemlösefähigkeit	TeilnehmerIn	AusbilderIn
Ich entwickle neue Lösungen durch Kombination vorhandener Kenntnisse.		
Ich gehe den Dingen auf den Grund.		
Ich kann einmal Gelerntes gut auf neue, unbekannte Aufgaben übertragen.		
Ich benötige kein vorgegebenes Schema, um Aufgaben und Probleme zu lösen.		
Ich benötige bei Schwierigkeiten keine Hilfestellung.		
Bemerkungen		

Beurteilungsbogen zur Sozial- und Selbstkompetenz   4 = genau   3 = eher   2 = kaum   1 = nicht

5.3.4 Zuordnung situationsgerechter und handlungsorientierter Ausbildungsmethoden

Wenn man an »handlungsorientierte Methoden« denkt, dann sind damit meist Fallstudien und Projektarbeiten gemeint. Aber das Methodenrepertoire auch unter der Überschrift »Handlungsorientierung« sollte nicht auf zwei besonders aktivierende Methoden beschränkt bleiben. Wie bei Medikamenten gibt es kein »an sich richtig« oder »sowieso falsch«; es kommt auf die Dosierung und die Art und Weise an, in der jemand »methodisch wirkt«. Und da ist grundsätzlich keine Methode ausgeschlossen, selbst der Vortrag nicht.

5.3.4.1 Vortrag

Man spricht gelegentlich von »Vortragskünstlern« – vielleicht ist die Bezeichnung gar nicht so falsch. Zu einem Künstler gehören Talent und Handwerkszeug (»Übung macht den Meister«). Und nicht nur das: »Unterrichtskompetenz erwirbt man durch Unterrichten. Das ist mit dem Fahrradfahren vergleichbar. Man lernt es nicht dadurch, dass man Bücher über das Fahrradfahren liest.« (SIEBERT 2010, S. 15). Wir kennen das Phänomen des »Trainingsweltmeisters«, der bedauerlicherweise im Wettkampf versagt. Auch hier ist die Realbegegnung entscheidend, nicht die viele Übungszeit auf dem Übungsplatz.

Vorträge sind immer noch die schnellste Form der Informationsübertragung – neben dem Lesen; da sie aber in einen zwischenmenschlichen Kontext eingebunden sind, bieten sie gegenüber der bloßen Lektüre für den Redner die Chance zur Wahrnehmung der Zuhörerreaktionen (und damit der Anpassung seiner Informationseingabe an die Aufnahmemöglichkeiten der Teilnehmer) und für den Zuhörer die Chance zur Nachfrage, zum »Einhaken«. Gute Vorträge sind deshalb – trotz aller Hinwendung zum handlungsorientierten Lernen – immer noch ein gutes Mittel der Informationsübertragung! Ob man sie deshalb abschwächend als »Input« bezeichnen muss, sei dahingestellt.

Ein sehr anschauliches Beispiel dafür, wie man es nicht machen sollte, wenn man sich verständlich ausdrücken will, liefert ein Textauszug aus der Straßenverkehrs-Zulassungsordnung. Darin ist geregelt, mit welcher Genauigkeit ein Tachometer arbeiten muss. Dieses Beispiel hat die Psychologengruppe LANGER/SCHULZ vonTHUN/TAUSCH im Jahre 1971 benutzt, um daran die vier wichtigsten Regeln für die Formulierung verständlicher Texte zu demonstrieren.

Text A enthält die (damalige) Gesetzesfassung für die Beschaffenheit von Tachometern, Text B einen Formulierungsvorschlag der o. g. Autorengruppe.

Gesetzesfassung:

»§ 57 StVZO: Die Anzeige der Geschwindigkeitsmesser darf vom Sollwert abweichen in den letzten beiden Dritteln des Anzeigebereiches – jedoch mindestens von der 50 km/st-Anzeige ab, wenn die letzten beiden Drittel des Anzeigebereiches oberhalb der 50 km/st-Grenze liegen – 0 – + 7 vom Hundert des Skalenendwertes; bei Geschwindigkeiten von 20 km/st und darüber darf die Anzeige den Sollwert nicht unterschreiten.«

Formulierung Autorengruppe:

»§ 57 der Straßenverkehrs-Zulassungsordnung: Um wie viel Prozent darf eine Tachometeranzeige von der tatsächlich gefahrenen Geschwindigkeit abweichen?

1. Für den Bereich von 0 bis 20 km/st bestehen keine Vorschriften.

2. Ab 20 km/st darf der Tachometer nicht weniger anzeigen.

3. *Für Tachometer, deren Skala bis 150 km/st reicht, gilt: Sie dürfen in den letzten beiden Dritteln des Anzeigebereichs höchstens 7 % ihres Skalenendwertes mehr anzeigen. Beispiel: Ein Tachometer reicht bis 120 km/st. Von 40 bis 120 km/st darf er höchstens 7 % von 120 km/st (= 8,4 km/st) zuviel anzeigen.*

4. *Wenn der Tachometer über 150 km/st reicht, beginnt die 7 %-Regelung schon ab 50 km/st.«*

Vier Merkmale sind es, die einen verständlichen Text kennzeichnen:

1. Er muss systematisch gegliedert sein.

2. Er muss einfach formuliert sein.

3. Er darf weder zu knapp noch weitschweifig ausfallen.

4. Für den Fall, dass er etwas länger geraten ist, muss er anregende Zusätze enthalten.

Im Einzelnen bedeutet dies:

1. Systematisch gegliedert ist ein Text, wenn er folgerichtig aufgebaut und übersichtlich angeordnet ist, wenn Wesentliches von Unwesentlichem geschieden, der rote Faden sichtbar ist und alles schön der Reihe nach kommt.

2. Einfachheit erreicht man durch kurze, klare Sätze mit geläufigen Wörtern; Fachwörter werden erklärt, konkrete Beispiele hinzugegeben, es bleibt anschaulich.

3. Ein von der Ausführlichkeit her passender Text ist weder gedrängt noch breit angelegt, aufs Ziel konzentriert, enthält alle Worte, die für das Verständnis nötig sind – aber nicht mehr als diese. (Albert EINSTEIN hat einmal gesagt, eine Formulierung sei nicht dann perfekt, wenn sie alles Wichtige enthalte, sondern dann, wenn nichts mehr weggelassen werden könne, ohne ihren Sinn zu verfälschen.)

4. Ein anregender Zusatz ist nicht nüchtern, neutral und unpersönlich, sondern im Gegenteil interessant, abwechslungsreich, persönlich gehalten.

Der Referent muss sich immer dem Vorwissensstand seiner Zuhörer anpassen. Neue oder unbekannte Begriffe werden zu Beginn eindeutig erklärt. Durch Beispiele und Vergleiche wird der Vortrag interessanter und abwechslungsreicher gestaltet. Am Ende wird die Ausgangsfrage wieder aufgegriffen und aus der vorangegangenen Darstellung heraus beantwortet. So schließt sich eine Brücke zwischen einleitendem Problemaufriss und abschließendem Lösungsvorschlag.

Der Vortrag ist eine »frontalunterrichtliche« Methode. Von Frontalunterricht spricht man, wenn der Lehrende vor der Gruppe steht und deren Aufmerksamkeit auf sich konzentriert.

Im Vortrag soll ein bestimmter Sachzusammenhang prägnant und systematisch dargestellt werden. Da die Aufmerksamkeit der Zuhörer begrenzt ist, darf er nicht zu breit angelegt und zu lang ausgedehnt werden. Auch für den Vortrag gilt, dass zunächst die angestrebten Lernziele überlegt und in Bezug auf die Zuhörer bedacht werden.

5.3.4.1.1   Vortragsgliederung

Diesen Zielen entsprechend muss der Stoff in sachlich vernünftige **Phasen** gegliedert und nach **Schwerpunkten** geordnet werden. Dabei wird man bereits eine grundlegende Aufteilung in Einleitung, Hauptteil und Schluss vornehmen. In diesen Rahmen werden die Inhalte stichwortartig eingesetzt. Hier werden sie anschließend systematisch und ihrem Sinngehalt entsprechend gegliedert, bevor der Vortragstext endgültig formuliert wird. Die schriftliche Ausformulierung empfiehlt sich (vor allem für Ungeübte), auch wenn man später für die Durchführung nur eine grobe Gliederung vorliegen hat. Einen Vortragstext muss man nicht vorlesen; das ist oft Langeweile pur. »Und – mit Verlaub – was man nachlesen kann, muss man nicht vorlesen«, so einmal der Chef der VW Coaching GmbH., Peter HAASE, auf einer öffentlichen Veranstaltung an die Adresse seines Vorredners.

Der fixierte Text enthält präzis beschriebene Begriffe und folgerichtig konzipierte Gedankengänge; er ist sinnvoll gegliedert und inhaltlich vollständig. Auf diese Ausarbeitung könnte der Vortragende jederzeit zurückgreifen, falls er »nicht mehr weiter weiß«. Sie bietet ihm Sicherheit.

Eine hilfreiche Möglichkeit ist es, sich im fertigen Text jeweils nur bestimmte Stichworte anzustreichen (ein bis zwei pro Absatz, nicht mehr!) und sich während des Vortrages in freier Rede an diesen Merkpunkten »entlang zu hangeln«. Eingebürgert hat sich auch das Verfahren, Stichwort-Kärtchen zum »Selbstsoufflieren« zu nutzen. So jedenfalls pflegt es der bekannte Fernsehmoderator Günter JAUCH zu handhaben.

Eine **Vortragsgliederung** kann etwa wie folgt aussehen.

- Einleitung:
  - Thema
  - Problemaufriss
  - Persönlicher Bezug
  - Objektive Bedeutung des Themas
  - Weiterer Fortgang des Vortrags/Aufbau/Leitfragen
- Hauptteil:
  - Darstellung des Sachverhaltes
  - Einordnung des Sachverhaltes in übergeordnete Zusammenhänge
  - Analyse des Sachverhaltes
  - Kritik zum Sachverhalt
- Schlussteil:
  - Zusammenfassung der wichtigsten Ergebnisse
  - Konsequenzen, Empfehlungen und Forderungen
  - Ausblick auf die weitere Entwicklung
  - Dank für das Zuhören

Andere Möglichkeiten zur Gliederung des Hauptteils sind

- inhaltlicher Art (Sachverhalt 1 wird dargestellt, eingeordnet, analysiert, bewertet; Sachverhalt 2 wird dargestellt, eingeordnet ... usw.) oder
- chronologischer Art (Entwicklung des Sachverhaltes über die Jahre hin).

Welche der drei Gliederungsformen (formal, inhaltlich, chronologisch) schließlich bevorzugt wird, hängt in erster Linie von der Thematik ab. So bietet es sich vielleicht an, einen Vortrag über Elektromotoren chronologisch zu gliedern, indem die verschiedenen Erfindungen und Weiterentwicklungen historisch nachgezeichnet werden. Einen Vortrag über die Organisation bzw. den Aufbau des Unternehmens wird man besser inhaltlich gliedern, indem die einzelnen Haupt- und Unterabteilungen »durchwandert« werden.

Einen Vortrag über ein Problem, beispielsweise die Änderung der Fertigungsverfahren oder Lohnformen, wird man eher »formal« gliedern: »Wie stellt sich das Fertigungsverfahren heute dar? Welche Bedeutung hat es im Rahmen der betrieblichen Leistung? Wie könnte es künftig gestaltet werden? Was spricht für, was gegen eine Veränderung? Zu welcher Entscheidung ist zu raten?« Diese Fragen können an den Schluss der Einleitung gestellt werden. Sie werden die Aufmerksamkeit der Zuhörer in die vom Vortragenden beabsichtigte Richtung lenken und es erleichtern, den vorgetragenen Gedanken zu folgen.

Oft bietet es sich an, einen Vortrag mit einem Problem zu eröffnen, das die Zuhörer zu eigenem Nachdenken anregt und damit ihr Interesse fesselt. Die Zuhörer werden zum Mitdenken »herausgefordert«. Das Problem muss vom Referenten präzise eingegrenzt werden, nachdem es deutlich herausgearbeitet worden ist. Die Hinführung zu einem Thema kann in eine Fragestellung münden, die im anschließenden Hauptteil unter Abwägung verschiedener Argumente und Lösungswege angegangen wird. Die Antwortmöglichkeiten müssen auf ihre Stichhaltigkeit geprüft und im Hinblick auf die Ausgangsfrage kritisch beurteilt werden.

Auf seinen Gedankengängen lässt sich der Vortragende von seinen Zuhörern begleiten. Er lässt sie teilhaben an den Vermutungen und Urteilen, und er stützt mit ihnen die richtige Lösung durch logische Schlüsse und eindeutige Fakten ab. Am Schluss werden die Gesichtspunkte, die zur Lösung des Problems oder zur Beantwortung der zentralen Frage gesammelt wurden, noch einmal zusammenfassend geordnet und unter Abwägung der Möglichkeiten und Grenzen, der »Für und Wider«, abschließend beurteilt.

5.3.4.1.2 Rhetorik

In diesem Rahmen soll nur kurz auf einige grundsätzliche Fragen der Rhetorik eingegangen werden. Eine der wichtigsten Bedingungen für das gute Sprechen ist die Atmung. Eine flache Atmung führt zu unruhigem, durch schnelles Luftholen häufig unterbrochenem Sprechen. Darum ist ein tiefes Durchatmen eine wichtige Voraussetzung für ausgeglichenes Sprechen.

Wer verstanden werden will, muss deutlich – aber ohne Übertreibung – artikulieren. Je sorgfältiger die einzelnen Laute – Vokale, Konsonanten, Diphtonge – und Lautgruppen geformt werden, desto deutlicher werden auch die Wörter und Sätze vom Hörer wahrgenommen.

Das Verstehen hängt also nicht allein – aber auch – von der Lautstärke einer Äußerung ab. Hier muss besonders darauf geachtet werden, dass sich der Sprecher dem Raum und der Zuhörerschaft anpasst. Die Lautstärke sollte dem Sinn angemessen variiert werden. Überlautes Sprechen (Schreien) in Räumen »betäubt« die Zuhörer, sie werden aggressiv; zu leises Sprechen überanstrengt sie und ermüdet auf Dauer.

Wer anderen etwas mitzuteilen hat, der richtet sich mit der Sprechgeschwindigkeit nach dem Schwierigkeitsgrad der Information und dem geistigen Fassungsvermögen seiner Hörer. Von Schaden ist immer ein zu schnelles Sprechen. Es geht zu Lasten der Deutlichkeit und erschwert das Verständnis; die Zuhörer »kommen nicht mehr mit«. Hier muss ein Mittelweg angestrebt werden; denn zu langsames Sprechen mindert auf der anderen Seite wieder die Konzentration und beeinträchtigt die Aufnahmefähigkeit.

Sprechen muss lebendig sein, auch bei Erklärungen, Beschreibungen und Berichten. Die Lebendigkeit resultiert aus einer abwechslungsreichen Sprechmelodie, die aber den natürlichen Rhythmus bewahrt. Jedes »leiern« muss vermieden werden, denn das Gleichmaß einer Sprachbewegung ermüdet die Zuhörer. Sprachmelodie und Betonung gehen beim Sprechen Hand in Hand. Wichtige Begriffe und Fakten werden aus dem natürlichen Sprechfluss herausgehoben (wie uns die Nachrichtensprecher eindrucksvoll vorführen). Dies erleichtert das Verständnis.

Der Sprecher wird sich immer Zeit lassen zum Atemholen. Diese Pausen sind ebenso wichtig wie die kurzen Zäsuren nach Sinnphrasen innerhalb eines Satzes. Sie bieten dem Zuhörer Gelegenheit, mit dem eigenen Denken nachzukommen.

Wer andere informieren will, wird einfache, aber treffende Formulierungen wählen und möglichst knappe Sätze bilden. Schachtelsätze verhindern das allgemeine Verständnis, und hergesuchte Formulierungen wirken immer gekünstelt und »aufgesetzt«:

Wer zu anderen spricht, sollte dies in aller Natürlichkeit tun und die zur Sache gehörigen Inhalte anschaulich beschreiben mit der Überzeugung dessen, der sich sehr sachkompetent fühlt und von seiner Aufgabe überzeugt ist.

Schließlich ist es wichtig, die Zuhörer, die Auszubildenden, beim Sprechen anzusehen. So unterstreicht man, dass einem der Lernvorgang am Herzen liegt, und so lässt sich auch die Aufmerksamkeit der Zuhörer binden und kontrollieren. Ein Dauerblickkontakt (»Anstarren«) allerdings mag Auszubildende eher verängstigen.

Auch für die Verbesserung der Rhetorik-Fähigkeiten sind das Gespür für die Akzeptanz beim Hörer und dessen Bereitschaft zu konstruktiver Kritik und gemeinsamer Reflexion die besten Schlüssel. Und natürlich ehrliche, offen ausgesprochene Rückmeldungen, wie sie der nachfolgend vorgestellte Bewertungsbogen herausfordert.

5.3.4.1.3 Vortragsbewertung

Kriterium	super	einiger-maßen	nicht so toll	voll daneben
Struktur				
Lautstärke				
Artikulation				
Atmung				
Sprechgeschwindigkeit				
Lebendige Sprache				
Sprachmelodie und Betonung				
Wichtige Begriffe und Fakten hervorgehoben				
Angemessene Pausen				
Schachtelsätze vermieden				
Blickkontakt zu Zuhörern				
Interessante Inhalte				

5.3.4.2 Präsentation

Dabei handelt es sich um die Kombination eines »Mediums« – sei es ein Werkzeug, ein Schaubild, eine Diaserie oder ein anderes Veranschaulichungsmittel – mit einem Vortrag. Insofern gilt das für den Vortrag Gesagte prinzipiell auch für die Präsentation. Der Redeanteil sollte sich aber auf das beschränken, was nicht am Demonstrationsobjekt optisch, akustisch, fühlbar, riechbar wahrgenommen werden kann. Das Demonstrationsobjekt (beispielsweise eine Standbohrmaschine) soll zunächst einmal »für sich selbst sprechen«; insofern reichen sparsame Kommentare aus, die den Betrachter auf die wesentlichen Beobachtungen hinweisen. Es ist eine Unart, das, was die Zuhörer auf einer Folie lesen können, noch einmal in (beinahe) denselben Worten ihnen vorzulesen!

Das Referat einzelner Auszubildender unterscheidet sich prinzipiell nicht vom Vortrag des Ausbilders; aber in der Regel bedarf der Auszubildende sowohl zur Vorbereitung als auch zur Präsentation der Hilfestellung des Ausbilders. Dieser wird ihm zunächst seine Anforderungen an das Referat (Inhalt, Länge, Informationssammlung durch Quellenstudium, Befragungen oder Beobachtungen, Ausarbeitung in Schriftform) nahe bringen. Auch über die Präsentation wird er Vorstellungen besitzen, die er vorab offenlegen sollte: Benutzung eines Overhead-Projektors, freier Vortrag oder Ablesen, Standort (meist frontal zur Lerngruppe) usw..

Der Auszubildende ist zumeist an einer **Rückmeldung** über Inhalt und Präsentationsform bis hin zu persönlichen Attitüden interessiert. Für eine solche Rückmeldung, die zunächst von der Auszubildenden-Gruppe erfolgen und dann vom Ausbilder ergänzt werden sollte, muss von vornherein Zeit eingeplant werden.

Will der Ausbilder den Auszubildenden Einsicht in nicht unmittelbar ersichtliche Funktionszusammenhänge verschaffen, so wird er dafür ein **Modell** bereitstellen. Modelle sind wegen ihrer Anschaulichkeit häufig leichter zu verstehen und prägen sich dauerhafter ein als die Realität selbst. Dies gilt allerdings nur, wenn die Wirklichkeit abstrakter oder komplexer ist, als es das menschliche Verständnis fassen kann. Sonst ist die Realbegegnung vorzuziehen.

Wer auf sich hält, nutzt »Power Point«. Dieses Programm aus dem Office-Paket von »Windows« bietet eine Menge Gestaltungsmöglichkeiten und ist recht einfach zu handhaben.

5.3.4.3   Lehrgespräch

Gegenstand kann eine Sache, Aufgabe oder ein bestimmter Lerngegenstand sein, es kann sich aber auch um das Verhalten des Auszubildenden handeln. In jedem Fall wird ein solches Lehrgespräch dann geführt, wenn es ohne konkretes Arbeitshandeln auskommen kann. Es dient zumeist der Einführung in ein neues Stoffgebiet oder der Vertiefung von Kenntnissen, Fertigkeiten und Fähigkeiten, die in der Unterweisung am Arbeitsplatz oder anderen betrieblichen Lernformen erworben worden sind.

Wird dabei von praktischen Fällen und Aufgaben ausgegangen, werden deren Ergebnisse ausgewertet, indem sie mit ähnlichen Ergebnissen verglichen und ihre Besonderheiten herausgearbeitet werden. Kurz: Durch eine systematische Aufarbeitung im Lehrgespräch werden die Beziehungen zwischen Einzelvorgängen aufgedeckt und das Verständnis für die betrieblichen Abläufe und Bedingungen vertieft. Der Auszubildende wird zum Nachdenken angeregt und gewinnt daraus eine Grundlage für die selbstständige Urteilsfindung.

Das Gespräch soll an einem ruhigen Ort, abseits des Werkstatt- oder Bürobetriebs, stattfinden. Es soll störungsfrei verlaufen und Ausbildern wie Auszubildenden Muße zum Nachdenken, zu Fragen und zum Erklären geben. In diesem Zusammenhang ist es wichtig, dass Ausbilder homogene Gruppen zusammenstellen, indem Jugendliche des gleichen Ausbildungsjahres – auch wenn sie an verschiedenen Ausbildungsplätzen tätig sind – zentral zusammengefasst werden.

Lehrgespräche sollten **regelmäßig** – etwa eine Stunde in der Woche – durchgeführt werden. Die Teilnehmer können diese Gespräche mit vorbereiten helfen, indem sie Referate oder kleinere Ausarbeitungen übernehmen. Das Gespräch als Form geistiger Auseinandersetzung erfüllt zugleich eine soziale Funktion. Es setzt voraus, dass jeder Teilnehmer den Partner ernst nimmt und bereit ist, ihm aufmerksam zuzuhören, dass er sich bemüht, ihm in seinem Gedankengang zu folgen und über das Geäußerte nachzudenken. Entgegnungen sollten sich an der Aussage des Gesprächspartners orientieren, sie müssen sachlich fundiert sein und sprachlich klar formuliert werden.

Zweifellos wachsen die Anforderungen an die Kommunikationsfähigkeit des Ausbilders. Deshalb erscheint ein Blick auf kommunikationstheoretische Grundlagen hilfreich, wie sie in Lehrbuch 1, Abschn. 2.4.1.2 dargelegt worden sind.

So weit zu »Kommunikation«. Auch das Lehrgespräch lässt sich – wie die Unterweisung am Arbeitsplatz – in Phasen gliedern:

1. Einstieg,

2. Erschließung des Themas,

3. Erörterung der enthaltenen Fragen, beispielsweise anhand von Übungsaufgaben,

4. Zusammenfassung, Abrundung und Kontrolle des Gesprächsinhalts.

1. Einstieg

Der Ausbilder sollte sich vor Eintritt in das Gespräch überlegen, wie er seinen Lehrstoff so aufbereitet, dass die Auszubildenden zum Nachdenken angeregt werden. Er wird sich Impulse zurechtlegen, die überraschen, zum Widerspruch reizen oder zum Mitdenken zwingen. Er kann aber auch eine erkenntnisleitende Frage bereithalten, die seine Sache von vornherein interessant macht. Grundsätzlich muss er vom Interesse der Jugendlichen ausgehen und ihr Vorwissen berücksichtigen.

Der amerikanische Psychologe David P. AUSUBEL, dessen lerntheoretisches Konzept in Lehrbuch 1, Handlungsbereich 1 vorgestellt wird, rät dazu, gleich zu Beginn des Lehrgesprächs »die Karten offen zu legen« und einen Überblick über die Gesprächsthemen zu bieten. Sein Vorschlag: eine Art Wegweiser durch das Gespräch, so dass der Beratene stets den Überblick behält, wie weit das Gespräch fortgeschritten ist und auf welche Inhalte und Gesprächszeit er sich einstellen muss.

2. Erschließung

Günstig ist es, wenn Fragen der Auszubildenden aufgegriffen werden können. Die Frage ist Ausdruck des Interesses und eines Denkansatzes, der eng mit der Entwicklung und den Vorerfahrungen des Jugendlichen verknüpft ist. Die Frage entsteht da, wo sich im Gewussten eine Lücke auftut und der Auszubildende neugierig wird, seine Kenntnisse durch Zusatzinformationen zu ergänzen. Das Gespräch eröffnet dem Jugendlichen die Möglichkeit, Argumente und Lösungsvorschläge der Partner zu hören und damit eine reichhaltige Grundlage für das Durchdenken schwieriger Probleme zu erhalten.

3. Erörterung

Im Anschluss an die Besprechung der wesentlichen Inhalte sollte das Behandelte aus verschiedenen Blickwinkeln betrachtet werden. Dabei lassen sich Fragen der Nutzanwendung, der weiteren Entwicklung, technischer Probleme u. a. erörtern.

4. Zusammenfassung

Der Ausbilder wird sich zum Abschluss des Lehrgesprächs vergewissern, ob der Inhalt von den Auszubildenden verstanden und – wenigstens bis dahin – behalten worden ist. Hier lassen sich Korrekturen anbringen, die Bedeutung des Gegenstandes – soweit nicht zu Beginn geschehen – umreißen und Hinweise zur weiteren Auseinandersetzung mit dem Thema geben.

5.3.4.3.1   Kriterien eines guten Lehrgesprächs

Was macht nun ein gutes Lehrgespräch aus? Die Ausgangsfrage muss präzise gestellt werden. Zu ihrer Beantwortung sind Erfahrungen und Fakten zu sammeln, die sich aus dem Vorwissen der Gesprächsteilnehmer ergeben. Diese Aussagen werden auf ihre Richtigkeit, Zweckmäßigkeit und Eignung hin untersucht. Abschließend sollten Lösungswege und Entscheidungskriterien festgehalten werden.

Wir haben sicher Vorstellungen von Ausbildern, die bestimmte Regeln zwischenmenschlicher Kommunikation missachten. Sie laden eifrig Information auf Information ab und überschütten so die armen Auszubildenden. Sie vergehen sich geradezu an deren Bereitschaft, selbst mitzudenken. So sind Zusatzkenntnisse kaum zu vermitteln, bestenfalls der Eindruck, es handele sich um einen höchst sachkundigen, leider auch geschwätzigen Ausbilder. Hier ist der Ausbilder zur Selbstbeschränkung aufgerufen. Einzelne Lernschritte seiner Auszubildenden sollten ihm genügen. Darüber vergewissert er sich laufend bei ihnen. Er bestätigt richtige, verwirft falsche Lösungen.

Seine Auszubildenden ermutigt er, bremst sie auch gelegentlich, lobt sie ohne Überschwang und tadelt sie sachorientiert. Im Übrigen gibt er Gelegenheit zu gegenseitiger, angemessener Kritik. Das gilt für die Auszubildenden untereinander ebenso wie im Verhältnis Ausbilder – Auszubildender.

Lehrgespräche wollen gelernt und geübt sein. Empfehlenswert ist es daher, Kollegen um ihre Kritik zu bitten. Schließlich ist von den Auszubildenden nicht unbedingt zu erwarten, dass sie den Ausbilder auf didaktische Schwächen hinweisen. Ihnen fehlen dazu doch meistens die Beurteilungsmaßstäbe, oder sie fühlen sich vom Ausbilder abhängig und mögen ihre Meinung nicht ungeschminkt zum Ausdruck bringen. Hier kann eben der Kollege hilfreich sein, besonders dann, wenn – quasi im Gegenzug – auch er sein Verhalten in Lehrgesprächen gern einmal begutachtet hätte.

Die Sprache ist ein wichtiges Werkzeug des Ausbilders. Er muss sie solide handhaben können, um Informationen präzise und verständlich weiterzugeben. Was das bedeutet, lässt sich gut am Grundmodell zwischenmenschlicher Kommunikation demonstrieren.

Der Ausbilder **(Sender)** beabsichtigt, einem Auszubildenden **(Empfänger)** etwas zu erklären. Das geschieht aus dem Motiv heraus, einen Sachverhalt zu verdeutlichen (das kann ein Gegenstand, eine Tätigkeit, eine fremde Anschauung u. a. sein). Der Ausbilder hat eine Vorstellung von diesem Sachverhalt. Diese Vorstellung übersetzt er in Begriffe und Erläuterungen. Sprache dient dazu, die Vorstellungen des Ausbilders in Vorstellungen des Auszubildenden zu übertragen. Diese Vorstellungen sollen sich mit denen des »Senders« decken.

Das kann an mehreren Stellen misslingen. Der Ausbilder

• hat keine präzise, wirklichkeitsgerechte Vorstellung vom Sachverhalt,

• er übersetzt seine Vorstellung nicht präzise,

• er drückt sich nicht verständlich aus,

• der Auszubildende übersetzt das Gehörte nicht in die gemeinte Vorstellung.

Das Ergebnis ist – wenn nicht der Zufall mitspielt, dass sich zwei Fehler gegenseitig aufheben – immer das gleiche: ein Missverständnis, eine »Kommunikationsstörung«. Dieses Modell veranschaulicht also recht deutlich, an welcher Stelle der Ausbilder mit seinen Überlegungen ansetzen kann, wenn der Auszubildende nicht das gewünschte Verständnis erreicht hat.

Das Kommunikationsfeld kann auch gestört sein durch unvollständige Darstellung des Inhalts, durch physiologische Schwächen des Empfängers (Einschränkung des Hörvermögens) oder durch äußere Einflüsse (laute Umgebung). Auch mangelnde Aufmerksamkeit und Konzentration können den Empfang wesentlich beeinträchtigen.

Im Übrigen handelt es sich um eine Mischform von Vortrag und Gespräch. Der Ausbilder (Lehrer) kleidet die Lehrinhalte in Fragen, deren Antworten er kennt, die er aber von den Auszubildenden selbst finden lässt. Über die Fragenabfolge lenkt er die Stofferarbeitung – **fragend-entwickelnd.**

Insofern ist diese Unterrichtsform dirigistischer, als es der Begriff nahelegt, weil das Ziel des Lehrgesprächs vom Ausbilder/Lehrer immer schon vorgeplant ist und weil Abweichungen (Entwicklungen) durch ungeplante Auszubildenden-Antworten nur insoweit geduldet werden können, als sie zusätzliche Aspekte einbringen, die das Verständnis des Zusammenhanges nicht beeinträchtigen. Man könnte einen solchen fragend-entwickelnden Unterricht auch gut und gern als einen »verkappten« Vortrag bezeichnen, bei dem die Inhalte in »Häppchen« zerlegt sind, die von den Auszubildenden auf Anforderung des Lehrers bereitgestellt werden müssen.

Wie kann man ein betriebliches Lehrgespräch bewerten? Hierzu bietet der nächste Abschnitt wieder eine Tabelle.

5.3.4.3.2   Bewertung eines betrieblichen Lehrgesprächs

Kriterium	super	einiger-maßen	nicht so toll	voll daneben
Ausgangsfrage präzise gestellt				
Vorwissen der Auszubildenden berücksichtigt				
Nicht zu viel, nicht zu wenig Information				
Mitdenken ermöglicht				
Verständnis vergewissert				
Gelegenheit zum Mitdenken geboten				
Lob angemessen				
Tadel dosiert				
Angemessene Visualisierung				
Verständliche Sprache				
Blickkontakt				
Ermunternde Mimik und Gestik				
Ruhige Atmosphäre				

5.3.4.4   Fragend-entwickelnder Unterricht

Fragend-entwickelnder Unterricht zielt auf »**konvergentes Denken**«. Sachverhalte, die so und nicht anders sind, werden vermittelt. Probleme, die nur so und nicht anders gelöst werden können, werden gemeinsam besprochen. Nicht um »divergentes Denken«, um die Suche nach neuen, vielleicht ungewöhnlichen Lösungen geht es, nicht um die Förderung der Kreativität, sondern um die Vermittlung von Faktenwissen und Problemlösungsstrategien, die immer schon dem Lehrer bzw. Ausbilder, nicht aber den Auszubildenden bekannt sind.

Fragend-entwickelnder Unterricht stützt sich auf die lerntheoretische Grundlegung des Amerikaners AUSUBEL (siehe Lehrbuch 1, Abschn. 1.1.1.2). Die aus seiner Konzeption entnehmbaren Tipps und Strategien zum leichteren Beibringen gelten mithin auch hier: Weckung von Sachmotivation, Anreiz durch Aussicht auf Belohnung (durch den Ausbilder bzw. dessen Benotung), Voranstellen von »Ankerbegriffen« (die den Lernenden unmittelbar einsichtig sind und an denen sie die neuen Inhalte »verankern« können) und Einhaltung eines mittleren Schwierigkeitsgrades (nicht unterfordern, nicht überfordern; keine völlig unbekannten Informationen, keine sattsam bekannten!).

So erteilt, hat fragend-entwickelnder Unterricht eine hohe Effektivität, das schnelle Vermitteln von Wissen und Problemlösungsstrategien betreffend. Die Effektivität hinsichtlich dauerhaften und stabilen Behaltens im Gedächtnis ist – je nach Interesse der Auszubildenden – unterschiedlich. Ob fragend-entwickelnder Unterricht »gelingt«, ist zudem stark von der Übung des Ausbilders/Lehrers abhängig. Es werden hohe Anforderungen an die Systematisierungsfähigkeit, Rhetorik und Fragetechnik, nicht zuletzt auch an die Konzentrationsfähigkeit gestellt.

5.3.4.4.1   Fragetechnik

Eine Frage muss immer für den Angesprochenen klar gestellt und auf einen Sachverhalt direkt bezogen sein. In einer Gruppe wird die Frage immer an alle gestellt. Antworten geben aber nur einzelne Gruppenmitglieder. Die »gute« sachliche Frage beginnt mit dem Fragewort.

Der Fragende sollte jeweils nur eine Frage stellen (keine Kettenfragen!) und dem Angesprochenen ausreichend Zeit zum Nachdenken lassen. Diesem muss Gelegenheit zum Ausreden gegeben werden.

Auszubildende sollten ihre Antworten stets begründen! Auf diese Weise vermeidet man die sogenannten Ein-Wort-Antworten und hält die Jugendlichen systematisch zu ausführlichen Erläuterungen und Stellungnahmen an, wenn sie um Auskunft gebeten werden.

Es lassen sich verschiedene Frageformen unterscheiden. Eine kleine Auswahl soll hier besprochen werden.

- **Tatsachenfrage:** Diese Frageart steht in der Regel am Anfang; mit ihr kann der Kontakt zu einer Gruppe oder einer Einzelperson aufgenommen werden; Unterfälle:

  – Die Wiederholungsfrage forscht nach dem Verständnis eines behandelten Sachverhalts (»Wir sprachen über den Aufbau eines Vergasers. Aus welchen Teilen besteht er?«).

  – Erkundungsfrage: Durch diese Frageart werden vorhandene Wissensbestände bewusst gemacht. Die Erkundungsfrage knüpft an betriebliche Erfahrungen an, die nachträglich gesammelt, geordnet, ergänzt und systematisiert werden sollen (»Wie wird eine Kardanwelle ausgewechselt?«).

  – Kontrollfrage: Sie verschafft Sicherheit, dass alles verstanden und begriffen worden ist (»Wie lässt sich die Metallqualität prüfen?«).

- **Beurteilungsfrage:** Mit dieser Frageart wird nach Gründen und Ursachen geforscht. Der Auszubildende muss mitdenken und selbst ein Urteil fällen (»Warum wird für das Anreißen auf Aluminiumblech ein Bleistift verwendet?«).

- **Suggestivfrage:** Sie legt die Antworten von vornherein fest, weil in die Frage zugleich die Meinung des Fragenden einfließt (»Sind Sie nicht auch der Meinung ...?«). Die Suggestivfrage kann sicher auch zu einem Problem hinführen, etwa im Anschluss an ein Fallbeispiel (»Wer würde das nicht auch so gemacht haben?«). Da dies nur selten der Fall ist, häufiger eben eine ungerechtfertigte Beeinflussung vorgenommen wird, sollte die Suggestivfrage besser vermieden werden.

Die folgenden Fragearten können eigentlich nur in bestimmten Lernsituationen gestellt werden.

- Die **rhetorische Frage** dient der Auflockerung (»Warum spreche ich heute zu Ihnen?«).

- Die **Herausforderungsfrage** soll den Widerspruch der Gesprächsteilnehmer reizen (»Würden Sie bei diesem bescheidenen Angebot auch zugegriffen haben?«).

- Die **Streitfrage** stellt auf einen ungeklärten Sachverhalt ab, der zwischen den Beteiligten verhandelt werden muss (»Warum haben Sie meine Aufforderung, weniger Lötzinn zu verwenden, nicht befolgt?«).

- Die **Entscheidungsfrage** lässt nur die Alternative »ja« oder »nein« zu. Ohne zugehörige Begründung bleibt sie jedoch oft ohne großen Lernerfolg.

Wie geht man mit Antworten und Fragen der Auszubildenden um? Richtige Antworten verursachen keine Mühe. Wir bestätigen die Richtigkeit und loben – je nach Verträglichkeit und pädagogischer Notwendigkeit. Aber wie sollen fehlerhafte Antworten behandelt werden? Nicht, indem gesagt wird, so und so sei es richtig! Besser ist fast immer, die Antwort **zurückzugeben** (an den Antwortenden oder an die Gruppe der Auszubildenden) und um eine neue Antwort zu bitten.

War die Frage zu schwer, sollte eine neue, engere Frage (vielleicht eine Stufe konkreter?) gestellt werden.

Möglicherweise sind zusätzliche Denkhilfen angebracht. Aber wichtig ist es, den Lernenden nicht aus der Pflicht zur Antwortfindung zu entlassen und ihn um die Möglichkeit zu bringen, etwaige Fehler wiedergutzumachen. Das gilt auch für Fragen, die aus dem Kreis der Gesprächsteilnehmer gestellt werden. Sie werden an die Gruppe zurückgegeben, um allen Gelegenheit zur gedanklichen Auseinandersetzung und selbstständigen Antwortsuche zu geben. Niemals fehlerhafte Antworten schriftlich fixieren! Sie prägen sich oft besser ein als die richtige Antwort und würden als »geistiger Ballast« herumgeschleppt.

5.3.4.4.2 Gute und schlechte Fragen

Ein chinesisches Sprichwort sagt:

> »Wer fragt, ist ein Narr für Minuten, wer nie fragt, ist ein Narr für immer.«

Man muss also den Mut haben, eine Frage auch dann zu stellen, wenn sie in den Ohren Anderer als überflüssig oder seltsam klingen mag. Manchmal muss man sich einen Ruck geben und seine Ängste überwinden. Aber nach aller Erfahrung kommen Fragen, die zu stellen man sich doch getraut hat, sehr oft jenen entgegen, die sie auch hätten stellen wollen, sich aber nicht getraut haben.

Die in diesem Abschnitt geforderte Präzision bei der Formulierung von Fragen, d. h.

- Fragewort am Anfang der Frage,
- keine Kettenfragen,
- keine Schachtelfragesätze,
- keine Suggestivfragen,
- keine geschlossenen (ja/nein-Fragen),
- keine von ausführlicher Erklärung begleitete (und damit den Inhalt verschüttende) Fragen,

soll den Leser nicht beunruhigen: Sie stellt natürlich eine Optimalvorstellung dar, die in der Praxis von keinem Menschen beständig erreicht wird. Wir würden einem solchen Kollegen sicher nicht nur Achtung zollen, sondern auch ein wenig Angst vor seiner Perfektion haben! Dennoch: Sich gelegentlich der möglichen Fehler zu vergewissern, um damit die wirklich den Kommunikationsfluss hemmenden Mängel zu beseitigen, das dürfte bei aller wünschenswerten Menschlichkeit – und damit immer auch ein wenig Unzulänglichkeit – kaum schaden.

5.3.4.5 Vier-Stufen-Methode

Grundsätzlich sind alle Aufgaben, die an einem Arbeitsplatz zu verrichten sind, für Unterweisungen geeignet. Allerdings dürfen sie weder zu komplex noch zu lapidar sein. Insofern sind Lernortbedingungen und personelle Bedingungen aufeinander zu beziehen. Zu den Lernortbedingungen zählen insbesondere die Qualität und Ausstattung des Arbeitsplatzes. In der Ausbildung sollten außerdem – bei aller gewünschten Authentizität – die Störungen möglichst gering gehalten werden. Denn wenn sich Auszubildende und Ausbilder nicht konzentrieren können, geht viel kostbare Zeit verloren.

Das Anregungspotenzial in der Begegnung mit neuen Anforderungen ist besonders auszuschöpfen. Wenn der Auszubildende bereits etwas von der Sache versteht, aber sich noch weiter »einfuchsen« und erproben kann, wird der Lerninhalt für ihn besonders interessant sein, ihn besonders motivieren können. Diese Wirkung kann gesteigert werden, wenn der Auszubildende gemeinsam mit dem Ausbilder oder Beauftragten die Lerngegenstände auswählt und die Lernschritte bespricht. Neugier ist einer der stärksten Motoren für Lerninteresse. Dazu gehört aber auch, dass sich der Lernende über seine Lernabsichten und seine Lernvorlieben klar wird. Das kann er, wenn er einen Überblick über die Ausbildungsplanung hat. Insofern sollte der Ausbilder von Zeit zu Zeit mit dem

Auszubildenden anhand von Ausbildungsplan und Ausbildungsnachweis durchgehen, welche Lerninhalte bereits durchschritten sind und welche noch der Erarbeitung harren. Und er sollte mit ihm überlegen, an welchen betrieblichen Arbeitsplätzen sich diese Lerninhalte am besten erarbeiten lassen.

Trotz Lehrwerkstatt, trotz Übungsfirma, trotz ausgedehnten Berufsschulunterrichts: Die **Ausbildung am Arbeitsplatz** ist der Kern der Berufsausbildung geblieben – und das seit mehr als 1000 Jahren. Das mag an ihrer Unmittelbarkeit liegen: Hier, in der 1:1-Lernsituation, findet sich die konzentrierteste Form des Lernens. Der Auszubildende ist gezwungen, in der praktischen **Ernstaufgabe** seine Fähigkeiten zu beweisen, der Ausbilder ist gehalten, den Lerninhalt so klar und präzise zu vermitteln, wie das in Gruppensituationen nicht der Fall sein kann. Und doch können hier so viele Fehler begangen werden, kann so viel Potenzial verschenkt werden. Deshalb lohnt es sich nach wie vor, einmal von Grund auf die elementare Ausbildungssituation am Arbeitsplatz zu beleuchten und sich ihre Chancen und ihre Gefahren zu vergegenwärtigen.

Für die **Unterweisung am Arbeitsplatz** ist in Deutschland ein Verfahren aufgegriffen und verbreitet worden, das von ALLEN 1919 in den USA für die betriebliche Mitarbeiterschulung entwickelt wurde. Diese wissenschaftlich begründete Methode – »Training-Within-Industry« (TWI) – ist in Deutschland unter der Bezeichnung »Vier-Stufen-Methode« bekannt. Die Unterweisung ist mit der praktischen Tätigkeit am Arbeitsplatz unmittelbar verbunden. Dabei soll der Auszubildende Fertigkeiten, Kenntnisse und Fähigkeiten im Umgang mit Materialien und Werkzeugen erwerben.

Wendet man die **Vier-Stufen-Methode** an, so lernt der Auszubildende in aufeinanderfolgenden Schritten systematisch durch Anschauen, Nachvollziehen und Üben die jeweils angestrebte Fertigkeit (z. B. Absägen eines Stahlrohres, Filettieren von Zitrusfrüchten, Vorbereiten einer Saatkiste, Anfertigen von Beschilderungen). Die vier Stufen sind:

1. Vorbereitung des Auszubildenden, der zu vermittelnden Inhalte und Ausstattung des Arbeitsplatzes mit den notwendigen Materialien und Werkzeugen,
2. Vormachen des Ausbildungsinhaltes durch den Ausbilder,
3. Nachmachen des Ausbildungsinhaltes durch den Auszubildenden,
4. Üben der erworbenen Fertigkeiten durch den Auszubildenden.

So selbstverständlich uns diese Schrittfolge heute erscheinen mag, stellte sie doch eine Revolution gegen die folgende Vorgehensweise dar: Der Meister lässt den Lehrling über die Schulter schauen, wendet sich sodann eigenen Aufgaben zu und überlässt den Auszubildenden sich selbst, um später nachzuschauen, ob dieser seine Aufträge sachgerecht ausgeführt hat. Dieses Grundmuster von Meisterlehre gilt heute als ineffektiv und sollte weitgehend der Vergangenheit angehören.

Der Ausbilder wird vor Beginn der Unterweisung die sachlichen Voraussetzungen bedacht haben. Er hat sich die Tätigkeiten überlegt, die am Arbeitsplatz im Rahmen des anstehenden Lernschritts ausgeführt werden sollen. Den zu vermittelnden Lehrinhalt hat er in überschaubare Teilschritte zerlegt und dabei auch die im Detail steckenden Lernschwierigkeiten vorbedacht, auf die er in der Unterweisung besonders achten muss.

Seine Vorüberlegungen lassen sich zu **sieben Fragen** bündeln:

1. Zu welchem Ziel (Grobziele – Feinziele) soll der Auszubildende konkret geführt werden?

2. Welche einzelnen Arbeitsschritte sind dem Auszubildenden bereits bekannt (und können deshalb relativ zügig vorgeführt oder vom Auszubildenden selbst einleitend ausgeübt werden)?

3. Wie viele weitere Lernschritte können vom Auszubildenden sinnvoll erfasst werden (ohne seine Aufnahme und Konzentrationsfähigkeit zu überfordern)?

4. Welche Erklärungen und Begründungen müssen während des Vormachens zum besseren Verständnis gegeben werden (sind sie parat oder ist vorab noch etwas nachzuschlagen)?

5. Welche Materialien und Werkzeuge sind bereitzulegen, um den Fluss des Vormachens nicht zu unterbrechen?

6. Ist dem Auszubildenden eine besondere Beobachtungsaufgabe zu stellen (z. B. »Notieren Sie sich die einzelnen Schritte anhand zweier Fragen: ,Was wird gemacht?' und ,Woran wird es gemacht?' oder »Achten Sie darauf, welche Anlassfarbe die Schraubendreherklinge kurz vor dem Abschrecken angenommen hat!«)?

7. Was sollte zum Einstieg in das Thema angesprochen oder wiederholt werden?

Der Einstieg in die erste Stufe, »**Vorbereitung der Ausbildungssituation**«, beginnt damit, dass der Ausbilder das Thema nennt. Er erkundigt sich, was der Auszubildende schon darüber weiß. So kann er abschätzen, wie leicht oder schwer es diesem fallen wird, das Dargebotene zu begreifen, nachzuvollziehen und sich einzuprägen.

Um dem Auszubildenden die Befangenheit zu nehmen (das ist für die Unterweisungsprobe in der Ausbilder-Eignungsprüfung sehr wichtig, aber leichter gesagt als getan), schildert der Ausbilder beispielsweise seine erste Begegnung mit dem Lehrstoff (nur nicht zu langatmig), die Bedeutung des Stoffs für die Praxis oder besondere Vorfälle im Betrieb, die im Zusammenhang mit dem Lehrstoff stehen. Den Auszubildenden wird interessieren, in welcher Weise er an den Lehrstoff herangeführt wird, was sich in den nächsten Stunden »abspielt«. Hat er darüber bereits bestimmte Vorstellungen, wären diese zu erfragen; ansonsten gibt der Ausbilder von sich aus einen kleinen Überblick. Das kann so lauten:

»Ich zeige Ihnen jetzt in drei Schritten, wie eine Brillenfassung weich gelötet wird, und erkläre Ihnen, warum ich das jeweils so und nicht anders mache. Danach führen Sie mehrmals den ersten Schritt durch. Erst wenn der sitzt, führen Sie alle drei Schritte hintereinander aus – die beiden letzteren sind ja nicht so schwierig. Ich sehe mir das an und lasse Sie, wenn's geklappt hat, anschließend eine halbe bis dreiviertel Stunde in Ruhe für sich arbeiten. Später sehen wir uns gemeinsam das Ergebnis an und besprechen es.«

Besonders wichtig ist es, sich beim **Vormachen** der Aufmerksamkeit und des Verständnisses des Auszubildenden zu vergewissern. Das kann durch genaue Beobachtung geschehen, es bedarf aber oft gelegentlicher Kontrollfragen.

Die Aufmerksamkeit wird geweckt und erhalten, wenn der Auszubildende darauf eingestimmt wird, die vorgemachten Handlungen anschließend selbst ausführen zu müssen. Seine Lernbereitschaft hängt ja u. a. davon ab, ob er darauf vertrauen kann, dass er die Arbeit schaffen wird.

Um die Systematik der Arbeitshandlung zu wahren, wird der Ausbilder zunächst sinnvolle Arbeitsschritte bestimmen. Ihr Umfang richtet sich nach dem Auffassungsvermögen des Auszubildenden; und wieder: Er sollte weder unter- noch überfordert werden; ersteres würde ihn langweilen, letzteres ihn entmutigen.

Wichtig ist ebenfalls, die Handlungen durch knappe, präzise und damit für den Auszubildenden einsichtige Erläuterungen zu begleiten, zu kommentieren. Schwierige und unübersichtliche oder zeitlich stark geraffte Arbeiten sind besser mehrfach zu wiederholen. Hier und da sollten zur Verdeutlichung Orientierungshilfen angeboten und »Eselsbrücken« eingesetzt werden.

Die Phase des »Vormachens« ist so wichtig, weil sie eine Handlung einschließlich des sachgerechten Umgangs mit Geräten, Werkzeugen und Materialien vorbildlich und vollständig unter Beachtung aller Bedingungen zeigt. Dabei muss der Ausbilder darauf achten, dass der Auszubildende die Begründung für einen Handlungsablauf einsieht und die einzelnen Vorgehensschritte genau erfasst. Er sollte ihn deshalb zu Verständnisfragen ermuntern und sich abschließend durch Kontrollfragen vergewissern, ob die Arbeitshandlung in allen wichtigen Details beim Auszubildenden »angekommen« ist.

Nun muss der Auszubildende Gelegenheit erhalten, die Handlung **nachzuvollziehen.** Der Ausbilder wird ihn zuvor noch einmal die Reihenfolge der Arbeitsschritte durchgehen lassen; er wird ihn über den Sinn der Übung befragen und auf mögliche Gefahren (Unfallschutz!) bei der Ausführung hinweisen. Dann darf und soll der Auszubildende selbst tätig werden. Dem Ausbilder obliegt es während dieser Phase, die Handlungen zu beobachten und vorausschauend auf mögliche Fehler aufmerksam zu machen.

Es ist umstritten, ob der Ausbilder den Auszubildenden aus Fehlern lernen lassen oder Sorge dafür tragen sollte, dass erst gar keine Fehler gemacht werden können. Das ist wohl abhängig von der Sache selbst, ob Fehler auf Fehlhandlungen konkret zurückgeführt werden können oder die Ursprünge verborgen bleiben – und von der Persönlichkeit des Lernenden: »Verträgt« er Fehler oder ist er leicht entmutigt? Kann er seine Fehler einsehen oder fehlt es ihm an Einsichtsfähigkeit?

Sollte indes durch Unüberlegtheit oder Unachtsamkeit ein Fehler unterlaufen, so muss er sofort behoben werden. Ausbilder und Auszubildender müssen dann gemeinsam nach den Ursachen des Fehlverhaltens forschen und sie im erneuten Angang zu vermeiden suchen. Der Auszubildende sollte seine Handlungen jederzeit erläutern und erklären können. Wichtig für den Lernvorgang ist auch, dass er das beim Vormachen Beobachtete aus seiner Vorstellung heraus wiederholen kann. Deshalb sollte der Ausbilder ihn bitten, seine Arbeiten deutlich und Schritt für Schritt zu kommentieren.

Der Ausbilder steht dem Auszubildenden »zur Seite«; er beobachtet die Fertigkeitsabläufe und ist beim Auftreten von Fehlern gern bereit, helfend einzugreifen. Letztlich liegt der Sinn dieser Stufe darin, dem Auszubildenden zu Erfolgserlebnissen zu verhelfen, indem er selbstständig arbeiten kann und ihm die Möglichkeit zur Selbstbestätigung durch eine sichtbar eigene Leistung gegeben wird.

Abgeschlossen wird der Lernvorgang nach der Vier-Stufen-Methode durch die **Übung.** In dieser Phase ist entscheidend, dass der Auszubildende seine Leistungsfähigkeit an realen Arbeitsvorgängen erproben kann und damit zur realistischen Einschätzung seiner eigenen Fähigkeiten und Grenzen gelangt.

Der Ausbilder wird während dieser Zeit immer erreichbar sein. Er ist bereit einzuhelfen, wenn es nötig ist, und den Auszubildenden zu beraten, wenn es förderlich ist. Er wird im Laufe der Zeit auch die Übungsbedingungen variieren und den Schwierigkeitsgrad erhöhen, um diesen Unterweisungsabschnitt abwechslungsreich zu gestalten.

Den **Schluss** bildet die gemeinsame Beurteilung der Arbeitsergebnisse des Auszubildenden. Da die Beurteilungsmaßstäbe schon mit der Lernzielbeschreibung festgelegt wurden, kann der Jugendliche seine Leistung bis zu einem gewissen Grad selbst bewerten. Die Gründe für Fehler, Toleranzabweichungen oder Zeitüberschreitungen müssen gemeinsam herausgefunden und besprochen werden. Hier und da wird der Ausbilder dem Auszubildenden durch sachliche Hinweise, durch nochmaliges Vormachen eines Teilvorgangs oder durch Heranziehen von Hilfsmitteln weiter helfen. Sachliche und konstruktive Kritik bildet die Grundlage für die Leistungsbeurteilung zum Abschluss der Unterweisung am Arbeitsplatz.

Dass die Vier-Stufen-Methode, lange bevor sie vom REFA-Verband aufgegriffen und konsequent zur Mitarbeiterschulung eingesetzt wurde, in Deutschland Verbreitung gefunden hat, zeigt die folgende Karte. Sie besteht – einer Spielkarte ähnlich – aus Hartpappe und wurde den Teilnehmern eines Ausbilderseminars bereits im Jahre 1949 ausgehändigt! Diese konnten sie in der Brusttasche ihres Kittels verwahren und sich so bei Gelegenheit ihres korrekten Ausbilderverhaltens vergewissern.

Die Vier-Stufen-Methode wurde von den Bremer Hochschullehrern STRAKA und MACKE zum »cognitive apprenticeship« weiter entwickelt. Auch hier finden sich vier Stufen:

1. **Modelling:** modellhaftes Vorführen und Erläutern durch den »Meister«; »lautes Denken«, um auch das implizite Wissen (tacid knowledge) mitzuteilen.

2. **Coaching:** Anleitung des »Lehrlings«, wobei mit leichten Übungen begonnen wird. Der »Meister« gibt Tipps, Hilfen, Rückmeldungen, weist auf mögliche Fehler hin.

3. **Fading:** Der »Meister« reduziert seine Hilfen allmählich, so dass der »Lehrling« seine Aufgaben immer selbstständiger löst.

4. **Artikulation:** Der »Lehrling« kommentiert sein Vorgehen und vergleicht sein Ergebnis mit dem des »Meisters« (Quelle: STRAKA/MACKE 2002, S. 121f.).

Vorbereitung zur Unterweisung

- *Mache dir eine Zeittabelle,*

  die Aufschluss darüber gibt, welche Fähigkeiten du erwartest und zu welchem Termin.

- *Teile den Arbeitsvorgang auf,*

  vermerke die wichtigsten Phasen unter Betonung der Schlüsselpunkte (Kernpunkte). Unfallverhütung ist immer ein Schlüsselpunkt.

- *Halte alles bereit,*

  das richtige Gerät und das erforderliche Material.

- *Der Arbeitsplatz sei in dem Zustand,*

  wie du es von jedem Mitarbeiter erwartest.

Vorbereitung zur Unterweisung

Vier-Stufen-Methode der Mitarbeiterunterweisung

1. Stufe: Vorbereitung des Mitarbeiters
Befangenheit nehmen
Zu lernende Arbeit bezeichnen
Vorkenntnisse feststellen
Interesse wecken
Richtig aufstellen

2. Stufe: Vorführung durch den Unterweisenden
Sagen, zeigen und erklären
Was, wie und warum
Kernpunkte betonen
Schrittweise vorgehen

3. Stufe: Ausführung durch den Mitarbeiter
Versuchen lassen; Fehler verbessern
Erklären lassen: was, wie, warum
Kernpunkte erläutern lassen
Bis zur Gewissheit, dass er es kann

4. Stufe: Abschluss der Unterweisung
Allein arbeiten lassen
Sagen, wer helfen kann
Fragen stellen und stellen lassen
Unterweisung allmählich aufhören lassen

Wenn der Mitarbeiter nicht richtig lernt,
liegt die Schuld oft beim Unterweisenden!

Vier-Stufen-Methode

5.3.4.6 Auftragsorientiertes Lernen

Zwischen eigengesteuerten Projekten und fremdgesteuerter Unterweisung lassen sich **Lernaufträge** ansiedeln. Der Ausbilder überlegt sich einen Lerngegenstand, der in einem überschaubaren Zeitraum bewältigt werden kann, und zergliedert den gesamten Lernprozess in sinnvolle Einzelschritte. Diese sollen systematisch aufeinander aufbauen in dem Sinne, dass Lernschritt 1 die Voraussetzung für Lernschritt 2 darstellt usw.

Nach diesem Muster lässt sich beispielsweise das Thema »Zahlungsverkehr« behandeln. Dazu soll folgender Lernauftrag für die sechs Auszubildenden eines Warenhauses in den Ausbildungsberufen Bürokaufmann/Bürokauffrau und Kaufmann/Kauffrau für Bürokommunikation formuliert werden.

Lernauftrag »Zahlungsverkehr«

1. *Verschaffen Sie sich einen Überblick über die im Stadtteil, in dem sich unser Unternehmen befindet, vorhandenen Zweigstellen von Banken und Sparkassen. Fertigen Sie eine Skizze an. Überlegen Sie dabei gemeinsam, von welchen Zielen sich die für die Standortpolitik verantwortlichen Führungskräfte bei den Kreditinstituten in ihren Standortentscheidungen leiten lassen.*

2. *Überlegen Sie, welche Fragen von einem Auszubildenden zu stellen sind, wenn er sich mit der Eröffnung eines eigenen Kontos beschäftigt. Stellen Sie eine grobe Sammlung dieser Fragen zusammen und vergleichen Sie Ihre Fragen mit denen Ihrer Mitauszubildenden.*

3. *Nehmen Sie Ihr Lehrbuch zur Hand und lesen Sie sorgfältig das Kapitel über den Zahlungsverkehr durch. Welche Ihrer Fragen finden sich in den Ausführungen wieder? Fertigen Sie eine kleine Gegenüberstellung an!*

4. *Bevor Sie sich auf den Weg zu den Zweigstellen begeben, sind zwei Aufgaben zu erledigen: Sie müssen Ihren Gesprächsleitfaden fertig stellen und benötigen dazu die Ideen und Vorarbeiten Ihrer Mitauszubildenden; Sie müssen sich überlegen, wer aus Ihrer Gruppe welche Interviews führen soll.*

5. *Haben Sie sich schon einmal mit der Frage beschäftigt, welche Regeln der Gesprächsführung bzw. Interviewtechnik bei derartigen Praktikerbefragungen zu beachten sind? Stellen Sie die aus Ihrer Sicht wichtigsten Regeln zusammen und diskutieren sie diese mit Ihren Mitauszubildenden!*

6. *Bevor Sie sich nun wirklich auf den Weg machen, sollten Sie zwei Probeinterviews durchführen. Zweckmäßigerweise teilen Sie sich dazu auf: Zwei Mitglieder Ihrer Gruppe interviewen zwei andere Mitglieder; die jeweils übrigen Gruppenmitglieder beobachten und protokollieren das Interview. Analysieren Sie sorgfältig Stärken und Schwächen der von Ihnen geführten Interviews. Sie können dazu eine Videoaufzeichnung anfertigen.*

7. *Denken Sie daran, welchen Eindruck es macht, wenn morgen bei der Sparkasse gleich um die Ecke sechs Telefonate mit identischem Gesprächswunsch eingehen, allesamt unserem Ausbildungsjahrgang entstammend. Abstimmung ist notwendig: Wer ruft wann welche Zweigstelle an? Wen verlangen Sie am Telefon? Wie gestalten Sie Ihr »Entrée«? Auch Telefonmarketing will gelernt sein! Sie haben genug Zeit zum Üben.*

8. *Bevor Sie nun endgültig auf die Reise gehen, sollten Sie noch einmal ein fachliches »Check up« vornehmen. Nehmen Sie Ihren Bogen und malen sich in Gedanken die Antworten aus. Was könnte außerhalb der von Ihnen aufgeworfenen Fragen geantwortet werden? Mit welchen Störungen müssen Sie rechnen? Wie wollen Sie damit umgehen?*

9. *Ihr Leitfaden ist nur ein Leitfaden für den Gesprächsverlauf, oder? Das »Drum und Dran« könnte für die Auswertung ebenso wichtig sein. Denken Sie daran, dass die Interviewsituation in einen räumlichen, zeitlichen und persönlichen Rahmen eingebettet ist. Diesen Rahmen sollten Sie dokumentieren. Er mag uns später für die Analyse: »Wo ist eine Kontoeröffnung empfehlenswert?« gute Dienste erweisen.*

10. *Wie wollen Sie Ihre Ergebnisse präsentieren? Nehmen Sie einen Laptop mit in das Interview, um die Antworten zu protokollieren? Wollen Sie die Protokolle vor Ihrer Präsentation den anderen Gruppenmitgliedern aushändigen? Oder werden Sie es vorziehen, ein Flipchart-Blatt mit einer Skizze zu versehen? Wie wäre es mit einer Metaplan-Wand? Sie könnten auch die Interviews – oder eines davon – nachstellen und mit einer Video-Kamera aufnehmen. Lohnt sich der Aufwand im Hinblick auf den zusätzlichen Erkenntnis- oder Präsentationsgewinn?*

Zugegeben, da ist aus einer relativ einfachen Aufgabe ein komplexer Lernauftrag geworden. Aber er richtet sich nicht allein auf die Gewinnung von Fachkompetenz, sondern bettet den Lerngegenstand in eine Lerneinheit, bei der es auch um kommunikative Fähigkeiten und Fertigkeiten, um systematische Arbeitsplanung und Arbeitsteilung geht. Je intensiver Auszubildende derartige Lernaufträge bereits durchgeführt haben, desto zügiger werden sie in die Bearbeitung einsteigen können. Je nach Erfahrungsstand werden sie auch eigene Ideen, Veränderungs- und Ergänzungsvorschläge einbringen. Damit wiederum wird eine solche Auftragsbearbeitung auch für den Ausbilder interessant, der neue Aspekte bereits bekannter Themen entdecken und selbst aufschlussreiche Erfahrungen sammeln kann. Aber es handelt sich hier eben nicht um ein Projekt, weil

- die einzelnen Bearbeitungsschritte vorbedacht, wenn nicht vorgeschrieben sind,

- die Planungsaufgabe nicht in Händen der Auszubildenden liegt, sondern beim Ausbilder,

- der Ausbilder nach wie vor eine starke Lenkungs- und Steuerungsfunktion ausübt,

- auch die Idee nicht von den Auszubildenden eingebracht, sondern das Thema dem Ausbildungsrahmenplan entnommen worden ist.

Damit ist ein Lernauftrag nicht von vornherein hinsichtlich der Lernwirkungen einem Projekt unterlegen; er hat einen eigenen Stellenwert, kostet weniger Zeit (wegen der entbehrlichen Einigungsprozesse und Suchphasen) und ist im Ganzen stringenter aufgebaut. Selbstverständlich können die Auszubildenden an der Gestaltung von Lernaufträgen mit zunehmender eigener Erfahrung mitwirken; der Ausbilder wird sich Stück für Stück zurücknehmen können, wenn es um die Gewinnung von Selbstständigkeit in der Anlage und Gestaltung von Lernprozessen geht. Insofern lassen sich Lernaufträge, lässt sich auftragsorientiertes Lernen auch als Durchgangsstadium zu selbstgesteuerten Lernprozessen, auch im Sinne komplexer Projekte, bezeichnen und gestalten.

5.3.4.7   Planspiel

Im Gegensatz zum Rollenspiel (siehe den folgenden Abschnitt) ist das Planspiel eine Methode, bei der das Durcharbeiten einer umfangreicheren Situation im Vordergrund steht, weniger die Identifikation mit einer bestimmten Position und die Übernahme der entsprechenden Rolle.

Das folgende Beispiel mag das verdeutlichen.

Ein Betriebsteil muss möglicherweise aus wirtschaftlichen Gründen stillgelegt werden. Es soll jedoch vorab geprüft werden, ob dort evtl. unter veränderten Bedingungen weiter produziert werden kann. Die Entscheidung soll in einem Planspiel vorbereitet werden. Den Auszubildenden werden alle wichtigen Rahmendaten der Unternehmenssituation an die Hand gegeben: Bilanzen, Produktionsziffern, Belegschaftsstruktur, Vermögensaufstellung, Markterwartungen und Marktantelle. Vier Gruppen werden gebildet. Sie repräsentieren jeweils Interessenten in diesem Planspiel: Unternehmensleitung, Hausbank, Betriebsrat, Gewerkschaftsvertreter. Nachdem die Gruppenmitglieder die Argumentationsstrategie zur Durchsetzung ihrer Position festgelegt haben, treffen sich die Gruppenvertreter zum Austausch ihrer Argumente (z. B. in einem Rollenspiel). Diese Abfolge wird mehrfach wiederholt, indem jeweils auf den Argumentationsaustausch wieder eine Phase der Gruppenarbeit folgt. Das Planspiel endet mit einer Entscheidung. Sie kann von außen – vom Ausbilder etwa – erzwungen oder von der Sache her vorbestimmt sein (im Anschluss an das dritte Zusammentreffen der Gruppenvertreter beispielsweise).

In diesem Planspiel wechselt Gruppenarbeit mit Rollenspiel. Das muss nicht so sein. Es kann auch eine ständige Gruppenarbeit mit Austausch schriftlicher Informationen über die Spielleitung erfolgen. Noch einfacher mag es gehen, wenn die Gruppenergebnisse aus dem Computer per Mail an die anderen Gruppen gesandt werden.

Immer aber ist ein Planspiel erheblich komplexer und damit zeitaufwändiger als alle bisher besprochenen Methoden, von der – noch folgenden – Leittext-Methode einmal abgesehen.

Insofern passt es kaum in herkömmliche Organisationsraster, etwa in einzelne Unterrichtsstunden oder Lehrgespräche.

Es ist nicht einfach, ein Planspiel zu steuern. Gute Planspiele besitzen zwar einen hohen Motivationswert; vom Spielleiter wird aber verlangt, dass er sowohl sachlich als auch von der Übersicht her so souverän ist, dass er an entscheidenden Nahtstellen fachlich oder strategisch weiterhelfen kann. Die Auszubildenden benötigen ein reichhaltiges Vorwissen. Sie müssen strategisch denken und die Probleme systematisch analysieren können. Wenn diese Bedingungen gegeben sind, kann ein Planspiel einen besonders hohen Erinnerungswert besitzen und den Lernenden den Zusammenhang zwischen Einzelkenntnissen, die sie bereits besitzen, sehr plastisch und eindringlich veranschaulichen.

Ein Beispiel für ein sehr kleinteilig strukturiertes Planspiel liefert SIEBERT (2010, S. 33f.). Wir haben es hier für ein Thema aus dem Sozialgesetzbuch adaptiert:

Planspielverlauf für eine Novellierung des SGB IX § 35

Phase 1

Es werden Informationen zum Thema gesammelt: Warum ein neues Gesetz? Warum ist der bisherige Zustand unbefriedigend? Kriterien eines Gesetzes? Finanzielle Eckdaten? Politische Gegner und Befürworter?

Phase 2

Es werden Arbeitsgruppen gebildet:
a) Vertreter der Berufsbildungswerke
b) Vertreter der Berufsförderungswerke
c) Vertreter der Bundesagentur für Arbeit
d) Vertreter des Bundesministeriums für Arbeit und Soziales
e) Vertreter der freien Träger

Phase 3

Die Gruppen erarbeiten erste Entwürfe, die den anderen Gruppen zugänglich gemacht werden.

Phase 4

Es wird versucht, die Interessen der anderen Gruppen zu berücksichtigen und Kompromisse zu finden.

Phase 5

Durch eine Steuerungsgruppe (z. B. Podiumsdiskussion) wird ermittelt, welche Forderungen konsensfähig und welche weiterhin kontrovers sind.

Phase 6

Auswertung und Evaluation werden durchgeführt; gegebenenfalls sind weitere Schritte zu planen (z. B. eine Expertenbefragung).

5.3.4.8   Rollenspiel

Das Rollenspiel gehört wie das Planspiel zu den »Simulationsformen«: Ein Sachverhalt aus der Realität wird von Rollenträgern »durchgespielt«. Beim Rollenspiel handelt es sich um einen wirklichen Spielakt, beim Planspiel hingegen um mehrere Schritte, die nach einem festen Regelwerk und einer vorab bestimmten Struktur vorgenommen werden.

Man unterscheidet offene und geschlossene, geplante und spontane Rollenspiele. Bei den **offenen** Rollenspielen liegt die Gestaltung der Rolle in den Händen des sogenannten Rollenträgers (die Rolle »Betriebsratsvorsitzender« gestaltet der ihn verkörpernde Auszubildende nach eigenem Gutdünken), bei den **geschlossenen** Rollenspielen wird die Ausgestaltung durch Anweisungen des Ausbilders »vorfixiert« (etwa durch Rollenkarten, auf denen die wichtigsten Verhaltensweisen und Argumente notiert sind, oder gar durch ein Drehbuch). Beim geschlossenen Rollenspiel hat der Ausbilder in der Regel auch das Ziel des Spiels (eine bestimmte Entscheidung, eine Problemlösung) gedanklich vorgeplant.

Ein **geplantes** Rollenspiel läuft nach festen Vereinbarungen ab. So kann z. B. ein Verkaufsgespräch soweit vorbereitet sein, dass die wichtigsten Argumente für den Verkäufer und das Verhalten des Kunden vorab im Lehrgespräch durchgenommen worden sind. Das geplante Rollenspiel lässt dann die wichtigsten Verkaufsargumente, den Informationsbedarf des Kunden und die Bedienungsstrategie im Gesamtzusammenhang Revue passieren. Es dient so zugleich der Zusammenfassung, Vertiefung, Veranschaulichung und Kontrolle des Gelernten. Geplante Rollenspiele werden häufig gezielt zum Verhaltenstraining eingesetzt, so beispielsweise in der angesprochenen Verkäuferschulung, so aber auch bei Management-Trainings oder der Vorbereitung von Ausbildern auf eine etwaige **Unterweisungsprobe** in der Ausbilder-Eignungsprüfung.

Wird das Rollenspiel hingegen **spontan** eingesetzt, weil es sich aus der Lernsituation heraus ergibt, so spricht man auch gern vom **»Stegreifspiel«.** Es kann sehr gut zur Auflockerung der Gesprächs- oder Unterrichtssituation beitragen, spricht es doch die Kommunikationsneigung und den »Spieltrieb« der Auszubildenden an.

Das Rollenspiel ist prinzipiell ebenso vorzubereiten wie eine Gruppenarbeit oder eine Fallstudie. Rollen und Zeitrahmen müssen bedacht sein. Und: Es muss gesichert sein, dass die Rollenspieler über die zum Spiel notwendigen Kenntnisse und Fähigkeiten verfügen.

Die nichtbeteiligten Auszubildenden sollten Beobachtungsaufgaben übernehmen. Die Argumente sind zu protokollieren, das Spielverhalten (Argumentationstiefe, Diskussionsstrategien) ist aufzuspüren. Die Spielhandlung wird in der Regel auf zehn Minuten zu begrenzen sein. Nachdem der Verlauf des Rollenspiels sowie Argumente und Verhalten der Teilnehmer besprochen worden sind, können die Rollenträger gewechselt und das gleiche Spiel aufs neue begonnen werden (vielleicht auch mit denselben Personen).

Auf diese Weise kann oft ein recht reizvoller Vergleich zwischen erstem und zweitem Rollenspiel vorgenommen werden. Video-Aufzeichnungen sind für das Verhaltenstraining vermittels Rollenspiel recht hilfreich, da bestimmte Ausschnitte aus dem Spielverlauf oder dem Verhalten einzelner Rollenspieler demonstriert und analysiert werden können.

Zum Rollenspiel haben diejenigen, die schon einmal teilgenommen haben, selten eine nüchterne, unentschiedene Haltung: Viele ergreifen für das Rollenspiel als effektive Methode Partei, andere lehnen sie strikt als ineffektiv oder als »Spielkram« ab. Dies hängt nicht zuletzt mit dem Geschick des Spielleiters und den »Erfolgen« aus eigener Rollenübernahme zusammen. Problematisch kann die übersteigerte Identifikation mit der Rolle werden, wenn sie in Debatten ausartet, bei denen persönliche Positionen ausgetragen werden und später die Loslösung von der Rolle schwerfällt. Derartige Konflikte zwischen den Rollenträgern sind vom Spielleiter auf jeden Fall aufzubrechen, indem die persönliche Auseinandersetzung auf den sachlich-kontroversen Kern zurückgeführt wird!

5.3.4.9   Gruppenarbeit: eine beliebte und unbeliebte Sozialform

Als Gruppenarbeit wird jene Methode bezeichnet, bei der die Gesamtgruppe der Auszubildenden in mindestens zwei Teilgruppen aufgeteilt wird. Es hat sich bewährt, Gruppen mit fünf bis sieben Personen zu bilden. Sinn der Gruppenarbeit ist es, zurückhaltenden Auszubildenden eine offene, ungehemmte Beteiligung zu ermöglichen, den sozialen Kontakt unter den Auszubildenden zu fördern und ihre Teamfähigkeit zu steigern. Auch Kooperationsfähigkeit will erworben und geübt sein; deshalb sollte in der Vor- und Nachbereitung der Gruppenarbeit – nicht ständig, sondern gelegentlich – bedacht werden, wie die Arbeit in den verschiedenen Gruppen verlaufen ist (»Was könnte verbessert werden? Was sollte man beibehalten?«).

Zwei Arten von Gruppenarbeit lassen sich unterscheiden: die **themengleiche** und die **themenverschiedene.** Einfacher zu handhaben ist sicherlich die themengleiche – hier stehen alle Gruppen von vornherein vor der gleichen Schwierigkeit. Vor allem die Nachbereitung einer themenverschiedenen Gruppenarbeit hat es in sich – können doch die Ergebnisse der verschiedenen Gruppen nicht einfach miteinander verglichen, sondern müssen im Hinblick auf eine übergreifende Aufgabenstellung jeweils für sich vorgestellt und gewertet werden.

Zur Vorbereitung der Gruppenarbeit gehört vor allem die Eingrenzung der von den Gruppenmitgliedern zu bewältigenden Aufgabe. Sie sollte in schriftlicher Form erfolgen (Tafel, Tageslichtschreiber, Arbeitsblatt ...), damit Missverständnisse von vornherein vermieden werden. Die Verabredung eines Zeitrahmens ist wichtig, vor allem, wenn mehrere Teilaufgaben zu erledigen sind.

Die Gruppenarbeit erfordert in der Regel keine besonderen Räumlichkeiten. Die Gruppenmitglieder sollten sich jedoch kreisförmig um einen Tisch gruppieren können, weil sonst schon durch die Sitzordnung Arbeitsanteile vorvergeben und einseitige Kommunikationswege vorgeprägt werden könnten. Der Ausbilder vergewissert sich der Arbeitsfortschritte und hält sich für die Lösung von Problemen oder für die Eingabe von Informationen bereit. Ob er sich in die Arbeit selbst einmischt, hängt von deren Verlauf ab: Ist sie am Aufgabenziel orientiert, wird sich der Ausbilder tunlichst zurückhalten; bedarf sie des Anstoßes, wird er durch Einwürfe oder Nachfragen Impulse zu setzen versuchen, ohne jedoch Teile der Gruppenaufgabe selbst zu übernehmen.

Eine Einmischung ist immer problematisch, weil der Ausbilder dann leicht zum Mittelpunkt des Gruppengeschehens wird und die Beiträge nicht mehr an die Gruppenmitglieder, sondern an den Ausbilder gerichtet werden.

Vor der Präsentation der Arbeitsergebnisse sollte man sich einen Überblick über eben diese und die Vorgehensweise bei der Präsentation verschaffen. Werden beispielsweise drei Gruppenergebnisse vorgestellt, ist zu überlegen, ob sie nicht thematisch gegliedert werden sollen, anstatt sie chronologisch abzurufen. Hilfreich ist es, wenn die Gruppensprecher ihre Präsentation medial unterstützen können (z. B. mit »PowerPoint«). Beim Vergleich der Gruppenergebnisse kann so immer wieder auf das schon Vorgetragene zurückgegriffen werden.

Gruppenarbeit wurde eine Zeit lang (in den späten 1970er Jahren) in der Pädagogik sehr groß geschrieben und galt gleichermaßen als **die** Möglichkeit zur Ablösung des – stark kritisierten – Frontalunterrichts. Mittlerweile wird sie sehr viel nüchterner betrachtet. Sie ist eine Form, die sich sehr gut eignet, wenn etwa Fallstudien bearbeitet, Probleme gelöst oder Rollenspiele vorbereitet werden sollen. Sie ist durchaus auch eine betriebsnahe Methode; denn in den Unternehmen hat die Gruppenarbeit, z. B. auch in der Form des Qualitätszirkels (siehe Abschn. 9.3.2) eine gewisse Verbreitung gefunden. Zur Vermittlung von Faktenwissen dürften andere Methoden (Einzelarbeit, fragend-entwickelnder Unterricht, programmierte Unterweisung) nach wie vor aber besser geeignet sein.

Bei der **Partnerarbeit** sind lediglich zwei Auszubildende gemeinsam am Werk, bei der Gruppenarbeit sind es mehr, aber nicht alle Auszubildenden einer Ausbildungsgruppe. Prinzipiell unterscheiden sich Partner- und Gruppenarbeit aber nicht.

Die Partnerarbeit ist jedoch einfacher einzusetzen und zu steuern. Dabei sind genaue Arbeitsanweisungen in der Regel hilfreich, können aber – bei einer eingespielten Lerngruppe – nach und nach den Auszubildenden selbst überlassen werden. Aufbau und Hinweise zur Durchführung unterscheiden sich kaum von denen der Einzelarbeit.

5.3.4.10   Moderation

»Moderieren« heißt »mäßigen«; Eigentlich ist es eine milde, behutsame Form der Gesprächsführung in überschaubaren Gruppen. Was eine »überschaubare Gruppe« ist, lässt sich nicht allgemein feststellen. Optimale Gruppen bestehen, wie oben bereits erwähnt, Befunden der Kleingruppenforschung zufolge aus fünf bis sieben Personen. Das schließt jedoch nicht aus, dass auch Gespräche und Diskussionen mit einem größeren Teilnehmerkreis »moderiert« werden können.

Wie moderiert wird, hängt letztendlich von den Zwecken einer Besprechung und von den Bedingungen ab, unter denen sie stattfindet. Es gibt allerdings eine Reihe bewährter Faustregeln, die im Folgenden dargestellt werden sollen.

Es ist sinnvoll, **fünf Phasen** der Moderation zu unterscheiden:

- Vorbereitung,
- Einstieg,
- Gesprächslenkung,
- Ergebnissicherung,
- Reflexion.

1. Vorbereitung

Man sollte sich vergegenwärtigen, dass Besprechungen natürlich unterschiedlichen Zwecken dienen:

- Informationsaustausch,
- Klärungen,
- sachlichen Auseinandersetzungen,
- Entscheidungsfindungen,
- Terminabstimmungen.

Wenn es diese unterschiedlichen Zwecke gibt, sollten die zu behandelnden Themen auch von vornherein diesen zugeordnet werden. Das hilft schon einmal, sich über das, was – sagen wir einmal in einer Zeitspanne von 1½ Stunden – besprochen werden kann, vor Eintritt in die Besprechung zu verständigen. Der Informationsaustausch kann zwei Minuten pro Thema umfassen; das ist bei sachlichen Auseinandersetzungen in der Regel nicht möglich. Hier wird man viel mehr Zeit reservieren müssen – oder es von vornherein besser sein lassen. Viele Besprechungen leiden schon im Ansatz darunter, dass Unmögliches erreicht werden soll: 25 Themen in zwei Stunden »durchzuhecheln«, ist schierer Unfug, selbst bei striktester Moderation.

Denken Sie an Visualisierungen! Nehmen Sie sich eine Pinnwand, pinnen die Überschriften nebeneinander und reihen Sie darunter die Themen zu einer »**Themensammlung**«:

Berichte	Klärung	Diskussion	Entscheidung	Termine	Reflexion	Speicher
Berufsschul-projekt	Tätigkeits-nachweise	veränderter Durchlaufplan	CEBIT-Besuch	Zwischen-prüfung		Workshop hoA
neues Sortiment	Pausenzeiten	Azubi-Befragung		Gespräch Geschäfts-führer		
2 neue Filialen	Teilnahme an Fortbildungen					
Bewerberzahl Ausbildungs-plätze	Parkplätze auf Firmengelände					
2 neue Berufs-schullehrer						
Personal-stand						
Personal-planung						
Stundenausfall Berufsschule						

Drei Funktionen sind zu vergeben:

- Moderation,
- Assistenz,
- Protokollführung.

Die Assistenz ist hilfreich, indem sie zusätzliche Karten schreibt, Karten umsortiert, Flip-chart-Notizen anfertigt usw.; oder bei Störungen – das Telefon klingelt, der Kaffee ist alle etc. – eingreift. Eine empfehlenswerte Regel ist, dass der Protokollant dieser Woche der Moderator der nächsten ist.

2. Einstieg

Es soll kein »Aufreißer« geboten werden; vielmehr soll gewährleistet sein, dass die Besprechungsteilnehmer ein klares Bild vor Augen haben, was sie von den folgenden 1½ Stunden erwarten dürfen und wie sie sich selbst dabei einbringen sollen.

Die obige Aufstellung ist noch bearbeitungsbedürftig. Zum einen ist zu fragen, ob die Fülle an Berichten wirklich nötig ist, zum anderen müssen die Berichte noch sachlich zugeordnet werden. Ein Teil entfällt auf die Auszubildenden (die Themen zur Berufsschule), ein Teil auf den Ausbildungsleiter. Im Vorwege zu klären ist auch, ob alles, was unter Klärungsbedarf rangiert, in einer Besprechung geklärt werden muss oder ob das nicht auch »bilateral« erfolgen kann.

Im Ergebnis könnte dann der »**Fahrplan**« für die Besprechung so aussehen:

Berichte	Klärung	Diskussion	Entscheidung	Termine	Reflexion	Speicher
Berufsschul-projekt	Tätigkeits-nachweise	veränderter Durchlaufplan	CEBIT-Besuch	Zwischen-prüfung	Zeitökonomie	Workshop hoA
2 neue Berufs-schullehrer	Teilnahme an Fortbildungen			Gespräch Geschäfts-führer		Azubi Befragung
Stundenausfall Berufsschule						
Bewerberzahl Ausbildungs-plätze						
neues Sortiment 2 neue Filialen Personal-planung						

3. Gesprächslenkung

Selten, dass Redebeiträge zu kurz ausfallen! Bei »konferenzungeübten« Teilnehmern fallen sie erfahrungsgemäß häufig zu lang aus, ein Umstand, der bei der Reflexion zum Ausdruck gebracht werden sollte, um ihn dann mit einer Abhilfe-Vereinbarung in den Griff zu bekommen.

Versuchen Sie es als Moderator doch einmal mit der Drei-Satz-Vorgabe: Jeder Teilnehmer hat nur drei Sätze, um seinen Gedanken Ausdruck zu verleihen. Man glaubt gar nicht, wie hilfreich eine solche Regel sein kann. (Der Autor hat einmal eine Strichliste geführt, nachdem ein Mitarbeiter seine zu erwartende Weitschweifigkeit mit der Einleitung ankündigte: »Nur noch ein Satz!«. Es waren dann 24 Sätze! Für den Mitarbeiter spricht, dass er fortan nicht nur die Ankündigung aussparte, sondern auch die Ausführlichkeit seiner Beiträge reduzierte).

Der Gesprächslenker hat eine **Doppelaufgabe:** Er ist derjenige, der für einen zügigen Besprechungsverlauf sorgt, und er wird sich auch in der einen oder anderen Frage inhaltlich beteiligen. Diese beiden Rollen sollte er klar voneinander trennen. Aber nicht allein der Moderator ist für die Qualität der Besprechung verantwortlich! Der Vergangenheit sollte die Einstellung angehören, es sei seine Schuld und deshalb allein seine Aufgabe, die Sitzung zeitökonomisch zu gestalten. Was soll der arme Moderator denn anstellen mit Teilnehmern, die ihre Gedanken nicht »auf den Punkt« bringen können – sie zur Ordnung rufen? Er kann auf die Reflexion setzen.

Eines der häufigsten Übel ist, dass Berichte zu ausführlich geraten oder zum Anlass genommen werden, ihren Inhalt zu diskutieren. Hier muss der Moderator aufpassen! Oft bietet es sich an – vor allem, wenn mehr als drei Berichte anstehen – die Zeit für diesen Konferenzteil von vornherein zu begrenzen – auf 20 Minuten für die o.g. sieben Berichte vielleicht. Dann haben die Teilnehmer schon einmal eine Vorstellung, was sie anrichten, wenn ihr Bericht zu ausführlich, zu detailliert oder zu weitschweifig ausfällt. Und man möge die Modell-Rolle des ersten Berichterstatters bedenken: Ist er schon zu ausführlich, verleitet er seine Nachfolger leicht dazu, es ebenfalls zu sein. Der Moderator ist gut beraten, unter Hinweis auf die getroffene Verabredung (»Wir wollten uns doch für diesen Konferenzteil auf 20 Minuten beschränken!«) zur Selbstbeschränkung zu mahnen. Er wird auch eingreifen, wenn sich Nachfragen zu einem Bericht als Diskussionsbeitrag entpuppen: »Ist dieser Punkt so wichtig, dass wir ihn unter ‚Diskussion' behandeln sollten?« »Sollten wir ihn in den Themenspeicher nehmen?« »Oder sind die Fragen doch schon geklärt?«

Wortbeiträge sollten in der Reihenfolge ihrer Meldung aufgerufen werden. Sehr bewährt haben sich farbige Karten:

- Gelb als Anmeldung eines Wortbeitrages,
- grün für Zustimmung zu einem Wortbeitrag,
- rot für eine Störung.

Rote Karten haben Vorrang! Sie sollten aber nur sehr sparsam eingesetzt werden.

Ein verbreitetes Übel ist die mangelhafte Selbstdisziplin von Teilnehmern, die es nicht lassen können, nicht nur zu einem, sondern gleich zu verschiedenen Fragen Stellung zu nehmen. Das kann leicht dazu führen, dass es in der Folge inhaltlich drunter und drüber geht. Der sensible Moderator wird das schnell erspüren. Die Gegenstrategie beginnt mit der Aufdeckung der Gesprächsstruktur, gefolgt von dem Vorschlag, sich erst der Frage 1 zu Ende zu widmen, sodann der Frage 2 und erst dann der Frage 3. In der Regel gibt es dazu keinen Widerspruch, sodass der Moderator gleich in die Runde fragen kann: »Wer möchte zum ersten Punkt noch Stellung beziehen?«

4. Ergebnissicherung

Man muss nicht unbedingt jede Klärung, jedes Diskussionsergebnis und jede Entscheidung noch einmal für alle wiederholen! Das ist Sache des **Protokolls;** und das Protokoll ist ein wichtiges Arbeitsinstrument. Wenn die Konferenzen jede Woche stattfinden, sollte das Protokoll am nächsten Tag vorliegen, damit die darin enthaltenen Arbeitsaufträge termingerecht ausgeführt werden können. Sehr bewährt hat sich die Protokollfertigung über den in die Konferenz mitgebrachten Laptop. Sagen Sie nicht, das sei nur etwas für versierte Zehn-Finger-Tastenschreiber! Die Erfahrung lehrt etwas ganz anderes: Auch wer nur im Zwei-Finger-System mitzuschreiben versteht, ist bei gutem Willen schnell in der Lage, das Wesentliche in der Sitzung selbst festzuhalten. Am Ende kann das Protokoll ausgedruckt und an die Teilnehmer ausgehändigt werden. Gelingt das nicht, war es zu ausführlich!

5. Reflexion

Es ist ein Gruppen-Lernprozess, der vonnöten ist, wenn man Konferenzen zügig und ergiebig zugleich durchführen will. Der Schlüssel liegt bei der Reflexion. Sie sollte sich an bestimmte Ausgangsfragen richten:

- War die Moderation angemessen?
- Waren die Wortbeiträge treffend?
- Stimmte die Zeitökonomie?
- Sind meine, unsere Erwartungen an Klärungen und Entscheidungen erfüllt worden?
- Waren Berichte wirklich nur Berichte?

Wer sich die Reflexion erspart, begibt sich der ergiebigsten Möglichkeit, die Konferenzgestaltung zu verbessen. Die Schlussviertelstunde für ein Nachdenken darüber, was gut und was schlecht gelaufen ist, warum etwas gut und etwas schlecht gelaufen ist, wie das Gute bewahrt und das Schlechte beseitigt werden kann – bitte in drei aufeinander folgenden Runden erörtern! – zahlt sich baldigst aus.

Zusammengefasst noch einmal (nach SIEBERT 2010, S. 75) die vielfältigen Aufgaben eines Moderators:

- »Zielsetzung klären,
- Organisatorisches regeln,
- die Thematik strukturieren,
- Schlüsselbegriffe klären,
- visualisieren (z. B. durch Metaplankarten),
- Rückfragen stellen, um Missverständnisse zu vermeiden,
- Erfahrungen der Teilnehmer zur Sprache bringen,
- perturbieren (verwirren), auch provozieren,
- entspannen (Muntermacher, Anekdoten, Gymnastik),
- evaluieren,
- Transfer und ›follow up‹ planen,
- Literaturtipps geben.«

Und nicht vergessen: Ein Wechsel von intensiven und entspannenden Phasen hilft Konzentration aufbauen!

5.3.4.11   Projektmethode

Vielen gilt die Projektmethode als »Non-plus-ultra« der Methodik, als eine Möglichkeit, selbst lernschwache oder lernunwillige Schüler noch zu interessieren. So modern diese Einstellung sein mag, so sehr leidet der Projektgedanke darunter, dass er nicht einheitlich verstanden wird und so als didaktisches Allheilmittel missbraucht werden kann.

Was macht ein »echtes Projekt« aus?

»Nach vorn werfen« lautet etwa die – nichtssagende – deutsche Übersetzung des lateinischen Fremdworts. Daraus lässt sich allenfalls entnehmen, dass es sich um eine dynamische Angelegenheit, eine handlungsbezogene Methode, handeln muss. In der Tat ist das Projekt dadurch gekennzeichnet, dass zunächst ein grobes Ziel ins Auge gefasst wird (z. B. der Bau einer Dampfmaschine oder die – fiktive – Gründung eines Unternehmens), das von den Lernenden (unter Hilfestellung des Ausbilders) mehr und mehr konkretisiert und detailliert geplant wird.

Dabei lernen die Auszubildenden nicht nur, welche Arbeitsschritte bei der Planung und Durchführung notwendig und welche Materialien in welcher Weise gekauft, behandelt und zusammengefügt, welche Informationen bei welchen Instanzen eingeholt und zusammengetragen werden müssen. Sie lernen auch, wie diese Arbeit von der gedanklichen Vorplanung über die Aufgabenverteilung und Bearbeitungsstrategie bis hin zur konkreten Ausführung und zur Endabnahme geplant, ausgeführt und kontrolliert wird. Daneben lernen Auszubildende auch das arbeitsteilige Vorgehen und die Bearbeitung von Konflikten, die sich aus ihrer Kooperation ergeben.

Der Bau des Starenkastens, den der bayrische Berufspädagoge und Münchner Stadtschulrat Georg KERSCHENSTEINER (1854 – 1932) für einen handlungsorientierten Unterricht empfahl, ist nicht schon ein Projekt. Wenn er nämlich nach einer vom Ausbilder vorgegebenen Zeichnung, nach einer vorliegenden Materialliste und von jedem für sich allein gefertigt wird, haben wir das genaue Gegenteil eines Projektes vor uns.

Das »**echte Projekt**« wird nicht durch eine Aneinanderreihung von Instruktionen gesteuert, sondern lebt davon, dass arbeitsteilig auf ein gemeinsames Ziel hingearbeitet wird.

Insbesondere mit Projekten sucht man heute dem Prinzip der »Handlungsorientierung« Rechnung zu tragen. Das allerdings bedeutet im Regelfall, folgende Kriterien einzulösen:

- Die Auszubildenden arbeiten an Themengebieten statt Einzelthemen.
- Die Ausbildungsinhalte werden nicht nach Fächerinhalten gegliedert, sondern auf die betriebliche Anforderungssituation zugeschnitten.
- Die Auszubildenden müssen Planungs-, Dispositions- und Entscheidungsspielräume besitzen, die sie gemeinschaftlich ausfüllen.
- Die Auszubildenden nehmen die Bearbeitung ihrer Themengebiete mehr und mehr selbstständig in die Hand. Entsprechend nimmt sich der Ausbilder mehr und mehr zurück und wächst in die Rolle des Lernberaters und Moderators.

Projekte in dieser Form müssen selbstverständlich vorab ausführlich besprochen werden. Die Auszubildenden werden zu Beginn ihrer Ausbildung – so sie nicht bereits in der Schule darauf vorbereitet sind – nicht die Fähigkeiten mitbringen, Projekte ohne Anleitung und Hilfestellung zu bearbeiten.

Es ist daher zweckmäßig, mit kleineren, einführenden Projekten zu beginnen (beispielsweise mit dem Thema »Eröffnung eines Girokontos« bei Bürokaufleuten oder »Bau einer Meldeanlage« bei Kommunikationselektronikern), Übungsprojekte anzuschließen und erst dann Vertiefungsprojekte anzugehen.

Es gibt eine Reihe von **Regeln**, die für eine erfolgreiche Projektarbeit einzuhalten sind:

1. Die Einführung der Projektarbeit erfordert Teamarbeit!
2. Projekte sorgfältig auswählen und ihren Lernwert prüfen!
3. Unzureichende Lernsystematik von Projekten verursacht grundlegende Ausbildungs- und Lernprobleme!
4. Bei Übungsprojekten den Einsatzzeitpunkt genau bestimmen und Lernvoraussetzungen prüfen!
5. Die Methoden für die Projektdurchführung gemeinsam mit den Auszubildenden festlegen!
6. Projektunterlagen auf Vollständigkeit und Qualität prüfen!
7. Räumlich-sachliche Voraussetzungen für die Projektdurchführung prüfen und sie sicherstellen!
8. Die Ausbilder fachlich und methodisch auf ihre Aufgaben in der Projektausbildung vorbereiten!
9. Die Auszubildenden auf die Projektausbildung behutsam vorbereiten!

Sowohl auf der Seite der Ausbilder als auch auf der Seite der Auszubildenden ist ein hohes Maß an Engagement und an Bereitschaft erforderlich, auch bei schleppendem Verlauf oder gar Rückschlägen, nach Wegen zur Überwindung der Schwierigkeiten zu suchen. Das Risiko des Scheiterns ist relativ hoch, weil es sich oft um ein Experiment handelt. Nicht immer wird der Zeit- und Bearbeitungsaufwand durch den Lernerfolg gerechtfertigt. Aber der Aufforderungscharakter und die Lerneffekte sind bei einem »funktionierenden« Projekt ausgesprochen intensiv.

Allerdings wird hier nicht eine Situation simuliert oder ein Ausschnitt aus einer Realsituation nachgespielt, sondern eine echte Aufgabe angepackt. Ein Projekt lässt sich deshalb auch nicht exakt und detailliert vorplanen. Selbst wenn der Ausbilder klare Vorstellungen vom Gang der Arbeiten besitzt, wird er diese so lange zurückhalten, wie eine Chance besteht, dass die Auszubildenden selbst den Weg durch das Dickicht der vielfältigen Entscheidungen finden. Deshalb wird es in der betrieblichen Ausbildung verhältnismäßig selten Projekte geben, weil zeitliche und räumliche Freiräume geschaffen werden müssen und der erfolgreiche Ausgang eines »echten« Projektes wegen der vielen Unwägbarkeiten nicht so sicher ist wie etwa der eines fragend-entwickelnden Unterrichts. Dafür werden aber Verantwortungsbereitschaft, Kreativität, Analysefähigkeit und andere Schlüsselqualifikationen im Projekt so stark gefördert wie bei keiner anderen Methode.

Sehr hilfreich für die Strukturierung eines echten Projektes ist die von Karl FREY empfohlene Systematik. Demnach sollten **fünf Phasen** unterschieden werden:

1. Die **Projektinitiative** sollte möglichst von den Lernenden ausgehen; sie beschäftigen sich zunächst mit ihrer Idee, prüfen eingehend, ob diese tragfähig, hinreichend problemhaltig, gleichwohl in überschaubarer Zeit realisierbar ist.

2. Sie fertigen darauf hin ein **Projektskizze,** in der die Grundzüge der beabsichtigten Projektarbeit mit den zugehörigen Teilaufgaben und geschätzten Zeitbedarfen, möglicherweise auch entstehenden Kosten, verzeichnet sind. Anhand dieser Skizze lässt sich abschätzen, ob das Projekt in der geplanten Form unter Würdigung der verfügbaren Kompetenzen der Beteiligten Aussicht auf Realisierung in der zur Verfügung stehenden Zeit besitzt.

3. Erst jetzt geht es an die **Projektplanung.** Hier werden die Teilaufgaben präzisiert und es wird verabredet, in welcher Form sie von welcher Person oder welcher Teilgruppe bearbeitet werden sollen.

4. Die **Projektdurchführung** ist zweifellos nach wie vor die Kernphase des Projektes. Sie soll aber unterbrochen werden von

   - sogenannten **Fixpunkten,** an denen – Meilensteinen gleich – kontrolliert werden kann, ob man sich noch in der vorgesehenen Zeit befindet, ob die Qualität der Einzelarbeiten hinreichend ist, welche Korrekturen ggf. vorgenommen werden müssen oder welche Einschränkungen hinsichtlich des Projektziels;

   - sogenannter **Meta-Interaktion,** bei der in gesondert angesetzten Gesprächsrunden die sozialpsychologische Seite der Projektarbeit aufgeschlagen wird. »Wie arbeiten die Gruppenmitglieder zusammen? Gibt es Spannungen, Konflikte zwischen ihnen? Wie wird mit solchen Störungen umgegangen? Gibt es unterschiedliche Rollen und unterschiedliche Rollenverständnisse? Wie haben die Beteiligten zu ihren Rollen gefunden? Sind sie damit einverstanden?« ... Insbesondere die Meta-Interaktion soll sicherstellen, dass auch der Entwicklung der Sozial- und Selbstkompetenz im Projekt genügend Aufmerksamkeit geschenkt und die gerade in einer Projektarbeit sich bietenden Möglichkeiten hinreichend ausgeschöpft werden.

5. Den Abschluss bildet die **Projektauswertung,** in sich wiederum zu gliedern in Präsentation der Ergebnisse, kritische Analyse der Projektarbeit mit Blick auf die verabredeten Ziele, Reflexion der gesamten Projektarbeit.

Projekte prägen sich meist sehr deutlich ein. Noch nach Jahren erinnert man sich an ein Projekt, ganz im Gegensatz zu einzelnen Lerneinheiten, die beispielsweise im Lehrgespräch bearbeitet worden sind. Das liegt sicherlich auch an der emotionalen Gestimmtheit, die mit Projekten verbunden ist. Die Aufgabenstellung ist reizvoll, das Ergebnis außergewöhnlich, die ganze Angelegenheit »fällt aus dem Ausbildungsalltag heraus«. Man hat sich abgerackert, vielleicht gestritten, jedenfalls eine besondere Bewährungsprobe bestanden, auf die man stolz sein kann.

Insofern spricht viel dafür, das Wagnis eines Projektes einzugehen, auch wenn die Zeit und der Aufwand nicht immer den gewünschten Erfolg mit sich bringen und deshalb viele Skeptiker vor einer Überschätzung der Leistungsfähigkeit dieser Methode warnen. Sie ist jedoch nicht zu verachten, wenn berufliche Handlungskompetenz als oberstes Leitziel der Ausbildung ernsthaft angestrebt werden soll. Das folgende Muster eines Projektauftrages aus BOY et al. 1996, S. 51 soll die Vorbereitung und Durchführung systematisieren. Der anschließend dargestellte **Evaluationsbogen** hilft bei der Identifikation von Schwachstellen.

Projektauftrag:

_____

_____

_____

Projektleiter/in:

_____

Zielsetzung:

_____

_____

_____

_____

Aufgabenstellung:

_____

_____

_____

_____

Zu erarbeitende Ergebnisse:

_____

_____

_____

_____

Budget:

_____

Randbedingungen:

_____

_____

Termine, Meilensteine:

_____

Wie steht/stand es um Ihr Projekt?			
	stimmt	stimmt teilweise	stimmt nicht
1. Die IST-Situation wird/wurde nicht genügend analysiert.			
2. Die Ziele sind/waren unklar definiert bzw. nicht messbar.			
3. Es wird/wurde von vorne herein eine Lösung favorisiert und nicht nach Alternativen gesucht.			
4. Die Verantwortlichkeiten/Zuständigkeiten im Projekt sind/waren nicht vollständig geklärt und abgestimmt.			
5. Qualifiziertes Personal für die Mitarbeit im Projekt reicht nicht aus.			
6. Die Motivation, in Projekten mit zu arbeiten, ist gering.			
7. Auftauchende Probleme im Projekt werden/wurden ignoriert oder ausgelassen.			
8. Risiken im Projekt werden/wurden falsch oder nicht eingeschätzt.			
9. Es wird/wurde improvisiert anstatt systematisch organisiert.			
10. Fehler aus alten Projekten werden/wurden wiederholt, weil sich niemand die Mühe macht/e, abgeschlossene Projekte einem Soll-/Ist-Vergleich zu unterziehen.			

Erfahrungen mit einem – laufenden oder abgeschlossenen – Projekt. Quelle: BOY, J./DUDEK, C./KUSCHEL, S. 1994: Projektmanagement. Offenbach

5.3.4.12 Juniorfirma

Eine Sonderform des Projektes stellen die »Juniorfirmen« dar. Sie werden von Auszubildenden gegründet und sind so etwas wie eine »Firma in der Firma«. Gehandelt wird mit echten Waren auf einem echten Markt. Von der Gründung bis zur Liquidation werden daran alle betriebswirtschaftlichen Funktionen (Entwicklung, Einkauf, Lagerung, Kalkulation, Produktion, Marketing, Absatz, Rechnungswesen usw.) in der Ernstsituation **handelnd** gelernt. Derartige Juniorfirmen sind aber selten; sie finden sich fast nur bei Großunternehmen. Dazu zählen namhafte Unternehmen wie BMW, Carl Zeiss Jena und Datev Nürnberg. Sie haben sich zu einer Arbeitsgemeinschaft zusammengeschlossen. Die AG zählt 36 Mitgliedsfirmen und ist bei der Zahnradfabrik Friedrichshafen angesiedelt.

Die Idee kam seinerzeit bei der Zahnradfabrik Friedrichshafen auf, einem der größten Lieferanten für Getriebe. Auszubildenden wurden zugetraut, eine eigene Firma zu gründen und zu betreiben, ohne dass die Kosten die Erträge überboten. Gehandelt wird in einer Juniorfirma im Gegensatz zur Übungs- oder Scheinfirma mit echten Produkten. Teils sind sie fremdbezogen, teils handelt es sich um Eigenprodukte. Auch die Kunden sind »echt«. Es gibt allerdings Juniorfirmen, die nur im eigenen Unternehmen gefertigte Produkte veräußern, und solche, die sie nur an Mitarbeiter des eigenen Unternehmens verkaufen. Dahinter steht der Gedanke, bei aller unternehmerischen Freiheit das wirtschaftliche Risiko zu minimieren. Vom Lerneffekt her sind Juniorfirmen kaum zu überbieten. Allerdings müssen die Lernprozesse auch entsprechend kriterienorientiert ausgewertet werden. Ein absolutes Highlight ist die jährlich an unterschiedlichen Orten stattfindende Juniorfirmen-Messe.

5.3.4.13 Programmierte Unterweisung

Es handelt sich hier um eine Sonderform der Einzelarbeit, sowohl innerhalb als auch außerhalb des Unterrichts. Sie geht sehr stark auf die lerntheoretische Position des Verhaltensforschers B.F. SKINNER zurück, wurde jedoch in Grundzügen schon lange vor ihm entwickelt. PRESSEY baute bereits 1927 eine Lernmaschine, die wie eine Registrierkasse aussah. Sie bot Aufgaben auf einem Programmstreifen dar, der vorwärts rückte, wenn der Lernende den richtigen Antwortknopf gedrückt hatte. Aufgaben, die falsch beantwortet worden waren, wurden von der Maschine erneut vorgelegt.

Der Lernstoff wird in kleinen, aufeinander aufbauenden Schritten dargeboten, und der Lernende kann seine Antworten sofort kontrollieren. Er erhält also lediglich eine knappe, von überflüssigen Inhalten freie Sachinformation. Daran schließen sich Aufgaben oder Fragen an, die sich direkt auf die Information beziehen. Die Antworten gibt der Lernende per Tastendruck in den Apparat ein und kann sie so anhand der nachfolgend aufgezeigten Lösungen selbst kontrollieren. Stimmt die Antwort, darf er weitermachen. Hat er jedoch falsch geantwortet, muss er zurück gehen, um den Fehler zu suchen und zu korrigieren. SKINNER (1954) sprach sich sehr für das sogenannte **lineare Programm** aus. Dabei gibt es nur einen geraden Weg durch die Informationen. Da die Fragen sich auf das jeweils gerade vorher Gelernte beziehen, zudem leicht zu beantworten sein sollen, gibt es praktisch kaum eine Gelegenheit zu einer falschen Antwort. So wird der Lernende sicher durch das Programm geleitet, Unterforderung allerdings nicht ausgeschlossen.

Gegen diese Art von Lernen und den damit verbundenen »Dressurakt« sprach sich (1964) mit CROWDER ein weiterer Amerikaner aus. Er bemängelte vor allem, dass alle Lernenden ungeachtet ihres Vorwissens und ihrer Lernfähigkeit den gleichen Weg durch das Programm einschlagen müssen. Er entwickelte deshalb das **verzweigte Programm,** bei dem Vor- und Rücksprünge vorgesehen sind.

Die folgenden Abbildungen geben die beiden unterschiedlichen Programmstrukturen wieder.

Wer einen Programmteil bereits beherrscht, darf diesen per Anweisung (»Sprungadresse«) überschlagen; wer einen Programmteil nicht verstanden oder behalten hat, muss hingegen an bestimmte Stellen im Programm zurückspringen. Damit ist gewährleistet, dass je nach den Vorkenntnissen und der intellektuellen Leistungsfähigkeit die Programme schneller oder langsamer durchgearbeitet werden können. Ein solches Programm gilt als »lerneradaptiv«.

Während das lineare Programm leichter zu erstellen ist, wird das verzweigte Programm eher den verschiedenen Voraussetzungen und Erwartungen der Lernenden gerecht.

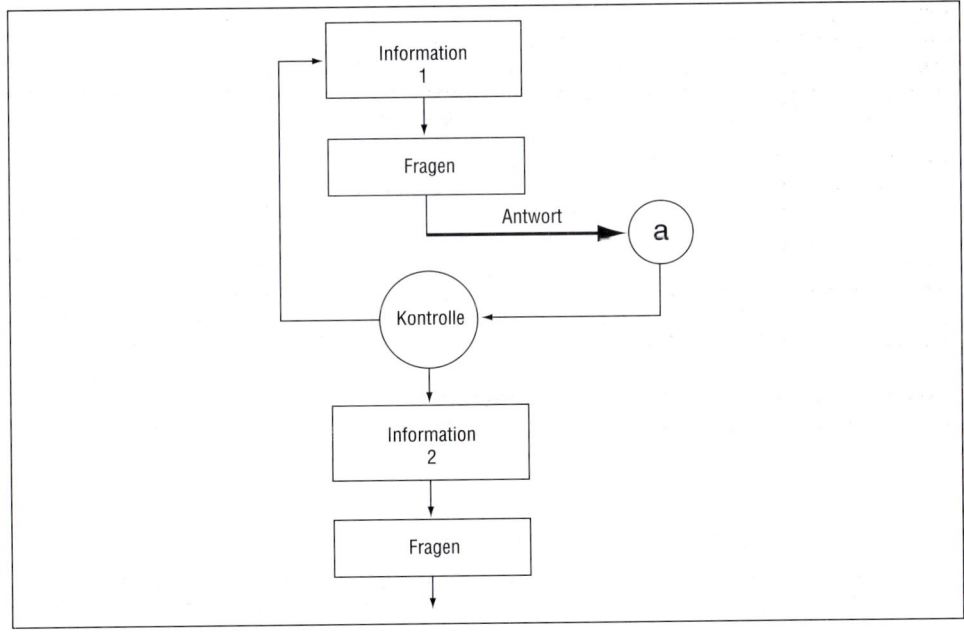

Lineares Programm

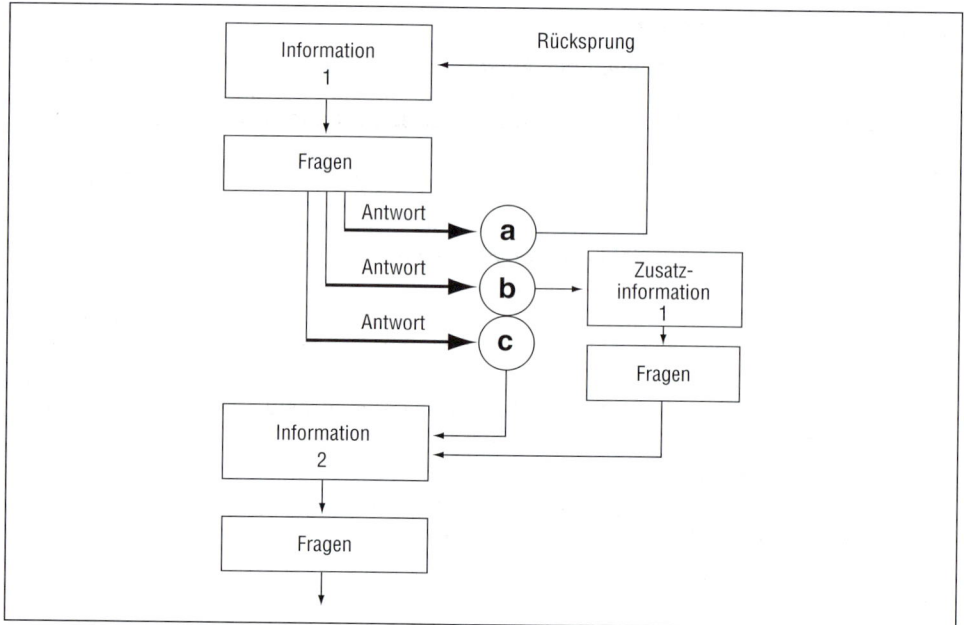

Verzweigtes Programm

Beide Programmarten sind vor allem in Buchform verbreitet. Wer sich beispielsweise Kenntnisse über den Aufbau und die Funktion eines Fernsehapparates verschaffen möchte, kann das sehr gut mit einem **Buchprogramm** erreichen. Zur Vermittlung von Fachkenntnissen ist ein Buchprogramm oft sehr gut geeignet, zur Vermittlung von Problemlösungsstrategien, zum Training der Entscheidungsfähigkeit oder zum Einüben von Beurteilungsverfahren taugt es aber meist wenig.

Für die gewerblich-technische Ausbildung ist eine schier unübersehbare Zahl von Programmen auf dem Markt. Unter dem Suchwort »Lernsoftware Technik« finden sich bei GOOGLE ca. 2.540 Eintragungen! Hinzu kommen zahlreiche Lernprogramme, die von Großbetrieben für den eigenen Bedarf ausgearbeitet worden sind.

Der Ausbilder sollte in Frage kommende Programme vor ihrem Einsatz im Hinblick auf die stoffliche und methodische Qualität und das Vorwissen sowie die Lernbereitschaft und Fähigkeit der Auszubildenden prüfen. Es hat sich gezeigt, dass Programme im Rahmen der Ausbildung immer nur eine unterstützende Bedeutung haben. Dies gilt ebenso für Computerprogramme, die sich heute zahlreich in der Erprobung befinden. Mit den gewachsenen Speicherkapazitäten und der Weiterentwicklung von Simulationsprogrammen sind bereits sehr interessante und hochgradig »lerneradaptive« Programme auf dem Markt. **Computer Based Training (CBT)** erfreut sich unter Lernenden, insbesondere jungen Erwachsenen, zunehmender Beliebtheit.

Der Einsatz von Computerprogrammen in Schulen und Weiterbildungseinrichtungen hat allerdings gezeigt, dass Lehrkräfte damit nicht ersetzt, sondern – besonders in der Einführungsphase – eher zusätzlich gefordert werden. In der Ausbildung besitzt hierzulande das Lernprogramm eine untergeordnete Bedeutung. Das ist jedoch eher eine Frage des jeweiligen Landes als des Bildungsbereichs. So werden z. B. in der Schweiz Lernprogramme sehr intensiv in der Ausbildung eingesetzt.

5.3.4.14   Fernunterricht

In diesem Zusammenhang ist auch der Aufschwung des Fernunterrichts anzusprechen; denn vielfach wird er durch Buchprogramme getragen. Die Teilnehmerstatistik wird jährlich durchgeführt. Sie war zunächst beim BiBB angesiedelt, dann beim Deutschen Institut für Erwachsenenbildung und seit 2011 beim Forum DistancE Learning (FDL). In Deutschland sind **316 Fernlehrinstitute** staatlich zugelassen, die Hochschulen nicht mitgerechnet. Der Bereich der Fernlehrgänge an Hochschulen ist dabei vom Jahr 2003 mit rund 59.000 Teilnehmern auf 115.000 in 2011 gewachsen. Der Teilnehmerkreis am Fernunterricht erreichte 2007 mit rund 255.000 seinen Höhepunkt und ging mit 245.000 in 2011 leicht zurück.

Hierzulande regelt ein »Fernunterrichtsschutzgesetz« die Anerkennung von Lehrgängen und Materialien. Diese Aufgabe ist dem BIBB überantwortet (§ 90 Abs. 3 Ziffer 4 BBiG).

Angaben zur Zusammensetzung des Teilnehmerkreises bietet die jährlich erscheinende Fernunterrichtsstatistik (http://www.fernstudium-infos.de/fernstudium-allgemein/32307-fernunterrichtsstatistik-2011-weniger-fernlehrgangs-teilnehmer-mehr.html).

Demnach waren im Jahre 2011

* rund 382.000 Teilnehmer an Fernlehrgängen eingeschrieben, dabei zeigte sich gegenüber dem Rekord-Vorjahr (rund 388.000) ein Rückgang um 5.600.

* Frauen waren – bei steigender Tendenz – mit rund 53% etwas stärker beteiligt als Männer. Es waren

* 115.000 Fernstudenten an Fernhochschulen eingeschrieben.

* 245.000 nahmen am Fernunterricht in staatlich zugelassenen Fernlehrgängen teil.

* Etwas mehr als ein Viertel aller Kurse (27%) finden sich im Bereich Wirtschaft, auf Platz 2 rangieren Lehrgänge zum Bereich Freizeit, auf Platz 3 zur Gesundheit.

* 38 % der Lehrgangsteilnehmer bereiteten sich auf eine öffentlich-rechtliche (z. B. Kammerabschluss) oder staatliche Prüfung (z. B. Abitur) vor.

* 22 % der Teilnehmer waren unter 26 Jahre alt, 52 % zwischen 26 und 40 Jahren und – mit stark steigender Tendenz – 26 % über 40 Jahre.

* Marktführer ist nach eigenen Angaben das ils (Institut für Lernsysteme) mit über 400 staatlich anerkannten Lehrgängen.

Die Fernlehrinstitute bieten mittlerweile ein umfassendes Programm für jeden Interessenten. Vor allem wenn die familiäre Konstellation ein Direktstudium oder eine stationäre Fortbildung nicht zulässt, kann dieses Angebot eine sehr gute Alternative zu ortsgebundenen Formen der Fort- und Weiterbildung bieten.

5.3.4.15   Leittext-Methode

Die Anfänge der Leittext-Methode reichen in das Jahr 1970 zurück. Rückblickend schreibt Johannes KOCH: »Was heute als Leittext-Methode bezeichnet wird, war ursprünglich nur eine Hilfe für die Projektausbildung. Damit die schnelleren Auszubildenden nicht jeweils auf die nächste Unterweisung warten müssen, bis die langsameren auch soweit sind, hat man vor nunmehr gut 15 Jahren (das war 1971, WS) bei Daimler-Benz in Gaggenau begonnen, die Ausbilderunterweisung als Tonbildschau aufzuzeichnen. Zu dem Gelernten haben die Auszubildenden dann einen Test geschrieben, das Testergebnis musste anschließend mit dem Ausbilder besprochen werden. Hierbei zeigte sich, dass die Jugendlichen bei dieser Art der Ausbildung nicht nur motivierter waren, sondern dass auch die Selbstständigkeit gefördert wurde« (KOCH 1986, S. 137).

Leittext: Das bedeutet zunächst einmal Abkehr von der »frontalen« Informationsgabe und Lehrsteuerung durch einen Ausbilder; ein Text übernimmt die Steuerung des Lernprozesses. Der Auszubildende erarbeitet sich die Informationen selbst (das unterscheidet die Leittext-Methode im Übrigen von der programmierten Unterweisung). Der Ausbilder ist Organisator und Moderator zugleich. Er führt die Regie und ist der Ansprechpartner des Auszubildenden. Der Auszubildende plant seine Vorgehensweise zum großen Teil selbst. Die Orientierung erhält er durch den Leittext; die Informationen sind darin enthalten oder müssen von ihm aus anderen Quellen bezogen werden. Der Auszubildende löst vorgegebene Aufgaben aus eigener Kraft, tauscht Ergebnisse mit seinen Kollegen aus und kontrolliert seinen Lernfortschritt anhand vorgegebener Maßstäbe und Kontrolllösungen weitgehend selbst. Am Ende steht meist ein greifbares Produkt, z. B. eine kleine Dampfmaschine, ein Werkzeugkasten, eine Jahresbilanz. Damit nimmt die Leittext-Methode das wesentliche Merkmal der Projektmethode auf: Zielrichtung und Motivation durch ein konkretes Endprodukt, mit dem sich die Auszubildenden als eigene Leistung identifizieren können.

Die Leittext-Methode ist keine Alternative zur Vier-Stufen-Methode. Sie ergänzt die traditionellen Ausbildungsformen. Dabei erwies sie sich in einer Reihe von Modellversuchen in verschiedenen Berufen und Betrieben (VEBA Oel, Siemens, VW, Stahlwerk Peine-Salzgitter) den herkömmlichen Methoden als deutlich überlegen:

Die Auszubildenden sind mit größerem Eifer bei der Sache; sie prägen sich das selbst Erarbeitete leichter und dauerhafter ein. Sie entwickeln größere Freude am Lernen und verfügen am Ende über ein breites Reservoir nicht nur an Fachkenntnissen, sondern auch an **Schlüsselqualifikationen.** Diese werden quasi »en passant« erworben.

Leittexte gibt es bereits für zahlreiche Ausbildungsberufe. Eine bunte Palette von Weiterbildungsangeboten richtet sich an Ausbilder und Lehrer, um ihnen den Einstieg in den Umgang mit Leittexten zu vermitteln. Dabei lernen die Ausbilder auch, Anleitungen selbst zu verfassen, sich im Lernprozess zurückzunehmen und vom »Vorturner« zum Ansprechpartner zu avancieren. Kein Zweifel, die Leittext-Methode ist inzwischen nicht mehr pädagogische Modeerscheinung, sondern hat eine erste Bewährungsprobe in den Großunternehmen, aber auch in überbetrieblichen Einrichtungen bestanden.

Dabei verbindet die »neue« Methode alte Forderungen miteinander; danach soll der Auszubildende

- weitgehend selbstständig lernen und arbeiten,

- seinen Handlungen systematische und konzeptionelle Überlegungen voranstellen,

- aus seinen Fehlern lernen.

Das kann er ohne die Anleitung des Ausbilders in aller Regel nicht, jedenfalls nicht von Ausbildungsbeginn an. Deshalb wird man ohne eine entsprechende Einführung und ohne die vorausschauende Planung des Ausbilders nicht auskommen. Aber im Fortgang des Ausbildungsgeschehens wird sich der Ausbilder zurücknehmen, als Ansprechpartner bereitstehen, sich um Einzelne kümmern, Gespräche mit ihnen aufnehmen, behutsam auf den Fortgang der Arbeiten achten und den Erfolg sorgfältig überwachen. Insofern handelt es sich zwar nicht um ein gänzlich selbstbestimmtes Lernen, lässt aber dem Lernenden viele Freiräume bei der Aufgabenerledigung.

Für den Ausbildungsablauf hat sich das **Sechs-Stufen-Vorgehen** nach dem Modell der vollständigen Handlung (siehe dazu auch die Ausführungen in Lehrbuch 1, Abschn. 1.3.1.5) als zweckmäßig erwiesen:

1. Mit der Anfangsinformation wird der Forderung zielorientierten Handelns Rechnung getragen. Der Auszubildende soll von vornherein daran gewöhnt werden, dass alle seine Aufgaben bestimmten Zwecken unterworfen sind und bestimmten Zielen dienen. An ihnen soll er selbstständig den Erfolg seines Handelns ermessen.

2. Folgende methodische Hilfen benutzt die Leittext-Methode zur Planung des Vorgehens:

   - Einen schriftlichen Arbeitsplan;
   - eine Liste mit Arbeitsmitteln;
   - einen Kontrollbogen für die abschließende Bewertung;
   - nicht der Ausbilder gibt die Aufgaben vor, sondern der Leittext (den kann der Ausbilder selbst entworfen haben; aber die konkreten Anweisungen kommen nicht von ihm, so ist auch sichergestellt, dass ein individuelles Lerntempo eingeschlagen werden kann).

3. Der Auszubildende entscheidet selbst, ob er sich dem vorgelegten Arbeitsplan unterwirft oder von ihm – begründet – abweicht. Das wird er allerdings zunächst mit seiner Lerngruppe und/oder mit seinem Lernbegleiter besprechen. Der Ausbilder hat quasi einen Genehmigungsvorbehalt für einen veränderten Arbeitsplan. In der Regel wird sich der Auszubildende allerdings an den vorgegebenen Plan – der ja schließlich auch auf die Lernkontrolle abgestimmt ist – halten.

4. Die Stufe »Ausführen« entspricht im Prinzip der dritten Stufe der Vier-Stufen-Methode. Der Auszubildende führt die vorgegebenen Arbeiten unter Beobachtung durch den Ausbilder aus. Treten Fehler auf, ist darauf aufmerksam zu machen. Aber sie werden nicht sofort durch den Ausbilder korrigiert, sondern zunächst lediglich festgestellt, um dem Auszubildenden Gelegenheit zur Eigenkorrektur zu geben.

5. Die ausgeführten Arbeiten werden vom Auszubildenden anhand des vorgegebenen Arbeitsplans und der vorgegebenen Leitziele selbst kontrolliert. Gegenseitige Kontrolle der Auszubildenden ist ebenfalls ein probates Mittel. Der Ausbilder wird erst tätig, wenn die Selbstkontrolle abgeschlossen ist.

6. Im abschließenden Bewertungsgespräch übt der Ausbilder Kritik am Arbeitsergebnis. Dazu sucht er das Gespräch mit dem Auszubildenden und überlegt mit ihm gemeinsam, wie aufgetretene Fehler künftig vermieden werden können.

Die Leittext-Methode verbindet formale Vorgaben der Vier-Stufen-Methode mit einer veränderten Ausbilderrolle. Zudem wird der Lernprozess stärker vor- und durchstrukturiert; schriftliches Material übernimmt eine Steuerungsfunktion. Der Lernprozess wird individualisiert, das Lerntempo ebenfalls. Der Ausbilder gewinnt Zeit, um sich z. B. verstärkt um die schwächeren Auszubildenden zu kümmern. Er hat größeren Raum für persönliche Gespräche. Keinesfalls soll er sich aber in dieser Arbeitsphase vollständig zurückziehen und die Teilnehmenden sich selbst überlassen. Vielmehr soll er sein Interesse durch Anwesenheit und behutsame Kontrollen zum Ausdruck bringen. Zudem sollen sich die Auszubildenden nicht allein gelassen fühlen sondern wissen, dass es einen Ansprechpartner gibt, an den sie sich bei Unsicherheiten gern wenden können.

5.3.4.16   Fallmethode

Streng genommen stellt die Fallmethode gar keine eigenständige Methode dar: Im Mittelpunkt einer Unterweisung, eines Lehrgesprächs oder eines Unterrichts steht ein »Fall« aus der Arbeitswelt. Dabei handelt es sich nicht einfach um ein Beispiel, sondern um eine Episode, die realistische Züge trägt – wenn sie nicht sogar der Realität entnommen worden ist.

In welcher Weise der Fall bearbeitet wird – ob fragend-entwickelnd, in Einzel-, Partneroder Gruppenarbeit, durch Diskussionen, Rollenspiel oder in Kombination dieser Formen – ist nicht unbedingt festgelegt.

Entwickelt wurde die Fallmethode in den USA. Um die College-Ausbildung angehender Juristen an der Harvard Law School praxisnäher zu gestalten, hatte man Praktiker aus Unternehmen über ihre Arbeitsgebiete berichten lassen. Eingeführt wurde diese Methode bereits 1870 durch einen neuen Dozenten an der Law School. Diese »Fälle« wurden dann von den Studenten bearbeitet. Ihre Lösung konnten sie mit der in der Wirklichkeit getroffenen Entscheidung vergleichen. Die Harvard Business School übernahm das Prinzip 1920. Dort lernte der Paderborner Wirtschaftspädagoge Franz-Josef KAISER die Methode kennen. Er übertrug sie auf den Unterricht in wirtschaftswissenschaftlichen Fächern.

Ein Fall wird zum tragenden Element des Lernvorgangs. Der Ausbilder tritt in den Hintergrund, die **Sache** soll Aufmerksamkeit und Interesse der Auszubildenden fesseln. Dabei können sie je nach Art der Fallstudie unterschiedliche Aufgaben zu bewältigen haben:

- **Problemfindungsfall:** Eine Situation wird detailliert geschildert; Aufgabe der Lernenden ist es, die darin steckenden Probleme herauszuarbeiten: Case Study Method.

- **Entscheidungsfall:** Der Fall wird in allen Einzelheiten – aber ohne Lösungsmöglichkeiten – vorgegeben, die Auszubildenden sollen die Problematik herausarbeiten und Lösungsvorschläge zusammenstellen: Case Method.

- **Beurteilungsfall:** Der Fall wird in allen Details vorgegeben, einschließlich mehrerer Lösungsvorschläge. Die Auszubildenden müssen die Vorschläge gegeneinander abwägen und zu einer Entscheidung kommen: Case Problem Method.

- **Informationsfall:** Der Fall wird unvollständig und ohne Lösung vorgegeben. Die Auszubildenden haben die Aufgabe, sich weitere Informationen zu beschaffen, die Problematik einzugrenzen und eine Lösungssuche vorzubereiten: Case Incident Method.

- **Untersuchungsfall:** Der Fall wird einschließlich seiner Lösung komplett vorgegeben; die Auszubildenden sollen Problematik und Lösung auf ihre Schlüssigkeit und Zweckmäßigkeit hin überprüfen: Stated Problem Method.

Die vorgestellten Möglichkeiten deuten darauf hin, dass der Ausbilder nicht stark zu lenken braucht. Fallstudien sind insofern »selbsttragend«, als die Auszubildenden Gelegenheit haben, ihre Kenntnisse und Fähigkeiten selbstständig einzeln oder gemeinsam mit anderen zu aktivieren und zu erproben. Die Aufgabe des Ausbilders entspricht insofern der bei der Gruppenarbeit angesprochenen: Er steuert nur, wo ein direktes Eingreifen nötig ist, wo Arbeitsschritte nicht zielstrebig angepackt werden, das Vorgehen ins Stocken gerät oder Teilaufgaben nicht wahrgenommen werden (Protokoll führen, Diskussionsergebnisse festhalten usw.). Die Auszubildenden sollten Gelegenheit bekommen, ihre Arbeitsergebnisse im »Plenum« zu präsentieren und gegenüber anderen Ergebnissen zu verteidigen.

Der Einsatz von Fallstudien beansprucht in der Regel mehr Zeit als die bloß verbale Vermittlung von Lerninhalten im Vortrag oder im fragend-entwickelnden Unterricht. Dafür wird das selbstständig am praktischen Fall erarbeitete Wissen in der Regel leichter verstanden und dauerhafter eingeprägt. Quasi »nebenbei« erwirbt oder trainiert der Auszubildende die Fähigkeit, Probleme **systematisch** anzugehen, nach Lösungsmöglichkeiten zu suchen und Entscheidungen zu fällen. Schwierigkeiten kann die Suche nach geeigneten Fällen bereiten. Die Fälle sollten nicht zu kompliziert und nicht zu simpel sein. Sie sollten zudem überschaubar sein, die Vorstellungswelt der Auszubildenden ansprechen, aber nicht zu sehr ausgeschmückt sein mit Nebeninformationen, die zu thematisch unwichtigen Nebengesprächen verleiten. Fallstudien können heute auch im Internet bezogen werden.

5.3.4.17   Einzelarbeit

Der Inhalt der Einzelarbeit ist die intensive, möglichst ungestörte Auseinandersetzung mit einem Lerngegenstand. Das kann zum Zwecke der Lernkontrolle ebenso geschehen wie zur Erarbeitung von Sachinformationen, beispielsweise anhand von Fachbuchauszügen oder Zeitungsausschnitten. Die Einzelarbeit kann auch lediglich als eine für Ausbilder wie für Auszubildende willkommene Unterbrechung anderer Lernformen eingesetzt werden.

Ihr Einsatz lässt sich – wie alle anderen Methoden – anhand der Phasenfolge »Einführung – Durchführung – Zusammenfassung« – systematisieren. Wichtig ist eine präzise Aufgabenstellung, die dem Auszubildenden einleuchtet und von ihm akzeptiert wird. Er sollte mit allen Informationen und Hilfsmitteln versorgt sein, deren er bei der Lösung von Übungsaufgaben, bei der Anfertigung von Schaubildern, Grafiken, technischen Zeichnungen usw. bedarf. Der Zeitrahmen ist mit ihm vorab zu verabreden.

Vorbereitete Arbeitsblätter können seine Arbeit strukturieren; unerlässlich sind sie nicht. Wichtig ist, dass sich der Ausbilder während der Einzelarbeit vom Fortgang der Arbeiten überzeugt, mit Rat und Tat zur Seite steht und sich einen Einblick in den Leistungsstand seiner Gruppe verschafft. So kann er gezielt an die Aufbereitung des Geleisteten in der Zusammenführungsphase herangehen. Eine Kontrolle der Einzelarbeiten ist sehr wichtig. Wer wollte nicht nach getaner Arbeit eine Rückmeldung über seine Leistung erhalten? Ob dies in einer Einzelwürdigung oder – etwa mit Hilfe von Tageslichtprojektor, Beamer oder Wandtafel – mit einer Vorgabe zur Selbstkontrolle geschieht, ist vom Thema, von den zeitlichen Möglichkeiten und den Kenntnissen und Fähigkeiten der Auszubildenden abhängig.

Problematisch sind der unterschiedliche Zeitbedarf der Auszubildenden und das Gespür für den passenden Schwierigkeitsgrad (und wieder: nicht unterfordern, nicht überfordern). Dies lässt sich leicht auffangen, wenn gegenseitige Hilfestellung erlaubt ist und gewünscht wird oder wenn Einzelarbeit beispielsweise in Partnerarbeit mündet, sodass über das Geleistete schon einmal unter den Auszubildenden gesprochen werden kann.

5.3.4.18   PQ4R-Methode zur Textbearbeitung

Zur Aufnahme, zum Verständnis und zur Gedächtnisspeicherung von Textinhalten gibt es eine Reihe von Vorschlägen. Der Auszubildende soll ja den Inhalt des Gelesenen nicht mechanisch abspeichern, also letztlich auswendig lernen, sondern seinen Sinn erschließen. Dazu liefern die Urheber der hier besprochenen PQ4R-Methode (THOMAS & ROBINSON, 1972) einen nützlichen Algorhythmus. Die Bezeichnung PQ4R-Methode leitet sich aus den englischen Bezeichnungen für die **sechs Phasen** ab, die sie für das Studium eines Lehrbuchkapitels vorsieht: **P**review, **Q**uestions, **R**ead, **R**eflect, **R**ecite, **R**eview.

1. Vorausschau (P wie Preview): Der Leser soll nicht einfach loslegen und einen Text von Beginn an lesen, sondern zunächst das Kapitel überfliegen. Er soll sich dabei einen Eindruck von der Aussage und der Darstellungsform des Inhaltes verschaffen.

2. Fragen (Q wie Questions). Aus dem Überfliegen ergeben sich in der Regel Fragen an den Text. Diese sollten eigenständig formuliert und als Ansprüche an den Aussagegehalt gesehen werden.

3. Lesen (R wie Read). Erst jetzt ist der Text sorgfältig zu lesen, immer mit dem Blick auf die selbst formulierten Fragen. In jedem Absatz findet sich eine Kernaussage, die unterstrichen werden sollte.

4. Nachdenken (R wie Reflect). Nun ist es an der Zeit, das Wesentliche des Inhalts vom Unwesentlichen zu scheiden. Dazu helfen die Fragen als »advanced organizers«, als Strukturierungshilfen eben. Hier gilt es auch, sein Vorwissen mit den neuen Informationen in Verbindung zu bringen und sich über den Erkenntnisgewinn der Lektüre klar zu werden.

5. Wiedergeben (R wie Recite). Jetzt sollte man in der Lage sein, die wesentlichen Aussagen zu rekapitulieren und in eigenen Worten wiederzugeben. Die eingangs gestellten Fragen bieten wiederum den Formulierungshintergrund.

6. Rückblick (R wie Review). Mit der bloßen Wiedergabe ist es – lerntechnisch gesehen – nicht getan. Um sich das Gelesene dauerhaft einzuprägen, sind die Kernaussagen zu memorieren, d. h. aus dem Kurzzeitgedächtnis abzurufen und von ihrem Aussagegehalt her abschließend einzuschätzen (EDELMANN/WITTMANN 2012, S. 128).

5.3.4.19   Metaplanmethode

Metaplan® ist ein eingetragenes Warenzeichen der Thomas Schnelle Gesellschaft für Planung und Organisation. Dieses im Jahre 1959 von den Brüdern Eberhard und Wolfgang SCHNELLE gegründete Unternehmen ist in der Beratung großer Unternehmen tätig. Der Beratung liegt das Konzept einer »lateralen Beratung im Diskurs« zugrunde. Ausgehend davon, dass unendlich viel Wissen von Unternehmensakteuren in Seminarveranstaltungen eingebracht werden kann und demensprechend Vorträge die Aktualisierung dieses mitgebrachten Wissens verhindern, wurde die Metaplan-Methode entwickelt. Sie ermöglicht die Sichtbarmachung von Wissensstrukturen, aber auch eine Öffentlichmachung und Systematisierung und schließlich Dokumentation von Beratungsgegenständen wie z. B. Klärung des Verhältnisses zwischen Unternehmensleitung und Betriebsrat, Einführung aktiver Entlohnungssysteme, Generierung neuer Geschäftsmodelle.

Die Metaplanmethode bedient sich der bekannten farbigen Kärtchen und plakativer Pinnwände. Auf den Kärtchen werden Stichworte zum jeweiligen Gegenstand festgehalten. Die Kärtchen werden zunächst dahingehend betrachtet, ob das Stichwort für die Teilnehmer einen Sinn ergibt. An dieser Stelle sind Rückfragen möglich, aber Diskussionsbeiträge noch unerwünscht. In einem zweiten Schritt werden die Kärtchen nach Sinnzusammenhängen sortiert und mit Oberbegriffen – »Metaebene« – »geclustert«.

Im Kern besteht die Methode aus einer **Visualisierungstechnik.** Anders als beim Brainstorming sollen nicht neue, kreative Lösungen gesucht, sondern Probleme analysiert und Strategien zu ihrer Überwindung entwickelt und ausgearbeitet werden.

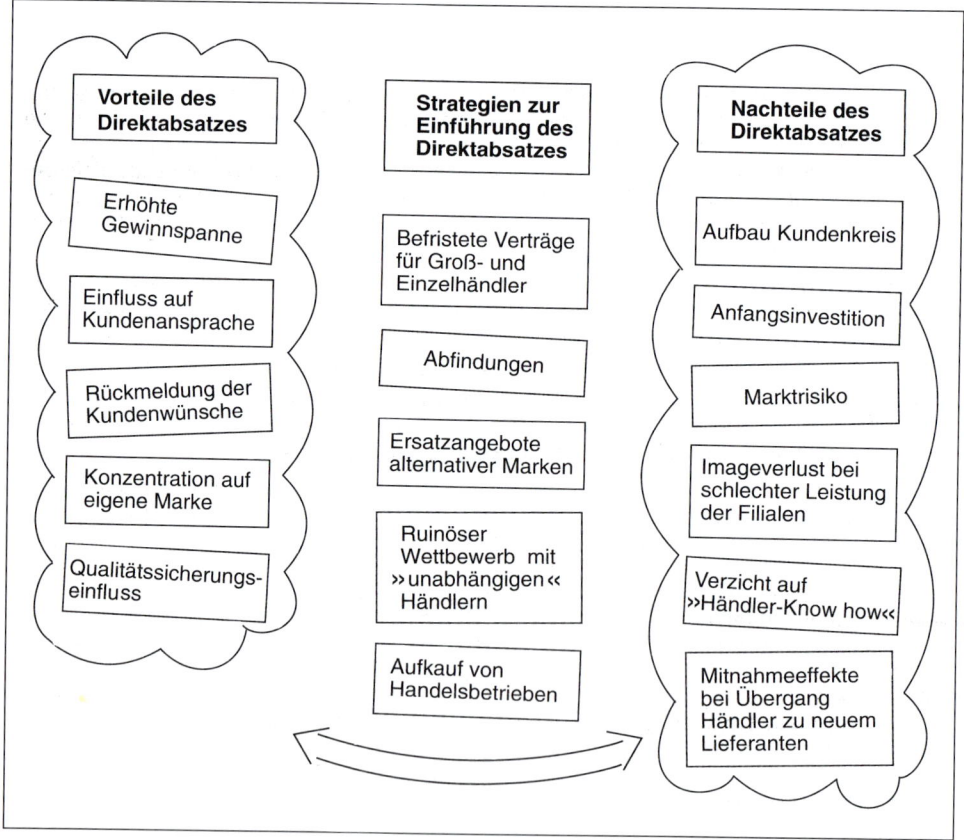

Mit »Metaplan« erarbeitetes Seminarergebnis

Metaplan ist eigentlich eine interaktive Such-, Analyse- und Konfliktlösungsmethode, bei der ständig zwischen Einzelbeitrag (Kärtchen) und Gruppendiskussion (Problembearbeitung) gependelt wird. Zunächst wird der Problemgehalt auf der Grundlage der Kärtchen herausgearbeitet, dann werden Lösungsstrategien entwickelt und schließlich wird versucht, zu Verabredungen über den Einsatz der Lösungen in der Praxis vorzustoßen.

Nehmen wir an, Auszubildende hätten sich über mangelnden Lernerfolg in der Abteilung Ihres Unternehmens beklagt. Sie wollen als verantwortlicher Ausbilder der Sache auf den Grund gehen. Dann könnten sie die Auszubildenden zusammenrufen, mit Kärtchen und Stiften versorgen und ihre Einwände jeder für sich notieren lassen. Zugleich bitten Sie die Auszubildenden, auf Kärtchen einer anderen Farbe Vorzüge aus anderen Ausbildungsabteilungen aufzuschreiben. Die Kärtchen darf anschließend jeder selbst anpinnen. Nun bilden Sie »thematische Wölkchen« und setzen eine Überschrift darüber. »Ausstattungsmängel« könnte ein Wölkchen beinhalten, »Kenntnisdefizite« ein weiteres, »persönlicher Umgang« ein drittes. In gleicher Weise können natürlich auch die positiven Voten sortiert und gebündelt werden.

Anschließend erörtern Sie die einzelnen Angaben. Schließlich stellen Sie die positiven Notizen den negativen gegenüber und lassen einschätzen, wieweit sich die Vorzüge auf die Abteilung übertragen lassen und was gegebenenfalls unternommen werden müsste, um die Übertragung zu sichern (auch das können Sie wieder auf Kärtchen notieren und anschließend visualisieren lassen).

5.3.4.20 Mindmap

Sie rufen die 18 unter Ihrer Obhut stehenden Auszubildenden zu einer kleinen Konferenz zusammen. Die Jugendlichen sollen einmal äußern, welche Defizite sie im Hinblick auf die ihnen in der Ausbildung abverlangten Kenntnisse, Fähigkeiten und Fertigkeiten verspüren. Es kommen Zurufe wie »Buchhaltung«, »Abschreibung«, »Marketing«, »Gedächtnistraining«, »Lerntechnik«, »Berichtsheft«: Kraut und Rüben also. Glücklicherweise haben Sie einen »Metaplan-Koffer« dabei und bunte Karten zur Hand, auf die die Zurufer die von ihnen genannten Begriffe notieren können.

Die Karten werden von den Auszubildenden auf dem großen runden Tisch in der Raummitte erst einmal ausgebreitet, sodass sie von allen gut eingesehen werden können. Jetzt fällt dem einen oder anderen noch ein weiterer Begriff ein: »Skizzen anfertigen«, »Arbeitsplan«, »Kontrollmerkmale« wird auf weitere Karten geschrieben.

*Der nächste Schritt ist allen schon bekannt. Die Karten müssen in einen sinnvollen Zusammenhang, in eine **Mindmap** eingebettet werden. Dazu werden sie um einen gemeinsamen Kern gruppiert: eine Karte mit der Aufschrift »Lerndefizite«.*

»Struktur« ist verlangt. Die Begriffe müssen zu Oberbegriffen gebündelt (»geclustert«) werden. Was auf dem Tisch sozusagen in Kladde vorbereitet wird, wandert auf eine große Metaplan-Wand, die mit Packpapier versehen ist. Auf ihm ist ein Baumstamm vorskizziert. Die Kärtchen wandern an die Äste und Zweige. Es entwickelt sich eine Art »Kategoriensystem« von Lerndefiziten in der Auszubildenden-Gruppe. Oberbegriffe, Begriffe und Unterpunkte ergeben eine Baumstruktur mit dicken Ästen (Inhalte, Materialien, Lerntechnik) und dünnen Zweigen (am Ast »Inhalte« hängen »Buchhaltung« als Zweig, von diesem Zweig geht ein weiterer ab: »Abschreibung«). So lässt sich schließlich eine relativ übersichtliche Themenstruktur schaffen, die eine gedankliche Landkarte (»mind map« = Landkarte des Verstandes) abgibt – siehe auch die folgende Abbildung. Das Beispiel zeigt, dass sich hier Visualisierungstechnik mit Methodik (gemeinsamer Arbeitsauftrag) mischt. Gelegentlich eingesetzt, verhilft eine Mindmap zur Auflockerung und Stimulierung bei der Systematisierung von Problemkonstellationen.

Entscheidungshilfen bietet sie direkt nicht, aber sie liefert eine optische Grundlage, um den **Entscheidungsbedarf** allen Teilnehmern vor Augen zu führen und Ansatzpunkte für

die Diskussion um Ziele, Voraussetzungen und Strategien zur Behebung von Lerndefiziten (siehe das Beispiel) zu liefern. Nun folgt die Skizze zum Text:

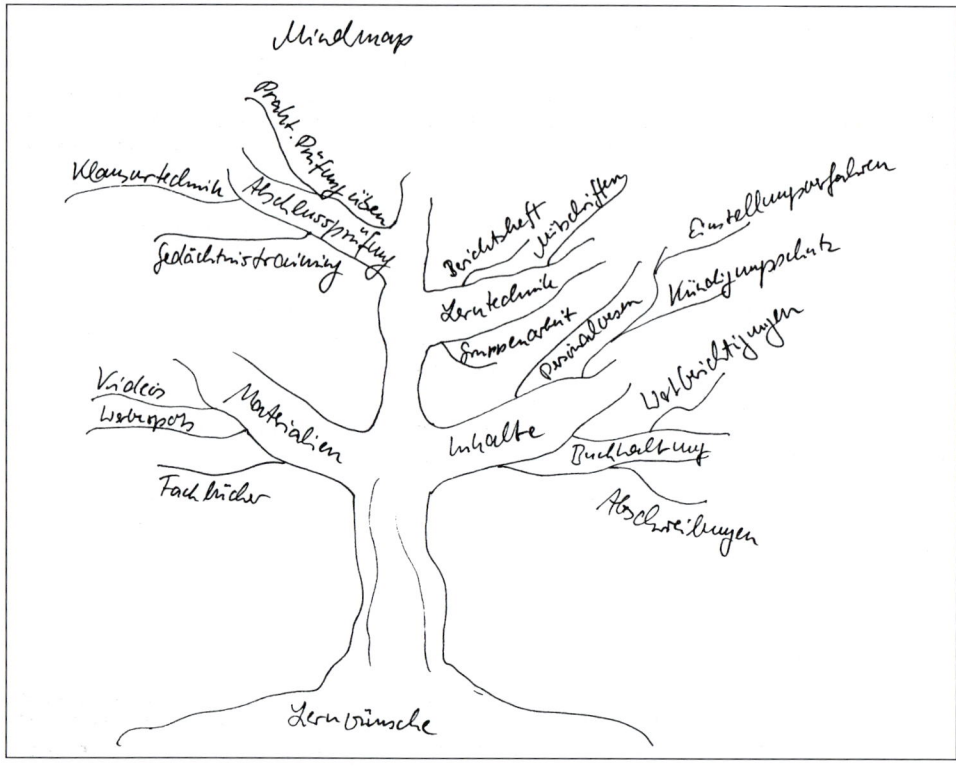

Lernwünsche, festgehalten in einer »Mindmap«

5.3.4.21 Diskussion

Hier geht es darum, unterschiedliche Standpunkte aufzuhellen, auszuloten und auszu-
fechten. Es geht – im Gegensatz zur Debatte – um eine reine **Sachauseinandersetzung,**
die häufig genug von Sympathie-/Antipathiebeziehungen, von Selbstdarstellungsneigung
und anderen persönlich-emotionalen Zügen überlagert wird.

Die Argumente der Diskussionsteilnehmer müssen schnell durchschaut und die eigenen
Gegenargumente präzis formuliert werden. Dies setzt eine gewisse Redegewandtheit und
Schlagfertigkeit voraus.

Die Diskussion läuft nicht in einer Atmosphäre der Muße ab wie das Gespräch; sie ist vielmehr zweckorientiert und vom Ringen um Konflikte, um unterschiedliche Anschauungen
oder unterschiedliche Lösungswege geprägt. Sie wird zumeist in eine Sachentscheidung
münden. Aus einer echten Diskussion sollten neue Erkenntnisse und bessere Einsichten
erwachsen; schließlich ist der Zeitbedarf erheblich höher als beim fragend-entwickelnden
Unterricht.

Diskussionen setzen deshalb ein tieferes **Sachwissen** voraus und die Bereitschaft, um
der Sache willen mit anderen in einen Argumentationsaustausch einzutreten. Die sachlichen Positionen sollten zu Beginn einer Diskussion unmissverständlich offengelegt
werden. Diskussionen lassen sich systematisch anlegen; sie können aber auch spontan
erfolgen und entsprechend willkürlich verlaufen. Der Diskussionsleiter sollte selbst nicht

während der Diskussionsführung Partei ergreifen; allzu groß ist die Versuchung, die Macht des Diskussionsleiters für das Vorbringen der eigenen inhaltlichen Position zu nutzen. Dies hat leicht die Ernüchterung, Verärgerung oder Frustration der Diskussionsteilnehmer zur Folge – die Diskussion »stirbt«.

Geschickte Diskussionsleiter geben nur einen kurzen Einstieg: Sinn und Zweck der Diskussion; Mahnung zu kurzen Stellungnahmen; zeitlicher Rahmen; Bitte, beim Thema zu bleiben und die Vorredner ausreden zu lassen; Wunsch nach ergiebiger Argumentation. Sie beschränken sich fortan auf die Beobachtung und Steuerung der Diskussion (Rednerliste) und greifen nur ein, wenn der Argumentationsaustausch gestört wird. Die Gefahr besteht, wenn Diskussionsteilnehmer A zu Punkt a, Diskussionsteilnehmer B zu Punkt c, B zu a, c und b, D wieder zu b usw. Stellung nehmen; hier ist ein »Strukturhinweis« nötig. Ein Eingreifen ist ferner erforderlich, wenn sich Redner vordrängen, wiederholen oder in ausschweifende Selbstdarstellungen abgleiten.

Hier fasst der Diskussionsleiter anschaulich den Stand der Diskussion zusammen, sortiert nach Gesichtspunkten, was gesagt wurde (Stichworte notieren!) und ruft diese Gesichtspunkte nacheinander zur weiteren Behandlung auf.

Abschließend bündelt der Diskussionsleiter die wichtigsten Ergebnisse in systematischer Form und dankt den Teilnehmern für ihr Engagement. Die Zusammenfassung kann auch von einem vorab bestimmten Protokollanten vorgetragen werden.

Hilfreich für künftige Diskussionen kann es sein, wenn auch der Ablauf der Diskussion mit ein paar Worten persönlichen Eindrucks gewürdigt wird (»Was war gut? Was könnte wie verbessert werden? Was nehme ich aus der Diskussion mit?«).

5.3.4.22   Debatte

Gegenüber der Diskussion, bei der es um den Austausch von Sachargumenten über einen bestimmten Sachverhalt (verschiedene Standortmöglichkeiten für eine Unternehmensfiliale beispielsweise) geht, sollen in der Debatte festgelegte Positionen verteidigt werden. Nicht um die Klärung eines Sachproblems, um eine Sachentscheidung oder eine Problemaufhellung geht es vornehmlich, sondern darum, den eigenen Standpunkt gegenüber dem gegnerischen nach besten Kräften durchzusetzen.

Zur Argumentationsstrategie gehört es, die Argumente der gegnerischen Partei aufzugreifen und nach allen Regeln der Kunst zu entkräften. Erst dann werden die Begründungen für die eigene Position entgegen gesetzt, wobei mögliche Gegenargumente vorweggenommen und widerlegt werden. Diese Methode bringt, mehr noch als die Diskussion, die Gefahr der Emotionalisierung, wenn etwa die Kontrahenten sich falsch verstanden, in die Enge getrieben oder gar persönlich angegriffen fühlen.

Deshalb sollte eine Debatte einer Gruppe vorbehalten bleiben, deren Zusammenhalt durch stabile Freundschaftsbeziehungen als gefestigt angesehen werden kann oder die – wie Vertreter politischer Parteien – eine Art Debattier-Kodex ausgeprägt hat. Der Ausbilder sollte ein Gespür dafür besitzen, an welcher Stelle der Debatte er sich einzuschalten hat, um den Bruch persönlicher Beziehungen zwischen den Teilnehmern zu vermeiden.

Zur Auswertung einer Debatte ist es zweckmäßig, die Sachargumente und Argumentationsstrategien zu protokollieren. Die Aufzeichnungen sollten unmittelbar im Anschluss an die Debatte mit den Auszubildenden besprochen werden. Ein Zeitrahmen sollte deshalb von vornherein vorgegeben (dann aber flexibel durchgehalten) werden:

Überlegungen zur Zielsetzung einer Debatte über die Planung einer Verkaufsstrategie (Kontrahenten: Verkaufsorganisation, Werbeabteilung; Produktionsleitung bzw. Sortimentsgestaltung), Bestimmung der Debattanten: 5 Min.; verfügbare Zeit zur Erarbeitung von Argumentationsstrategien und zur Sammlung von Argumenten (sollte in Gruppenarbeit geschehen): 10 Min.; Debatte: 15 Min.; inhaltliche und strategische Auswertung der Debatte: 15 Minuten.

Schließlich: Eine Debatte wird in aller Regel erst dann durchgeführt, wenn gesichert ist, dass die wichtigsten Argumente den Auszubildenden bekannt sind. Zur Einführung in ein Thema taugt sie kaum.

5.3.4.23   Brainstorming

Wenn es um einen neuen Produktnamen für ein kohlensäurehaltiges Getränk geht, dann sitzen kreativitätserpichte Mitarbeiter einer Werbeagentur (»Sales promoters«) gern zusammen und rufen spontan Begriffe auf. Diese werden ohne Kommentar und ohne kritische Rückfragen gesammelt. Ein Wort gibt das andere, ein Begriff nach dem anderen wird notiert. Erst wenn niemandem etwas Neues mehr einfällt, endet das Spiel.

Das Brainstorming basiert auf der Bildung von **Assoziationsketten.** Gegenseitige Anregung bei der Suche nach etwas Neuem, Unbekanntem, meist auch Ungewöhnlichem ist das Prinzip. Damit es funktioniert, darf die Aufmerksamkeit nicht durch Nachfragen oder Einwände gestört werden. Ausgewertet wird erst am Ende des Brainstormings.

Das Verfahren eignet sich nicht zur Abfrage bekannter Themen. Es muss sich schon um einen Entwicklungsprozess, um einen intellektuellen Aufbruch in subjektives Neuland handeln; sonst wird das Vorgehen außerdem schnell langweilig.

Brainstorming lässt sich gut spontan einsetzen und sollte nicht mehr als etwa zehn Minuten in Anspruch nehmen.

5.3.4.24   Zukunftswerkstatt

Bei ihr handelt es sich um eine sehr moderne Methode. Sie wurde vom Zukunftsforscher Robert JUNGK (1913 – 1994) ersonnen. Hintergrund war die Friedens- und Ökologiebewegung, die auch mit konkreten Vorschlägen zur Gestaltung unserer **gesellschaftlichen Perspektive** aufwarten sollte.

Die Teilnehmer sollten dazu in eine Situation versetzt werden, in der sie frei von den Zwängen der Gegenwart in Gedanken ein vorbildhaftes Muster von einem für das Unternehmen wesentlichen Aufgabenbereich entwerfen.

Der Bus mit den 24 Auszubildenden war am späten Nachmittag in der Großstadt gestartet. Er sollte die Teilnehmer einer Arbeitstagung einschließlich des Ausbildungsleiters für 1 ½ Tage in das nahe gelegene Seminar-Center des großen Versicherungsunternehmens befördern. Dort sollten sie einmal ungestört von Tagesaufgaben neue Ideen zu den Serviceleistungen des Unternehmens und den Möglichkeiten entwickeln, diese den Kunden nahezubringen, auch zum Gewinn neuer Kunden zu nutzen.

Der Sinn der Angelegenheit liegt in dem unbedingten Muss zur Kreativität. Keine Idee ist so unsinnig, dass sie nicht eingebracht und erwogen werden sollte. Vielleicht ist sie für sich selbst genommen dumm oder weitab jeder Realität, aber die sich aus ihr entspinnenden weiteren Ideen können durchaus eine überraschende, lohnenswerte Möglichkeit darstellen.

Laterales Denken ist gefordert! Laterales – seitliches – Denken kann man trainieren (siehe die vielen Anregungen und Übungsbeispiele im gleichnamigen Buch von DE BONO).

Aber auch **Struktur** ist gefragt, sowohl in der Kritik-, der Phantasie- als auch er Realisierungsphase. In der ersten solle es zunächst allein um eine nüchterne, möglichst objektive Situationsbetrachtung gehen, die dann in eine Analysephase mündet. Hier eignet sich ein Brainstorming, vielleicht auch ein Schreibgespräch.

Die **Ergebnisse** lassen sich per Metaplanwand visualisieren, sortieren (»clustern«) und dokumentieren.

Die Zukunftswerkstatt sollte mit einer überschaubaren Teilnehmerzahl durchgeführt werden. Mehr als 15, besser 10 bis 12, Teilnehmer sollten es nicht sein. Der Zeitbedarf richtet sich nach der Komplexität der Fragestellung, aber auch nach dem verfügbaren Zeitbudget der Teilnehmer. Der Ergiebigkeit wäre es jedenfalls abträglich, wenn die Teilnehmer mit ihren Gedanken ständig bei ihren »Alltagsgeschäften« wären und für die Werkstatt »den Kopf nicht frei« haben oder gar unter Zeitdruck stehen.

> »Menschen mit einer neuen Idee gelten so lange als Spinner, bis sich die Sache durchgesetzt hat« (Mark TWAIN).

5.3.5   Aktivierungstechniken

»Wir haben die stillsitzendste Schule der Welt!« hat Walter BÄRSCH als ehemaliger Präsident des Deutschen Kinderschutzbundes einmal behauptet. Ob das der Fall ist oder nicht, mag dahin gestellt sein. Aber was der Mahner zum Ausdruck bringen wollte, war, dass wir eine Schule besitzen, die allzu sehr kognitive Elemente in den Mittelpunkt stellt. Emotionale Elemente sind mehr dem Zufall, den Arbeitsgemeinschaften oder den Beziehungen der Schüler untereinander überlassen. Motorische Elemente finden sich im Sportunterricht – und das war es dann oft auch schon, was die Schule »für's Leben« ihren Schülern hinsichtlich der Forderung ganzheitlicher, handlungsorientierter Bildung zu bieten hat.

Veränderungen gehen nur schleppend voran. Allzu lächerlich waren die Bemühungen in den 1970er Jahren, Bewegungselemente in die Schulen zu bringen. In Japan ist das offenbar anders: Da werden die Fließbänder für eine aktive Pause angehalten, und alle sind dabei, sich mit Körperübungen sowohl physisch als auch psychisch fit zu halten. Warum nicht auch bei uns? Warum nicht auch in der Ausbildung? Inzwischen gibt es eine Reihe von Anhängern für Methoden, die aus der »stillsitzenden« Veranstaltung eine aktive machen wollen. Dazu gehört auch das Konzept der **Suggestopädie.** Es wurde 1961 von dem bulgarischen Arzt und Psychologen LOZANOW entwickelt und kombiniert bekannte Lernprinzipien (z. B. Verknüpfungen) und verspricht hohe Behaltensleistungen, was allerdings wissenschaftlich nicht bestätigt werden konnte. Ihm geht es zunächst einmal um Stressabbau, den er mit verschiedenen Entspannungstechniken erreichen will. Ferner arbeitet das Konzept mit Skizzierungen, Lernpostern, musikalischer Untermalung, Stuhlkreis ohne Tische, Sitzplatzwechsel, Ergebnisplakaten an den Wänden und vielen weiteren Elementen, die meist aus Seminarkulturen bereits bekannt sind, so auch Lerntypen (nach VESTER 1974) und Rhythmisierung.

Aktivierungstechniken lassen sich nach den jeweils betroffenen Dimensionen (kognitiv, emotional, motorisch) beschreiben. Nach den Funktionen unterscheiden wir Kennenlern-, Einstimmungs-, Aufmunterungs-, Entspannungs- und Reflexionstechniken. Mittlerweile gibt es eine Fülle an Literatur zu den Techniken: GEIßLER 1993, KUGEMANN 1997, NAGEL 1986, PORTMANN/SCHNEIDER 1996, RABENSTEIN/KÖHLER-GÜNTER 1996, RABENSTEIN u. a. 1996, RÖSCHMANN 1994, vos SAVANT 1996, SKILL 1996. Hier sollen deshalb nur wenige Beispiele für jede Aktivierungstechnik-Form geboten werden.

5.3.5.1   Kennenlerntechnik: »Scherenschnitt mit OHP«

1. *In der Lerngruppe wird gemeinsam überlegt, welche Aspekte – Lehrgang, Wohnort, Geburtsort, erlernter Beruf, Hobby, letzter Urlaubsort, Sternzeichen, Leibgericht, Lieblingstier, eine besondere Eigenschaft – man von den anderen Teilnehmern gern erfahren möchte.*

2. Die Scherenschnitte werden paarweise angefertigt: Projektion über den Overhead-Projektor, Ausschneiden der Profile.

3. Anschließend schreibt jeder Teilnehmer in sein Profil etwas zu den gewünschten Aspekten, aber ohne seinen Namen zu nennen.

4. Die Profile werden mit der Schrift nach unten in die Mitte des Kreises gelegt. Ein Teilnehmer beginnt und nimmt sich einen Zettel, liest die genannten Aspekte vor und muss nun die zugehörige Person zuordnen bzw. erraten.

5.3.5.2 Kennenlernen als geografische Stellungstechnik

1. Sie fordern die Teilnehmer auf, sich im Raum so aufzustellen, wie es ihrem Wohnort (alternativ: Geburtsort) entspricht.

2. Sie lassen die Himmelsrichtungen bestimmen, damit eine Zuordnung zu einem Platz im Raum möglich wird.

3. Die Teilnehmer begeben sich zu ihrem mutmaßlichen »Seminar-Heimatort« und stellen sich kurz vor: »Ich heiße Adrian Maltritz und wohne in Süderlugum. Ich bin Sozialpädagoge und arbeite im Werner-Siemens-Haus, seit fünf Jahren.«

Für Tagungen mit einem überschaubaren Kreis von Teilnehmern, sagen wir 30, ist der Einstieg von besonderer Bedeutung. Lehrgespräche sind intim, Tagungen meist anonym. Kurse liegen irgendwo dazwischen. Einer **Cocktail Party** entlehnt ist eine brauchbare Einstiegsmethode zum gegenseitigen Kennenlernen. Jeder Teilnehmer erhält ein Getränk und wandert mit seinem Glas durch den Teilnehmerkreis, mal hier und mal da einen »Small talk« zu initiieren, um die anderen Teilnehmer kennenzulernen. Dazu bewegen sich alle Teilnehmer zwanglos im Raum. Die Methode setzt allerdings voraus, dass sich die Teilnehmer nicht bereits kennen, sonst besteht die Gefahr, dass sich nur diejenigen miteinander unterhalten, die sich bereits kennen.

Der Moderator steuert das Unterfangen mithilfe einer Uhr. Nach einer Minute soll der nächste Gesprächspartner aufgesucht sein. Der Moderator lernt die Teilnehmer zwar nur sehr oberflächlich, aber doch von ihrer Emotionalität her kennen.

5.3.5.3 Einstimmungstechnik: »Schreibgespräch«

1. Die Gruppe wird in zwei Teilgruppen aufgeteilt. Zwei große Tische werden zusammengestellt und mit Packpapier ausgelegt. Das Packpapier wird an den Rändern befestigt.

2. In die Mitte wird das Thema oder der Oberbegriff geschrieben, z. B. EU-Erweiterung, Sozialversicherung.

3. Die Teilnehmer stellen sich um den Tisch herum und teilen die Fläche in gleich viele Felder wie Teilnehmer um den Tisch stehen.

4. Alle beginnen gleichzeitig und schreiben ihren ersten Gedanken zum Thema oder Oberbegriff in ihr Feld. Es kann ein Begriff, eine These oder ein kurzer Satz sein, eben alles was man gerade mit dem Thema bzw. Oberbegriff assoziiert. Gern dürfen es auch – entsprechendes Talent vorausgesetzt – Karikaturen sein.

5. Sind alle Teilnehmer fertig, gehen sie im Uhrzeigersinn einen Platz weiter, zu dem Feld ihres linken Nachbarn. Nun wird dessen Gedanke aufgenommen, weiter entwickelt oder als Anstoß für einen neuen Gedanken verwendet. Der Gedanke wird dann wieder aufgeschrieben.

6. Das geht so weiter, bis jeder Teilnehmer wieder an seinem Ausgangsfeld steht. Während des gesamten »Schreibgespräches« wird nicht gesprochen!

7. *Alle haben noch einmal die Möglichkeit, um den Tisch herum zu gehen, um die Ergänzungen zu lesen, sich einen Überblick zu verschaffen, nachzufragen und miteinander zu diskutieren...*

5.3.5.4   Alternative: Name und Bewegung – Hobbys visualisieren und memorieren

1. *Die Teilnehmer stellen sich im Vollkreis auf.*

2. *Es beginnt der Kursleiter mit der Darstellung seines Hobbys: Langstreckenläufer läuft auf der Stelle, Tänzer tanzt, Leser liest aus fiktivem Buch, Konzertenthusiast horcht auf die Töne usw.*

3. *Die Teilnehmer erraten aus seiner bildhaften Darstellung das Hobby. Der im Uhrzeigersinn nächste Teilnehmer ahmt die Darstellung seines Vorgängers nach und fügt eine weitere für sich hinzu.*

4. *Der dritte Teilnehmer im Uhrzeigersinn darf als erster raten. Anschließend wiederholt er die Darstellungen seiner beiden Vorgänger und fügt eine weitere hinzu.*

5. *In größeren Seminaren kann man sich mit jeweils fünf Darbietern (einer wird ausgelassen, einer kommt hinzu) bescheiden.*

5.3.5.5   Obstkorb-Methode zum Kennenlernen

1. *Teilnehmer Nr. 1 nennt sein Lieblingsobst. Teilnehmer Nr. 2 nimmt die Aussage entgegen legt – fiktiv den Apfel (Deutschland liebstes Obst) oder ein anderes Obst in den fiktiven Obstkorb. Dann fügt er sein Lieblingsobst hinzu.*

2. *Teilnehmer Nr. 3 wiederholt die Obst-Präferenzen und fügt ein weiteres Obst hinzu. Es kann sich auch um eine Wiederholung vorangegangener Wünsche handeln.*

   Auch hier lässt sich eine Verkürzung denken, indem beispielsweise ein Obst herausgenommen und gegen ein neues getauscht wird.

5.3.5.6   Schreibwerkstatt

Sie ist eine auf Kreativität setzende Methode. Kursteilnehmer schreiben oder zeichnen Szenen oder kleine Geschichten auf, die von den anderen Teilnehmern zur Kenntnis und zum Gegenstand von Interpretationen genommen werden. Es können dabei auch inner- und außerbetriebliche berufliche Erfahrungen notiert werden. Die dabei entstehenden Produkte werden an Metaplan-Wänden visualisiert, sodass sie gemeinsam betrachtet und besprochen werden können.

Das Ungewöhnliche an dieser an sich recht gewöhnlichen Methode ist, dass nicht gesprochen wird und die Teilnehmer diejenigen sind, die die Qualität dieses Vorgehens bestimmen. Interessant ist die Methode auch – z. B. im Rahmen einer Zukunftswerkstatt – für die Generierung neuer Produktideen oder von Verbesserungsvorschlägen für die Produktionsgestaltung.

Den Anstoß kann man mit einem Halbsatz geben: »Wenn ich zu entscheiden hätte, würde ich die Angebotspalette anreichern um ...« »Andersherum scheinen mir folgende Produkte nicht mehr zeitgemäß und auf Dauer am Markt nicht mehr erfolgreich...« »In der Fabrik der Zukunft sollten ...« Diese Sätze können auch von der Gruppe gemeinschaftlich ergänzt werden.

5.3.5.7   Yanan – taka – ant – fat

1. *Die Teilnehmer gehen in die Hocke und berühren mit den Händen kurz den Bogen, skandieren dazu »yanan«.*

2. *Teilnehmer richten sich auf und klatschen dabei auf ihre Oberschenkel, rufen »taka«,*

3. *Teilnehmer richten sich weiter auf und schlagen sich auf die Brust, dazu rufen sie »ant«.*

4. *Teilnehmer strecken die Arme in die Höhe und rufen dazu »fat«.*

5. *Fünfmaliges Wiederholen (je nach Konstitution und Akzeptanz) reicht aus.*

(aus PFETSCH 1996, S. 95)

Bei einem mehrtägigen Seminar ist der zweite Tag zunächst geprägt vom »**Ankommen**«. Die Teilnehmer haben oft ihre Dienstaufgaben – von deren Erledigung sie ja durch den Kurs abgehalten werden – im Kopf. Sie sollen sich auf den heutigen Tag einstellen und benötigen dazu eine gewisse Konzentration, um sich den Inhalten widmen zu können. Dazu eignet sich die Ansichtskarten-Methode. Der Moderator verstreut Ansichtskarten in der Mitte des Stuhlkreises; jeder nimmt sich eine und interpretiert sie nach dem Motto: »So fühle ich mich heute Morgen hier im Kurs.« Die Aussagen werden nicht kommentiert, um den Gedankenfluss und die Aufmerksamkeit nicht zu behindern.

5.3.5.8   Fishbowl

Fishbowl heißt zu deutsch »Aquarium« und so ist es auch angeordnet: Es gibt einen Innenkreis, das Aquarium, und einen Außenkreis mit den übrigen Seminarteilnehmern als Naturfreunden. Die Personen im inneren Ring diskutieren ein kontroverses Thema, etwa Folgen der Erderwärmung. Teilnehmer, die ihren Beitrag erschöpfend geleistet haben, verlassen den Innenkreis und tauschen dabei ihren Platz mit einer Person aus dem Außenkreis, die an ihrer Stelle Beiträge leistet.

Es lassen sich auch bei dieser Methode verschiedene Änderungen oder Ergänzungen anbringen. Beispielsweise können im Innenkreis ein oder zwei Stühle zunächst unbesetzt bleiben. Die Außenkreis-Teilnehmer können Beobachtungsaufgaben übernehmen. Die Diskussionszeit kann vorherbestimmt werden, z. B. viermal 5 Minuten.

Am Ende einer Gruppenarbeitsphase können die Ergebnisse auf einem »**Markt der Möglichkeiten**« präsentiert werden. Dazu bedarf es mehrerer Metaplanwände. Die Gruppen stellen mindestens eine Beratungsperson, die während des Marktes wechseln sollte, damit sie auch die Erkenntnisse anderer Gruppen anschauen und diskutieren kann. Der Marktstand kann auch als Kulisse für eine Videoaufzeichnung oder ein Rollenspiel dienen; er eignet sich gut zur Kombination mit anderen aktivierenden Methoden.

5.3.5.9   Methode 66

Diese ist eigentlich eine Methode 6 plus 6. Jeweils maximal 6 Kursteilnehmer diskutieren 6 Minuten lang oder lösen in dieser Zeitspanne eine Aufgabe. Die Lösungen werden anschließend an die Gruppenarbeiten präsentiert und besprochen. Gesteuert werden kann die inhaltliche Arbeit durch vom Moderator auf Karteikarten vorgegebene Themen. Die vorgegebene Zeitspanne sorgt für zügige Bearbeitung. Zwar besteht die Gefahr der Oberflächlichkeit, aber diese ist durch das anschließende Aufarbeiten der Sachaussagen und die Spiegelung der Meinungen der Beteiligten zu bannen.

Ein probates Mittel, einer langweilig zu werden drohenden Seminaratmosphäre Leben einzuhauchen, ist die **Tuschelgruppe.** Zwei oder mehr Kursteilnehmer, die sich – zufällig oder geplant – in räumlicher Nähe zueinander befinden, gehen in ein zwangloses Gespräch. Die Ergebnisse werden nicht festgehalten, aber in der Regel ist in der anschließenden Aussprache im Plenum die Hemmung abgebaut, die mancher im Angesicht der Teilnehmer großer Gruppen empfindet. Die Tuschelgruppen-Teilnehmer können auch einen der ihren bitten, ihre Tuschelergebnisse dem Plenum zur Kenntnis zu bringen.

Die Arbeit mit **Collagen** hat etwas kindlich-Spielerisches. Sie spaltet Kursteilnehmer in Anhänger und Ablehner. Diejenigen, denen es Spaß macht, Bilder und Überschriften zu einem vorgegebenen Thema, z. B. »Rolle der Sozialversicherung für die Altersvorsorge«, auszuwählen, auszuschneiden, auf einem Flipchartbogen anzuordnen und schließlich festzukleben und mit Kommentaren – schriftlich oder mündlich – zu versehen, gewinnen dieser Methode sehr viel Information und Denkanstöße ab. Beispiele hierfür können sein: »Ausbildung im Jahre 2050«; »Computer erobern die Arbeitswelt«; »Lernen geht heute anders«; »Ungewöhnliche Marketing-Ideen«; »Berufsschule und Ausbildungsbetrieb: Zwangsehe oder Wunschkooperation?«

An Materialien bedarf es einer Fülle an Zeitungen und Zeitschriften; aus dem Haufen müssen sich die Auszubildenden bedienen können. Dazu werden große Blätter, Schere, Klebe und Filzstift benötigt. Der Raum muss groß genug sein, um die Blätter ausstellen zu können. Die Inhalte sollten möglichst für sich selbst sprechen, Kommentare spärlich sein, damit der bildhafte Eindruck nicht zerredet wird. Die besten Collagen können auch prämiert werden, das ergibt möglicherweise einen zusätzlichen Anreiz, ernsthaft zu einem sehenswerten Produkt beizutragen. Die Arbeitsgruppen sollten nicht größer als vier Personen sein.

5.3.5.10   Aufmunterungstechnik: »Uff«

1. *Auf einem Zettel wird zuerst ein »Probe-Uff« nach Ansage gezeichnet: »Zuerst ein Rumpf wie eine Kartoffel, drinnen zwei Augen wie Suppenteller, ein Mund wie ein Vanillekipferl und eine Nase wie eine Möhre; gleich daran zwei Arme wie eine Tulpe und zwei Füße wie alte Bügeleisen, zuletzt zwei Fühler mit Knöpfen wie Antennen bei Marsmenschen.«*

2. *Die Teilnehmer werden nun gebeten, einen zweiten Uff in einer Variante zu zeichnen, die ihrer momentanen Stimmung entspricht, z. B. vergnügt, deprimiert, erschöpft, gelangweilt, wissbegierig, interessiert.*

3. *Die Zeichnungen werden mit Namen versehen und an die Wand geheftet. Die Teilnehmer gehen umher und betrachten die Zeichnungen. Daran kann sich ein Gespräch über die Situationsdarstellungen und daraus folgende Konsequenzen für die weitere Seminargestaltung anschließen.*

(aus: RABENSTEIN u. a. 1996)

»UFF« als Stimmungsbild

5.3.5.11   Reflexionstechnik: »assoziieren«

1. In der Mitte eines Stuhlkreises liegen Postkarten mit verschiedenen Motiven auf dem Boden.

2. Jeder Teilnehmer wählt sich eine Postkarte aus, die er als Grundlage für sein Feedback nutzen möchte.

3. Die Teilnehmer halten ihre Postkarte hoch und bringen dazu verbal zum Ausdruck, was sie mit dem vorangegangenen Seminar verbinden. Außerdem begründen sie kurz, warum sie gerade diese Postkarte ausgewählt haben.

Nicht selten werden die beschriebenen Techniken verlacht, als albern oder nicht altersgerecht empfunden. Dies vergeht häufig, sobald auch die Kritiker merken: Die Techniken funktionieren! Im Anschluss an die jeweilige Übung empfiehlt sich ein kurzes Feedback.

Wichtige Erkenntnis: Mentale und mobile Phasen sollten einander ablösen, um die Körperspannung aufrecht zu erhalten und einer Ermüdung entgegen zu wirken.

5.3.6   Überprüfen von Lernprozessen und -situationen auf Veränderungsbedarf

Mark TWAIN (1835–1910) hat einmal auf launige Weise auf den schädlichen Einfluss von Stress aufmerksam gemacht: »Das Gehirn ist eine großartige Sache. Es funktioniert vom Augenblick der Geburt an bis zu dem Zeitpunkt, wo Du aufstehst, um eine Rede zu halten« (WAGNER 1996: S. 10).

Viele Menschen können unter Stress nicht (gut) arbeiten. Ihre Leistung fällt unter das normale Maß. Andere hingegen benötigen Stress – wenn auch in dosierter Form – um gute und sehr gute Leistungen zu erbringen. Diese Form des positiven Stress nennt man auch **Distress.**

Für die Gestaltung von Lernprozessen ist dabei entscheidend, dass Bedingungen geschaffen werden, unter denen eine zuverlässige Leistung erbracht werden kann. Dabei können Entspannungstechniken durchaus von Nutzen sein. Und eine ansprechende, beruhigende, gleichzeitig aber auch motivierende Lernumgebung sowieso. Viele Ausbildungsräume sind karg, starr, langweilig. Wenn sie auch nur im Unterbewusstsein gespürt werden mag, wirkt sich die Lernumgebung doch leistungsmindernd oder -erhöhend beim Auszubildenden aus. Empfehlenswert ist das Schmücken des Raumes mit Lernpostern, vielleicht als Ergebnisse der Flipchart-Arbeit. Auch Musik – in passender Lautstärke und rhythmischer Eignung – kann hier eine wohltuende Wirkung zeigen.

Was ergibt sich daraus für den Lernberater? Regelmäßige Überprüfung, »ob noch alles stimmt«, ist nicht nur ratsam, sondern unbedingt erforderlich – und vor Veränderung sollte er nicht zurückschrecken.

5.3.7   Anpassung der Lernprozesse und -situationen

Teamarbeit stellt gleichsam die passende Antwort auf die zunehmende Komplexität der Arbeitsplatzanforderungen dar. Aber Teams bilden sich nicht von selbst. Sie brauchen – ausgesprochen oder unausgesprochen – ein Regelwerk, nach dem sie funktionieren.

Sympathie ist zwar ein wichtiger Träger für erfolgreiche Teamarbeit. Aber erstens ist ihre Basis, dass die beteiligten Menschen einander mögen, und zweitens vermag sie für sich genommen keine erfolgreiche Teamarbeit zu garantieren.

Aber: Die Arbeit wird letztlich doch von den Einzelpersonen erledigt. Sie können sich auf ihre Einzelaktivitäten verständigen, sie können ihre Arbeit durch optimale Zuordnung (»Wer kann was am besten?«) und gegenseitige Hilfestellung (»Ich zeig' Dir das!« und »Lass mich mal mit anpacken!«) optimieren. Aber sie müssen zunächst einmal dazu bereit sein, in die Teamarbeit zu »investieren«. Sie dürfen nicht gleich loslegen, sie dürfen nicht ihre eigenen Interessen an die oberste Stelle setzen wollen, sie dürfen sich nicht ängstigen, Fehler zuzugeben, sie müssen Kritik üben, aber auch Kritik annehmen können.

Wenn es zu **Konflikten** kommt, dann muss die Bereitschaft bestehen, aufeinander zuzugehen und den Konflikten nicht nur auf den Grund zu gehen, sondern gemeinsam nach Lösungswegen zu suchen. Das bedeutet zum einen, auf die Durchsetzung eigener Machtpositionen zu verzichten, und zum anderen, den gemeinsamen Zugewinn darin zu erkennen, den Konflikt aus der Welt geschafft zu haben (»Was haben wir **beide** davon, wenn wir unseren Konflikt bereinigen?«). Dies führt zum Begriff »Team«.

3.5.7.1   Teamarbeit

Hier handelt es sich nicht um ein Allheilmittel, sondern um ein organisatorisches Instrument. Teamarbeit ist Mittel zum Zweck. Der Zweck ist die bestmögliche Erfüllung einer Aufgabe, mit der sich alle Mitglieder des Teams identifizieren. Für das Funktionieren von Teams muss gearbeitet werden: »Von nix kommt nix!« Das gilt ganz besonders für Teamarbeit. Lernbegleiter als außenstehende Beobachter können dabei sehr hilfreich sein, indem sie die Teamstrukturen, die Rollen, Erwartungen, Interessen, Ängste, Hoffnungen usw. spiegeln und die Teilnehmer überlegen lassen, weshalb etwas klappt oder weshalb etwas nicht klappt.

Wie bei der Moderation gilt auch hier, dass Teamarbeit

*   sorgfältig vorbereitet,
*   systematisch eingeleitet,
*   stringent gesteuert,
*   ergebnisorientiert ausgewertet und
*   prozessorientiert reflektiert

werden muss. In der **Reflexion** liegt der wichtigste Schlüssel zur Verbesserung. Man denke an die Faustregel: Die Zeiten für Vorbereitung und Reflexion sollten je 10 % der Teamarbeit betragen, also immerhin insgesamt 20 %, nicht mehr und nicht weniger!

Für die einen ist Teamarbeit ein Synonym für Gruppenarbeit, die anderen möchten klar trennen zwischen einem Team als entwickeltem, permanentem Zusammenschluss von Menschen mit gemeinsamen Zielen und übereinstimmend akzeptierten Verhaltensregeln und einer Arbeitsgruppe eher zufälliger, loser Bündelung von Arbeitskräften. Echte Teamarbeit lässt sich nicht von heute auf morgen herstellen, schon gar nicht verordnen. Sie bedarf der Anleitung und Förderung. Die Mitglieder eines Teams müssen die Gelegenheit haben, sich mit ihrer Situation eingehend auseinanderzusetzen und ihr »**Teamdesign**« selbst zu formen.

In einem Forschungs- und Entwicklungsprojekt an der Universität Hamburg (SEYD/ BRAND 2002) haben wir **zehn Kriterien** für entfaltete Teamarbeit zusammengetragen:

Qualität von Teamarbeit: 10-Punkte-Katalog

(1) Es gibt einen gemeinsamen Ort für gemeinsame Planungen und Reflexionen.

(2) Die Mitglieder sind sich in dem Bewusstsein einig, aufeinander zugehen zu müssen mit konkreten Erwartungen, Hilfeersuchen und Kooperationsforderungen, und sie sind fähig, das auch zu tun.

(3) Die Mitglieder erkennen in der Teamarbeit die Chance zur persönlichen Weiterqualifizierung (Selbst- und Fremdqualifizierung) und nehmen diese entschieden wahr.

(4) Jedes Teammitglied verfügt über einen klar umrissenen Gestaltungs- und Entscheidungsspielraum.

(5) Die Verantwortungsbereiche für Fortbildung, Arbeitskontrollen, Dokumentation und Außenvertretung des Teams sind im Team klar geregelt.

(6) Es gibt eine konsequente Terminplanung und -kontrolle, es gibt eine anspruchsvolle Kritik der Arbeitsprodukte der einzelnen Mitglieder, verbunden mit Verbesserungsvorschlägen und Bearbeitungshinweisen.

(7) Ein fester Anteil Reflexionsarbeit zur permanenten gegenseitigen Kontrolle und persönlichen Weiterentwicklung ist reserviert.

(8) Laufende Aktivitäten (»Tagesgeschäft«) und konzeptionelle Arbeit werden strikt unterschieden; jedem Bereich wird der gebührende zeitliche Raum gewährt.

(9) Die Verantwortung für konzeptionelle Weiterentwicklung und Umsetzung verabredeter Handlungsschritte wird gemeinsam getragen.

(10) Die Teammitglieder und der Teamleiter (dem eine Doppelrolle als Leiter und Mitglied zufällt) führen sich gegenseitig.

5.3.7.2 Eselsbrücken

Lernschwierigkeiten und Schwächen beim Behalten von Daten und Fakten behindern nicht nur die Arbeit im Team, sondern hemmen auch die Leistungen des Einzelnen. Sie sollten weder unterschätzt noch ohne Abhilfe bleiben. Hier noch ein kleines Praxisbeispiel zur Behebung solcher Schwächen aus dem Unterricht in kaufmännischem Rechnen:

Zwei Wochen hatte sich Wolfgang S. als Lehrer der Büropraktiker abgemüht, um seinen 24 Umschülern die kaufmännische Zinsrechnung beizubringen. Wie wohl jeder weiß, umfasst sie vier Schritte: Die Tage sind aus den vorgegebenen Daten zu errechnen, die Zinszahl ist zu bestimmen, der Zinsdivisor zu ermitteln und schließlich sind daraus die Zinsen zu errechnen. Immer wieder zeigte sich, dass seine Schüler, alles Erwachsene zwischen 19 und 43 Jahren, die vier Schritte vergessen hatten. Da nahm Wolfgang S. in seiner Not das Kreidestück in die Hand und schrieb die vier Schritte noch einmal an die Tafel:

Tage, Zinszahl, Zinsdivisor, Zinsen.

*Als er so auf die vier Begriffe blickte, kam ihm der Einfall, jeweils die folgenden beiden Buchstaben zu unterstreichen: **Ta**ge, **Zi**nszahl, **Zi**nsdivisor, **Zi**nsen.*

Und er las gemeinsam mit den Umschülern vor:

»TaZizaZidiZi«. Und noch einmal: »TaZizaZidiZi«. Das deklamierten sie noch ein paar Mal. Und die nächsten Stunden begannen fröhlich mit »TaZizaZidiZi«. Das klang zwar ziemlich albern, aber es fruchtete hervorragend...

5.4 Lernbausteine, Lernunterlagen und Lernsequenzen bedarfsorientiert entwickeln

Für die Einen ist es ein didaktisches Muss, für die Anderen Teufelswerk. Die Rede ist von **Modulen.** In der Technik haben sie seit Jahrzehnten Einkehr gehalten; in der Pädagogik sind sie seit Jahrzehnten höchst umstritten. Ist ein Teil in einem Auto kaputt, wird es nicht mehr repariert, sondern ausgetauscht. Fehlererkennungssysteme filtern zuvor das defekte Teil heraus.

In der Pädagogik haben Module bislang keinen durchschlagenden Erfolg erzielt, jedenfalls nicht in Deutschland. Wohl aber in Großbritannien, wo es National Vocational Qualifications gibt. Das sind Qualifikationen, die im Rahmen eines Moduls vermittelt, einzeln von nationalen Institutionen geprüft und mit einem Zertifikat bedacht werden. In Deutschland geht die Angst vor einer Auflösung des dualen Systems durch Zergliederung in einzelne Module um, vor einem »Flickenteppich« aus Qualifikationen fürchtet man sich.

Nüchterne Betrachtung ist angesagt!

5.4.1 Einsatzgebiete von Lernbausteinen unterscheiden

In einem Gutachten für das Bundesministerium für Bildung und Forschung haben die beiden Hochschullehrer Dieter EULER und Eckart SEVERING 2006 das Für und Wider von Modulen untersucht. Das geschah mit dem Hintergrundauftrag, Wege zu einer Modernisierung der deutschen Berufsbildung zu ergründen.

Sie unterschieden dazu **drei Grundformen:**

1. Module als Ergänzung zur beruflichen Erstausbildung im Weiterbildungsbereich: Erweiterungskonzept;

2. Modularisierung als Strukturierungsprinzip für die Inhalte unter Beibehaltung der dualen Ausbildung: Differenzierungskonzept;

3. Module als Ersatz für eine (im Ausbildungsrahmenplan) lernzielorientierte duale Ausbildung: Singularisierungskonzept.

Sie raten zum Verfolg der Ergänzungs- und Differenzierungsfunktion. Das Singularisierungskonzept lehnen sie ab. Allzu groß sei das Risiko, an die Stelle eines etablierten und weitgehend akzeptieren Systems ein noch ungesichertes zu setzen. Gleichwohl gibt es Bereiche, in denen Module sinnvoll sein können. Immer dann, wenn kein in sich gefestigtes, auf die Qualifikationserfordernisse der Unternehmen abgestelltes System vorhanden ist, könnte sich die Differenzierung in Module oder Bausteine anbieten. »Die sukzessive Absolvierung von Bausteinen, ggf. auch mit zeitlichen Unterbrechungen und im Wechsel unterschiedlicher Lernortkombinationen, steht immer unter dem Gesamtziel des vollständigen Durchlaufs durch alle Bausteine. Die Qualität der Bausteine steht und fällt mit der Ausbildungsqualität in den Lernorten« (EULER/SEVERING 2006, S. 46).

Der Gesetzgeber hat diese Position aufgegriffen und in das Berufsbildungsgesetz die **Qualifikationsbausteine** als Konzept im Rahmen der Benachteiligtenförderung aufgenommen. Qualifikationen, die in Angeboten zur beruflichen Vorbereitung auf einen betrieblichen Ausbildungsplatz, notfalls auch eines Arbeitsplatzes vermittelt werden, sollen zertifiziert und auf die Ausbildung angerechnet werden können.

Unbestreitbarer Vorteil von Modulen bzw. Bausteinen (in der Literatur wird hier nicht klar unterschieden, manchmal von »Bausteinen« als Bündelung verschiedener Module gesprochen, manchmal Bausteine als Synonym für Module genommen) ist deren Austausch- und Anrechenbarkeit. Das setzt allerdings eine präzise Beschreibung voraus, was den Teilnehmer bei Modul x oder Baustein y erwartet und welche Leistungen er erbringen muss, um den Anforderungen einer Modulprüfung gerecht zu werden.

5.4.2 Entwicklung von Lernbausteinen auf der Grundlage der festgestellten Qualifikationsbedarfe prüfen

Es gibt inzwischen für vierzehn Ausbildungsberufe eine modulare Strukturierung (http://www.jobstarter.de/de/1217.php). Die Einführung erfolgte versuchsweise. Dabei ist ein Konzept gewählt worden, bei dem **gemeinsame Grundmodule** vorgesehen sind, auf denen **Wahlmodule** aufsetzen. Dieses Vorgehen erinnert an die Stufenausbildung, bei der einer Grundstufe im ersten Jahr eine Fachstufe im zweiten oder einer zweijährigen Grundstufe eine einjährige Fachstufe folgt. Im Baubereich gibt es seit Jahren eine inzwischen zweistufige Ausbildung, näher beschrieben in Abschnitt 5.5.1.1.In der Grundstufe werden sowohl allgemeine Kenntnisse, Fähigkeiten und Fertigkeiten, die das gesamte Berufsfeld »Bau« betreffen, als auch Qualifikationen, die die Sparten Tiefbau, Innenausbau und Hochbau betreffen, vermittelt, und in der Differenzierungsstufe geht es im dritten Ausbildungsjahr um Qualifikationen zur Ausübung eines der 14 Berufe, z. B. als Maurer oder Ausbaufacharbeiter Fachrichtung Trockenbau.

5.4.3 Lernbausteine unter Einbindung in ein Gesamtkonzept entwickeln

Die Entwicklung von Lernbausteinen beginnt immer mit einer **Situationsanalyse:** Welche Kompetenzen muss ein »fertig« ausgebildeter Geselle besitzen? Und: Wie lassen sich daraus sinnvolle, zusammenhängende Lerneinheiten bilden? Diese müssen dann nach aktuellem Stand mit Zeitangaben versehen und auf die in der Regel 36 Monate aufgeteilt werden. Idealerweise bilden sie zugleich die Grundlage für die Fortbildung jener Arbeitskräfte, die noch nicht nach aktuellen Kompetenzrastern ausgebildet worden sind. Sie können sich bestimmte Module heraussuchen, die sie wieder auf einen aktuellen Stand bringen.

5.4.4 Bildungsbedarfe in Lernsequenzen strukturieren

EIGENMANN verdanken wir die Erkenntnis, dass sich **drei Sequenzierungsformen** unterscheiden lassen:

1. Die willkürliche (zufällige) Sequenzierung,
2. Die sachsystematische Sequenzierung und
3. Die lernpsychologische Sequenzierung.

Es versteht sich von selbst, dass die erstgenannte Form nicht in Betracht kommt. Sie bleibt nur übrig, wenn die Bemühungen um eine sachsystematisch oder lernpsychologische Anordnung scheitern. Die sachsystematische Sequenzierung beginnt bei den Qualifikationen, die für eine erfolgreiche Berufsausübung benötigt werden, und fragt jeweils nach den Voraussetzungen, um sie sich aneignen zu können. Wer Maurer werden will, muss Steine so anordnen, dass sie sich in ein Mauerwerk fügen. Er muss auch den Zement in ein passendes Mischungsverhältnis zum Sand bringen, um die Steine fest miteinander verbinden zu können. Diese Funktionen bilden die Grundlage für eine erfolgreiche Berufsausübung; sie gehören mithin an den Anfang der Ausbildung.

Die lernpsychologische Sequenzierung richtet sich danach, inwieweit der Lernende zur Aufnahme des Lernstoffs in der Lage ist. Handelt es sich um komplizierte Sachverhalte, bietet es sich an, sie weiter ans Ende der Ausbildungszeit zu rücken, wenn der einfachere Lernstoff bereits gefestigt ist. Motivation und Interesse sind hier wesentliche Aspekte, wenn es um Auswahl und Anordnung der Lerninhalte geht.

Aus der Sicht des Auszubildenden ist die lernpsychologische Sequenzierung die am besten geeignete.

5.4.5 Adressaten- und sequenzgerechte Lernunterlagen erarbeiten

Das duale System wird vor allem deswegen so hoch gehandelt, weil es Theorie und Praxis miteinander verzahnt. Wer allerdings meint, der Ausbildungsbetrieb sei für die Praxis und die Berufsschule für die Theorie zuständig, der hat die Entwicklungen in den letzten Jahrzehnten nicht gebührend verfolgt. Die Arbeitsplatzanforderungen sind enorm gestiegen, was Komplexität, Abstraktheit und Termindruck angeht. Insofern kommt auch die betriebliche Praxis nicht ohne Theorie aus. Umgekehrt gilt für die Berufsschule, dass sie sich schon aus Gründen der Verständlichkeit und Überschaubarkeit der Lerninhalte praxisnäher ausgerichtet hat und weiterhin verstärkt ausrichten wird.

Die Konsequenz daraus ist, dass sich Ausbilder und Lehrer (die beide zu Lernberatern mutiert sind) »an einen Tisch setzen« und Lernunterlagen **gemeinsam erarbeiten.** Das bedeutet keinesfalls, dass sich die Aufgaben der beiden Lernorte nicht mehr deutlich genug unterscheiden, sondern vielmehr eine Verzahnung der Ausbildung statt eines unabgestimmten Nebeneinanders von Unterweisung und Unterricht. Wünschenswerter Nebeneffekt dieser Kooperation ist die gegenseitige Fortbildung der Beteiligten, die sich auch oft schon aus gemeinsamen Prüfungsausschüssen kennen.

5.5 Unterschiedliche Lernorte koordinieren, Ausbildungsverbünde und Serviceausbildungen organisieren

Mit »Service-Ausbildung« wird ein neuer Begriff für ein ohnehin bestehendes Leistungsangebot von Bildungsträgern für Betriebe ins Spiel gebracht (http://www.qualinetz.de/xd/public/content/index._cGlkPTUxNg_.html.) Demnach meint Service-Ausbildung »die Bereitstellung von Personal für betriebliche Ausbildungs- und Arbeitsprozesse sowie die Entwicklung von Qualifizierungs- und Integrationsstrategien für an- und ungelernte junge Erwachsene.« Hintergrund sind die Klagen vieler Unternehmensvertreter über mangelhafte Eingangsvoraussetzungen von Ausbildungsplatzbewerbern und die zunehmend schwieriger werdenden Möglichkeiten, eine systematische, grundlegende Qualifizierung dieser Jugendlichen ohne fremde Hilfe zu leisten. Das ist eben auch Intention eines »trialen Systems«, bestehend aus Betrieb, Berufsschule und Bildungsträger, wie es beispielsweise von dem Bremer Hochschullehrer Felix RAUNER 2003 in einem Gutachten für die IG-Metall Baden-Württemberg konzipiert worden ist.

5.5.1 Lernorte

Für die Berufsausbildung gilt ein Ausschließlichkeitsgrundsatz: Er besagt, dass Jugendliche nur in staatlich anerkannten Ausbildungsberufen ausgebildet werden dürfen, es sei denn, etwas anderes ist als Vorbereitung auf eine Berufstätigkeit ausdrücklich vorgeschrieben (vergl. § 4 Abs. 3 BBiG). Das gilt beispielsweise für die Ausbildung zum Rettungssanitäter.

Die Grundstruktur des dualen Systems ist schlicht:

- Ein Ausbildungsbetrieb übernimmt den **praktischen,** arbeitsplatzbezogenen Teil,
- einer Berufsschule obliegt die **theoretische** Durchdringung des Ausbildungsstoffs.

Allerdings ist die Arbeitsteilung in der Wirklichkeit nicht ganz so simpel und strikt. Regel und Ausnahmen liegen sozusagen sehr eng beieinander:

- Der Ausbildungsbetrieb wird in der Regel an drei Wochentagen besucht; es kann sich aber auch um vier Wochentage (bei einem Berufsschultag) oder fünf handeln, sofern der Berufsschulunterricht in mehrere aufeinander folgende Wochen gebündelt wird.
- Theorie und Praxis lassen sich nicht ohne weiteres voneinander trennen: Das beginnt mit fachlichen Erläuterungen des Ausbilders bei der Demonstration einer praktischen Anforderung am Arbeitsplatz und führt über betriebliche Schulungstage oder -wochen und überbetriebliche Ausbildungsabschnitte bis hin zur routinehaften Bearbeitung von Werkstücken in berufsschulischen Werkstätten oder von kaufmännischen Geschäftsvorfällen in berufsschulischen Übungsfirmen.

Zunächst sollen, im Anschluss an Lehrbuch 1, Abschnitt 1.2.4, die Grundstrukturen des dualen Systems in einer Übersicht in Erinnerung gebracht werden, bevor auf dessen neuere Entwicklungen und weitere Einzelheiten eingegangen wird.

5.5.1.1   Übersicht über die Struktur des dualen Systems

Das duale System		
Lernorte:	Betrieb	Berufsschule
Auftrag:	berufliche Handlungsfähigkeit	fachliche Durchdringung und Allgemeinbildung
Zeitanteile:	3–3½ (4) Tage	8–12 Wochenstunden
Gesetzliche Grundlage(n):	Berufsbildungsgesetz 2005, Handwerksordnung 2005	Landesschulgesetze
Ordnungsmittel:	Ausbildungsordnung mit Ausbildungsrahmenplan	Rahmenlehrplan
Verordnungsgeber:	BMW/Fachminister + BMBF	Kultusminister und -senatoren

Das duale System

5.5.1.2   Neuere Entwicklungen im dualen System

Seit 1997 ist der fachliche Teil der Rahmenlehrpläne in **Lernfelder** gegliedert. So weist beispielsweise der Rahmenlehrplan für die neu geordneten Elektroberufe, seit August 2003 in Kraft, 13 Lernfelder auf. Der Rahmenlehrplan für Veranstaltungskaufleute z. B. zeigt, dass die Inhalte der Fächer spezielle Betriebswirtschaftslehre, Rechnungswesen, Datenverarbeitung und allgemeine Wirtschaftslehre in Lernfelder gebündelt wurden.

Der Unterricht selbst soll **handlungsorientiert** erfolgen: Die Schüler werden mit praktischen Aufgaben konfrontiert, die betrieblichen Anforderungen (= Anwendungssituationen) entlehnt sind. Diese Aufgaben sollen sie im Team möglichst selbstständig lösen. Dabei können sie Rat und Hilfestellung des Lehrers einholen. An die Stelle »instruktionsorientierten« Unterrichts rückten »konstruktionsorientierte« Lernsituationen. Die Umstellung ist auch heute noch in vollem Gange.

Die Stundentafel ist auf die Besonderheiten der Berufsschulorganisation in den Bundesländern und bei den Betrieben zuzuschneiden Mit ihr bringt das Kultusministerium seine Prioritäten zum Ausdruck: Hier gehen mindestens vier Wochenstunden allgemein bildende Inhalte ein.

5.5.1.3   Blockunterricht

Fine weitere Reformmaßnahme aus den siebziger Jahren hat sich in einigen Bundesländern fest etabliert: der Blockunterricht. Ursprüngliche Intention war es, mit dieser Organisationsform den berufsschulischen Teil zu systematisieren und aufzuwerten, indem ihm zwar nicht mehr Zeit, aber eine größere Kontinuität zugedacht wurde. Der wöchentlich an einem Berufsschultag oder – wie in rund 70% der Ausbildungen der Fall – an zwei Berufsschultagen platzierte Unterricht wird dabei in mehrere aufeinander folgende Wochen gebündelt.

Als **Vorteile** werden ins Feld geführt:

- Themengebiete können in der Berufsschule intensiv und in sich abgeschlossen behandelt werden, ohne durch betriebliche Einsatzphasen unterbrochen zu sein;
- zwischen den Auszubildenden können sich stärkere Sozialkontakte ausprägen.

Nachteilig wirken sich oft aus:

- Das Herauslösen aus betrieblichen Arbeitsprozessen,
- die Nichtbesetzung eines betrieblichen Ausbildungsplatzes für mehrere Wochen,
- die zeitlich gedrängten Termine für Klassenarbeiten,
- der starke Wiederholungsaufwand bei längeren Zeitabständen zwischen den Blockzeiten.

Insofern ist der Gesetzgeber gut beraten, wenn er den Blockunterricht (wie beispielsweise in Hamburg) zwar zur Regelform erklärt, Ausnahmen jedoch zulässt, soweit sie auf zwingenden betrieblichen Gründen beruhen.

Auch unter den Auszubildenden ist der Blockunterricht umstritten geblieben. Allgemein lässt sich sagen, dass er sich in Großbetrieben vornehmlich aus organisatorischen Gründen leichter integrieren lässt als in kleineren Betrieben mit wenigen Auszubildenden.

5.5.1.4   Durchforstung des Berufe-Angebotes

Im Jahre 1971 zählte man noch 606 Ausbildungsordnungen, heute sind es rund 350. Darin drückt sich eine begrüßenswerte Konzentration auf einen überschaubaren Kreis von Ausbildungsgängen aus. Sie lassen sich, entsprechend ihrer jeweiligen fachlichen Ausrichtung, zu **Berufsfeldern** zusammenfassen. In einem Teil der Berufsfelder finden sich »**Schwerpunkte**« als weitere Untergliederung. Schwerpunkte bündeln die Berufsanforderungen in bestimmte Bereiche, die allgemeiner als der spezielle Ausbildungsberuf, aber konkreter als das Berufsfeld gefasst sind. Etwa die Hälfte der anerkannten Ausbildungsberufe ist im Kompetenzbereich des Bundesministeriums für Wirtschaft angesiedelt (ohne Berücksichtigung der rund 900 Sonderausbildungsgänge für behinderte Menschen, der Ausbildungsgänge für sozialpflegerische Berufe und der zahlreichen Fortbildungsberufe). Darüber informiert das jährlich fortgeschriebene Verzeichnis der Ausbildungsverhältnisse.

Die Kultusministerkonferenz hat im Jahre 1995 die bis dahin bestehende Berufsfeldeinteilung (13 Berufsfelder, davon 6 mit Schwerpunkten) verändert und die Zahl auf 16 erhöht. Es bestehen allerdings erhebliche Unterschiede in der Größe der Berufsfelder, legt man die Anzahl der Ausbildungsverträge zugrunde. So entfallen auf das am stärksten besetzte Berufsfeld »Wirtschaft und Verwaltung« beispielsweise etwa 30 % aller Ausbildungsverträge, auf das Berufsfeld »Ernährung und Hauswirtschaft« nur ca. 5 %.

Diese Konzentration zeigt die Verwandtschaft der Ausbildungsberufe und damit die Möglichkeit für die Auszubildenden, ihre Ausbildungskenntnisse in ähnlichen Berufen zu verwerten. Beklagt wird jedoch die starke Konzentration auf bestimmte »Wunschberufe«: So münden bei den Jungen fast zwei Drittel und bei den Mädchen sogar fast vier Fünftel in die 20 begehrtesten Ausbildungsberufe.

Damit nicht jede Umorientierung auf eine Neuorientierung hinausläuft, soll bereits in der Berufsausbildung auf die Möglichkeit eines Berufswechsels vorbereitet werden. Reibungslose Anpassungsprozesse sind schließlich im Interesse des – sonst arbeitslosen oder auf ungelernte Tätigkeiten angewiesenen – Einzelnen ebenso wie der Industriegesellschaft, die sich – als »Arbeitsgesellschaft« mit hohen Produktivitätsraten – Anpassungsprobleme beim »Faktor Arbeit« nicht leisten kann.

Es folgen zwei Aufstellungen der »Meistbesetzten Ausbildungsberufe in 2011« nach Neuabschlüssen – Frauen und Männer getrennt:

Die meistbesetzten Ausbildungsberufe 2011 nach Neuabschlüssen – Frauen	
Rang	**Auszubildende**
1. Verkäuferin	16.730
2. Kauffrau im Einzelhandel	16.616
3. Bürokauffrau	15.361
4. Medizinische Fachangestellte	14.314
5. Industriekauffrau	12.125
6. Zahnmedizinische Fachangestellte	11.825
7. Friseurin	11.157
8. Kauffrau für Bürokommunikation	9.759
9. Fachverkäuferin im Lebensmittelhandwerk	9.597
10. Hotelfachfrau	8.196
11. Bankkauffrau	7.237
12. Kauffrau im Groß- und Außenhandel	6.696
13. Steuerfachangestellte	4.683
14. Rechtsanwaltsfachangestellte	4.130
15. Verwaltungsfachangestellte	3.628
16. Restaurantfachfrau	3.194
17. Köchin	2.991
18. Kauffrau für Versicherungen und Finanzen	2.823
19. Kauffrau für Spedition und Logistikdienstleistungen	2.469
20. Mediengestalterin Digital und Print	2.226

Die meistbesetzten Ausbildungsberufe 2011 nach Neuabschlüssen – Männer*	
Platz	**Auszubildende**
1. Kraftfahrzeugmechatroniker	19.836
2. Industriemechaniker	13.451
3. Kaufmann im Einzelhandel	13.185
4. Elektroniker	11.560
5. Verkäufer	10.967
6. Anlagenmechaniker für Sanitär-, Heizungs- und Klimatechnik	10.290
7. Koch	9.757
8. Fachkraft für Lagerlogistik	9.570
9. Kaufmann im Groß- und Außenhandel	9.451
10. Fachinformatiker	9.249
11. Industriekaufmann	8.185
12. Tischler	7.448
13. Maler und Lackierer	7.327
14. Metallbauer	7.299
15. Mechatroniker	7.241
16. Bankkaufmann	6.660
17. Zerspanungsmechaniker	6.475
18. Elektroniker für Betriebstechnik	5.895
19. Bürokaufmann	5.814
20. Fachlagerist	5.632

54,8 % der männlichen Auszubildenden mit Neuabschlüssen befinden sich in diesen 20 Berufen.
Quelle: Bundesinstitut für Berufsbildung, Erhebung zum 30. September 2011

5.5.1.5 Stufenausbildung

Auf die ausbildungspolitischen Grundsätze der beruflichen Mobilität und der Offenheit der Bildungswege zielt die Stufenausbildung. Sie wurde 1969 im Berufsbildungsgesetz verankert. Neu war der Ansatz nicht: Konzepte für eine gestufte Ausbildung waren schon lange vorher diskutiert worden, so z. B. im »Braunschweiger Plan« von 1948. In § 5 Abs. 2, Ziffer 1 des Berufsbildungsgesetzes ist sie als Kannvorschrift verankert. Die Anzahl der Stufen ist nicht bestimmt. Verlangt werden lediglich eine besondere sachliche und zeitliche Gliederung sowie eine aufeinander aufbauende **Stufenfolge.**

Dem wird in der Regel auf folgende Weise entsprochen:

- Im ersten Ausbildungsjahr wird das berufskundliche Fundament durch eine breite **Grundbildung** gelegt. Diese »allgemeine berufliche Grundbildung« soll die Voraussetzung für eine vielseitige berufliche Tätigkeit stiften. So sind hier Grundfertigkeiten und Grundkenntnisse zu vermitteln, die einem möglichst großen Tätigkeitsbereich gemeinsam sind.

- Im darauf folgenden Ausbildungsjahr werden dem Auszubildenden Inhalte einer »allgemeinen beruflichen **Fachbildung**« erschlossen. Auf dieser Stufe kommen die für mehrere Fachrichtungen gemeinsamen Fähigkeiten, Fertigkeiten und Kenntnisse zum Tragen.

- Auf der letzten Stufe – im dritten Ausbildungsjahr – werden alle zu »einer **qualifizierten Berufstätigkeit** erforderlichen praktischen und theoretischen Fähigkeiten, Fertigkeiten und Kenntnisse« erworben.

Nach den einzelnen Stufen soll ein Ausbildungsabschluss erworben werden können, mit dem zwei Optionen vermacht sind: Aufnahme einer qualifizierten Berufstätigkeit oder Weiterführung der Ausbildung auf einer höheren Niveaustufe (§ 5 Abs. 2, Ziffer 1 BBiG). Der Ausbildungsvertrag kann jedoch nicht – wie von Wirtschaftsvertretern gefordert – über einzelne Stufen abgeschlossen werden. Das verhindert § 21 BBiG: »Im Falle der Stufenausbildung endet es (das Ausbildungsverhältnis) mit Ablauf der letzten Stufe.«

In den 1960er Jahren wurden an das Stufenprinzip große Hoffnungen geknüpft. Es wurde denn auch in verschiedenen Berufsfeldern eingeführt: in der Elektrobranche, der Textilindustrie und der Bauwirtschaft. In der Elektroindustrie wurde es aber in den 80er Jahren wieder abgeschafft, nachdem es zum Zankapfel zwischen Wirtschaftsverbänden und Gewerkschaften geworden war. Zahlreiche Wirtschaftsbetriebe hatten die Auszubildenden nicht in die zweite oder gar dritte Stufe übernommen, weil ihnen geringer qualifizierte Arbeitskräfte genügten. Die Gewerkschaften sprachen von verwehrten Berufschancen. Sie wollten einer möglichst großen Anzahl von Auszubildenden die Ausbildung in der dritten Stufe ermöglichen. Inzwischen ist sichergestellt, dass Ausbildungsverträge nur noch über die Langform abgeschlossen werden.

Als Beispiel sei die zum 1.8.1999 neu geordnete **Stufenausbildung in der Bauwirtschaft** umrissen. Sie weist zwei Stufen auf:

- **Stufe 1** führt über eine Ausbildungszeit von 24 Monaten und schließt mit einer Prüfung zum Hochbau-, Ausbau- oder Tiefbaufacharbeiter ab.

- **Stufe 2** dauert 12 Monate. Folgende Abschlüsse können sowohl im Handwerk als auch in der Industrie erworben werden:

  – Hochbau: Maurer, Beton- und Stahlbauer, Feuerungs- und Schornsteinbauer;

  – Ausbau: Zimmerer, Stuckateur, Fliesen-, Platten- und Mosaikleger, Estrichleger, Wärme-, Kälte- und Schallschutzisolierer, Trockenbaumonteur (nur Industrie);

  – Tiefbau: Straßenbauer, Brunnenbauer, Rohrleitungsbauer (nur Industrie, wie auch die drei folgenden), Kanalbauer, Spezialtiefbauer, Gleisbauer.

Das Für und Wider um die Stufenausbildung ist stark diskutiert worden. Dabei spielen nicht allein didaktische Gesichtspunkte eine Rolle: Breite Grundbildung bietet zunächst zu wenig verwertbare Fachkenntnisse, schiebt die Teilnahme des Auszubildenden an ernsthaften Produktions- oder Dienstleistungsaufgaben relativ weit hinaus, sichert andererseits Überblickswissen und verhindert eine allzu frühe Festlegung auf einen engen Berufsausschnitt.

Andererseits besteht die Gefahr der betriebsspezifischen Auswahl von Jugendlichen, die um ihre Chance auf eine Höherqualifizierung gebracht werden könnten, indem ihnen lediglich das Durchlaufen der ersten Stufe zugebilligt wird. Dies wurde insbesondere bei der Stufenausbildung im Verkaufsbereich bemängelt:

Eine **geschlechtsspezifische Selektion** zahlreicher Ausbildungsbetriebe kehrte das Verhältnis von weiblichen zu männlichen Ausbildungsanfängern (etwa 2:1) gründlich um – nur jede(r) dritte Einzelhandelskaufmann/frau war ein Mädchen.

Zur berufsüberschreitenden **Mobilität** liegen aussagefähige Zahlen vor: So wechseln inzwischen weit mehr als 30 % der Erwerbstätigen in Westdeutschland im Laufe ihres Lebens den Beruf. Ein Viertel aller Auszubildenden wechselt schon innerhalb von fünf Jahren nach Ausbildungsabschluss den Beruf.

5.5.1.6   Das duale System in der Kritik

Das duale System hat sich zwar in den vergangenen 200 Jahren erheblich differenziert. Im Kern ist es aber ein System geblieben, das sich gleichermaßen auf betriebliche Ausbildung und berufsschulischen Unterricht stützt, wenn auch die Identifikation mit dem eigenen Beruf stärker in der praktischen Ausbildung als in der Berufsschule geprägt wird. Anfang der 1990er Jahre ist es erheblich in die Kritik gekommen. Ursachen waren das Zusammenwachsen der Mitgliedsländer in der Europäischen Union und die bange Frage, ob das deutsche Ausbildungssystem angesichts des internationalen Konkurrenzdrucks und steigender Arbeitslosenzahlen noch ein geeignetes Instrument zur Heranbildung des Arbeitskräfte-Nachwuchses darstelle. Am Für und Wider der Diskutanten lassen sich trefflich Vor- und Nachteile des dualen Systems aufzeigen.

Die **Vorteile:**

- Es vereint praktische Ausbildung am Arbeitsplatz mit theoretischer Durchdringung in der Ausbildung begleitenden Berufsschule.

- Durch die Nähe zum Arbeitsplatz ist eine ständige Aktualisierung der Ausbildungsinhalte gewährleistet.

- Der Auszubildende kann sich bereits für einen späteren betrieblichen Arbeitsplatz qualifizieren. Er ist betrieblich sozialisiert und damit schon ein gutes Stück mit der jeweiligen Unternehmenskultur und seinen künftigen Arbeitsaufgaben vertraut.

- Nähe schafft Verantwortungsbewusstsein. Mitarbeiter des Betriebes identifizieren sich mit dem »eigenen« Nachwuchs stärker als mit Praktikanten oder Außenbewerbern und fühlen sich meist für die Zukunftssicherung des Auszubildenden mitverantwortlich.

Zu den **Nachteilen** werden von Kritikern gern gezählt:

- Die Abhängigkeit der Lehrstellen-Bereitstellung von der Beschäftigungssituation und den wirtschaftlichen Interessen der Arbeitgeber;

- die oftmals allzu eng auf spezifische betriebliche Belange abgestellte Ausbildung;

- der unterstellte hohe Anteil der Beschäftigung Auszubildender mit sogenannten ausbildungsfremden Tätigkeiten, wie Post holen, Kaffee kochen, Auftischen, Ausfegen usw.;

- die Starrheit des Systems gegenüber neueren Entwicklungen wie Modulbildung und Teilfeldqualifizierungen;

- die fehlende Verzahnung mit der Weiterbildung: Ausbildung bietet einen riesengroßen Block an Grundfertigkeiten, die im Laufe des Berufslebens ständig revidiert, aktualisiert und ergänzt werden müssen – dafür fehlt es aber an einem dem dualen System vergleichbar ausgefeilten Weiterbildungssystem.

Bei aller Kritik muss eingeräumt werden, dass es sich um ein **gewachsenes System** handelt, das nicht durch Gesetz verordnet oder am Reißbrett erdacht wurde, sondern sich mit aufkommender Industrialisierung aus der Handwerkstradition heraus entwickelt hat. Trotz mancherlei Erstarrungstendenzen gilt es, dieses System fortzuentwickeln und nicht gegen andere, von außen propagierte Konzepte auszutauschen.

Zieht man Daten aus Ländern mit schulischer Berufsbildung heran, so zeigt sich deutlich die Überlegenheit des dualen Systems hinsichtlich der beruflichen (und damit auch der gesellschaftlichen) Integration Jugendlicher und junger Erwachsener. In Frankreich sind (im Dezember 2012) 27 % der Jugendlichen arbeitslos, die Bundesrepublik Deutschland liegt in dieser Kategorie mit 8 % wohltuend am Ende der Liste.

Die Quote für die unmittelbare Übernahme von Ausbildungsabsolventen in ein Beschäftigungsverhältnis bei demselben Arbeitgeber ist allerdings auf 50 % gesunken – eine nicht nur für die Betroffenen bedauerliche Entwicklung.

Konnte man früher die höhere Quote auf einen »Klebeeffekt« zurückführen – wer Jugendliche ausbildet, fühlt sich auch für deren anschließende Beschäftigung verantwortlich –, so bilden heute viele Unternehmen über ihren eigenen Bedarf aus, um ihren Beitrag zur Versorgung Jugendlicher mit einer Ausbildung zu leisten. Insofern erfüllt das duale System nach wie vor eine wichtige Brückenfunktion zwischen Schul- und Beschäftigungssystem, ist aber nicht mehr so erfolgreich bei der Integration in Arbeit und Beschäftigung wie in früheren Jahren.

Gelegentlich wird kritisiert, das duale System verliere zunehmend die Funktion eines Bindeglieds zwischen Schule und Arbeitswelt. Es müsse in dieser Hinsicht aber eine wichtige Anpassungsfunktion erfüllen. Diese werde preisgegeben, wenn die Tendenz anhalte, dass sich Fachhochschulen als Alternativen zur Erstausbildung im dualen System entwickelten und Fachhochschulabsolventen die Facharbeiter von ihren angestammten Arbeitsplätzen verdrängten.

In der Tat werden **Anpassungsprozesse** eher und zielgerichteter innerhalb des dualen Systems eingeleitet. Entsprechend reagieren gegenwärtig Industrie- und Handelsunternehmen ebenso wie der Öffentliche Dienst auf die Prognosen geringeren Arbeitskräftebedarfs in den nächsten Jahren. Andererseits werden Ausbildungsplatzverluste in einer Region oft begleitet von Ausbildungsplatzzuwächsen in anderen. Diese Tendenz war sehr deutlich als Anpassungsprozess im Zuge des wirtschaftlichen Aufbaus auf dem Gebiet der ehemaligen DDR spürbar.

Es ist naheliegend, dass die Ausbildungsbetriebe zunächst für ihren eigenen Bedarf ausbilden. Insofern ist die Ausbildung eher in der Gefahr, zu sehr auf die Bedürfnisse des Ausbildungsbetriebes abzustellen, als zu allgemein oder zu praxisfern auszubilden. Ausbildungsordnungen geben bekanntlich nur Mindestanforderungen für die Ausbildung wieder. Die Ausbildungsbetriebe können darüber hinausgreifen – und sie tun das regelmäßig in Bereichen, die technologisch und arbeitsorganisatorisch intensiven Entwicklungen unterliegen.

Bei aller Kritik am dualen System, ob sie sich nun auf eine zu stark beharrende und oft inaktuelle Berufsschule richtet, auf die Abhängigkeit der Ausbildungsplatzbereitstellung von Absatz- und Gewinnerwartungen, die fehlende pädagogische Professionalität eines Großteils der über fünf Millionen haupt- und nebenberuflichen Ausbilder oder darauf, dass nach wie vor die Abstimmung zwischen Betrieben und Berufsschulen zu wünschen übrig lässt: Es gibt offenbar gegenwärtig kein anderes System, das flexibler auf Wirtschaftsanforderungen reagiert und so vielen jungen Menschen einen erfolgreichen Einstieg in das Beschäftigungssystem ermöglicht wie das duale.

5.5.2　Aufgaben und Organisationsformen von Lernorten

Der Begriff »Lernort« verdankt seine Beliebtheit wohl der Tatsache, dass sich mit ihm die Besonderheit der Ausbildungssituation in einem produktionsorientierten Wirtschaftsbetrieb herausheben lässt. Er findet sich erstmals im »Strukturplan für das Bildungswesen«, entworfen vom damaligen Deutschen Bildungsrat im Jahre 1970. Ausbildung als Nebenprodukt, das mochte noch für Lehrstellen gelten, bei denen sich vornehmlich durch Zuschauen und Nachahmen alle wesentlichen Kenntnisse, Fertigkeiten und Fähigkeiten erwerben ließen; diese einfachste aller Vermittlungsformen kann angesichts der zunehmenden Abstraktheit und Kompliziertheit der Aufgaben und Arbeitsverfahren allein heute nicht mehr genügen.

Betriebliche Ausbildung wird immer »theoretischer«; andererseits muss berufsschulische Bildung immer »praktischer« werden, sollen die oft recht komplizierten Lerninhalte noch hinreichend durchschaut und verstanden werden können. Entsprechend vielfältig ist heute auch das Angebot an Lernorten in der Berufsbildung.

Vor allem Großbetriebe sind – meist vor Jahren schon – dazu übergegangen, zusätzlich zur Unterweisung und zum Lehrgespräch ihren Auszubildenden Unterricht anzubieten. Dazu werden zumeist erfahrene Ausbilder mit besonderem pädagogischem Interesse und didaktischem Geschick aus dem eigenen Betrieb rekrutiert und nach vorbereitenden Fortbildungsseminaren mit der Aufgabe betraut; es werden auch oft Lehrkräfte der Berufsschule auf Honorarbasis eingesetzt.

Dieses zusätzliche Angebot hat seinen Grund in der zunehmenden Abstraktheit betrieblicher Produktions- und Verwaltungsabläufe. Viele Vorgänge und Abläufe sind nicht mehr beobachtbar. Sie verständlich zu machen, erfordert spezielle Schulungen. Außerdem sollen die »eigenen« Auszubildenden gezielt auf die Abschlussprüfung vorbereitet werden.

5.5.2.1　Lernorte im Überblick

Ob nun der Ausbilder selbst im betrieblichen Unterricht tätig wird, ob er mit den dort tätigen Kollegen spricht oder sich mit den Berufsschullehrern austauscht – er sollte über Grundkenntnisse der verschiedenen Unterrichtsformen und Lehr-/Lernmethoden verfügen, die im Abschnitt 5.3.4 vorgestellt wurden.

- **Lehrwerkstätten** entstanden gegen Ende des 19. Jahrhundert bei industriellen Großunternehmen. Verbürgt ist die Einrichtung von Lehrwerkstätten im Jahre 1878 bei den preußischen Staats-Eisenbahnbetrieben.

- Die ersten **Übungsfirmen** lassen sich ebenfalls bereits im 19. Jahrhundert nachweisen. In ihnen wurden kaufmännische Funktionen wie Einkauf, Lagerung, Verkauf im Gesamtzusammenhang kaufmännischer Verwaltung vermittelt. Davon zu unterscheiden sind

- **Lernbüros,** in denen einzelne kaufmännische Funktionen herausgegriffen (Anlage von Dateien, Textverarbeitungsaufgaben usw.) und trainiert werden.

- **Juniorfirmen** (siehe hierzu auch die Ausführungen zur Methode in Abschnitt 5.3.4) stellen letztlich eine Weiterentwicklung des Übungsfirmengedankens dar: Auszubildende gründen eine echte Firma (meist in der Regie des Ausbildungsbetriebes) und proben betriebswirtschaftliche Vorgänge von den Gründungsaktivitäten (Wahl der Rechtsform, Suche eines Standortes, Festlegung des Programms und der Verkaufsform, Vornahme des Gründungsaktes bis zur Erstellung eines Wirtschaftsplanes. Als erste Juniorfirma gilt das 1975 gegründete Übungsunternehmen der Zahnradfabrik Friedrichshafen. Seit vielen Jahren wird beispielsweise im Berufsförderungswerk Düren eine Juniorfirma betrieben, von der Blindenstöcke vermarktet werden.

Das wichtigste Anwendungsgebiet der Juniorfirma ist die kaufmännische Berufsausbildung. Industrie, Handel, Banken, Verlage, Verkehrsbetriebe und sonstige Dienstleistungsberufe geben Beispiele für das große Spektrum der Anwendung. Hinzu kommen aber auch die Bereiche Verwaltung, Hotel- und Gaststättengewerbe, Tourismus und auch gewerblich-technische Berufe.

- **Lernunternehmen** sind komplexer als Werkstätten und Übungsfirmen. Sie haben Produktions- und Verwaltungsbereich »unter einem Dach«. So werden beispielsweise im Lernunternehmen »In future GmbH« des Berufsförderungswerks Hamburg, das im Baubereich angesiedelt ist, sieben verschiedene Ausbildungen gleichzeitig durchgeführt: vom Bauzeichner über den Hauswart bis zum Mediengestalter und Immobilienkaufmann. Gesteuert wird auch dieser Lernort durch Geschäftsprozesse bzw. Lernaufträge.

- Natürlich kann auch ein **Partnerbetrieb** die Funktion eines Lernortes übernehmen, wie das etwa beim Modellversuch »Verzahnte Ausbildung mit Berufsbildungswerken« (VAmB) in der Kooperation Berufsbildungswerke – METRO Group der Fall war.

- Schließlich lassen sich **virtuelle** Lernorte ausmachen, bei denen sich Auszubildende via E-Learning in Themen einarbeiten und Fachkenntnisse erwerben.

Gelegentlich findet sich anstelle des Lernortbegriffs der einer Qualifizierungseinheit, weil es hier um die räumliche und methodische Bündelung geht, immer orientiert auf einen optimalen Lernprozess.

Von »**Qualifizierungsorten**« kann auch die Rede sein. Dann ist damit eine ganze Palette gemeint:

- Organisierte und räumliche Einheiten zur Erbringung von Qualifizierungsleistungen,

- multifunktionale Gruppenräume in einer Verzahnung mit Funktionsräumen,

- Individuell gestaltbare Arbeits- und Lernplätze für Projekt-, Gruppen- und Einzelarbeiten,

- Lerninseln, an denen eine Teilgruppe Auszubildender gemeinsam an einem Werkstück oder einem Projekt arbeitet.

5.5.2.2　　Auswahl des unter didaktischen Aspekten passenden Lernortes

Das berufsbildende Schulwesen besitzt einen Grad an Differenziertheit, der es für Laien fast undurchdringlich macht. Selbst den in diesem Bereich Tätigen fällt es oft schwer, den Überblick über den aktuellen Stand zu behalten; das gilt für die Eingangsvoraussetzungen, Lerninhalte und Fächer sowie Abschlüsse der verschiedenen Schulformen gleichermaßen.

Andererseits bietet die Vielfalt der Berufsbildungsgänge die Chance, Bildungswege individuell auszuwählen und unterschiedlichen Ansprüchen an die Qualifikationsbedarfe der Wirtschaft nachzukommen.

Neben dem dualen System hat sich ein schulisches Ausbildungssystem mit zunehmenden Zugangszahlen etabliert. Dazu gehören neben den Berufsfachschulen insbesondere die Schulen des **Gesundheitswesens.** Sie sind zumeist großen Krankenhäusern angegliedert oder bilden an zentraler Stelle für eine Reihe von Krankenhäusern Nachwuchskräfte aus. Anders als im dualen System ist die Ausbildung zu den Gesundheitsberufen per Gesetz geregelt, so beispielsweise im Altenpflegegesetz von 2003. Darin ist eine Aufteilung der dreijährigen Ausbildung auf 2.500 Stunden Praxis (»am Krankenbett«) und 2.100 Stunden Theorie festgeschrieben. Die Abschlussprüfung wird von einer staatlichen Stelle abgenommen.

Eine viel kritisierte Ausbildung ist die der Rettungssanitäter. Dort kommt man mit einem Stundenvolumen von 520 Stunden (entsprechend 13 Wochen) zu einem Berufsabschluss mit besonders verantwortungsvollen Anforderungen – ein berufspädagogischer Anachronismus, vergleicht man diese Ausbildung mit einer grundständigen gemäß § 4 BBiG bzw. § 25 HwO!

5.5.2.2.1   Kriterien für die Wahl des Lernortes

Von besonderer Bedeutung für den Erfolg betrieblicher Ausbildung sind die folgenden Merkmale:

- **Realitätsbezug:** Die Ausbildung sollte immer dort, wo es sich einrichten lässt, am Ort des betrieblichen Handlungsvollzuges stattfinden. Ist dies nicht möglich, kann auf Modelle oder Zeichnungen, Schaubilder etc. zurückgegriffen werden.

- **Adressatengemäßheit:** Dieser in vielen sprachlichen Verkleidungen vorkommende Begriff (Schülerorientierung, Jugendgemäßheit, Interessenorientierung usw.) fordert letztlich nichts anderes, als sich der Vorstellungen, Vorkenntnisse, Neigungen und Interessen der Auszubildenden bzw. Schüler zu vergewissern, um daran anzuknüpfen und Fehlvorstellungen rechtzeitig korrigieren zu können.

- **Aktivität:** Dieses Prinzip ist – wie auch das folgende – schon vom großen böhmischen Schulreformer Johann Amos COMENIUS in seiner »Didactica magna« 1632 formuliert worden. Der Lernende soll am Lernprozess möglichst aktiv beteiligt werden, beispielsweise indem er kleinere Aufgaben zugewiesen bekommt. Im weiteren Sinne bedeutet dieses Prinzip aber auch, den Lernprozess so anzulegen, dass aktives Mitdenken erforderlich ist.

- **Anschaulichkeit:** Ein Lerngegenstand ist möglichst mit allen Sinnen erfassbar zu machen, zu »begreifen«, damit er sich eindrucksvoll und dauerhaft einprägt. Nicht immer sind die »Wirklichkeitsnähe« und das naturgetreue Abbild auch am anschaulichsten. Oftmals sind Modelle, Skizzen und Schaubilder »anschaulicher« als die Wirklichkeit selbst.

- **Sachgerechtigkeit:** Häufig trifft man auf die Forderung nach »sachlicher Richtigkeit«. Das ist eine Selbstverständlichkeit. Mit Sachgerechtigkeit ist aber noch mehr gemeint, nämlich eine Antwort auf die viele Generationen von Ausbildern und Lehrern bewegende Frage, wie ein Lernstoff auf seine wesentlichen Bestandteile reduziert werden kann, ohne seine Aussagegültigkeit einzubüßen; wie sich beispielsweise der Hochofenschmelzprozess so vereinfacht darbieten lässt, dass alle wesentlichen Lerninhalte enthalten sind, er aber zudem auf eine leicht fassliche Form komprimiert worden ist (didaktische Reduktion).

- **Kontrollierbarkeit:** Ein Lernvorgang ist eigentlich erst abgeschlossen, wenn der Lerninhalt sachgemäß verstanden und dauerhaft eingeprägt worden ist. Wahrnehmung, Aufnahme, Verstehen und Einprägen sind die Lernschritte, denen die Kontrolle gilt. Nicht die Vermittlung von Kenntnissen ist entscheidend, sondern das beim Auszubildenden erzielte Verständnis, die Beherrschung des Lernstoffs.

- **Aktualität:** Die Ausbildungsinhalte sollten nicht nur sachlich richtig sein, sondern dem jeweils gültigen Stand der Erkenntnis entsprechen. Allerdings ist dies angesichts sich ständig wandelnder technischer Verfahren und Arbeitsprozesse oft nur schwer zu verwirklichen. Umso wichtiger ist es, den Auszubildenden für eine selbstständige Beschäftigung mit den neuesten beruflichen Erkenntnissen aufzuschließen.

- **Kosten:** Die Einrichtung und Unterhaltung spezieller Lernorte, seien es Lerninseln oder Juniorfirmen, kosten selbstverständlich Zeit und Geld und binden einen Teil der Arbeitskapazität der Ausbilder. Dies gilt es mit dem didaktischen Gewinn aufzurechnen, um so zu einer soliden Basis für die Entscheidung für oder wider gesonderte Lernorte zu gelangen.

- **Störanfälligkeit:** Nicht zuletzt gilt es zu beachten, wieweit der Produktions- oder Dienstleistungsprozess durch die Beschäftigung mit Auszubildenden beeinträchtigt werden kann.

Bei der Frage nach der Eignung von Lernorten ist nicht auf eine generelle Antwort zu hoffen; sie kann nur gegeben werden in Abhängigkeit von den

- Voraussetzungen der Lernenden,

- Fähigkeiten des Ausbilders,

- objektiven Umständen, unter denen gelernt wird,

- Kompliziertheit (Beschaffenheit) des Lerngegenstandes selbst.

Wichtig ist, dass der Ausbildungsverantwortliche bei der Auswahl von vornherein auch die Schwächen eines Lernortes mitbedenkt, z. B. hinsichtlich körperlicher Belastungen, monotonen Arbeitens oder Belästigungen durch Lärm, Hitze, Staub oder Geruch. Hier müssen die Bestimmungen des Jugendarbeitsschutzgesetzes streng beachtet werden. Aber auch die Kosten des Unterhalts und der personellen Betreuung müssen ins Kalkül genommen werden.

5.5.2.2.2   Überbetriebliche Ausbildung

Sie hat ihren Ursprung in der Erkenntnis, dass es ökonomischer sein kann, wenn Lerninhalte statt von einzelnen Betrieben in einer übergeordneten Bildungseinrichtung vermittelt werden. Ein derartiges Konzept hat schon der Nationalökonom und Sozialpolitiker Karl BÜCHER (1847 – 1930) 1876 entwickelt. Das kann ein Kurs im E-Schweißen, das kann das Warenwirtschaftssystem sein. Mittlerweile sind überbetriebliche Ausbildungen gesetzlich abgesichert, und zwar in § 5 Abs. 2, Ziffer 6 BBiG und § 26 Abs. 2 Ziffer 6 HwO. Dort ist niedergeschrieben, dass »Teile der Berufsausbildung in geeigneten Einrichtungen außerhalb der Ausbildungsstätten durchgeführt werden, wenn und soweit es die Berufsausbildung erfordert.« Eingerichtet werden sie zumeist von Kammern und Innungen.

Generell: Überbetriebliche Maßnahmen kommen oft auf Initiative von Fachverbänden oder Innungen zustande. Diese bauen zur Ergänzung der innerbetrieblichen Ausbildung Ausbildungszentren auf und unterhalten sie, um hier überbetriebliche Teillehrgänge durchzuführen. Als Beispiel können die Gemeinschaftswerkstätten der Kfz-Innungen gelten. Die aus ihrer Arbeit entstehenden Kosten werden auf die Mitglieder umgelegt.

Schon angesprochen wurden Zentren, (z. B. der Metall verarbeitenden Berufe und des Elektrohandwerks), in denen für Auszubildende Lehrgänge zum Erwerb handwerklicher Grundkenntnisse und -fertigkeiten veranstaltet werden. Im Rahmen solcher Lehrgänge finden theoretischer Unterricht und praktische Unterweisung statt. Diese überbetrieblichen Einrichtungen werden durch die Kammern, die angeschlossenen Betriebe, Innungen und/oder die öffentliche Hand unterhalten. Sie gelten als wirkungsvoll, kostengünstig und zeitsparend.

Überbetriebliche Ausbildungseinrichtungen verfügen in der Regel über besonders geeignete Ausbildungsmittel und auf den neuesten Stand gebrachte Lehreinrichtungen. Die Ausbilder können hier in schulähnlicher Atmosphäre konzentriert ihrer Aufgabe nachgehen. Die Auszubildenden werden durch vielseitige und interessante Anforderungen besonders motiviert. Überbetriebliche Einrichtungen besitzen daher hohe pädagogische Effektivität. Von der überbetrieblichen Art sorgfältig zu trennen ist der folgende Lernort.

5.5.2.2.3   Außerbetriebliche Ausbildung

Sie stellt inhaltlich kein Ergänzungs-, sondern ein Konkurrenzmodell dar. Die **gesamten** Ausbildungsinhalte werden in einer solchen Einrichtung vermittelt. Gründe sind meist das nicht ausreichende Ausbildungsplatzangebot der Betriebe oder die für eine betriebliche Ausbildung nicht hinreichenden Voraussetzungen der Schüler bzw. Auszubildenden.

Jugendliche mit Zugangsschwierigkeiten zum Ausbildungsstellenmarkt sind auf solche Angebote angewiesen, die meist von der Bundesagentur für Arbeit finanziert werden. Auch Einrichtungen für behinderte Jugendliche, wie die Berufsbildungswerke, zählen zu den außerbetrieblichen Ausbildungsstätten. Sie wurden bereits in Lehrbuch 1 in den Abschnitten 1.6.3 und 2.3.3 beschrieben.

5.5.3   Abstimmung der Bildungsinhalte der ausgewählten Lernorte

Jeder verantwortungsvolle Ausbilder wird sich bereits vor dem Zeitpunkt, für den der Auszubildende ihm angekündigt ist, mit der Ausbildungsordnung, insbesondere mit dem Ausbildungsrahmenplan, vertraut machen. Er wird sich dazu geeignete Aufgaben zurechtlegen, an denen er dem Auszubildenden die Grundzüge der in seiner Abteilung zu erledigenden Arbeiten klarmachen kann. Insoweit versteht sich der Ausbilder immer auch als Vertragspartner des Auszubildenden, der seine individuelle Leistung (Ausbildung) im Tausch gegen die betriebliche Leistung (Mitwirkung an der Arbeitstätigkeit) erbringt.

Bei der Erstellung des betrieblichen Ausbildungsplans orientiert sich der Ausbilder selbstverständlich an den Vorgaben der Ausbildungsordnung. Bei einer Reihe von neu geordneten Ausbildungsberufen findet er wertvolle Ratschläge und Hinweise (z. B. einen Muster-Ausbildungsplan) in den »Erläuterungen zur Ausbildungsordnung xyz«, die von Fachkräften des BiBB im Anschluss an die jeweilige Neuordnung erarbeitet worden sind.

Die im Ausbildungsrahmenplan aufgeführten Lernziele und -inhalte stecken das **Minimum** der zu vermittelnden Kenntnisse und Fertigkeiten ab. Der Ausbilder steht damit in der Verantwortung, diese Vorgaben ohne Wenn und Aber zu erfüllen! Kann er das nicht innerhalb des Betriebes leisten, wird er sich an kooperationsbereite Betriebe oder an die zuständige Stelle mit der Bitte um entsprechende Ergänzung und Unterstützung wenden.

Aufgabe des Ausbildungsverantwortlichen ist es, die Arbeitsabläufe im eigenen Betrieb mit den Vorgaben von Berufsbild und Ausbildungsrahmenplan abzugleichen. Es gilt die Ausbildungsinhalte so zu gliedern, dass man daraus entnehmen kann, in welchem Ausbildungshalbjahr – besser ist eine noch genauere Aufstellung, z. B. quartalsweise oder monatlich – welche Kenntnisse, Fertigkeiten und Fähigkeiten erworben werden sollen.

Dazu bieten die Ausbildungsrahmenpläne auch Hinweise auf die zeitliche Anordnung und den jeweiligen zeitlichen Umfang der Vermittlung der angestrebten Lernziele. Umso intensiver muss sich der Ausbildungsverantwortliche mit dem **Abgleich** von Außenvorgaben und inneren Bedingungen beschäftigen. Die folgende Abbildung verdeutlicht, an welchen Vorgaben insgesamt der Ausbildungsplan auszurichten ist.

Die betriebliche Berufsausbildung muss planmäßig, zeitlich und sachlich gegliedert so durchgeführt werden, dass das Ausbildungsziel in der vorgesehenen Zeit erreicht werden kann (§ 14 Abs. 1 BBiG). Es darf also nicht dem Zufall überlassen sein, ob, wann und in welcher Reihenfolge die in der Ausbildungsordnung genannten Fertigkeiten, Kenntnisse und Fähigkeiten vermittelt werden.

Die zeitliche Gliederung ist auf einen Ausbildungsablauf im Rahmen der vertraglichen Ausbildungszeit abzustellen. Die Dauer der Ausbildungsabschnitte und ihre zeitliche Folge können nach den Fähigkeiten des Auszubildenden und den Besonderheiten der Ausbildungsstätte variiert werden, soweit die Teilziele und das Gesamtziel der Ausbildung nicht beeinträchtigt werden. Die einzelnen Ausbildungsabschnitte sollen bei besonderer Leistungsfähigkeit gekürzt, bei besonderen Schwächen können sie unter Beachtung der vertraglichen Ausbildungszeit verlängert werden.

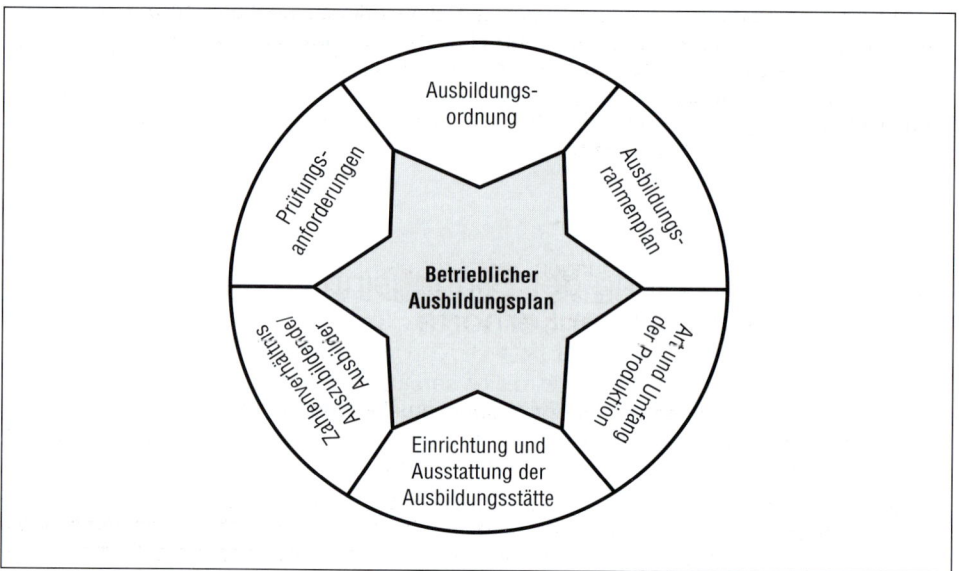

Vorgaben für den betrieblichen Ausbildungsplan

Unter dem Strich wird neben der Absicherung, dass der Ausbildungsplan nicht bloß ein bürokratisches Konstrukt, sondern Orientierungsmittel für Ausbilder und Auszubildende darstellt, auch eine gedankliche Ab- und Einstimmung aller Beteiligten auf die bevorstehende Ausbildungsaufgabe erreicht.

5.5.3.1 Ausbildungserfolg an den verschiedenen Lernorten prüfen

Spätestens zu dem Zeitpunkt, an dem der Auszubildende einen Lernort verlässt, muss sich der Lernberater/Ausbilder ein Bild von den erworbenen Qualifikationen machen. Dazu wird er die Fachkräfte mit Ausbildungsaufgaben hören. Er wird auch den Auszubildenden selbst nach seinen Eindrücken bezüglich gelernter Inhalte befragen. Vielleicht unterzieht er den Auszubildenden einer kleinen Fachprüfung. Dazu kann ihm der Tätigkeitsnachweis eine Hilfe sein. So lässt sich feststellen, welche Kenntnisse in welcher Differenziertheit erworben wurden. Im Übrigen gelten die in den Handlungsbereichen 2 und 7 behandelten Gütekriterien auch für die interne Lernort-Abschlussprüfung. Diese sollte man nicht auf die leichte Schulter nehmen; denn schließlich ist die Qualifizierung Auszubildender auch ein Qualitätsmerkmal für den Betrieb als ganzem.

5.5.3.2 Anpassung der Bildungsinhalte sicherstellen

Als die Ausbildungsordnungen für die Bürokaufleute und die Kaufleute für Bürokommunikation im Jahre 1991 erlassen und der zugehörige Rahmenlehrplan von der Kultusministerkonferenz verabschiedet worden war, sahen sich viele Ausbildende der Frage gegenüber, ob weiterhin ausschließlich Bürokaufleute ausgebildet oder die Ausbildungsplätze auf die beiden neuen Ausbildungsberufe aufgeteilt werden sollten. Bevor darüber entschieden werden konnte, musste man sich zunächst einmal ein Bild von den Veränderungen machen, die mit der Neuordnung ins Haus standen. Das betraf ebenso die Berufsschule. Denn die Veränderungen tangierten sowohl die Ausbildung in den Betrieben als auch den Berufsschulunterricht.

§ 2 Absatz 1 des BBiG führt in drei separaten Ziffern die zulässigen Lernorte in der Berufsbildung auf: die betriebliche, die schulische und die außerbetriebliche Berufsbildung. Dabei handelt es sich um einen sehr engen Lernortbegriff, der sich nicht auf differenziertere Lernorte wie schulische Übungsfirmen und betriebliche Lerninseln richtet, sie aber auch nicht grundlegend ausschließt. § 2 Absatz 2 BBiG ordnet an, dass diese Lernorte in Lernkooperation **zusammenwirken.**

5.5.3.2.1   Lernortkooperation

Dabei können sich Überschneidungen zwischen den Lernorten ergeben, zumal neben Berufsschulunterricht und Ausbildung am Arbeitsplatz weitere Lernorte einbezogen werden können: So werden häufig Auszubildende in schuleigenen Werkstätten oder überbetrieblichen Ausbildungsstätten, in betrieblichen Seminaren oder Übungsfirmen zusätzlich geschult.

Eine strikte Trennung zwischen fachpraktischer Ausbildung im Betrieb und fachtheoretischem Unterricht in der Berufsschule existiert heute faktisch nicht mehr und sollte schon wegen des Gebots der Lernkooperation unterbleiben.

Lernortkooperation kann notwendig sein, um die in der Ausbildungsordnung und im Rahmenlehrplan aufgeführten Inhalte vermitteln zu können. Sie kann aber auch wünschenswert sein, um die Ausbildung zu optimieren. So kann beispielsweise ein außerbetrieblich ausgebildeter Jugendlicher einen Teil seiner Ausbildung auch in Fachabteilungen eines Betriebes vornehmen. Dort wird er stärker als in der außerbetrieblichen Einrichtung mit dem Ernstcharakter seiner künftigen Berufstätigkeit vertraut gemacht. Er kann sich an wirklichen Geschäftsvorfällen und Praxisaufgaben erproben. Mitarbeiter in Betrieben können oft nicht so entgegenkommend und einfühlsam gegenüber Praktikanten sein, wie das in über- und außerbetrieblichen Einrichtungen meist der Fall ist.

Insofern sind Sekundärtugenden wie Pünktlichkeit, gutes Benehmen, ordentliche Kleidung, ansprechende Wortwahl und freundliches Auftreten gefragt und werden in der Regel vom betrieblichen Ausbilder entweder vorausgesetzt oder vom Auszubildenden in aller Deutlichkeit eingefordert. Fehlende Umgangsformen, die vor dem Hintergrund schwerwiegender Sozialisationsdefizite in außerbetrieblichen Einrichtungen oft zumindest in der Eingangsphase noch hingenommen werden – um erst einmal ein Vertrauensverhältnis und ein tragfähiges Arbeits- und Gesprächsklima zu schaffen –, werden von betrieblichen Ausbildern in der Regel nicht gebilligt. Sie sind ja schließlich auch dafür verantwortlich, dass Kunden zuvorkommend bedient und Produkte sorgfältig erstellt, Leistungen fehlerfrei erbracht werden.

Auch Erziehungsauffassungen, die stark von Mütterlichkeit, väterlichem Anspruchsdenken etc. geprägt sind, finden in der Lernortkooperation, bei anderen Verantwortlichen, in anderen Ausbildungssituationen oft ihr sinnvolles Korrektiv.

Lernortkooperation bringt aber zunächst meist einen erhöhten Aufwand an Zeit und Arbeit mit sich. Die Ausbildungsinhalte müssen den verschiedenen Lernorten zugeordnet werden. Sie müssen auch lokal miteinander verzahnt werden. Die Kontrolle der Lernergebnisse ist abzusprechen. Das ganze ist in eine gemeinsame Zeitplanung einzubetten, die weder Auslassungen noch Doppelungen birgt. Entschädigt werden die Partner meist damit, dass sie eine andere Sphäre kennenlernen und so auch »ihren Horizont erweitern« können. Das setzt klare Absprachen über Inhalte, Methoden und Leistungserwartungen (an den Auszubildenden) zwischen betrieblichen Ausbildern und anderen Beteiligten voraus. Unterschiedliche Erwartungen und Ansprüche werden von Jugendlichen meist sehr schnell erkannt, »Schlupflöcher« aufgetan und – im schlimmsten Fall – die Ansprechpartner mit ihren unterschiedlichen Interventionsauffassungen gegeneinander ausgespielt. Dem ist schon vorab durch klare Vereinbarungen ein Riegel vorzuschieben.

5.5.3.2.2 Lernortkooperation Schule und Betrieb

Träger des dualen Systems sind privater oder öffentlich-rechtlicher Ausbildungsbetrieb oder privater oder öffentlicher Haushalt einerseits, öffentlich-rechtliche oder – seltener – private Berufsschule andererseits. Im Regelfall handelt es sich um einen privatwirtschaftlichen Betrieb und eine öffentlich-rechtliche Berufsschule.

Trotz einer Aufteilung in mehrere »Lernorte« ist die Unterweisung am Arbeitsplatz vielfach das bestimmende Element geblieben. Es ist wissenschaftlich belegt, dass Auszubildende ihre berufliche Identität **am Arbeitsplatz** gewinnen, so wichtig und ergiebig der Berufsschulunterricht auch sein mag. Ebenso ist trotz der Ausweitung des Berufsschulunterrichts auf die von der KMK vereinbarte Regelgröße von 12 Wochenstunden – die in vielen Regionen allerdings nach wie vor unterschritten wird – der Ausbildungsbetrieb die dominante Ausbildungsstätte geblieben. Dies wird gestützt durch die grundgesetzliche Verankerung der beruflichen Bildung als Selbstverwaltungsaufgabe der Wirtschaft. Zuständig für die Betreuung und Kontrolle von Ausbildungsverhältnissen ist deshalb immer die Wirtschaftskammer, der das jeweilige Ausbildungsunternehmen angehört.

Sogenannten Monosystemen ist die Verbindung von betrieblicher Praxis und fachtheoretischer Vertiefung konzeptionell überlegen. Selbstverständlich wirft ein derartiger Lernortverbund Abstimmungs- und Verzahnungsprobleme auf, die auf unterschiedlichen Ebenen gelöst werden:

- Auf der **Bundesebene** der Verordnungen und Vereinbarungen durch die Verzahnung im Rahmen der Neuordnungsarbeit;

- auf der Ebene der **Länder** durch die Berufsbildungsausschüsse und Arbeitskreise Schule/Arbeitswelt;

- auf der Ebene der **Institutionen** durch regelmäßige Kontakte zwischen Berufsschulen und Ausbildungsbetrieben;

- auf der Ebene der **Lehrkräfte** durch regelmäßige gegenseitige Hospitation und Arbeitskreise, aber auch durch gemeinsame Mitwirkung in Prüfungsausschüssen.

Die Notwendigkeit, Ausbildungsinhalte zwischen Schule und Betrieb aufzuteilen und didaktisch zu ordnen, ergibt sich schon aus der Aufgabenteilung. Wer nicht weiß, was am jeweils anderen Lernort gelernt wird, riskiert Überschneidungen und Wiederholungen, aber auch Lücken, wenn er unterstellt, die Behandlung eines Gegenstandes sei nicht seine, sondern Sache des jeweiligen Partners (der dies möglicherweise ganz anders sieht). Vor allem gilt es zu verhindern, dass betriebliche Ausbilder in Unkenntnis des schon in der Schule vermittelten Stoffs Bekanntes »aufwärmen«, wo die Vergewisserung über das schon Gelernte und den Kenntnisstand der Auszubildenden genügte.

Es handelt sich also in erster Linie um ein Problem, das durch intensiven **Informationsaustausch** leicht zu lösen ist.

Dazu stehen zur Verfügung:

- Die Lektüre von **Ausbildungsnachweisen,** in denen Auszubildende ihr Wochenprogramm und ihre Lernerfahrungen festhalten; dies kann sowohl dem Ausbilder als auch dem Berufsschullehrer Aufschluss über den tatsächlich behandelten Stoff geben, aber auch zeigen, ob der Auszubildende die Lerninhalte verstanden hat.

- **Gesprächs- oder Arbeitskreise,** in denen auf der Grundlage der Ausbildungspläne und schulischen Lehrpläne abgestimmt wird, wer was in welcher Zeit und Tiefe vermitteln soll, und in denen sich Lehrer und Ausbilder begegnen, Kontakt miteinander aufnehmen und so angeregt werden, bei Problemen den kürzesten Kontakt zum schulischen bzw. betrieblichen Ansprechpartner zu suchen.

- **Fortbildungsveranstaltungen** für Lehrer wie für Ausbilder, in denen über neuere Entwicklungen im jeweiligen Beruf informiert wird und die Konsequenzen für die Ausbildung erörtert und abgestimmt werden können.

Vereinbarungen auf der Ebene von Ausbildung und Unterricht sind in jedem Falle einer Reglementierung auf übergeordneter Ebene vorzuziehen. Auch Kammer- oder Behörden-regelungen bedürfen ebenso wie bundeseinheitlich entwickelte Pläne der Interpretation und Ausfüllung durch die in der Ausbildungspraxis tätigen Personen. Insofern ist eine wirklichkeitsnahe, praxisgerechte und zukunftsorientierte Ausbildung auf dem Verordnungs-wege **allein** ohnehin nicht zu erreichen; dort können immer nur Rahmenbedingungen geschaffen werden, die dann von den Praktikern in Betrieb und Schule mit Leben gefüllt werden.

Die Berufsschule ist eine staatliche Institution, die keinem anderen Zweck dient als der Bildung und Erziehung Auszubildender. Einerseits sind die dort initiierten schulischen Lernprozesse stark professionalisiert, weil Lehrer in ihrer Ausbildung intensiv mit einpräg-samen Lernstrategien vertraut gemacht worden sind; andererseits fehlt schulischem Ler-nen der betriebliche Ernst- und Aufforderungscharakter. Die Berufsschule bleibt insofern in der Rolle der ergänzenden, betriebliches Lernen aber nicht ersetzenden Bildungsstätte, der die Aufgaben der fachtheoretischen Durchdringung der Ausbildungsinhalte und der Vertiefung, Ergänzung und Festigung allgemeiner Bildungsinhalte obliegen.

Damit nehmen Berufsschulen die Ausbildungsinhalte nicht vorweg, sie arbeiten sie nicht nach, sie ersetzen sie schon gar nicht. Der Zwang zur Abstimmung resultiert mithin nicht aus organisatorischen Notwendigkeiten, sondern aus lerntheoretischen Erwägungen: Denn es wird dann besonders einprägsam und dauerhaft gelernt, wenn sich gedankliches Überlegen und praktisches Handeln auf einen Gegenstand beziehen lassen. Und das be-deutet, dass eine möglichst **präzise inhaltliche Verständigung** zwischen Ausbildern und Lehrern vorgenommen wird.

Im Bereich der **Krankenpflegeausbildung** gibt es bereits eine sehr enge Verzahnung zwischen Praxis (im Krankenhaus) und Theorie (in den organisatorisch verzahnten Kran-kenpflegeschulen). Und doch wird darüber geklagt, dass die räumliche Nähe noch keine echte Dualität sicherstelle. Die 2.100 bis 2.300 Stunden Theorie seien in der dreijährigen Ausbildung mit den 2.500 Stunden Praxis keineswegs abgestimmt. Und eigentlich müss-ten die Pflegeschüler/-innen fast die ganze Theorie vorab vermittelt bekommen, um am Krankenbett theoriegeleitet einsetzbar zu sein.

Die Abstimmung zwischen Betrieb und Berufsschule ist auf der inhaltlichen Ebene nicht leicht herzustellen. Die Berufsschule ist in den meisten Bundesländern und Berufen als **Teilzeitberufsschule** organisiert. Die Jugendlichen befinden sich zumeist an zwei Wochentagen in der Berufsschule. Dort ist der Lehrstoff in Fächer aufgeteilt und wird von verschiedenen Lehrkräften vermittelt. Der Klein- und Mittelbetrieb, in dem nur ein Auszu-bildender oder wenige Auszubildende pro Beruf ausgebildet werden, wird seinen Ausbil-dungsplan stark von den betrieblichen Gegebenheiten her strukturiert und dabei auch lerntheoretische Gesichtspunkte (»Vom Allgemeinen zum Besonderen, Vom Konkreten zum Abstrakten, vom Einfachen zum Komplexen« usw.) berücksichtigt haben.

Diese Gliederung lag oder liegt quer zur Fächergliederung der Berufsschule, wird aber in-zwischen bei den lernfeldstrukturierten Rahmenlehrplänen durch umfassende themati-sche Einheiten eingelöst. Auf der Vorgabeebene, bei der Entwicklung von Ausbildungsrah-menplan und Rahmenlehrplan, wird mittlerweile weitgehend eine **»didaktische Parallelität«** angestrebt, indem die Inhalte sachlich und zeitlich aufeinander abgestimmt werden.

Dieser Abstimmung dient auch die 1996 getroffene Entscheidung der Kultusministerkon-ferenz, künftig (ab 1997) nur noch Rahmenlehrpläne zu verabschieden, die in **Lernfelder** gegliedert sind. Dem entsprechen auf der betrieblichen Seite inzwischen Ausbildungsrah-menpläne, die auf Arbeitsfelder orientiert sind. Die entsprechende »Verzahnung« zeigt sehr anschaulich das Konzept der Ausbildung in den neu geordneten Elektroberufen.

Entscheidend für den Lernerfolg sind immer die handelnden Personen, nicht die Planvor-gaben. Hier sind es insbesondere die persönlichen Kontakte zwischen Ausbildern und Lehrern einerseits, betrieblichen und überbetrieblichen Ausbildern andererseits, sei es in besonderen Arbeitskreisen, sei es in direkten Gesprächen oder Telefonaten, die angebahnt und gepflegt sein wollen. Auch die Mitwirkung im **Prüfungsausschuss** bietet eine Fülle von Anknüpfungspunkten, die von manchem erfahrenen Ausbilder und Lehrer zum Wohle des Auszubildenden intensiv genutzt werden.

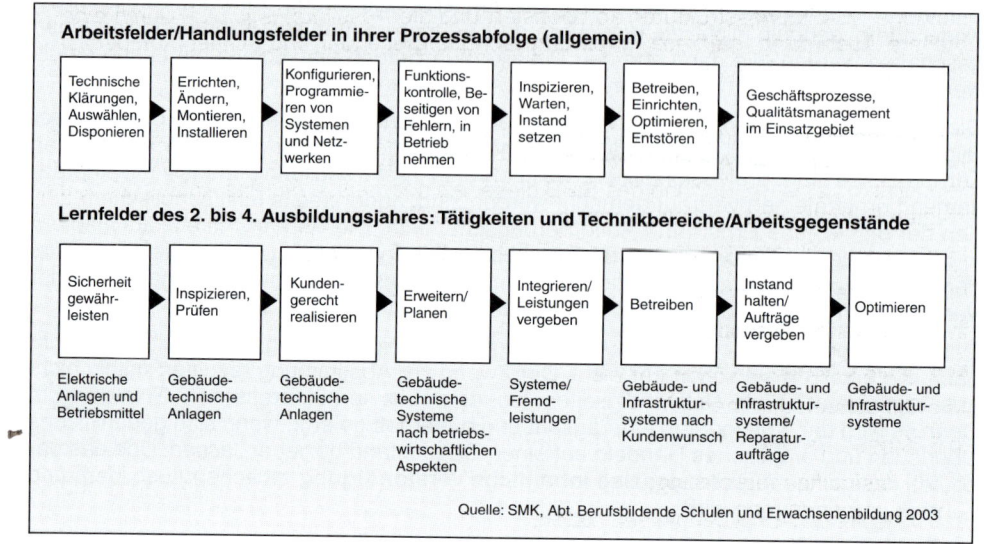

Entwicklung der Lernfelder des KMK-Rahmenlehrplanes für den Ausbildungsberuf »Elektroniker/-in für Gebäude und Infrastruktursysteme« (2. bis 4. Ausbildungsjahr) aus den Arbeitsfeldern/Handlungsfeldern in ihrer Prozessabfolge

5.5.4   Ausbildungsverbünde

Mit § 10 BBiG hat der Gesetzgeber die Ausbildungsverbünde sanktioniert. Es gab sie zwar schon früher auf freiwilliger Basis. Die guten Erfahrungen – was der eine Betrieb an Ausbildungsinhalten nicht zu vermitteln vermag, das übernimmt ein zweiter oder ein außerbetrieblicher Bildungsträger – hat offenbar zur Kodifizierung dieses Lernortes geführt. Und es war wohl auch die Hoffnung, die Ausbildungsquote deutscher Unternehmen, die derzeit bei 23 % liegt, bezogen auf den Anteil der Ausbildungsbetriebe an der Gesamtzahl an Betrieben, damit erhöhen zu können. Bis dato waren die Ausbildungsbetriebe allein für die Vermittlung der gesamten Ausbildungsinhalte verantwortlich. Diese Verantwortung können sie nun auch offiziell teilen.

5.5.4.1   Aufgaben und Funktionsweisen von Ausbildungsverbünden

Was ein Ausbildungsverbund ist, beschreibt der Gesetzgeber in § 10 Absatz 5 BBiG:

»Zur Erfüllung der vertraglichen Verpflichtungen der Ausbildenden können mehrere natürliche oder juristische Personen in einem Ausbildungsverbund zusammenwirken, soweit die Verantwortlichkeit für die einzelnen Ausbildungsabschnitte sowie für die Ausbildungszeit insgesamt sichergestellt ist.«

Aufgabe und Funktion werden sodann in der Gesetzesbegründung dezidiert genannt:

»Durch Ausbau der regionalen und lokalen Ausbildungsverbünde ... können Ausbildungskosten gesenkt, ungenutzte Ausildungskapazitäten ausgelaste oder nicht vorhandene Ausbildungsstrukturen kompensiert und die Ausbildungsqualität durch eine breitere Ausbildung, stärkere Förderung fachübergreifender und soialer Kompetenzen verbessert werden.«

Die Funktion von Ausbildungsverbünden nur auf die Kompensation von Inhalten zu beschränken (was Betrieb A nicht leistet, übernimmt Betrieb B), würde zu kurz greifen, wenn sich auch in einer Untersuchung des BiBB dieser als der meist genannte Anlass (27 % der befragten Betriebe und Koordinatoren) herausstellte. Weitere Anlässe waren

• In 15 % der Fälle die Schaffung zusätzlicher Ausbildungsplätze,

• in 12 % Qualitätssteigerung,

• in 7 % fehlende Ausbilder,

• in 6 % die Chance auf Fördermittel,

• In 5 % Fachpersonalmangel,

• in 5 % neue Berufe,

• in 5 % erstmalige Ausbildung,

• in 5 % fehlende Ausbildungskapazitäten,

• in 5 % höhere Effizienz und

• in 3 % die Einstellung benachteiligter Jugendlicher in Ausbildung (SCHLOTTAU 2007, S. 51).

5.5.4.2   Strukturen von Ausbildungsverbünden

Das BiBB unterscheidet vier Organisationsformen:

• **Auftragsausbildung:** Betrieb A verfügt nicht über die Ausbildungskapazität oder auch über die Ausbildungsqualität zur Vermittlung von Lerninhalt x, während Betrieb B über beides verfügt und so im Interesse und Auftrag des Betriebes A tätig werden kann.

• **Ausbildungs-Konsortium:** Betriebe, die mehrere Auszubildende eingestellt haben, teilen sich die Ausbildungsleistung untereinander auf.

• **Leitbetrieb mit Partnerbetrieben:** Ein Betrieb ist für die Ausbildung insgesamt verantwortlich und schließt einerseits den Ausbildungsvertrag mit dem Jugendlichen und andererseits Kooperationsverträge mit den am Ausbildungsverbund beteiligten Betrieben ab.

• **Ausbildungsverein:** Mehrere gleichberechtigte Betriebe gründen gemeinsam einen Verein, der als Träger oder Koordinator der Ausbildungen fungieren kann. Bei entsprechender Professionalisierung wird hier auch von einem »Ausbildungsring« gesprochen.

Meist bilden nur zwei Partnerbetriebe eine Verbundausbildung. Das ist in Westdeutschland in 56 % der Fälle so, in Ostdeutschland bei 19 %. Dafür finden sich in Ostdeutschland bei 30 % der Verbundbetriebe 11 bis 50 Partner, in Westdeutschland hingegen nur bei 11 %. Die Durchschnittsgröße eines Ausbildungsverbunds beträgt in Westdeutschland 8 und in Ostdeutschland 30 Partner. In Thüringen findet sich einer der größten öffentlich geförderten Verbünde. »Der HOGA-Ausbildungsverbund e.V. ist ein Zusammenschluss von aktuell 187 Ausbildungsbetrieben des Hotel- und Gaststättengewerbes sowie strategischer Partner in Thüringen«, kann man der Homepage des Vereins entnehmen.

Eine andere Ausrichtung finden wir beim Ausbildungsverbund ikubiz (Interkulturelles Bildungszentrum Mannheim gGmbH). Ikubiz ist ein Bildungsträger, dem 250 Mitgliedsfirmen angehören. 300 Auszubildende mit Migrationshintergrund werden betreut. ikubiz bietet Leistungen für interessierte Betriebe und für interessierte Jugendliche.

Für Betriebe:

- Unterstützung bei der Einrichtung eines Ausbildungsplatzes,
- Begleitung beim Einstellungsverfahren,
- Entwicklung betrieblicher Ausbildungskonzepte,
- Ausbilderkurse (AdA) in Kooperation mit IHK und HWK,
- Bcratungsservice in allen Fragen rund um die Ausbildung.

Für Jugendliche:

- Unterstützung bei der Berufsorientierung und der Bewerbung,
- Vermittlung von Ausbildungsbetrieben,
- Organisation von Praktika,
- Ausbildungsbegleitung, Seminare und Prüfungsvorbereitungen,
- Ansprechpartner während der Ausbildungszeit.

(Quelle: http://www.ikubiz.de/abv.php)

Nach Auskunft der Verbundträger sind »gut für die Zusammenarbeit...«:

- Vertragliche Regelungen (63 % finden das),
- Ausbildertreffen (54 %),
- Wirtschaftsbeziehungen untereinander (21 %) (SCHLOTTAU 2007, S. 55).

Bewährt hat sich die Einschaltung eines Bildungsträgers, der für die Verbundmitglieder die **Koordination** übernimmt und die Kooperation zwischen ihnen im Interesse reibungsloser Ausbildung sicherstellt. Die teilnehmenden Auszubildenden sind sowohl mit ihrem Stammbetrieb als auch den Kooperationsbetrieben und dem Bildungsträger recht zufrieden, »die Berufsschule fällt dagegen sehr stark ab« (SCHLOTTAU 2007, S. 54).

5.5.4.3 Finanzierung von Ausbildungsverbünden

Soweit das Interesse der Verbundpartnerunternehmen überwiegt, ist es keine Frage, dass Ausbildungskosten ermittelt und verteilt werden. Das kann per Umlageverfahren geschehen. Soweit jedoch öffentliches Interesse an der Nachwuchsförderung vorliegt und sich Ausbildungsverbünde für die Rekrutierung fehlenden Berufsnachwuchses anbieten, lässt sich dieses Engagement auch durchaus aus öffentlichen Haushalten finanzieren. So geschieht es beispielsweise beim HOGA-Ausbildungsverbund e.V. in Thüringen: Dort finden Mittel aus dem Ministerium für Wirtschaft, Technologie und Arbeit und dem Europäischen Sozialfonds Eingang.

Seit 2008 können beispielsweise Betriebe in Rheinland-Pfalz einen Zuschuss für die Einrichtung von Ausbildungsplätzen im Ausbildungsverbund bekommen. Damit sollen die zusätzlichen Kosten für die Beteiligung an einem Ausbildungsverbund gedeckt werden – sofern mit dieser Maßnahme zusätzliche Ausbildungsplätze geschaffen werden. Der Zuschuss beträgt 2.500,– € pro Ausbildungsplatz. Ggf. ist auch die Bundesagentur für

Arbeit, z. B. im Wege eines Benachteiligtenprogramms, das nach SGB III förderbar ist, zu einer Kostenübernahme bereit. Die Bildungsträger erhalten einen Zuschuss zur Ausbildungsvergütung und bekommen die Maßnahmekosten erstattet.

5.5.5   Serviceausbildung als Dienstleistung

Der Begriff ist unscharf. Im Internet findet man unter dem Suchwort »Serviceausbildung« als erstes einen Fortbildungskurs der Weltfirma SIEMENS in der Automatisierungstechnik. Als zweites bekommt man den Arbeitgeberservice (= Beratung ausbildungsinteressierter Unternehmen) der Bundesagentur für Arbeit vorgestellt. Beide Deutungen sind hier aber nicht gemeint.

Gemeint ist vielmehr dreierlei:

* Service für Aus- und Weiterbildung, wie wir ihn bereits bei den Bildungsträgern im Ausbildungsverbund kennen gelernt haben. Damit sind die Leistungen gemeint, die beispielsweise Ikubiz für Betriebe aus der Migrationswirtschaft erbringt: Auswahl geeigneter Auszubildender, Erstellung des betrieblichen Ausbildungsplans, Unterstützung im Krisenfall etc.

* Tätigwerden eines Ausbilders im Auftrag eines Unternehmens, wenn diese bestimmte Lernziele aus dem Ausbildungsrahmenplan nicht mit eigenen Ausbildern vermitteln kann.

* Einsatz eines Service-Ausbilders am betrieblichen Arbeitsplatz. Er bringt betriebsübergreifendes Know how ein und entlastet die betrieblichen Fachkräfte von komplexeren Ausbildungsaufgaben. Damit kann durchaus auch ein Fortbildungsgewinn mit verzeichnet werden.

Das duale System muss man keineswegs als geschlossene Veranstaltung ansehen, wie ja auch die Ausführungen zur außer- und überbetrieblichen Ausbildung sowie zum Ausbildungsverbund gezeigt haben. Denkbar ist auch eine Art »triales System«, bei dem neben Ausbildungsbetrieb und Berufsschule ein dritter Partner ins Spiel kommt. Dieser Partner kann im Auftrag der beteiligen Ausbildungsbetriebe tätig werden; er kann aber auch als Einrichtung, die sich um Jugendliche kümmert, die keinen Ausbildungsplatz im dualen System ergattert haben, aus Mitteln der Bundesagentur für Arbeit auf der Grundlage des SGB III finanziert werden. Zu seinen **Aufgaben** gehören dann

* Ausbildungsbetriebe für die Beteiligung an diesem Konzept zu gewinnen,

* geeignete Jugendliche auszuwählen, die gewillt sind, an dieser Form der Ausbildung teilzuhaben,

* besondere Förderangebote zu unterbreiten, um so individuelle Schwächen der Auszubildenden auszugleichen,

* sozialpädagogische Beratung in Krisensituationen (Familie, Finanzen, Freundschaften) anzubieten, um die Ausbilder in den Betrieben spürbar zu entlasten und die weitere Teilnahme des Jugendlichen an der Ausbildung sicherzustellen.

Derartige Modelle sind in der Ausbildung **behinderter Jugendlicher** inzwischen gründlich erprobt und unter dem Namen »Verzahnte Ausbildung mit Berufsbildungswerken« zu Regelangeboten ausgearbeitet worden (SEYD et al. 2009). Allerdings müssen die Service-Ausbilder eine gehörige Portion Fachkenntnis, didaktische Fähigkeiten und sehr viel Einfühlungsvermögen mitbringen, um nicht als Fremdkörper das betriebliche Ausbildungsgeschehen zu belasten. Die Kooperation von betrieblichen Ausbildern, ausbildenden Fachkräften, Service-Ausbilder und Berufsschullehrern in einem festen Ausbildungsteam kann durchaus als **Modell mit Zukunft** angesehen werden.

6 Gewinnung, Eignungs- feststellung und Auswahl von Auszubildenden

Im Handlungsbereich »Gewinnung, Eignungsfeststellung und Auswahl von Auszubildenden« soll die Fähigkeit nachgewiesen werden,

für eine Berufsausbildung geeignete Jugendliche gewinnen und

auswählen zu können und

deren Eignung methodisch unterstützt zu diagnostizieren.

Eine große Bäckerei beschäftigt 25 Mitarbeiter in der Produktion und Auslieferung und sieben Mitarbeiter in der kaufmännischen Verwaltung. Der Umsatz ist in den vergangenen Jahren stetig um jeweils 6 – 10 % gestiegen. In früheren Jahren hat man stets drei bis vier Auszubildende in der Produktion beschäftigt. Allerdings ist es immer schwieriger geworden, geeignete Kandidaten zu finden. Die Neigung und das Interesse Jugendlicher, sich zum Bäcker ausbilden zu lassen, scheint drastisch gesunken zu sein.

Also überlegt der Inhaber, ob man nicht auch andere Ausbildungen anbieten könnte, beispielsweise in der kaufmännischen Verwaltung. Aber dazu wäre es sicher notwendig, ein Bild vom Arbeitskräftebedarf in den nächsten drei bis zehn Jahren zu besitzen. Dieser wiederum ist von der Nachfrage nach den Erzeugnissen des Betriebes, von Möglichkeiten zu weiteren Rationalisierungen und von strukturellen Entscheidungen des Inhabers abhängig. Erst darauf kann eine sinnvolle Personalentwicklung aufbauen.

Unternehmen stellen Mitarbeiter ein, wenn sie eine günstige Auslastung ihrer Kapazitäten erwarten. Insofern ist die Nachfrage nach Arbeitskräften unmittelbar abhängig von den Umsatzerwartungen, aber auch der aktuellen Konjunktur- und Auftragslage. Zum Zweiten sind die Kosten der Arbeitskräfte in einer arbeitsintensiven Volkswirtschaft von besonderer Bedeutung. Zu den Kosten rechnen auch die sogenannten Lohnnebenkosten. Bei ihnen hat Deutschland im internationalen Maßstab eine Spitzenposition eingenommen; sie betragen über 40 % der Bruttolöhne, wie bereits angesprochen.

Den Kosten ist der Nutzen der Arbeitskraft gegenüberzustellen. Angesichts kürzerer Arbeitszeiten ist die Ausnutzung des Faktors Arbeit in vielen Branchen problematisch geworden. Vor allem aber die Verlagerung von Arbeitsplätzen in sogenannte Billiglohnländer birgt für die deutsche Erwerbsbevölkerung zunehmend Gefahren. Mittlerweile werden nicht allein sich wiederholende Routinearbeiten in ausländische Werke verlagert oder an ausländische Anbieter vergeben, teilweise werden sogar anspruchsvolle Aufgaben wie die Entwicklung von Computerprogrammen in Schwellen- und Entwicklungsländer verlagert.

Unternehmen, die ihren Arbeitskräftebedarf gering einschätzen oder sich in einem konjunkturbedingten Absatztal befinden, sind erfahrungsgemäß wenig geneigt, in Ausbildung zu investieren. Sie sind es umso weniger, je höher die Ausbildungskosten zu Buche schlagen. Es entsteht ein Ungleichgewicht zwischen Arbeitsmarkt und Ausbildungsmarkt. Die **Gesamtzahl** neu abgeschlossener Ausbildungsverhältnisse folgt daher einer Berg- und Talfahrt. Sie ist im Zeitraum von 1992 – 1998 von ca. 595.000 zunächst auf ca. 568.000 gesunken (1994), hat sich 1998 auf ca. 613.000 wieder erhöht und ist 2004 auf 573.000 zurückgegangen (Zeitraum ist immer der 1.10. bis 30.9. des Folgejahres). Im Jahr 2008 gab es wieder einen Gipfel mit 616.259 Neuabschlüssen, während – krisen- und demografiebedingt – die Zahl für 2011 mit 570.140 deutlich darunter liegt.

Das bedeutete allerdings einen Anstieg um 10.180 Plätze bei den Betrieben, während außerbetriebliche Anbieter einen Rückgang um gut ein Viertel ihrer Ausbildungsverträge hinnehmen mussten.

Ganze Branchen können ihren Nachwuchsbedarf mittlerweile nicht mehr über Ausbildung decken. Dazu gehören insbesondere solche mit relativ ungünstigen Arbeitszeiten (Bäcker, Konditor, Koch, Restaurant- und Hotelfachleute) und -bedingungen (Einzelhandelskaufleute). Eine Folgeerscheinung dürfte, wie bereits angesprochen, auch die nach wie vor hohe Abbruchneigung sein: rund ein Viertel der Ausbildungsanfänger bricht die Ausbildung vorzeitig ab. Über die Hälfte tut das aus eigenem Antrieb, nur bei einem Drittel ist es der Ausbildungsbetrieb, der den Ausbildungsvertrag löst. Als Hauptgründe werden in einer Studie aus dem Jahre 2009 »die betriebliche Sphäre« (von 70 % der Befragten) und Konflikte mit Ausbildern oder Inhabern (60 %) genannt.

Zur Verdeutlichung der Gesamtlage nochmals:

Der Arbeitskräftebedarf ist allerdings hinsichtlich der nachgefragten Qualifikationen höchst unterschiedlich. Erwerbspersonen ohne qualifizierte Berufsausbildung sind kaum gefragt und machen mittlerweile mehr als die Hälfte der arbeitslos gemeldeten aus, während an Facharbeitern in vielen Berufszweigen bereits ein erheblicher und weiter zunehmender Mangel besteht. Will ein Unternehmen seine Flexibilität und Qualität sichern, ist es praktisch gezwungen, selbst auszubilden.

Als problematisch wird gegenwärtig die Altersstruktur der Beschäftigten angesehen. Ein Fünftel der Bevölkerung ist mittlerweile über 60 Jahre alt. Im Jahre 2015 soll nach neueren Berechnungen des Bundesverbandes der Ortskrankenkassen auf einen erwerbstätigen Beitragszahler ein Rentner kommen. Die Kernfrage wird sein, ob die Rationalisierung soweit voranschreiten wird, dass ein Potenzial von rund 30 Mio. Erwerbspersonen zur Aufrechterhaltung der bundesdeutschen Wirtschaftskraft und des mit ihm gekoppelten Sozialsystems ausreicht.

Der Trend in die kaufmännischen Ausbildungsberufe hat sich nach der Vereinigung der beiden deutschen Staaten noch ausgeprägt, die Nachfrage nach gewerblich-technischen Ausbildungen ist hinter das Angebot zurückgefallen. Besonders in Ostdeutschland ist das Interesse an elektro- und metalltechnischer Ausbildung rapide gesunken, aber auch in Westdeutschland wird für die kommenden Jahre fehlender Facharbeiternachwuchs in der industriellen Produktion, in Gesundheits- und Pflegeberufen und im Hotel- und Gaststättengewerbe befürchtet.

6.1 Eignungsanforderungen an Bildungsmaßnahmen feststellen

6.1.1 Bildungswege und Bildungsmaßnahmen berücksichtigen

Für den weitaus größten Teil aller Jugendlichen ist eine Ausbildung nach wie vor die begehrte **Eintrittskarte in die Berufstätigkeit.** Als Anfang der 1980er Jahre Ausbildungsplätze für die geburtenstarken Jahrgänge knapp wurden, nahm der Wunsch nach einem Ausbildungsplatz noch weiter zu. Schulische Ersatzangebote werden von vornherein als zweitrangig angesehen, selbst wenn sie eine sinnvolle Alternative zum ersten Lehrjahr boten und bieten. Die Zunahme des Abiturientenanteils an den Auszubildenden und der damit einher gehende Verdrängungswettbewerb trägt ein Übriges dazu bei.

Mittlerweile hat diese Tendenz auch das Handwerk erreicht. Jugendliche suchen einerseits Erfüllung in der Arbeit, andererseits eine sichere Existenzgrundlage. Beides wird ihnen mit den seit einigen Jahren erhobenen Befürchtungen über den Facharbeitermangel angetragen. Zudem wird ihnen auch in der Schule vermittelt, dass nur eine qualifizierte Berufsausbildung dauerhaft vor Arbeitslosigkeit schützt. Das hat nach vorliegenden Untersuchungen offenbar Früchte in der Einstellung der meisten Jugendlichen getragen. In ihrer großen Mehrzahl suchen sie Erfüllung und Sicherheit in der künftigen Berufstätigkeit.

Primäre Bedürfnisse wie die nach Essen und Trinken, körperlicher Erholung, nach sexueller und seelischer Bedürfnisbefriedigung, nach Selbstachtung und Selbstverwirklichung konkurrieren nicht nur oftmals mit den sekundären Bedürfnissen, – lernen, ausprobieren, üben etc. –, sie überlagern sie auch. Ausbilder sind deshalb gut beraten, wenn sie sich vergegenwärtigen, welche primären Bedürfnisse der Konzentration des Jugendlichen auf die Ausbildungsinhalte entgegenstehen könnten. Dabei kann es nicht darum gehen, diese Hindernisse für den Auszubildenden aus dem Wege zu räumen. Vielmehr sind sie gemeinsam zu beseitigen: »Hilfe zur Selbsthilfe« lautet das bekannte, Maria MONTESSORI (1870 – 1952) zugeschriebene Schlagwort, mit dem solches Ausbilderverhalten treffend bezeichnet wird.

Die Situation Jugendlicher an der Schwelle zur Erwerbstätigkeit lässt sich folgendermaßen zusammenfassen:

* Jugendliche wachsen heute überwiegend materiell versorgt auf; den Verzicht auf die Befriedigung elementarer Lebensbedürfnisse wie Essen, Trinken und Schlafen kennen daher nur die wenigsten.

* Elterliche Vorsorge regelt nicht nur die Befriedigung der Grundbedürfnisse, sondern steuert und kontrolliert auch das soziale und seelische Wohlergehen der Jugendlichen bis zum Ende der Pubertät.

* Infolge der verlängerten Schulzeit sind die Jugendlichen daran gewöhnt, abstrakte Aufgaben zu lösen, die nichts mit der unmittelbaren Befriedigung ihrer persönlichen existenziellen und kulturellen Bedürfnisse zu tun haben; daraus folgt aber auch eine »Sehnsucht nach ernsthafter Handlung«, die auf aktive Einflussnahme auf das eigene Leben oder auf die Arbeit zum Wohle anderer Menschen und auf den Erwerb ihrer Anerkennung zielt.

Inzwischen sind es nur noch knapp die Hälfte aller Schulabgänger, die den Weg in eine berufliche Zukunft über eine Ausbildung im dualen System antreten. Der Rückgang ist nicht auf mangelndes Interesse, sondern zum Teil auf einen Mangel an Ausbildungsplatzangeboten zurückzuführen. Die Bewerber versprechen sich nach wie vor von einer dualen Ausbildung einen sicheren Arbeitsplatz. Der wiederum ist für sie die Voraussetzung für ihre Existenzsicherung ebenso wie für ihre Identitätsfindung.

Auf dieser Grundlage wollen sie eine Familie gründen, später vielleicht einmal ein Studium aufnehmen oder den Weg in die Selbstständigkeit wagen. Dieses relativ sichere und perspektivreiche Fundament macht die duale Ausbildung so attraktiv.

Leider stehen seit einigen Jahren insgesammt nicht so viele Ausbildungsplätze zur Verfügung wie es der Nachfrage entsprechen würde. Und das, obwohl Ausbildungsplätze in bestimmten Branchen nicht mit geeigneten Bewerbern besetzt werden können. Dabei spielen offenbar die Arbeitsbedingungen in den entsprechenden Berufen eine besondere Rolle. Das gilt für Berufe im Nahrungsmittelhandwerk und in der Gastronomie wegen der problematischen Arbeitszeiten ebenso wie im Bau- und Metallhandwerk, wo man gelegentlich Wind und Wetter ausgesetzt ist und auch starke körperliche Beanspruchungen auf die Auszubildenden warten. Andererseits verschaffen gerade solche Berufe vielen Jugendlichen Erfolgserlebnisse und Anerkennung, die sich anderswo kaum gleichwertig einstellen dürften.

6.1.1.1   Ausbildung einst und jetzt

Wenn in vergangenen Jahrhunderten Jugendliche beim Meister »in die Lehre gegeben wurden«, war ihr Reifungsprozess noch in vollem Gange. Zum einen waren sie am Beginn ihrer Lehrzeit erheblich jünger als heute (mittlerweile ist mehr als die Hälfte der Auszubildenden zu diesem Zeitpunkt bereits 18 Jahre und älter), und zum anderen wurde die körperliche Entwicklung erst zu einem deutlich späteren Zeitpunkt abgeschlossen.

Damals wie heute wird der Ausbildung neben ihrer Bildungs- auch eine Erziehungsfunktion zugesprochen. Der Jugendliche vergangener Tage verließ die elterliche Familie und wurde in die Obhut der Familie des Meisters gegeben. Dies ist in unserer Zeit nur noch äußerst selten der Fall. Gleichwohl spielt die Erziehung des Jugendlichen in der betrieblichen Ausbildung auch heute noch eine wichtige Rolle.

Der betriebliche Leistungsprozess ist auf die Erstellung von Gütern und Dienstleistungen gerichtet, mit deren Veräußerung Einnahmen bewirkt, Kosten gedeckt und Gewinne erzielt werden müssen. Das gilt für privatwirtschaftliche Betriebe. Öffentliche Betriebe hingegen sind in erster Linie auf Bedarfsdeckung ausgelegt; Nebenziel ist üblicherweise, dass die Einnahmen die Ausgaben weitestgehend decken, damit Zuschüsse aus öffentlichen Haushalten entbehrlich sind, zumindest gering gehalten werden können.

Unabhängig davon, ob der Ausbildungsbetrieb zu den privaten oder öffentlichen Betrieben gehört: Unternehmerische Ziele und Ausbildungsziele sind einerseits gleichgerichtet, andererseits gegenläufig. Gleichgerichtet sind sie insofern, als die Leistungen von einer Kombination von Menschen und Maschinen erbracht werden und mit einer besseren Qualifizierung des Personals auch eine höhere Leistungsfähigkeit einhergeht; gegenläufig sind sie insofern, als die Kosten der Ausbildung naturgemäß im Jahr, in dem sie anfallen, den Gewinn oder den Jahresüberschuss mindern.

6.1.1.2   Unser Bildungswesen im internationalen Vergleich

Vier Merkmale sind für das bundesdeutsche Bildungswesen im Vergleich mit dem Bildungswesen anderer Länder kennzeichnend:

- Die föderative Organisation (»Kulturhoheit der Länder«),
- die Verbindung von Staat und Kirche, Schule und Religion,
- die Dreigliedrigkeit des allgemein bildenden Schulwesens und das duale System der beruflichen Erstausbildung,
- die Trennung innerer und äußerer Schulangelegenheiten (Finanzierung, Unterhalt und Ausstattung in der Kompetenz des kommunalen Schulträgers).

Der Ausbilder ist zur ersten Einschätzung der Bewerbervoraussetzungen auf die Unterlagen angewiesen, die ihm vom Jugendlichen zugesandt werden. Dabei spielen nach wie vor der Schulbesuch und der erworbene Abschluss eine gewichtige Rolle. Insofern ist für den Ausbilder auch die Entwicklung der verschiedenen Schultypen von Belang.

6.1.1.3   Allgemein bildende Schulen

Die **Hauptschule** ist aus der ehemaligen Volksschule erwachsen, deren Namen sich erst um 1800 eingebürgert hat. Damals stand sie unter der Obhut der Kirche und war eine nach Geschlecht und Religion getrennte Schule. Der Begriff »Hauptschule« wurde erst 1964 in Westdeutschland eingeführt (in der DDR gab es von 1946 an die achtjährige Einheitsschule für alle Kinder, 1965 in die 10jährige Polytechnische Oberschule überführt). 1990 wurde das Bildungswesen Westdeutschlands auch von den fünf neuen Bundesländer weitgehend übernommen. Die Hauptschule. trägt ihren Namen inzwischen zu Unrecht, zumal es sie nur noch in sechs Bundesländern als eigenständige Schulform gibt. Teils entspricht sie in ihrer Leistungsfähigkeit nach wie vor den Vorstellungen der 1960er Jahre und bietet eine solide Allgemeinbildung als Rüstzeug für den beruflichen Einstieg (»Berufsschuleignung«), teils ist sie – insbesondere in Ballungsgebieten – zur Restschule verkümmert, deren Absolventen oft schlechtere Chancen auf eine berufliche Ausbildung und auf einen Erfolg in einer beruflichen Ausbildung besitzen als Sonderschüler, die ja eine besondere Förderung erfahren haben. Für Hauptschulabsolventen in der Bewerberriege gilt ganz besonders, was im Prinzip für alle Schulabgänger gilt: Man tut ihnen möglicherweise großes Unrecht, wenn man sie wegen ihrer Herkunft als Hauptschulabsolventen von vornherein zu den »schwächeren« Bewerbern rechnet. Es ist vielmehr ausschlaggebend, welches Selbstverständnis die dort tätigen Lehrkräfte aufweisen und welche Leistungen die Schule auf dieser Basis erbracht hat, um einschätzen zu können, mit welchen Voraussetzungen ein Bewerber antritt!

Die **Realschule** hat sich inzwischen zu einer Art »Ersatzhauptschule« entwickelt. Sie entstand 1872 als – weiterführende bis Klasse 10 – Mittelschule aus der Zusammenlegung von höheren Töchter- und Knabenschulen sowie Stadtschulen. Sie war die Schule für den technischen und kaufmännischen Fachkräfte-Nachwuchs und für die mittlere Beamtenlaufbahn. Das ist sie bis heute weitgehend geblieben. 1965 wurden die Mittelschulen in Realschulen umgetauft. In den süddeutschen Bundesländern werden sie von etwa einem Drittel der Schüler besucht. Realschüler sind in der Regel mit einer Fremdsprache vertraut gemacht worden; sie haben vertiefte Kenntnisse in den allgemein bildenden Fächern und sind Hauptschülern zumeist in ihrer Auffassungsgabe, ihrem Verständnis und ihrer Merkfähigkeit überlegen.

Das **Gymnasium** ist in Deutschland mittlerweile die von den meisten Schülern (rund 2,5 Mio.) besuchte allgemein bildende Schule. Mit dieser Entwicklung war zweifellos auch eine Nivellierung der Leistungsfähigkeit der entsprechenden Schülergruppe verbunden. Die ehemals relativ scharfe Selektion (Erfolgsquote Abiturienten: Siebtklässler 1960 = 48 %, 1980 = 76,3 %, 2000 = 65,5 %) hat Schüler mit sehr guten intellektuellen Voraussetzungen herausgefiltert; diese Leistungsfähigkeit richtete sich allerdings in aller Regel fast ausschließlich an dem aus, was wir heute mit Fachkompetenz bezeichnen. Das Gymnasium bringt fraglos nach wie vor Spitzenschüler mit besonderen Leistungsfähigkeiten hervor; der Ausbildende wird jedoch nicht umhin kommen, sich – wie bei allen anderen Bewerbern auch – anhand eines persönlichen Eindrucks ein zutreffendes Bild von der Leistungsfähigkeit und von der »Passförmigkeit« des Bewerbers zu machen. Er kann nicht einmal davon ausgehen, dass testierte Fremdsprachenkenntnisse sich auch in einem problemlosen Umgang mit der Fremdsprache niederschlagen; allzu groß ist die Schwankungsbreite zwischen den Schülern und den schulischen Ansprüchen. Und Vorsicht ist bei Tests angebracht: Gymnasiasten schneiden in Fragebögen-Untersuchungen schon allein deshalb besser als Haupt- und Realschüler ab, weil sie den täglichen Umgang mit Schriftgut drei Jahre länger und viel intensiver geübt haben.

In den 70er Jahren des vergangenen Jahrhunderts wurde mit den **Gesamtschulen** ein neuer Schultyp verbreitet. Er sollte an die Stelle des dreigliedrigen Schulsystems rücken und Haupt- und Realschulen sowie Gymnasien in sich aufnehmen. Eine derartige Einheitsschule hatten schon die entschiedenen Schulreformer der Weimarer Republik gefordert und der DDR-Staat eingeführt. In der BRD trat die Gesamtschule als eine vierte allgemein bildende Schulform neben die bestehenden. Mittlerweile entwickelt sich das Schulsystem in Richtung Zweigliedrigkeit: Haupt- und Gesamtschulen wurden weitgehend abgeschafft bzw. gingen in so genannten Mittelpunkt- oder Stadtteilschulen auf; die Gymnasien blieben bestehen.

Sonderschüler dürfen nicht von vornherein als ungeeignet abgestempelt werden! Sie mögen eine spezifische Behinderung mitbringen, die aber mit den in einer Berufstätigkeit geforderten Leistungen möglicherweise nicht das Mindeste zu tun hat. Zudem kompensieren viele Sonderschulabgänger fehlende Fachkompetenz durch besondere Fähigkeiten im Bereich sozialer und individueller Kompetenz. Schulherkunft und Zeugnis allein sollten daher keineswegs ausschlaggebend für ein Aussortieren aus dem Bewerberkreis sein. Manch einen Ausbildenden hat es schon mit besonderem Stolz erfüllt, einen in der Schule »gescheiterten« Auszubildenden doch zu einem glänzenden Berufsabschluss geführt zu haben.

6.1.2 Berufsvorbereitende Maßnahmen

War die Berufsberatung vor 40 Jahren meist auf einen Besuch eines Berufsberaters vom örtlichen Arbeitsamt in der Abgangsklasse der allgemein bildenden Schule beschränkt, so wird heute eine Vielfalt an Beratungs- und Fördermaßnahmen angeboten. Das gilt für die erste Kontaktaufnahme eines »Berufseinstiegsbegleiters« von der Arbeitsagentur zwei Jahre vor dem Ende der Schulzeit – über Zielgruppen orientierte Sprechstunden und den Besuch des **Berufsinformationszentrum (BIZ)** der Arbeitsagenturen – bis hin zu besonderen Leistungen wie Berufsfindungen, Arbeitserprobungen und das Fachkonzept »Berufsvorbereitende Bildung«. Allerdings ist das Nebeneinander von Kultus- und Arbeitsagenturseite nicht immer förderlich, was die gezielte Vorbereitung der Jugendlichen auf ihre spätere Berufslaufbahn angeht; andererseits sorgt die Vielfalt auch für eine Personorientierung, sodass vieles für die Jugendlichen getan wird, die allerdings die Angebote auch offen annehmen müssen.

Im Allgemeinen besitzen die jungen Erwachsenen, die heute in eine Ausbildung eintreten, ein relativ klares Bild der beruflichen Anforderungen, die sie erwarten. Dazu haben sicher auch der gewachsene Anteil und die gestiegene Bedeutung der Berufsorientierung in der Sekundarstufe I beigetragen. Dort absolvieren mittlerweile fast alle Jugendlichen unabhängig von der Schulform ein in der Regel dreiwöchiges **Praktikum** in einem Betrieb ihrer Wahl. Selbst wenn sie nicht den dort kennen gelernten Beruf ergreifen, haben sie doch einen Eindruck aus der Arbeitswelt mitgenommen und erfahren auch über ihre Schulkameraden vieles mehr aus der betrieblichen Sphäre, als das noch in den 1970er Jahren der Fall war. Auch in den Unterrichtsthemen der Sekundarstufe I und II finden sich heute erheblich mehr und intensivere Bezüge zu Wirtschaft und Arbeitswelt als in den vergangenen Jahrzehnten.

6.2.1.1 Schulische Berufsvorbereitung

Jugendliche, die noch nicht als »berufsreif« – besser: »ausbildungsfähig« – gelten, besuchen zum Erwerb der Berufsreife ein sogenanntes **Berufsvorbereitungsjahr (BVJ)**; Ausnahme: Brandenburg; dort heißt das BVJ Berufsgrundbildungsjahr. Die mangelnde »Berufsreife« wird in der Regel bei fehlendem Hauptschulabschluss, oft schlicht bei Nichterlangen eines Ausbildungsplatzes zugesprochen. Die Jugendlichen im BVJ haben im

Regelfall ihre Schulpflicht noch nicht erfüllt. Sie haben keinen Ausbildungsplatz gefunden, möglicherweise auch erst gar nicht gesucht. Im BVJ können sie bei entsprechenden Leistungen den Hauptschulabschluss erwerben sowie allgemeine berufliche Grundfertigkeiten, die ihnen bei der Suche nach einem Ausbildungsplatz zugute kommen können. Die Zahl der BVJ-Schüler hat sich seit 1991 mit 32.200 kontinuierlich bis auf 80.559 im Jahre 2004/5 erhöht, um dann auf 62.077 im Schuljahr 2007/8 abzusinken. Verlässliche neuere Zahlen liegen derzeit noch nicht vor.

Für Jugendliche, die noch schulpflichtig sind, bereits einen Hauptschulabschluss erworben, aber weder einen Ausbildungsplatz noch – wegen schwächerer Zensuren – eine Aufnahme in die Berufsfachschule gefunden haben, sind Ausbildungsvorbereitungsklassen eingerichtet worden. Auch dort werden die Jugendlichen intensiv auf die Berufswahl- und Bewerbungssituation eingestimmt und vorbereitet.

Zu Beginn der 1970er Jahre wurde aus bildungspolitischen Gründen das Berufsgrundbildungsjahr eingeführt. Mit ihm sollten allgemeine Schulbildung und berufliche Grundbildung miteinander verzahnt werden. Es gibt sie in drei Formen: als schulisches Berufsvorbereitungsjahr, als kooperatives (Schule + Betrieb) und in diversen landesspezifischen Sonderformen. Die Zeit des BVJ sollte auf die Ausbildung in vollem Umfange angerechnet werden. Da aber zur Einstellung bereite Betriebe Vorbehalte hinsichtlich einer Vergleichbarkeit der schulisch vermittelten Kenntnisse und Fertigkeiten mit den im ersten Ausbildungsjahr im Betrieb erworbenen Qualifikationen hatten, wurde die Anrechnungsvorschrift zunächst gelockert und schließlich mit der BBiG-Novelle 2009 in eine Kannregelung überführt. Inzwischen haben die Bundesländer für ihren Rechtskreis geltende Anerkennungsregelungen getroffen. Demnach ist in einigen Bundesländern der Besuch des BVJ **verpflichtend.**

Das BVJ ist nicht auf einen bestimmten Ausbildungsberuf bezogen, sondern auf ein »Berufsfeld« (als Zusammenfassung artverwandter Berufe). Im BVJ sollen dem Jugendlichen umfassende Orientierungshilfen für die endgültige Berufsentscheidung gegeben werden. Er soll zunächst mit den Anforderungen der Berufe des betreffenden Berufsfeldes (z. B. Wirtschaft und Verwaltung, Metalltechnik, Elektrotechnik) vertraut gemacht werden, bevor er sich in der Fachstufe der Berufsausbildung endgültig festlegt.

Unterschieden werden schulische und kooperative Form des Berufsvorbereitungsjahres (BVJ-s und BVJ-k). In der erstgenannten Form besucht der Jugendliche ausschließlich die berufliche Schule. Sie verfügt über Werkstätten, in denen die berufspraktische Einführung geleistet wird. Die Jugendlichen sind Schüler.

Im **kooperativen** BVJ haben die Teilnehmer bereits einen Ausbildungsvertrag mit einer Firma abgeschlossen. Sie sind also Auszubildende. Der berufspraktische Teil der Ausbildung findet im Betrieb oder in einer überbetrieblichen Einrichtung statt, der fachtheoretische Teil in einer berufsbildenden Schule.

Das **schulische** BVJ kann auch von jenen Jugendlichen besucht werden, die sich vergeblich um eine betriebliche Lehrstelle beworben haben. Daher erhält es in den Jahren knapper Lehrstellen einen erheblichen Zuspruch. Die Spitzenbelegung für das schulische BVJ lag im Jahre 2005/6 bei 50.137; ein Jahr später waren es nur noch 46.031 Schüler. Das kooperative BVJ hat sich nach einer Blütezeit Anfang der 1980er Jahre (1983: 107.200 Schüler) wieder auf etwas mehr als 60.000 zurückbewegt. Wenn man den ehemaligen bildungspolitischen Maßstab anlegt, das schulische BVJ zur allgemeinen Eingangsstufe in das duale System hochwachsen zu lassen, dann muss man feststellen, dass dieses Ziel weit verfehlt wurde. Das BVJ hat sich keineswegs allgemein durchsetzen können, weil Ausbildungsbetriebe allerlei Vorbehalte geltend machen: mangelnder Praxisbezug, schwierige Organisation bei Aufnahme ins zweite Ausbildungsjahr, fehlende Zielstrebigkeit am Ausbildungsbeginn, mangelnder Ernstcharakter und veraltete Ausstattung schulischer Werkstätten.

Die Berufsausbildungsvorbereitung zur Heranführung an einen anerkannten Ausbildungsberuf ist jetzt durch § 1 Abs. 2 BBiG normiert.

6.1.2.2 Ausbildungsvorbereitung benachteiligter Jugendlicher

Auf individuelle Förderung für eine der Neigung, Eignung und Leistung entsprechende Ausbildung besteht ein **Rechtsanspruch,** wenn dem Auszubildenden die für seinen Lebensunterhalt und seine Ausbildung erforderlichen Mittel anderweitig nicht zur Verfügung stehen. Als benachteiligt (= besonderen Förderbedarf benötigend) gilt, wer wegen mangelnder persönlicher Voraussetzungen keinen Ausbildungsplatz erlangt. Ihm bleibt in der Regel nur ein anspruchsloses Beschäftigungsverhältnis, das oft befristet ist und nur sehr niedrig entlohnt wird. Die Gefahr einer Kündigung ist sehr hoch; das zeigen alle Arbeitsmarktstatistiken: Wer keinen Ausbildungsabschluss besitzt, trägt ein hohes Arbeitsplatzrisiko. Das gilt heute nicht nur für Jugendliche ohne Schulabschluss, sondern auch schon für jene mit Hauptschulabschluss und oft sogar – bei bestimmten Berufen – auch für Realschulabsolventen.

»Benachteiligung« wird in der Regel durch den familiären Hintergrund operationalisiert: Eltern(teile), die arbeitslos sind und nicht über ein geregeltes Einkommen verfügen, Eltern(teile), die keine abgeschlossene Berufsausbildung aufweisen und deshalb zu den Risikogruppen des Arbeitsmarktes zählen, und Eltern(teile), die in finanziellen Schwierigkeiten sind; wenn eines der drei Kriterien zutrifft, kann man von sozialer Benachteiligung der Jugendlichen sprechen. Als sogenannte Armutsgrenze gilt in Deutschland der Wert von 60 % des Durchschnittseinkommens der Bevölkerung. Individuell benachteiligt sind Jugendliche mit fehlendem oder minderwertigem Schulabschluss und der daraus möglicherweise folgenden fehlenden Aussicht auf einen Ausbildungsplatz.

Von diesen Personengruppen sind deutlich diejenigen zu trennen, die wegen nicht hinreichender Anzahl angebotener Ausbildungsplätze keine Chance auf einen Ausbildungsabschluss besitzen und daher als »marktbenachteiligt« bezeichnet werden.

In den zurückliegenden 30 Jahren hat sich in Deutschland ein »Übergangsbereich« etabliert, in den all diejenigen einmünden, die keine Ausbildung aufnehmen, eine weiterführende Schule oder eine Hochschule besuchen. Dazu gehören Bildungsgänge wie das Ausbildungsvorbereitungsjahr, das Berufsvorbereitungsjahr und teilweise auch die teilqualifizierenden Berufsfachschule. Im Zuge der demografischen Entwicklung hat der Bedarf stark nachgelassen. So ist der Zuzug zu diesem Bereich seit 2005 bundesweit deutlich, um fast 30 % (auf 123.350 Jugendliche im Jahre 2011) zurückgegangen.

Das **Sozialgesetzbuch III** bietet Förderungsmöglichkeiten für den betroffenen Personenkreis. Zuständig ist die örtliche Agentur für Arbeit. Dorthin wendet sich der Jugendliche, ggf. mit seinen Eltern, zur Beratung (vgl. auch die Ausführungen zu SGB III im folgenden Abschnitt).

Die Jugendlichen werden beim Bildungsträger auch sozialpädagogisch betreut. Die »Maßnahme« schließt im Regelfall mit einer Prüfung vor der Industrie- und Handelskammer oder der Handwerkskammer, also der »zuständigen Stelle«, auf der Grundlage der für den Beruf gültigen Ausbildungsordnung.

Für Jugendliche, die noch nicht ausbildungsfähig sind, gibt es seit 2004 das Konzept **»Berufsvorbereitende Bildung«** (BvB), vergl. jetzt §§ 1 Abs. 2, 68 f. des neuen BBiG. Es bietet einen zehnmonatigen Lehrgang mit einer dreiwöchigen Orientierungsphase und einer insgesamt halbjährigen Grundstufe, in die zwei Betriebspraktika eingebettet sind. An deren Ende wird entschieden, ob der Teilnehmer auf einen Einfach-Arbeitsplatz in einem Betrieb oder einer Werkstatt für behinderte Menschen wechselt, darauf noch weitere fünf Monate vorbereitet wird oder ob er anschließend eine Ausbildung aufnehmen kann. Für behinderte Jugendliche ist der Lehrgang von vornherein um einen Monat auf elf Monate ausgeweitet worden; er kann unter Einbezug eines betrieblichen Praktikums auf maximal zwei Jahre verlängert werden. Derartige Lehrgänge zur Ausbildungsvorbereitung müssen modular gestaltet sein; die Qualifizierungsbausteine sind einzeln zu zertifizieren (§ 69 Abs. 2 BBiG). Die Bundesagentur für Arbeit (BA) hat im Jahre 2007 116.000 BvB-Maßnahmen finanziert.

Die örtlich zuständige Arbeitsagentur beauftragt, sofern alle Anspruchsgrundlagen gegeben sind, eine Einrichtung, die der Jugendliche dann zum Zwecke seiner Berufsvorbereitung oder -ausbildung besucht. Das kann ein Jugendaufbauwerk oder eine andere außerbetriebliche Einrichtung sein. In der Regel muss die Schulpflicht schon erfüllt sein.

Das Angebot ist sehr vielfältig. Es wird zum Teil von großen Trägern (Internationaler Bund für Sozialarbeit, Deutsche Angestellten-Akademie etc.) und zum Teil von kleinen, nur lokal aktiven Einrichtungen vorgehalten.

Die Leistungen werden von der BA zentral ausgeschrieben. Der günstigste Bieter erhält den Zuschlag. Er verpflichtet sich allerdings, einen bestimmten Prozentsatz der Teilnehmer erfolgreich zu qualifizieren und anschließend in ein Beschäftigungsverhältnis zu vermitteln (meist 70 %).

In § 68 BBiG ist jetzt die Berufsausbildungsvorbereitung geregelt. Diese richtet sich an lernbeeinträchtigte oder sozial benachteiligte Personen, deren Entwicklungsstand eine erfolgreiche Ausbildung in einem anerkannten Ausbildungsberuf noch nicht erwarten lässt. Sie muss nach Inhalt, Art, Ziel und Dauer den besonderen Erfordernissen dieses Personenkreises entsprechen und durch umfassende sozialpädagogische Betreuung und Unterstützung begleitet werden.

Dabei kann sich eine Überschneidung dadurch ergeben, dass bestimmte Maßnahmen der Berufsausbildungsvorbereitung im Dritten Buch des Sozialgesetzbuches, insbesondere in § 61 SGB III, geregelt sind (Förderung der Berufsausbildung – Berufsvorbereitende Bildungsmaßnahme).

6.1.2.3   Berufsbildung behinderter Menschen

Um auch körperlich, geistig oder seelisch behinderten Menschen eine Berufsausbildung zu ermöglichen, sind für diesen Personenkreis besondere Regelungen getroffen worden. So kann bei der Berufsausbildung behinderter Menschen, soweit Art und Schwere der Behinderung dies erfordern, von der Ausbildungsordnung abgewichen werden (§ 66 BBiG, § 42 m HwO). Bei behinderten Menschen, die an der Abschlussprüfung in anerkannten Ausbildungsberufen teilnehmen, sind deren besondere Belange zu berücksichtigen. Allerdings sollen ihnen im Ergebnis weder bessere noch schlechtere Chancen eingeräumt werden, weshalb der behinderte Mensch nicht verlangen kann, dass man ihm geringere Leistungen, als sie in den Prüfungsanforderungen festgelegt sind, abverlangt oder die erbrachten Leistungen günstiger beurteilt.

Behinderte Menschen nach § 2 Abs. 1 Satz 1 des Neunten Buches des Sozialgesetzbuches sollen in anerkannten Ausbildungsberufen ausgebildet werden. Für die Berufsausbildung behinderter Menschen in anerkannten Ausbildungsberufen gelten nach § 65 BBiG aber zahlreiche Sonderregelungen, die die besonderen Verhältnisse behinderter Menschen berücksichtigen sollen. Dies gilt insbesondere für die zeitliche und sachliche Gliederung der Ausbildung, die Dauer von Prüfungszeiten, die Zulassung von Hilfsmitteln und die Inanspruchnahme von Hilfeleistungen Dritter, wie z. B. Gebärdensprachdolmetscher für hörbehinderte Menschen. Voraussetzung ist ein ärztliches Gutachten, indem die Vergünstigungen begründet worden sind.

Berufsausbildungsverträge mit behinderten Menschen sind in das Verzeichnis der Berufsausbildungsverhältnisse bei der zuständigen Stelle einzutragen, und diese Personen sind auch dann zur Abschlussprüfung zuzulassen, wenn nicht **alle** Voraussetzungen zur Zulassung erfüllt sind. Nach § 66 BBiG können für behinderte Menschen, für die wegen Art und Schwere ihrer Behinderung eine Ausbildung in einem anerkannten Ausbildungsberuf nicht infrage kommt, auf Antrag gesonderte Ausbildungsregelungen erlassen werden. Die Ausbildungsinhalte sollen unter Berücksichtigung von Lage und Entwicklung des allgemeinen Arbeitsmarktes aus den Inhalten anerkannter Ausbildungsberufe entwickelt werden.

Regelungen für behinderte Menschen können aber nicht nur im Einzelfall getroffen werden, sie sind auch als Rechtsvorschriften über besondere Ausbildungsgänge möglich. In diesem Fall muss der Berufsbildungsausschuss der zuständigen Stelle eine solche besondere Rechtsvorschrift beschließen, für die es bundesweit Vorbilder gibt. Derartige Behinderten-Ausbildungsberufe tragen Bezeichnungen wie z. B. Bürohelfer, Gartenfachwerker, Metallwerker. Es gibt inzwischen bundesweit über 900 derartige Sonderregelungen, von denen derzeit aber nur die Hälfte aktiv genutzt wird.

Aus dem Feld der **Sondereinrichtungen** ragen zwei heraus, die von der BA zu den Einrichtungen beruflicher Rehabilitation gerechnet werden, obwohl es sich im Wortsinn nicht um Rehabilitation, sondern um Erstausbildung bzw. Betreuung behinderter Jugendlicher, teils auch Erwachsener, handelt. Gemeint sind die Berufsbildungswerke und die Werkstätten für behinderte Menschen:

- Die **Berufsbildungswerke** (BBW) bieten eine berufliche Ausbildung auf Berufsbildungsgesetz-Niveau (§ 4 BBiG oder § 25 HwO) oder eine Sonderausbildung für Behinderte gemäß § 66 BBiG bzw. § 42 m HwO. Es gibt in Deutschland 52 Berufsbildungswerke mit insgesamt ca. 15.000 Plätzen, die in der »Bundesarbeitsgemeinschaft der Berufsbildungswerke« zusammengeschlossen sind.

- Wer wegen einer geistigen oder besonders schweren körperlichen Behinderung selbst unter den besonderen Förderbedingungen eines BBWs nicht zu einer Ausbildung in der Lage ist, auch keine entgeltliche Beschäftigung in einem Wirtschaftsbetrieb findet, aber noch einen wirtschaftlich verwertbaren Rest an Qualifikationen besitzt, hat Anspruch auf einen Arbeitsplatz in einer **Werkstatt für behinderte Menschen** (WfbM). Das Netz der rund 800 Werkstätten mit fast 300.000 Plätzen ist weit gespannt. Neben den Arbeitsplätzen bieten sie in ihren Vorbereitungsbereichen Maßnahmen zur beruflichen Bildung an. Diese werden von der BA gefördert. Die Höchstförderungsdauer beträgt zwei Jahre. Es gibt mittlerweile über 20.000 solcher Plätze in den WfbM.

Jugendliche mit Migrationshintergrund sind in Bildungsmaßnahmen des Übergangsbereichs überrepräsentiert. Sie suchen über diesen Umweg eine Chance auf einen anschließenden Ausbildungsplatz. Und das nicht ohne Erfolgsaussichten, denn gegenwärtig werden schon mehr Ausbildungsplätze an Wiederholungsbewerber (»Altbewerber«) vergeben als an jene, die sich direkt nach ihrem Schulbesuch beworben haben.

MigrantInnen haben immerhin noch größere Chancen auf einen Hauptschulabschluss und eine Berufsausbildung. Allerdings brechen Jugendliche mit Migrationshintergrund häufiger die Ausbildung ab als solche ohne Migrationshintergrund. Das nimmt nicht Wunder; denn sie müssen erheblich mehr Bewerbungen schreiben und landen viel häufiger auf Ausbildungsplätzen, die sie eigentlich nicht haben wollten. Sie gehören denn auch doppelt so häufig zur Personengruppe derer, die mit den »drei familiären Risiken« – bildungsfern, sozial problematisch, finanziell riskant – behaftet sind.

Das **Sozialgesetzbuch III** bietet Förderungsmöglichkeiten auch für den Personenkreis behinderter Jugendlicher. Zuständig ist wieder die örtliche Agentur für Arbeit. Dorthin wendet sich der Jugendliche, ggf. mit seinen Eltern, zur Beratung.

Insbesondere für benachteiligte und behinderte Menschen gibt es in Deutschland eine Fülle außerschulischer Einrichtungen, die sowohl eine Berufsvorbereitung als auch eine volle Berufsausbildung bieten. Meist handelt es sich bei den betroffenen Jugendlichen um solche, die bei der Suche nach einem Ausbildungsplatz leer ausgegangen sind. Sie sind teils Opfer des sogenannten Verdrängungswettbewerbs (Abiturienten schnappen den Realschülern, Realschüler den Hauptschülern die Plätze weg, Hauptschüler schließlich greifen nach Ausbildungsgängen, die vordem Sonderschulabgängern offen gestanden haben), teils handelt es sich um eine Klientel, die in früheren Jahren direkt in eine un- oder angelernte Berufstätigkeit eingemündet war (1970 noch rund 30%). Dementsprechend sind die Ausgaben der öffentlichen Hand (Bund, Länder, Bundesagentur für Arbeit) für die Förderung dieses Personenkreises von 1980 mit umgerechnet 4,1 Mrd. € inzwischen auf über 10 Mrd. € gestiegen.

Soweit die Betreffenden die geforderten intellektuellen und körperlichen Voraussetzungen für eine Ausbildung aufweisen, können sie auch in einer **außerbetrieblichen Einrichtung** (§ 2 Abs. 1, Ziffer 3 BBiG) eine Lehre aufnehmen. Die Jugendlichen werden beim Bildungsträger zugleich sozialpädagogisch betreut. Die »Maßnahme« schließt im Regelfall mit einer Prüfung vor der Industrie- und Handelskammer oder der Handwerkskammer, also der Berufsausbildung »zuständigen Stelle«, auf der Grundlage der für den Beruf gültigen Ausbildungsordnung.

Die Finanzierung erfolgt auch hier meist über die Agentur für Arbeit. Zwar soll nach dem Wortlaut des »Benachteiligtenprogramms« nach dem 1. Ausbildungsjahr möglichst ein Übergang in ein betriebliches Ausbildungsverhältnis erfolgen, doch gelingt das nur in seltenen Fällen.

Seit 2012 gibt es auch das »**Fachkonzept berufsvorbereitende Maßnahmen – produktionsorientiert«.** Es wendet sich an einen Personenkreis, dem mit der allgemeinen BvB nicht geholfen werden kann. Im Zentrum didaktischen Handelns steht die Werkstatt. Hier werden Aufträge aus der regionalen Wirtschaft angenommen und ausgeführt. Der Jugendliche hat dabei Teil an allen Phasen der Auftragsbearbeitung von der Annahme bis zur Auslieferung und Rechnungstellung. Die Maßnahme dauer im Regelfall 12 Monate. Sie kann im Einzelfall um weitere 6 Monate verlängert werden, im Ausnahmefall noch einmal um drei Monate. Finanziert wird sie je zur Hälfte von der Bundesagentur für Arbeit und den Kommunen (»Komplementärfinanzierung«). Die Maßnahmen werden öffentlich ausgeschrieben, es sei denn, die Kommune verbindet ihre Finanzierungszusage mit der Benennung einer dafür vorgesehenen Einrichtung. In diesem Fall kann der Ausbildungsvorbereitungs-Auftrag auch »freihändig« erteilt werden.

6.1.3   Berufseinstiegsbegleitung

Die Jugendlichen müssen im Zusammenwirken von Schule und Agentur für Arbeit zunächst über die vorhandenen Berufe und deren Anforderungen informiert und aufgeklärt werden. Dies geschieht u. a. in den Berufsinformationszentren (BIZ) der Agenturen für Arbeit, in denen alle Ausbildungsberufe anschaulich dargestellt werden, sodass sich die Schüler der Abgangsklassen allgemein bildender Schulen bereits in einem frühen Stadium über die für sie in Frage kommenden Ausbildungsgänge und deren schulische Voraussetzungen informieren können.

Berufsberatung im Sinne der Arbeitsförderung ist die Erteilung von Rat und Auskunft in Fragen der **Berufswahl** und des **Berufswechsels.** Sie wird durch die individuelle Berufsaufklärung im Anschluss an die in den BIZ angebotene allgemeine Berufsaufklärung und die Unterrichtung über die Förderung der beruflichen Bildung im Einzelfall sowie die Vermittlung in berufliche Ausbildungsstellen ergänzt.

Die Agentur für Arbeit hat Jugendliche und Erwachsene vor Eintritt in das Berufsleben und während des gesamten Berufslebens kostenlos, umfassend und neutral in allen Fragen der Berufswahl und des beruflichen Fortkommens zu beraten. Dabei sollen Lage und Entwicklung des Arbeitsmarktes und der jeweiligen Berufe angemessen berücksichtigt werden.

Im Rahmen des Ausbildungspaktes wurde 2004 von Arbeitgeber- und Arbeitnehmerseite eine besondere Form der Vorbereitung auf eine Ausbildung ersonnen: die **Einstiegsqualifizierung Jugendlicher** (EQJ). Das Programm war zunächst erprobungshalber auf zwei Jahre befristet angelegt, ist wegen seines Erfolges mit einer Übergangsquote von mehr als 60 % in Ausbildung inzwischen entfristet worden. Kern ist ein Praktikum von einem halben bis maximal einem Jahr Dauer. Der Jugendliche soll sich dem Betrieb als für eine anschließende Ausbildung geeignet erweisen. Es besteht eine Vergütungspflicht; die Höhe der Vergütung ist aushandelbar.

Das Programm wendet sich an folgende **Personengruppen**:

- Ausbildungsbewerberinnen und -bewerber mit individuell eingeschränkten Vermittlungsperspektiven ohne Ausbildungsplatz,
- Ausbildung suchende, aber noch nicht hinreichend fähige Jugendliche,
- Lernbeeinträchtigte und sozial benachteiligte Jugendliche ohne Ausbildungsplatz,
- in Ausnahmefällen auch Ältere (über 25 Jahre) und solche mit Fachhochschulzugangs- oder Universitätsstudienberechtigung.

Die Aufwendungen (Sach- und Personalkosten, Beitrag zur Berufsgenossenschaft) trägt der Betrieb; ihm werden allerdings auf Antrag bis zu 216,– € von der Bundesagentur für Arbeit erstattet. Allerdings haben viele Unternehmen es als Umschichtungsmöglichkeit genommen und in entsprechendem Umfang herkömmliche Ausbildungsplätze abgebaut, was im Verlauf des Programms durch zusätzliche Ausbildungsplätze der beteiligten Unternehmen wiederum kompensiert wurde. Die Ausbildungszeit kann durch ein als erfolgreich bestätigtes Praktikum verkürzt werden.

6.1.3.1   Bildungsketten bis zum Ausbildungsabschluss

Hier handelt es sich um ein neues Programm der Bundesregierung, das von ihr mit ca. 460 Mio. € finanziert wird. Potenzialanalysen, Berufsorientierung und Berufseinstiegsbegleitung sind die drei miteinander verzahnten Instrumente. Die Berufseinstiegsbegleiter werden gezielt durch Schulung auf ihre Aufgabe vorbereitet:

- Am Anfang steht eine Potenzialanalyse bei Siebtklässlern. Sie dient der Kompetenzfeststellung der Schüler in Hauptschulen (oder deren Nachfolgeinstitutionen, z.B. Mittelpunktschulen oder Stadtteilschulen) und Förderschulen.
- Auf deren Grundlage beraten die Berufseinstiegsbegleiter – Mitarbeiter der Bundesagentur für Arbeit – die Jugendlichen in Einzelgesprächen und entwickeln individuelle Förderpläne.
- In Klasse 8 startet die Berufsorientierung in der Hand der Berufsbegleiter, die hinsichtlich konkreter Ausbildungsstellenberatung mit den Berufsberatern der BA kooperieren.

»**Umgesetzt** wird das Sonderprogramm Berufseinstiegsbegleitung Bildungsketten von der Bundesagentur für Arbeit im Auftrag des Bundesministeriums für Bildung und Forschung (BMBF). Die BA stimmt alle Aktivitäten mit den Ländern und dem Bundesministerium für Arbeit und Soziales (BMAS) ab. Die Länder haben über 1.000 Haupt- und Förderschulen benannt, die sich an der Initiative beteiligen.

Ab 2011 nehmen jährlich rund **60.000 Schülerinnen und Schüler** an Potenzialanalysen teil. Rund 1.000 hauptamtliche Berufseinstiegsbegleiter kommen an diesen Schulen zum Einsatz. Die ersten 500 starteten am 29. November 2010. Damit ergänzen sie die über 1.000 Berufseinstiegsbegleiter der Bundesagentur für Arbeit, die seit 2009 bundesweit bereits 20.000 junge Menschen betreuen« (http://www.bildungsketten.de/de/237.php).

6.1.3.2   Die Orientierungssituation Jugendlicher auf dem Weg in Ausbildung und Beruf

In Deutschland besteht Berufswahlfreiheit. Der einzelne Jugendliche kann sich ungehindert für einen Beruf – und damit für die Aufnahme gerade dieser Berufsausbildung – entscheiden. Selbstverständlich sind der Freiheit Grenzen gesetzt. Fähigkeiten und Fertigkeiten, die in der Familie, im Freundeskreis, in der Schule und in der Freizeit erworben worden sind, stecken die Möglichkeiten und Grenzen der Berufswahlentscheidung ab.

Hinzu kommen die unterschiedlichen Chancen, die mit den Berufen verknüpft sind, nicht zuletzt auch die Ausbildungsmöglichkeiten und Zugangsberechtigungen.

In diesem Kategoriengeflecht soll sich der Jugendliche bewusst und eigenständig entscheiden. Das kann er in der Regel nur in der Auseinandersetzung mit einer Vielzahl von Gesprächspartnern, die ihn mit Informationen und Ratschlägen versorgen und ihn vor Fehlentscheidungen zu bewahren suchen. Bei alldem sind die Eltern die wichtigsten Einflussgrößen bei der Berufswahl geblieben. Daneben spielt der Rat von Freunden und Bekannten die zweitgrößte Rolle.

Problematisch ist vor allem die starke Konzentration der Berufswünsche der Jugendlichen auf eine relativ geringe Zahl von Berufen. Da dieser Nachfragekonzentration strukturbedingt kein entsprechendes Angebot gegenübersteht, müssen viele Jugendliche auf ihren Zweit- oder Drittwunsch zurückgreifen. Das stellt ein Problem für die Eingangsmotivation dar, wird aber meist in seiner Auswirkung auf die Bereitschaft des Jugendlichen, sich in der schließlich erlangten Lehrstelle zu engagieren, überschätzt. Für den Abbruch einer Ausbildung spielt jedenfalls nach einschlägigen Untersuchungen das vorherige Umschwenken auf die Zweitwahl so gut wie keine Rolle mehr.

Angesichts der Probleme bei der Überwindung der sogenannten ersten Schwelle (»von der Schule in die Ausbildung«) war es wertvoll, dass sich seit Mitte der 1960er Jahre in der Bundesrepublik Deutschland ein Trend zu einer stärkeren Ausrichtung der Sekundarstufe I des Bildungssystems auf das **Beschäftigungssystem** durchgesetzt hat:

- »Arbeit und Technik« und »Arbeitslehre« stellten Unterrichtsfächer dar, in denen Jugendliche bereits im Alter ab etwa zehn Jahren auf ihre spätere Berufstätigkeit vorbereitet werden.

- Wie Modellversuche schon Anfang der 1970er Jahre empfohlen hatten, ist heute das enge Zusammenwirken von Agenturen für Arbeit (Berufsberatung) und Schule bei der Beratung der Schüler über deren Ausbildungsmöglichkeiten und -grenzen vielfach eingeführte Praxis.

- Betriebspraktika in den Klassenstufen 8 bis 10, meist dreiwöchig angelegt, sollen erste praktische Einsichten in Betriebsabläufe vermitteln – und bahnen häufig sogar ein späteres Ausbildungsverhältnis an.

Es lohnt sich, die Einstellungssituation einmal allein aus dem Blickwinkel des Jugendlichen zu betrachten. Der sieht sich in der Regel vor folgende Situation gestellt: Mit ihm bewirbt sich eine ihm unbekannte Zahl weiterer Jugendlicher um den begehrten Ausbildungsplatz. Da ist es selbstverständlich, dass er nicht nur eine einzelne Bewerbung versendet, sondern eine größere Anzahl. Dementsprechend sieht er den einzelnen Rückmeldungen mit großer Erwartung entgegen. Das gilt besonders in Zeiten knappen Lehrstellenangebotes, wenn die Zahl der bei den Arbeitsämtern gemeldeten Ausbildungsplätze unterhalb der registrierten Bewerberzahl liegt.

Vor dem Bewerbungsakt steht aber die Entscheidung über den anzustrebenden Ausbildungsberuf. Begehrte Ausbildungsplätze finden sich gegenwärtig vor allem in den anspruchsvollen kaufmännischen Berufen, aber auch in den anspruchsvollen elektrotechnischen; viele Jugendliche konzentrieren ihre Bewerbung zudem auf Großbetriebe, die eine vermeintlich »bessere« Ausbildung leisten.

Wenig gefragt sind Berufe, die von der Bezahlung und den Aufstiegsmöglichkeiten her nicht die besten Chancen bieten, in denen aber auch die Arbeitsbedingungen relativ schwierig sind. Das gilt gegenwärtig in besonderem Maße für die Lebensmittelberufe Bäcker und Metzger. Seit Jahren suchen Ausbildungsbetriebe des Bauhandwerks händeringend Berufsnachwuchs (Maurer, Maler, Zimmerer), ebenso Friseure oder Betriebe der Metallbearbeitung.

Der Jugendliche wird es also zunächst in seinem Wunschberuf bei seinem Wunschbetrieb versuchen. Derartige Wunschberufe, in denen die Nachfrage das Angebot deutlich übersteigt, sind beispielsweise Chemielaborant, Datenverarbeitungskaufmann, Zahntechniker sowie Rundfunk- und Fernsehtechniker. Die Bundesagentur für Arbeit rät allerdings mit Recht seit Jahren dazu, nicht **allein** Verdienst- und Beschäftigungsmöglichkeiten zum Ausgangspunkt der Berufswahl zu nehmen, sondern Eignung, Interesse und Neigung. Es hat sich gezeigt, dass diejenigen, die aus solchen Erwägungen heraus ihre Berufswahl treffen, sich auch in schwierigen Situationen zu behaupten vermögen, mehr leisten und eher aufsteigen.

Immerhin ist der Anteil der Ausbildungsabbrecher in den Jahren von 1982 (14 %) bis 1992 (26 %) deutlich gestiegen, zwischenzeitlich gesunken, inzwischen aber auf knapp 24,4 % (2011) wieder angewachsen. Spitzenreiter ist die Seeschifffahrt (47 %), das Handwerk ist deutlich überrepräsentiert (32 %), während der Öffentliche Dienst sich in einer vergleichsweise günstigen Situation befindet (nur 7 %).

Ein verantwortungsbewusster Lehrer wird seine Schüler auf die Berufswahlsituation sorgfältig vorbereiten. Das ist nötig, soll der Jugendliche vor dem Gefühl des Ausgeliefertseins an undurchsichtige Normen der Erwachsenen-Betriebswelt bewahrt werden. In dieser Zeit werden vielen Jugendlichen Rückmeldungen positiven Stils und negativen Inhalts nicht erspart bleiben. Er muss Rückschläge verkraften, Enttäuschungen verarbeiten. Aber irgendwann klappt es dann schließlich doch, aber in den Stolz über den Bewerbungserfolg mischt sich womöglich die Angst, den betrieblichen Anforderungen vielleicht doch nicht ganz gewachsen zu sein.

All dies gilt es aufzufangen, wenn der Auszubildende seine Ausbildung beginnt. Am besten spricht man zunächst mit ihm über die vor dem Ausbildungsstart durchlaufene, teils auch durchlittene Situation, hört sich (noch einmal), nun, da die Würfel gefallen sind, seine Ängste und Erwartungen an und informiert seinerseits über das Bevorstehende. Diese Informationen gelten nicht den Details der Ausbildung, sondern der Perspektive der kommenden zwei, drei Jahre. Und sie zeichnen ein optimistisches Bild von dem, was gemeinsam bevorsteht: die Vorbereitung auf eine berufliche Karriere über den Weg intensiven Praxislernens – Zuversicht statt Skepsis! Neugier anstelle von Angst!

Die Bundesregierung hat im Februar 2009 die **Behindertenrechtskonvention** der Vereinten Nationen unterzeichnet. Die Konvention zielt darauf ab, Diskriminierungen behinderter Menschen in allen Bereichen gesellschaftlichen Lebens, also auch der Berufsausbildung und Weiterbildung, abzubauen. Das gilt in erster Linie für das deutsche Schulsystem, in dem lediglich 18 % aller behinderten Kinder und Jugendlichen gemeinsam mit nicht-behinderten unterrichtet werden. Für die berufliche Aus- und Weiterbildung ist insbesondere Artikel 2 (a) (5) von Bedeutung.

> *»2(a)(5) Die Vertragsstaaten stellen sicher, dass Menschen mit Behinderungen ohne Diskriminierung und gleichberechtigt mit anderen Zugang zu allgemeiner Hochschulbildung, Berufsausbildung, Erwachsenenbildung und lebenslangem Lernen haben.«*

Es gilt also einerseits Barrieren abzubauen, die den Zugang zu Bildungsangeboten versperren, andererseits Anreize zu schaffen, um die jeweils Verantwortlichen für den Einbezug bzw. die Aufnahme behinderter Interessenten zu gewinnen – es geht um **Inklusion.**

Die Bundesregierung hat am 15. Juni 2011 einen Nationalen Aktionsplan verabschiedet, der Aktivitäten für die nächsten 10 Jahre vorsieht. Dazu hat sie am 3. August 2011 einen »Ersten Staatenbericht der Bundesrepublik Deutschland« beschlossen. Darin werden die Bemühungen der Bundesregierung deutlich, bewährte Strukturen zumindest so lange zu erhalten, wie keine gesicherten Reformelemente an ihre Stelle gerückt werden können. Zur näheren Lektüre sei empfohlen: Wocken, H. 2013: »Das Haus der inklusiven Schule« und »Zum Haus der inklusiven Schule«, beide FELDHAUS VERLAG, Hamburg.

6.2 Jugendliche für berufliche Bildungswege und Qualifikationsangebote interessieren und gewinnen

Die Ausbildungsquote errechnet sich aus dem Verhältnis von Ausbildungsverträgen zu Schulabsolventen. Sie beträgt – duale und schulische Ausbildung zusammengenommen – 65,4 %. Bei den ausländischen Jugendlichen liegt sie nur bei 33,5 % (Berufsbildungsbericht 2012). Nimmt man alle **Jugendlichen mit Migrationshintergrund** in den Blick, so fällt diese Quote noch einmal deutlich geringer aus. Nicht einmal jeder vierte der Jugendlichen mit Migrationshintergrund nimmt eine Ausbildung auf. Hier liegt unerschlossenes Potenzial brach; hier finden sich auch Ansatzpunkte für spätere Arbeitslosigkeit und Kriminalisierung. Insofern liegt es nahe, gerade diesen Personenkreis besonders zu fördern, von staatlicher wie von unternehmerischer Seite. Denn immerhin leben rund 16 Mio. Menschen mit einem Migrationshintergrund in Deutschland; fast jeder fünfte hier Lebende gehört zu diesem Bevölkerungskreis. Gemeint sind dabei nicht allein Jugendliche mit einer ausländischen Staatsbürgerschaft, sondern all jene, die nicht in Deutschland geboren sind und mindestens ein Elternteil haben, das im Ausland geboren ist, und die mindestens die Hälfte ihres Lebens im Ausland verbracht haben.

Am mangelnden Interesse der Jugendlichen mit Migrationshintergrund liegt es jedenfalls nicht, schon eher an den erwarteten Schwierigkeiten in der Berufsschule und der aus dieser Erwartung heraus geringeren Neigung von Ausbildenden, diese Jugendlichen mit einem Ausbildungsplatz zu bedenken.

Häufig wird auch heute noch der geringe Anteil Jugendlicher mit Migrationshintergrund auf weiter führenden Schulen und dementsprechend ihre Überrepräsentanz auf Haupt- und Förderschulen als kulturell bedingt gedeutet. Denn immerhin 42 % von ihnen besuchen eine Hauptschule und lediglich jeder dritte erwirbt die allgemeine Hochschulreife. Inzwischen ist Eingeweihten klar, dass es hier eben nicht um ein kulturell bedingtes Defizit handelt, sondern um ein strukturelles Problem der allgemeinbildenden Schulen. Lehrer erkennen viel zu selten die aus der Doppelsprachlichkeit erwachsenden Kompetenzen und schreiben schulisches Versagen mangelhafter Sprachbeherrschung zu. Frauen mit Migrationshintergrund sind noch zusätzlich benachteiligt. Bei der Bewerberauswahl sollte sich der Ausbilder nicht ebenfalls von derartigen Fehleinschätzungen leiten lassen. Vielfach sind gerade Jugendliche mit einem Migrationshintergrund ihren »einheimischen« Altersgenossen in Sachen Kulturtechniken, Motivation, Interesse und Eifer deutlich überlegen.

Man sollte allerdings nicht nur um Jugendliche mit Migrationshintergrund werben. Auch deutsche Schulabgänger mit einem »mittelprächtigen« Hauptschulabschluss finden häufig keinen Ausbildungsplatz oder unterziehen sich nicht einmal der Mühe, einen solchen aufzuspüren. Dabei ist davon auszugehen, dass schon allein aus demografischen Gründen auch dieser Personenkreis für die Aufnahme einer Berufsausbildung gewonnen werden muss. Und es ist immer ein besonderes Gefühl für Ausbildende, wenn sie sich Jugendlicher mit Schulmüdigkeit und Ausbildungsaversion angenommen haben und sie über die Ausbildung zu Fachkräften – oft mit besonderen Fähigkeiten – herangebildet haben. Wer hätte ihnen das schon zugetraut!?

6.2.1 Zielgruppengerechtes Bildungsmarketing

Wenn es eine Arbeitsstelle im Betrieb zu besetzen gilt, dann gibt es grundsätzlich **drei Möglichkeiten:**

1. Der Betrieb schreibt die Stelle öffentlich aus; das geschieht in der Regel vermittels einer Stellenanzeige im Regionalblatt, einer Platzierung im Internet oder einer Anfrage bei der örtlichen Agentur für Arbeit. Selbstverständlich können die Instrumente und Vorgehensweisen auch kombiniert werden.

2. Der Betrieb schreibt die Stelle innerbetrieblich aus; er spart die Anzeigenkosten und ermöglicht Mitarbeitern, die sich an anderen Arbeitsplätzen bewährt haben, eine interessantere, vielleicht auch besser dotierte Stelle einzunehmen.

3. Der Betrieb greift auf einen Absolventen aus eigener Nachwuchsförderung zurück. Wenn diese Nachwuchskraft dann »einschlägt«, hat sich die Ausbildungsinvestition gelohnt.

Damit ist das Hauptmotiv von Betrieben bereits zum Ausdruck gebracht: Eigene Auszubildende kann man hinsichtlich ihrer Qualifikationen aus eigener Erfahrung einschätzen. Was sie gelernt haben, richtet sich bereits in starkem Maße auf die künftigen Anforderungen im eigenen Unternehmen. Man ist »auf der sicheren Seite« mit einem Auszubildenden aus dem eigenen Betrieb; bei Außenbewerbern kann man sich nicht so sicher sein. Manchmal bringen sie zwar »frischen Wind« in den Betrieb; aber das Risiko, dass man sich oder auch sie sich selbst hinsichtlich ihres Könnens und ihrer Erwartungen verschätzt haben, ist nicht von der Hand zu weisen.

Natürlich gibt es eine Reihe weiterer Gründe: Man fühlt sich sozial verpflichtet, »etwas für den Nachwuchs zu tun« (schließlich hat man selbst meist auch einmal von der Ausbildungsbereitschaft eines Betriebes profitiert). Man befürchtet aus demografischen Gründen künftigen Nachwuchsmangel bei den Fachkräften. Man ist vom Ausbildungsberater der zuständigen Kammer angesprochen worden, ob man sich nicht an der Bereitstellung von Ausbildungsplätzen beteiligen möchte. Oder ein sehr guter Kunde hat gefragt, ob man seinem Sohn nicht eine Lehrstelle bieten könne…

All das sind durchaus legitime Gründe, die für die Schaffung eines Ausbildungsplatzes sprechen. Mit einer Ausbildungsstelle leistet man zudem nicht nur einen wirtschaftlichen, sondern auch einen **sozialen Beitrag.** Denn immer noch nimmt der größte Teil der Jugendlichen über eine Ausbildung im dualen System seinen Weg in das Beschäftigungssystem und sichert so letztlich seine berufliche und private Existenz.

6.2.1.1   Veränderungen in der Arbeitswelt und ihre Auswirkungen auf die berufliche Bildung

Heute stellt die Versorgung der Bevölkerung mit Lebensmitteln und Arbeit neben der Sicherung des inneren und äußeren Friedens die wichtigste Aufgabe der Gesellschaftspolitik dar. Dabei ist unsicher, in welche Richtung sich die Bedeutung der Arbeit verändern wird. Sicher ist lediglich, dass von der Ausbreitung der Informationstechnologie schon heute kaum ein betrieblicher Arbeitsplatz »verschont« geblieben ist. Und das ist sehr bedeutsam für die Inhalte der Ausbildung.

Sicher ist auch, dass mehr und mehr Maschinen die körperliche und teilweise auch die geistige Arbeit der Menschen übernehmen und weiter übernehmen werden. Unsicher ist aber, in welchem Zeitraum das geschieht, welche gesellschaftlichen Konsequenzen sich daraus ergeben und welche Bedeutung die Arbeit für das Selbstkonzept und die Selbstachtung der Menschen wie für das gesellschaftliche Zusammenleben künftig haben wird.

Ein zweiter Trend, der bei den neuen Ausbildungsordnungen aufgegriffen worden ist, liegt im Wandel vom Verkäufer- zum Käufermarkt begründet. Bis auf wenige Ausnahmen bestimmt nicht mehr das Angebot die Nachfrage, sondern umgekehrt die Nachfrage das Angebot. Der Kunde will und muss umworben werden. Dazu bedarf es des persönlichen Gesprächs, der individuellen Ansprache. Also sind auch in die gewerblich-technischen und sozialen Berufsausbildungen **Qualifikationsanforderungen** aus dem Bereich zwischenmenschlicher Kommunikation aufgenommen worden. **Kundenberatung** ist ein wesentliches Element der Ausbildung, auf das bei der Auswahl geeigneter Bewerber zunehmend geachtet wird.

Im Zuge der Globalisierung kommt **Fremdsprachenkenntnissen** ebenfalls erhöhte Bedeutung zu. Dementsprechend findet sich »Fachenglisch« bei allen neuen Ausbildungen im Berufsschullehrplan.

Das duale System gilt vielen als besonders geeignet, die entsprechenden Anpassungen der menschlichen Qualifikationen an die geforderten Arbeitsfunktionen zu gewährleisten. Dazu verhilft nicht allein die Dualität von fachpraktischer und fachtheoretischer Ausbildung, sondern auch die Fortführung des Qualifikationserwerbs durch ein System **beruflicher Fortbildung.**

Heute dominieren in derartigen Bildungsprozessen nicht mehr fachliche Komponenten, sondern umfassende berufliche Kompetenzen. Das Lernen lernen und Methoden lernen, **Transfer- und Problemlösefähigkeit** werden als viel wesentlicher erachtet als die Erweiterung des Fakten-, Begriffs- und Regelwissens.

Überhaupt gilt im Zuge systemischer Rationalisierung in Betrieben und der damit verbundenen »Arbeitsverdichtung« und Ent-Konkretisierung der Arbeitsprozesse (viele davon kann man nur noch über Video-Aufzeichnungen in Slow motion erfassen), dass Personal- und Organisationsentwicklung sich zu unentbehrlichen und permanenten Aufgaben gemausert haben. Dabei meint **Personalentwicklung (PE)** nicht bloß die systematische Fortbildung der Mitarbeiter, sondern eine Führungs- und Gestaltungsaufgabe von der Einstellung Auszubildender und qualifizierter Mitarbeiter über die innerbetriebliche Karriereplanung bis hin zur Übergabe angesammelten Fachwissens an nachfolgende Stelleninhaber.

Mit Organisationsentwicklung (OE) ist hingegen die zur PE parallele Führungs- und Gestaltungsaufgabe gemeint, betriebliche Strukturen und Prozesse, Verantwortungsbereiche und Verfahrensabläufe »durchzusystematisieren«, um eine optimale Passung zwischen Kundenwünschen, Produktpalette, Lieferfähigkeit und Kundenbetreuung herzustellen. Dies sichert man zumeist über Verfahrensanweisungen und Ablaufdiagramme, die dann auch der Qualitätssicherung dienen und weiter gehend von externen Auditoren zertifiziert werden können. Das schließt die Ausbildung als strategische Unternehmensaufgabe selbstverständlich mit ein.

6.2.1.1.1   Die Wirtschaft als Abnehmer von Absolventen der Ausbildung

Das Wirtschaftssystem lässt sich als Abnehmersystem der Absolventen des ihm vorgelagerten Berufsbildungssystems bezeichnen. Dabei ist deutlich zwischen Ausbildung und Weiterbildung zu unterscheiden. In der Ausbildung ist der betriebliche Teil insofern bestimmend, als er den größeren zeitlichen Anteil einnimmt, die Jugendlichen im Ausbildungsbetrieb in der Regel intensiver betreut werden und an ihn auch vertraglich gebunden sind.

Zu fragen ist, ob

- das System flexibel genug auf den Qualifikationsbedarf der Wirtschaft reagiert und

- Unternehmensinteressen an Interessen der Allgemeinheit wie auch der Auszubildenden abgeglichen werden.

Die Flexibilität wird vor allem durch eine breite berufliche Grundbildung und durch ständige Überarbeitung der Vorgaben für Ausbildung und Unterricht zu wahren gesucht. Der Abgleich der unterschiedlichen Interessen soll durch die weitgehende Beteiligung von Vertretern verschiedener gesellschaftlicher Gruppen an Entscheidungen zur beruflichen Bildung gesichert werden, sei es im Hauptausschuss des BiBB, in den Landes- und Berufsbildungsausschüssen oder in den Beiräten der Berufsschulen.

6.2.1.1.2   Die Entwicklung von Schlüsselqualifikationen als Ziel der Ausbildung

Ob berufliche Handlungskompetenz oder Schlüsselqualifikationen: Leitbild beruflicher Ausbildung ist heute nicht der nur fachlich versierte Ausbildungsabsolvent, sondern der fachlich und fachübergreifend umfassend qualifizierte Mitarbeiter, der – laut Ausbildungsordnung – seine Arbeitsaufgaben selbstständig planen, durchführen und kontrollieren kann. Dieses Leitbild galt zwar engagierten Ausbildern schon seit Jahrhunderten, aber es war bis in die 1970er Jahre hinein nicht kodifiziert und damit für alle Ausbilder für verbindlich erklärt worden.

Die 70er Jahre waren auch die »Blütezeit« der Diskussion um »**Schlüsselqualifikationen**«. Angestoßen worden war sie von Dieter MERTENS, dem damaligen Direktor des Instituts für Arbeitsmarkt- und Berufsforschung. Er hatte sich in einem Vortrag (der dann 1974 als Aufsatz in den »Mitteilungen aus der Arbeitsmarkt- und Berufsforschung« erschien) große Sorgen über die Sicherung des Qualifikationspotenzials der deutschen Wirtschaft gemacht. Da Deutschland ein rohstoffarmes Land sei, müsse es sich stets um hervorragende Qualifikationen seiner Erwerbsbevölkerung bemühen, um auf dem Weltmarkt konkurrenzfähig zu bleiben. Lebenslanges Lernen – oder, wie manche Erziehungswissenschaftler lieber sagen – lebensbegleitendes Lernen ist eine Selbstverständlichkeit geworden angesichts der immer stärker beschleunigten Arbeitsprozesse und der sich immer schneller ändernden Lebensumstände (ROSA 2005).

Was verbirgt sich konkret hinter dem Begriff »Schlüsselqualifikation«?

Zumeist werden die folgenden **drei Qualifikationen** darunter verstanden:

- berufliche Handlungsfähigkeit, darin eingeschlossen

- Problemlösefähigkeit sowie

- Kooperations- und Beteiligungsfähigkeit.

Man könnte sagen, dies sei schon immer Ziel vernünftiger Ausbildung gewesen. Im Prinzip ändere sich überhaupt nichts. Das ist richtig. Aber doch haben Untersuchungen über die Qualität betrieblicher und schulischer Ausbildung gezeigt, dass häufig Kenntnisse und Fähigkeiten in großem Detailreichtum vermittelt, gleichsam »aufgeschichtet« werden, dass aber die kniffligen Aufgaben in der Ausbildung vom Ausbilder selbst übernommen und gelöst werden. Eine auf die Selbstständigkeit in der beruflichen Alltagtätigkeit vorbereitende Mitwirkung der Auszubildenden an der Art und Weise, wie Aufgaben angepackt, besprochen und kontrolliert werden, findet dabei dann eben nicht statt. Ein Ausbilder aber, der alles vormacht, vorschreibt und vorgibt, der keine Gelegenheit zur selbstständigen Arbeitsplanung und zum eigenständigen Gedankenaustausch gewährt, der die Probleme vom Auszubildenden fernhält, statt sie ihm zur möglichst eigenständigen Lösung zu überlassen, handelt dem Gedanken der Schlüsselqualifikationen zuwider, auch wenn er es noch so gut meint.

Die folgende Abbildung zeigt das Feld der Schlüsselqualifikationen in seiner ganzen Komplexität. Die Aufstellung wurde im Rahmen eines BiBB-geförderten Modellversuchs von Mitarbeitern der SIEMENS AG entwickelt.

Mit dem Prinzip der Schlüsselqualifikationen ist in erster Linie eine Veränderung der Ausbilderrolle verbunden. Er soll nicht Vorreiter sein, sondern **Moderator** und das in einem Lernprozess, den er nicht immerwährend steuert, sondern der Lernende weitgehend anhand vorgegebener Leitziele selbst in die Hand nimmt.

Einige kritische Anmerkungen zu Schlüsselqualifikationen sind ungeachtet des insgesamt verdienstvollen Konzepts aber angebracht:

- Es darf nicht übersehen werden, dass die Arbeitspersönlichkeit nicht nur aus dem Verstand, aus der »Ratio«, besteht. Gefühle und Emotionen sind für die Persönlichkeit und ihre Entwicklung von erheblicher Bedeutung. Sie werden bei der Betrachtung von Schlüsselqualifikationen allzu leicht aus dem Blick verloren.

- Schlüsselqualifikationen sind nicht zweckfrei. Sie werden unterschiedlich gedeutet. In der gewerkschaftlich orientierten Literatur wird dem Gedanken der Kritikfähigkeit mehr Raum gewährt, in der unternehmerisch orientierten Literatur finden sich hingegen eher Anknüpfungen an die traditionellen Arbeitstugenden Selbstständigkeit, Kundenfreundlichkeit, Teamfähigkeit, Pünktlichkeit, Zuverlässigkeit, Belastbarkeit, Erkennen der Grenzen des eigenen Könnens etc. Man muss also sehr genau hinschauen, was der Verfasser oder Gesprächspartner zum Thema »Schlüsselqualifikationen« eigentlich für eine Vorstellung von der jeweils konkreten Arbeitspersönlichkeit besitzt.

- Die Vermittlung von Schlüsselqualifikationen setzt Bereitschaften und Fähigkeiten der Lernenden voraus, die diese oft nicht mitbringen. Wenn sie über Jahre hinaus auf Anforderung und unter Druck gelernt haben, können sie nicht auf Anhieb »umschalten«. Die Sünden autoritärer Familienerziehung und dressurartiger Schulbildung können nicht mit einem Schlag bereinigt werden. So kann die Entwicklung von Schlüsselqualifikationen schnell bei denen scheitern, die selbstständiges Arbeiten nicht gewohnt sind. Und sie kann die Lernerfolge derer, die immer schon von selbstständigem Lernen profitierten, erheblich steigern. Es besteht durchaus die Gefahr der Heterogenisierung: Wer bereits Schlüsselqualifikationen in die Ausbildung mitbringt, profitiert überdurchschnittlich; wer ihrer entbehrt, unterdurchschnittlich und ist überfordert, baut ab.

Schlüsselqualifikationen				
Dimension	I Organisation und Ausführung der Übungsaufgabe	II Kommunikation und Kooperation	III Anwenden von Lerntechniken und geistigen Arbeitstechniken	IV Selbstständigkeit und Verantwortung	V Belastbarkeit
Zielbereich	Arbeitsplanung, Arbeitsausführung, Ergebniskontrolle	Verhalten in der Gruppe, Kontakt zu anderen, Teamarbeit	Lernverhalten, Auswerten und Weitergeben von Informationen	Eigen- und Mitverantwortung bei der Arbeit	Psychische und physische Beanspruchung
Wesentliche Einzelqualifikationen	Zielstrebigkeit Sorgfalt Genauigkeit Selbststeuerung Selbstbewertung Systematisches Vorgehen Rationelles Arbeiten Organisationsfähigkeit Flexibles Disponieren Koordinationsfähigkeit	Schriftliche und mündliche Ausdrucksfähigkeit Sachlichkeit in der Argumentation Aufgeschlossenheit Kooperationsfähigkeit Einfühlungsvermögen Integrationsfähigkeit Kundengerechtes Verhalten Soziale Verantwortung Fairness	Weiterbildungsbereitschaft Einsatz von Lerntechniken Verstehen und Umsetzen von Zeichnungen und Schaltplänen Analogieschlüsse ziehen können Formallogisches Denken Abstrahieren Vorausschauendes Denken Transferfähigkeit Denken in Systemen, z. B. in Funktionsblöcken Umsetzen von theoretischen Grundlagen in praktisches Handeln Problemlösendes Denken Kreativität	Mitdenken Zuverlässigkeit Disziplin Qualitätsbewusstsein Sicherheitsbewusstsein Eigene Meinung vertreten Umsichtiges Handeln Initiative Entscheidungsfähigkeit Selbstkritikfähigkeit Erkennen eigener Grenzen und Defizite Urteilsfähigkeit	Konzentrationsfähigkeit Ausdauer, z. B. bei Langzeitaufgaben, wiederkehrenden Aufgaben, Unterforderung und Schwierigkeiten Vigilanz, d. h. Aufmerksamkeit bei abwechslungsarmen Beobachtungstätigkeiten Frustrationstoleranz Umstellungsfähigkeit

»Schlüsselqualifikationen«, entnommen aus dem Buch »PETRA Projekt- und transferorientierte Ausbildung«, Siemens AG, Berlin und München

- Das Konzept der Schlüsselqualifikationen versuchte auch gegen die Auffassung anzugehen, eine einmalige Ausbildung zu Beginn der Berufstätigkeit reiche für das gesamte Arbeitsleben aus. Wer neben den berufsspezifischen Fachkenntnissen Schlüsselqualifikationen erwirbt, sollte sich damit auch die nötigen Weiterbildungskenntnisse schneller und leichter erarbeiten können. Das Konzept der Schlüsselqualifikationen kann zu der falschen Annahme führen, dass diese – einmal von der Person erworben – ein Leben lang »von selbst« erhalten bleiben. Aber: Wer rastet, der rostet. Auch Schlüsselqualifikationen müssen gepflegt werden! Das geschieht in entsprechenden Anforderungssituationen. In diesen muss sich der Berufstätige weiterhin bewähren. Wer also über Schlüsselqualifikationen in der Ausbildung nachdenkt, darf die Entwicklung und Erhaltung von Schlüsselqualifikationen in der Weiterbildung nicht vernachlässigen – auch in der eigenen nicht.

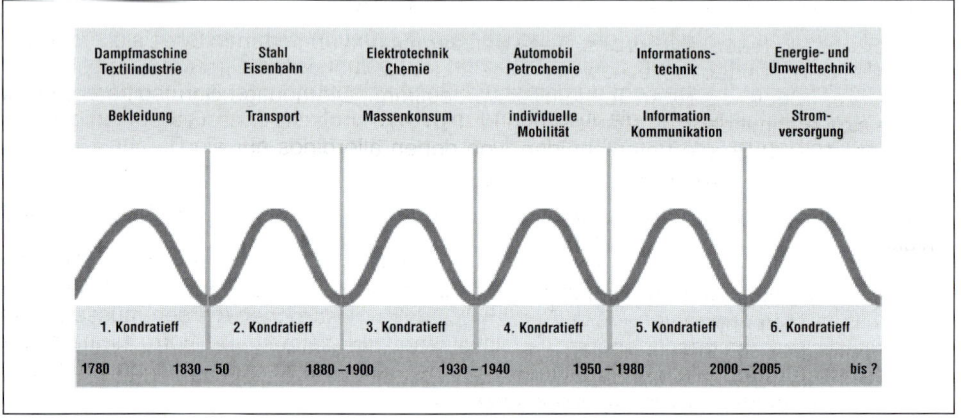

Kondratieff-Zyklus

In diesen Zusammenhang sind auch die Kondratieff-Wellen zu stellen. Der russische Wirtschaftswissenschaftler (1894 – 1936) hat seinerzeit herausgefunden, dass sich die Wirtschaft in regelmäßigen Wellen bewegt. Die Amplitude dauert in der Regel 50 Jahre, wie die obige Abbildung zeigt. Die Welle startet mit einer technisch und wirtschaftlich bedeutsamen Erfindung, erreicht dann nach rund 25 Jahren ihren Höhepunkt:

1805: Dampfmaschine, umgesetzt in der Textilindustrie,

1855: Eisenbahn, umgesetzt in der Transportindustrie,

1905: Elektrotechnik und Chemietechnik, Auswirkungen vor allem im Massenkonsum,

1945: Automobil, Petrochemie, macht sich im Siegeszug von Autos und Plastikgegenständen bemerkbar,

1970: Informationstechnik, Information und Kommunikation weltweit, über große Distanzen hinweg,

2000: Energie- und Umwelttechnik, Stromversorgung ökologisch.

(http://pl.wikipedia.org/wiki/Niko%C5%82aj_Kondratiew; Aufruf 2.2.2012)

Diese Innovationsschübe sind allenthalben spürbar. Sie verändern Wirtschaft und Gesellschaft und wirken sich damit auch auf das Ausbilderhandeln aus. Der Ausbilder als reiner Wissenstransporteur und »Vorturner« hat ausgedient. Der Ausbilder als Wissensarrangeur und Ansprechpartner ist heute gefragt.

Die Folgen für seine Identität sind dramatisch. Doch keine Angst: Der fachliche Unterschied zwischen dem Ausbilder und dem Auszubildenden bleibt bestehen. Die Verantwortung für ein Gelingen der Ausbildung liegt immer noch beim Ausbildenden, nicht zuletzt wegen seiner Funktion als Vertragspartner.

Der Auszubildende muss allerdings als Partner ernst genommen werden. Der Ausbilder wird – anders als noch vor 100 Jahren – nicht über zwanzig, dreißig Jahre von dem einstmals, in der eigenen Ausbildung erworbenen Kenntnis- und Erfahrungsstand zehren können. Das Zeitverhältnis von Ausbildung der Auszubildenden und Weiterbildung der Ausbilder wird sich in Richtung auf Weiterbildung verschieben: Wer auf dem Laufenden bleiben will, muss als Ausbilder früher und häufiger als ehedem selbst auf die Schulbank zurück!

6.2.1.1.3   Beruf und Berufung

Diese Begriffskopplung wurde und wird oft zum besseren Verständnis dessen, was der Beruf eigentlich sei, herangezogen. Der Beruf soll in diesem Verständnis nicht bloß die Grundlage materieller Existenzsicherung abgeben, sondern Identifikation stiften für den nach äußerem und innerem Halt suchenden Menschen.

Der Beruf hat sich aus der Arbeitsteilung und der mit ihr verbundenen Spezialisierung entwickelt. In der Ständegesellschaft des Mittelalters kannte man die freie Berufswahl nicht. Sie war zum überwiegenden Teil familiär vorbestimmt. Die heutige Berufsdifferenzierung bildete sich erst mit der Industrialisierung im 19. Jahrhundert heraus. Gegenwärtig lassen sich wohl 10.000 Berufe unterscheiden, von denen allerdings nur ein Bruchteil, nämlich rund 350, als Ausbildungsberufe der gewerblichen Wirtschaft staatlich anerkannt sind.

Anfangs der 1980er Jahre entfachte ein Taschenbuch eine breite Diskussion um die Tragfähigkeit des Berufsbegriffs. In ihrem Buch »Soziologie der Berufe« wurde von BECK, BRATER und DAHEIM die Kernfrage untersucht, ob nicht anstelle des traditionellen Berufsbegriffs insbesondere wegen des technisch bedingten permanenten Wandels der Tätigkeitsanforderungen von »Qualifikationsbündeln« gesprochen werden müsse und ob der Ausweis präzise beschriebener Qualifikationen die zeitgemäße Form formalisierter Professionalität darstelle. Die im Anschluss daran sehr heftig geführte berufspädagogische Diskussion führte zu einem Minimalkonsens:

Zwar ist der traditionelle Berufsbegriff – von »Berufung« abgeleitet und als Lebensberuf aufgefasst – nicht mehr uneingeschränkt gültig, aber es gibt gegenwärtig keinen gleichwertigen Ersatz für diese Kategorie.

Andererseits ist nicht zu übersehen, dass neben der Berufstätigkeit die Freizeitgestaltung zunehmend an Bedeutung für die Lebensqualität gewonnen hat. Viele Menschen geben sich nicht mehr nur der Berufstätigkeit hin, sondern sehen in ihr vielmehr die solide Grundlage für die Entfaltung ihrer privaten Interessen im Rahmen von Freizeitaktivitäten. »Work-Life-Balance« ist das Schlagwort für erfolgreiche Lebensführung: das Gleichgewicht von beruflicher Anspannung und privater Entfaltung.

In dem Maße, in dem Betriebe zu großen Einheiten heranwuchsen und handwerkliche Lehrberufe durch industrielle Anlernberufe ersetzt oder verdrängt wurden, sank zudem auch das Ansehen, das der Beruf für weite Kreise der Bevölkerung besaß. Das aber ist statusabhängig: Je höher der Beruf in der sozialen Prestigeskala angesiedelt ist, desto stärker ist die Identifikation mit ihm, umso größer ist auch das Ansehen, das der Berufsträger genießt.

Für den **Ausbilder** sind diese Überlegungen insofern von Bedeutung, als er in seiner Person nicht nur Interesse und Freude am eigenen Beruf vereint, sondern auch Prestige und Status dieses Berufs repräsentiert. Von seiner Einstellung zum eigenen Beruf wird auch die Einstellung der ihm anvertrauten Auszubildenden geprägt. Es schadet nicht, sich dieser Verantwortung gelegentlich zu vergewissern; noch weniger schadet es, sich gelegentlich mit den Auszubildenden über die objektive und subjektive Bedeutung des gewählten Ausbildungsberufs zu unterhalten.

Mit dem Eintritt in eine Ausbildung wechselt der Jugendliche vom Bildungs- in das Beschäftigungssystem. Insofern stellt die Ausbildung einen Übergang dar, in dem der Jugendliche nicht mehr als zu belehrender Schüler gilt, sondern zukünftig als Teil der Arbeitnehmerschaft.

Im Gegensatz zur Schulsituation, in der ihm abstrakte Anforderungen gestellt werden, erwartet der Jugendliche in der Ausbildung, dass ihm echte, aus der betrieblichen Leistungserfüllung erwachsende Aufgaben übertragen werden. An ihnen will er sich bewähren, seine Fähigkeiten erproben und seine Leistungen steigern.

6.2.1.1.4   Kosten und Nutzen betrieblicher Ausbildung

Personalkosten stellen einerseits meist einen recht hohen Anteil an den betrieblichen Gesamtkosten dar (in öffentlich-rechtlichen Betrieben in der Regel zwischen 60 und 80 %), sie sind andererseits relativ starr, weil Arbeitsverträge nicht ohne weiteres kündbar sind und Personal nicht beliebig an unterschiedlichen Arbeitsorten einsetzbar ist.

Hinzu kommt eine allgemeine Tendenz in den Industrieländern, die mit der Internationalisierung der Konkurrenz einhergeht; und das gilt inzwischen nicht nur für Großunternehmen, sondern auch für Klein- und Mittelunternehmen, sogenannte KMU: Gewinne lassen sich häufig nicht mehr über Preisaufschläge und Nachfrageimpulse erzielen, sondern nur noch über Kostenreduzierung, oft verbunden mit einem eklatanten Personalabbau. Zu den Personalkosten gehören auch die Kosten der Aus- und Weiterbildung. Insofern wird heute dieser Etatposition zunehmend mehr Aufmerksamkeit gewidmet. Und darüber hinaus wird immer seltener »ins Blaue« weitergebildet, vielmehr die Fort- und Weiterbildung in die Personalentwicklung eingebunden. Das ist eine Art innerbetrieblicher Karriereplanung, mit deren Hilfe **künftige Führungskräfte** gesucht und einem besonderen Förderprogramm unterzogen werden.

Im Handwerk ist der betriebliche Anteil an Fortbildungen meist relativ gering. Handwerksbetriebe suchen ihren Nachwuchs traditionell über eigene Ausbildung zu sichern. Anders verläuft der Trend hinsichtlich der Ausbildung in Großunternehmen. Hier bietet sich eher die Alternative, »fertige« Arbeitskräfte auf dem Arbeitsmarkt zu beziehen. Insofern zeigen sich Einsparungsmöglichkeiten, die sich in Phasen schwächerer Konjunktur in rückläufigen Zahlen bei der Bereitstellung von Ausbildungsplätzen niederschlagen.

Wenn Betriebe heute in neue Maschinen investieren, dann sind diese häufig nicht nur sehr teuer, sondern auch kompliziert in der Handhabung und empfindlich. Zudem müssen die Mitarbeiter meist speziell auf ihre Bedienung eingearbeitet werden. Damit ist es in der Regel erforderlich, das Personal gleichzeitig mit der Sachinvestition einer intensiven Schulung zu unterziehen. Maschinen werden immer weniger zum Ersatz von Arbeitskräften gekauft, sondern immer stärker zur Steigerung der Arbeitsintensität, was auch heißt, dass der Qualifikationsbedarf bei den Mitarbeitern nicht schrumpft, sondern wächst. Man kann das auf eine kurze Formel bringen:

Kapitalinvestitionen sind mit Personalinvestitionen verknüpft!

Die Folgen sind zumeist

- eine verschärfte Bewerberauswahl,

- eine stärker systematisierte Ausbildung,

- ein verändertes Selbstverständnis der Ausbilder,

- eine kritischere Betrachtung des Berufsschulunterrichts.

Untersuchungen haben gezeigt, dass mit der Steigerung des Entscheidungsspielraums der Arbeitskräfte auch eine Steigerung der Arbeitsleistung verbunden ist, allerdings um den Preis der Erhöhung von Verantwortung, des Zwangs zur intensiveren Auseinandersetzung mit dem Wert der eigenen Arbeit und des erhöhten Einarbeitungs- oder Weiterbildungsaufwands. Damit wuchs die Arbeitszufriedenheit, sank die Ausschussquote.

Darauf hat die Ausbildung gezielt vorzubereiten. Wer von Arbeitnehmern erwartet, dass sie im Sinne einer auf Selbstorganisation und Lean Management gerichteten Unternehmensphilosophie an ihren Arbeitsplätzen handeln, muss dies bereits in der Ausbildung anbahnen.

An die Stelle einer durch das Zusammenspiel von Mensch und Maschine geprägten Gesellschaft ist die **Wissensgesellschaft** getreten. Technischer Fortschritt scheint nur noch auf elektronischer Basis möglich. Wo früher Dampfmaschinen Energie stifteten, beispielsweise für Schienenfahrzeuge, Ackerbearbeitungsmaschinen und Webstühle, da brachte der Verbrennungsmotor den ersten großen technologisch bedingten Wirtschaftsaufschwung. Das galt für Phase 2 der nach dem russischen Wirtschaftswissenschaftler KONDRATIEFF (1892 – 1938) benannten Fortschrittswellen, die – wie oben bereits angesprochen – mit einer Erfindung begannen und sich jeweils über 50 Jahre hinzogen. Inzwischen gehen Wirtschaftswissenschaftler davon aus, dass sich diese Kondratjew-Zyklen erheblich beschleunigt haben, und verweisen dazu auf den enormen Einfluss des Computers auf alle Sphären menschlichen Handelns.

Diese Innovationen werden von einem immensen Weiterbildungsbedarf begleitet. Dem hat das Bundesverfassungsgericht in einem Urteil 1987 entsprochen und den Weiterbildungsbedarf als berechtigten Anspruch des Menschen definiert:

> »Unter den Bedingungen fortwährenden und sich beschleunigenden technischen und sozialen Wandels wird lebenslanges Lernen zur Voraussetzung individueller Selbstbehauptung und gesellschaftlicher Anpassungsfähigkeit im Wechsel der Verhältnisse. Dem Einzelnen hilft die Weiterbildung, die Folgen des Wandels beruflich und sozial besser zu bewältigen. Wirtschaft und Gesellschaft erhält sie die erforderliche Flexibilität, sich auf veränderte Lagen einzustellen« (Bundesverfassungsgericht 1987, S. 333).

Dass dies nicht allenthalben so gesehen wird, davon zeugt die geschätzte Nutzungsquote von 1 bis 2 %. Insgesamt gesehen lassen sich vier Weiterbildungsregelungen unterscheiden: gesetzliche, tarifliche, betriebliche und individualrechtliche (SCHMIDT-LAUFF 2004, S. 33). Sie enthalten keine Bestimmung, dass die Teilnahmequote errechnet werden muss. Deshalb ist man hier auf grobe Schätzungen angewiesen. Sicher ist allerdings, dass das Motto »Wer hat, dem wird gegeben!« auch hier gilt: Wer bereits einen gewissen Bildungsstand erworben hat, kommt leichter an weitere Bildungsangebote heran als diejenigen, die es eigentlich viel nötiger hätten (sogenannte Heterogenisierungsthese der Weiterbildung). Auch das ist ein Beleg für die Berechtigung der Forderung, in Beratung, – hier: Weiterbildungsberatung – zu investieren.

6.2.1.2 Personalentwicklung im Zusammenhang mit Ausbildung, Qualifizierung sowie Fach- und Führungskräfteförderung

Seit 1987 die neuen Ausbildungsordnungen für den Metall- und Elektrobereich verabschiedet worden sind, ist die grundlegende Zielsetzung beruflicher Bildung mit **beruflicher Handlungskompetenz** umschrieben. Allerdings ist das vom Anthropologen und Pädagogen Heinrich ROTH Ende der 60er Jahre konzipierte Modell dreier menschlicher Kompetenzbereiche nicht hinreichend aussagekräftig, um schon als Vorgabe für die Ausbildungsplanung und Methodenwahl zu taugen. Deshalb wird gern auf eine Reihe von Konkretisierungen zurückgegriffen, wie sie u. a. mit dem Modell vollständiger Handlung von HACKER und VOLPERT in den 70er Jahren vorgestellt worden sind. Dieses Modell wird in Lehrbuch 1, Abschnitt 1.3.1.5 beschrieben.

Auf einen kleinen, aber wohl doch aussagekräftigen Unterschied in der Terminologie soll aufmerksam gemacht werden: Während die Kultusministerkonferenz ebenso wie der IHK- und der BiBB-Rahmenplan von »beruflicher Handlungs**kompetenz**« sprechen, hat der Gesetzgeber in § 1 BBiG die »berufliche Handlungs**fähigkeit**« als Zielgröße ausgegeben. Es ist allerdings nicht erkennbar, welche Absicht sich dahinter verbirgt.

Kompetenzbereiche

Unter »Kompetenz« versteht Heinrich ROTH 1971 in seiner »Pädagogischen Anthropologie« die Bündelung von Einzelfähigkeiten zu gleichartigen Fähigkeitsdispositionen des Menschen. Er unterschied **drei Kompetenzen:**

1. Sachkompetenz als Fähigkeitsbündel, mit komplexen sachlichen Anforderungen sachgerecht umgehen zu können;

2. Selbstkompetenz als Fähigkeitsbündel, mit sich selbst als Person verantwortlich umgehen zu können;

3. Sozialkompetenz als Fähigkeitsbündel, mit den Personen des Umfeldes angemessen umgehen zu können.

Zu 1: Zur **Sachkompetenz** rechnen eben jene Kenntnisse, Fähigkeiten und Fertigkeiten, die sich mit den kognitiven und motorischen Lernbereichen ebenfalls umschreiben lassen und die sich nach ihrem Anforderungsgehalt – wie auch im DIHK-Rahmenplan zur AEVO 2009 neu eingeführt – auf unterschiedlichen Komplexitätsniveaus hierarchisieren lassen (siehe ausführlich in Lehrbuch 1, Abschn. 1.3.1.1). Sachkompetenz zu erwerben, setzt nicht nur eine schnelle und sichere Auffassungsgabe, sondern ein gutes Gedächtnis, in vielen Berufen auch handwerkliches Geschick und Fähigkeit zu systematischem Denken und überlegtem Handeln voraus. »Methodenkompetenz« ist letztlich nur ein Teil und eine Grundlage der Sachkompetenz: Wenn ich etwas nicht weiß oder noch nicht kann, dann muss ich fähig sein, es mir zu erarbeiten. Bei Lichte betrachtet, hat diese Fähigkeit schon immer zur Sachkompetenz gehört.

Zu 2: Zur **Selbstkompetenz** gehört vor allem die Fähigkeit, sich selbst mit den Augen anderer zu sehen und seine Kenntnisse, Fähigkeiten und Fertigkeiten angemessen zu interpretieren und einzuschätzen. Ohne Selbstkompetenz wird kein Bewerber die Ausbildung durchstehen und sich für die Übernahme einer Tätigkeit im Unternehmen empfehlen. Die sich daraus ergebenden Fragen lauten: »Verspricht der Bewerber Eigeninitiative zu entfalten, vermag er sorgfältig zu arbeiten, sich in eine Aufgabe zu vertiefen, in einen Sachverhalt hinein zu versetzen, geht er zielstrebig auf Anforderungen zu, kann er Rückschläge überwinden? Vermag er sich auch Aufgaben zu widmen, an denen er nicht sonderlich interessiert ist – bringt er dazu die nötige Selbstüberwindung auf?«

Zu 3: Zur **Sozialkompetenz** zählen kommunikative und interaktive Kenntnisse, Fähigkeiten und Fertigkeiten. Sie beruhen vor allem auf dem sicheren Umgang mit Sprache, Mimik und Gestik, setzen aber auch emotionale Akzeptanz gegenüber Mitmenschen voraus. Sozialkompetenz ist heute in allen Berufen mit »Publikumsverkehr« hochgradig nötig; aber auch die Kooperation im Kollegenkreis ist nur gesichert, wenn die Fähigkeit, zugewandt und akzeptierend miteinander umzugehen, auf den anderen zugehen können, mit ihm kommunizieren wollen, Kritik üben, aber auch entgegen- und annehmen zu können, ausgeprägt ist.

Wie immer, wenn derartige Systematiken in die pädagogische Diskussion eingebracht werden, finden sich kritische Auseinandersetzungen, in denen diese uminterpretiert, ausgefeilt und ergänzt werden. So ist es auch Heinrich ROTH ergangen. Mal wird seiner Kompetenztrilogie eine vierte hinzugefügt – zumeist eben »Methodenkompetenz« – mal wird die Trilogie zu einem Schlagwort gebündelt: »Handlungskompetenz«. Diese Bündelung kann dann wieder aufgebrochen werden, und zwar im Hinblick auf unterschiedliche Lebenssituationen.

So entstehen dann »Medienkompetenz« und »Freizeitkompetenz«, »ökologische Kompetenz« und »Gesundheitskompetenz« und viele andere mehr. Immer aber ist die selbstständige, möglichst durchdachte und systematisch geplante Gestaltung gemeint (weshalb auch der eine oder andere Wissenschaftler den Begriff der »Gestaltungskompetenz« dem der »Handlungskompetenz« vorzieht – ein müßiger Streit).

Wenn die **Methodenkompetenz** als viertes Fähigkeitsbündel hinzugefügt wird, geschieht das in durchaus nachvollziehbarer strategischer Absicht: Man will darauf hinweisen, dass es in der Berufstätigkeit immer weniger darum geht, nach Anweisung Aufgaben zu erledigen, sondern immer mehr darum, selbstständig Aufgaben zu übernehmen, ohne auf irgendwelche methodischen Vorgaben zurückgreifen zu können. Dann muss man in der Lage sein, sich selbst strategisch in den Sachverhalt einzuarbeiten, nach Lösungswegen zu suchen, sie auszutesten und schließlich zu einer Entscheidung zu finden, die tragfähig und begründet ist. Die notwendigen Fähigkeiten bezeichnet man gern als »Methodenkompetenz«. Man erwirbt sie in Ausbildungssituationen, in denen es ebenfalls darum geht, für ein Problem Lösungsstrategien zu erarbeiten: Programm für einen Werbefeldzug; Anfertigen eines Stellplans für einen neu einzurichtenden Maschinenraum; Umstellung des Schriftverkehrs auf Telefax- oder E-Mail-Nutzung; Umstellung von Serien- auf Baustellenfertigung usw.

Soweit die inhaltliche Antwort auf die Bemühungen, über Personalentwicklung den Bedarf an geeigneten Führungskräften zu decken. Ein zweiter Impuls rührt von der prognostizierten demografischen Entwicklung her. Demnach fehlen schon heute drei Millionen Erwerbspersonen, während andererseits immer noch rund drei Mio. Erwerbspersonen arbeitslos gemeldet sind. Die Dunkelziffer ist überdies hoch, sodass man die offizielle Rate gut und gern mit zwei multiplizieren kann.

Dennoch: Es fehlen Fachkräfte, und das nicht nur in der Gastronomie, im Bäcker- und Bauhandwerk und im Pflegebereich. Es fehlen auch **künftige Führungskräfte** für private und öffentliche Unternehmen. Sie treffen in den industrialisierten Gesellschaften auf Menschen, die ihr Recht auf Mitwirkung und Mitgestaltung immer stärker geltend machen. Führung heißt in diesem Sinne nicht bloß fachliche Anleitung und organisatorisches Entscheiden, sondern auch und ganz besonders Menschenführung. Und dabei spielen Organisationsentwicklung, Personalentwicklung und Teamwork eine herausragende Rolle.

Inzwischen ist es eine Alltagsweisheit: Organisationsentwicklung – und mit ihr die Personalentwicklung als wesentliches Element – können nur funktionieren, wenn sie von Teams getragen werden. Die Komplexität sowohl des Marktgeschehens als auch innerbetrieblicher Strukturen und Prozesse ist nur zu bewältigen, wenn es funktionierende Teams als Basis gibt. Und die können nach einer Untersuchung von MARGERISON und McCANN (mit 2.000 erfolgreichen und erfolglosen Teams) nur funktionieren, wenn bestimmte Rollen vertreten waren: »informierter Berater, kreativer Innovator, endeckender Promotor, auswählender Entwickler, zielstrebiger Organisator, systematischer Umsetzer, kontrollierender Überwacher, unterstützender Stabilisator« (WAGNER 1996, S. 93f.).

6.2.2   Werbemaßnahmen gestalten

Viele Unternehmen sehen sich, wie gesagt, angesichts der demografischen Entwicklung im kommenden Jahrzehnt Nachwuchsproblemen gegenüber. Sie suchen daher ihr Ausbildungsangebot günstig zu vermarkten.

Dazu gehören Flyer und Prospekte ebenso wie Artikel in der heimischen Zeitung, Aufrufe im Internet, aber auch Tage der offenen Tür und das Angebot an Praktikumsplätzen für Schüler und Absolventen der allgemein bildenden Schulen. Manche Unternehmen locken bereits mit übertariflichen Zahlungen oder gar mit einem Dienstwagen, wenn auch nur mit einem Kleinwagen. Schließlich sind auch **Ausbildungsmessen,** meist von Wirtschaftskammern veranstaltet, für die Selbstdarstellung als Ausbildungsbetrieb sehr geeignete Veranstaltungen.

In großen Städten werden schon seit längerer Zeit Ausbildungsmessen veranstaltet. Hier stellen Auszubildende suchende Unternehmen ihr Ausbildungskonzept vor und suchen künftige Schulabsolventen für eine Ausbildung in ihrem Unternehmen zu gewinnen. Dazu gehören auch Ausstellungen, die in allgemein bildenden Schulen, aber auch solchen, die zum Übergangsbereich Schule Arbeitswelt gehören, stattfinden. Auch hier präsentieren sich ausbildungsbereite Unternehmen von ihrer besten Seite und suchen Jugendliche für ihr Ausbildungsangebot zu interessieren. Wirtschaftskammern und Innungen unterstützen derlei Marketingaktivitäten gern und auch professionell.

Auf Messen und in Ausstellungen werden gern Flyer verteilt, in denen die Jugendlichen über das Ausbildungsangebot der Unternehmen aufgeklärt werden. Hier finden sie Adressen für eine Bewerbung und Mailadressen für die persönliche Kontaktaufnahme.

Es gibt viele **Schulen,** die den Kontakt zu Wirtschaftsbetrieben suchen, um ihren Schülern Realitätsnähe zu bieten und ihnen die künftigen Ausbildungen und Berufe näher zu bringen. Sie laden Repräsentanten umliegender Unternehmen, meist Personalverantwortliche, zu Informationstagen in die Schule ein. Das ist in der Regel ein für beide Seiten sehr fruchtbares Unterfangen.

6.3 Die Eignung von Bewerbern diagnostizieren

6.3.1 Ausbildungseignung unter Berücksichtigung von berufsspezifischen Anforderungen feststellen

Über die schulischen Voraussetzungen von Ausbildungsanfängern wird häufig geklagt. Viele Schulabgänger weisen Defizite in Rechtschreibung, Grammatik und Interpunktion auf, ihr Sprachschatz ist oft relativ begrenzt. Die Mathematikkenntnisse sind bei vielen auf die vier Grundrechenarten beschränkt, und auch die werden nur sicher beherrscht, wenn ein Taschenrechner zur Hand ist. Dividieren fällt schwer, Bruchrechnen erst recht!

Man muss sich jedoch vor Pauschalurteilen hüten; nicht alle Schulabgänger fallen in den Deutsch- und Mathematikleistungen, in den Fremdsprachen-, Geographie- und Politik-kenntnissen hinter die Leistungen ihrer Eltern – oder ihrer Ausbilder! – zurück. Aber in einer Welt, in der mehr und mehr Schüler in den ersten neun oder zehn Schuljahren mehr vor dem Fernseher und dem PC gesessen als die Schulbank gedrückt haben, verwundern Schwächen im Umgang mit Sprache und Zahlen nicht.

Trost spendet aber die Aussage des leitenden Psychologen der Bundesagentur für Arbeit, der jährlich die Ergebnisse von rund 200.000 Eignungstests aus allen Arbeitsagenturen vorliegen und daraus ermittelt hat, dass rückläufige Sprach-, Lese- und Rechenfertig-keiten von deutlichen Verbesserungen der Kommunikations- und Strategiefähigkeiten begleitet werden, sodass eine einseitige Negativeinschätzung der Fähigkeiten von Schul-absolventen den heutigen Jugendlichen keinesfalls gerecht wird.

In einem Forschungs- und Entwicklungsprojekt, das die Bundesarbeitsgemeinschaft der Berufsbildungswerke zusammen mit der METRO AG durchführte, wurde eine Matrix zur Ausbildungsfähigkeit von Bewerbern um eine Ausbildung im Einzelhandel erarbeitet. Sie dürfte sich auch in anderen Branchen bewähren (vgl. Lehrbuch 1, Abschn. 1.2.3).

6.3.2 Handlungsorientierte Methoden und Testverfahren zur Auswahl einsetzen

Einen gewissen Aussagewert besitzen **Zeugnisse,** besonders dann, wenn man sich nicht nur die Abschluss- bzw. Abgangszeugnisse vorlegen lässt, sondern auch die drei bis vier vorangegangenen Versetzungs- und Zwischenzeugnisse. Die Schulnoten – selbst wenn man sie im Hinblick auf ihren Aussagewert nicht überbewerten darf – offenbaren zumin-dest Interessenschwerpunkte; denn die Vorliebe zu bestimmten Fächern drückt sich in der Regel in guten Zensuren aus. Auf jeden Fall kann aber eine eher sprachliche oder eine eher mathematisch-naturwissenschaftliche Begabung aus den Zeugnisnoten und deren Tendenzen abgelesen werden.

Amerikanische Studien zeigen nach inzwischen 100jähriger Forschungserfahrung mit eig-nungsdiagnostischen Instrumenten, dass für die Feststellung der Eignung von Bewerbern die **Intelligenz** den größten Vorhersagewert abgibt. Daneben sind strukturierte Vorstel-lungsgespräche, Berufskenntnistests und Arbeitsproben von ausschlaggebender Bedeu-tung, wenn man die Eignung von Bewerbern möglichst zweifelsfrei bestimmen will.

6.3.2.1   Assessment-Center, Arbeitsproben, grafologische Gutachten

Assessment-Center und Probezeitvereinbarungen sind sehr viel kostspieliger als strukturierte Vorstellungsgespräche und weniger treffsicher: So lautet der Befund amerikanischer Psychologen auf der Grundlage gesicherter Erkenntnisse über die Qualität verschiedener Verfahren zur Bewerberauswahl.

Was ist nun aber unter einem »**Assessment-Center**« zu verstehen? So kompliziert wie der Name, so komplex ist auch das Verfahren. Eigentlich handelt es sich um eine Kombination verschiedener Befragungs-, Test- und Beobachtungsverfahren. Dabei verbringen die Teilnehmer einen oder mehrere Tage an einem bestimmten Ort, wo ihre Beteiligung an Übungen (wie z. B. führerlose Gruppendiskussionen und Wirtschaftsspiele) beobachtet wird. Üblicherweise werden diverse Fähigkeits- und Persönlichkeitstests durchgeführt. Auch detaillierte Interviews sind Teil der meisten Assessment-Center. Das übliche Verfahren umfasst ungefähr sieben Übungen oder Beurteilungsbausteine. Da sie sehr aufwändig und sehr teuer sind, werden sie in aller Regel nur für gehobene Berufspositionen, nicht aber bei der Auswahl von Auszubildenden eingesetzt.

Bewerbungsunterlagen und Testergebnisse gestatten es aber dem Ausbildenden, in das Einstellungsgespräch mit einem Vorverständnis über die Voraussetzungen des Bewerbers zu gehen und diesen Eindruck durch gezielte Nachfragen zu untermauern – oder aber zu korrigieren.

Arbeitsproben sind von besonderem Aussagewert; darin übersteigen sie nach amerikanischen Untersuchungen noch die Intelligenztests. Aber sie sind auch entsprechend aufwändiger; und sie dürfen eigentlich auch nur bei Bewerbern eingesetzt werden, die bereits über Berufskenntnisse verfügen.

In Israel und Frankreich kommt dem **grafologischen Gutachten** für die Bewerberauswahl eine hohe Bedeutung zu. Das ist angesichts der niederschmetternden Befunde einschlägiger wissenschaftlicher Untersuchungen vollkommen unverständlich. Solche Gutachten waren nur dann in Grenzen aussagekräftig, wenn die Testpersonen zu einem frei gewählten Thema frei formulieren durften. Und auch dann unterschieden sich die Urteile von Fachleuten hinsichtlich ihrer Güte nicht von denen, die Laien abgegeben hatten. Lässt man einen Text abschreiben, kommt überhaupt kein brauchbares Resultat für die Bewerbereignung heraus. Interessant ist die Erklärung, die von den amerikanischen Testpsychologen SCHMIDT und HUNTER dazu abgegeben wird: »Tatsächlich aber stammen die Variationen zwischen Handschriften von den Unterschieden in der Feinmotorik der Fingermuskulatur der einzelnen Menschen. Und diese Unterschiede in den Fingermuskeln und ihrer Koordination entstehen meist aufgrund zufälliger genetischer Variationen« (SCHMIDT/HUNTER 1998, S. 36).

6.3.2.2   Tests

Vorab: Viele Betriebe stützen ihre Auswahlentscheidung, zumindest die Vorauswahl für die Einladung zum persönlichen Gespräch, auf den Einsatz von Tests. Nicht dazu sollten Testverfahren gehören, die spezielle Persönlichkeitsmerkmale abprüfen. Sie dürfen auch gar nicht vom Ausbilder selbst eingesetzt werden, sondern **nur** von Testpsychologen, und ihre Aussagefähigkeit ist im Verhältnis zur Zumutbarkeit oft in Zweifel gezogen worden. Schließlich soll hier nur die Berufseignung ermittelt und kein Persönlichkeitsprofil gezeichnet werden!

Tests sind **normierte, standardisierte Hilfsmittel.** Der Ausbilder misst mit fremden Maßstäben. Er »zerlegt« den Bewerber in »Anforderungsprofile«. Vielfältig sind die Tests, die die Betriebe für die Auslese ihrer Bewerber entwickelt haben.

Für den Bereich der Industrie beziehen sich diese nicht nur auf Deutschkenntnisse und Rechenfertigkeiten, sondern unter anderem auch auf

- Seh- und Farbtüchtigkeit,

- technisches Verständnis,

- Raumvorstellungsvermögen,

- Hand- und Fingergeschicklichkeit,

- technisch-konstruktives Denken,

- Konzentration und Aufmerksamkeit,

- Körpergeschicklichkeit.

Die Entwicklung eigener Tests ist eine aufwändige Sache. Manch Ausbildender hat sich viel davon versprochen, gängige Tests auf die eigenen Bedürfnisse »umzustricken«. Doch dabei ist Vorsicht geboten! Die von Psychologen professionell entwickelten Tests sind in ihrem Gesamtzusammenhang an einer Testgruppe »geeicht«; werden sie von Laien auseinander genommen und für eigene Zwecke ohne entsprechende wissenschaftlich fundierte Erprobung zusammengestellt, können sie ihre Gültigkeit einbüßen.

Von daher ist zu empfehlen, auf einfache, praxistaugliche und -erprobte Tests aus Spezialverlagen zurückzugreifen. Ein Beispiel für eine solide Entscheidungshilfe bietet der FELDHAUS VERLAG mit dem Grundwissen-Test für Rechtschreibung und Rechnen in mehreren Ausgaben und mit unterschiedlichen Anforderungen sowie einem Allgemeinwissentest. Die ausführlichen Anleitungen erleichtern dem Ausbildenden die Anwendung. Die separaten Lösungsschablonen ermöglichen eine schnelle und sichere Auswertung für den Ausbildenden.

Ein Hinweis zur **Sehtüchtigkeit**: Ist der Bewerber nicht in der Lage, den von einem Normalsichtigen noch zu erfassenden Text zu entziffern, wird der Augenarzt darüber Auskunft geben, wie der Sehfehler zu korrigieren ist und ob es vertretbar erscheint, den gewählten Beruf zu erlernen.

Eine wichtige Aufgabe der Arbeitsvorbereitung ist die Disposition der Werkstoffe

bzw. die Werkstoffplanung. Hier bedient sich der Arbeitsplaner der Stücklisten, Faßlisten oder was sie sonst für Namen in den verschiedensten Industriezweigen haben. Er gibt nach diesen Listen entweder Rohstoffe, Halbzeuge, wie Stangen, Bleche usw. auf, ggf. Chemikalien, Textilstoffe usw. Mitunter ist es notwendig für jede Mengenanforderung eine Auflösung in Teillieferungsmengen mit dazugehörigen Bereitstellungsterminen in Gang zu bringen. Die Gesamtmenge wird ihrerseits aus preislichen Gründen und andererseits aus Gründen der Wirtschaftlichkeit dem Zuliefererbetrieb gegenüber aufgegeben. Letzterer kann so fertigungsmäßig besser disponieren und wird wiederum in der Lage sein, zu einem annehmbaren Preis und in den festgelegten Terminen zu liefern. Die Werkstoffplanung erfolgt in enger Bindung zum Einkauf, der sich durch Einholung von Angeboten über die Preis und Liefermöglichkeit ohnehin informieren muß. Mitunter werden die Bedarfsermittlungen vor der Arbeitsvorbereitung mit dem Lager abzustimmen sein, wenn es darum geht, noch vorhandene Bestände zu berücksichtigen, oder vielleicht die Aufarbeitung bzw. Verwertung früherer Fertigungen und alter

Sehschärfe-Test

Für viele Berufe ist die **Farbtüchtigkeit** des Auszubildenden unabdingbar. Unabhängig von den mit Hilfe von Farbtafeln durchzuführenden Tests kann auch mit berufsbezogenen Mitteln eine Vorauslese erfolgen. Möchte beispielsweise ein Betrieb Kommunikationselektroniker ausbilden, so kann er u. a. anhand einer kleinen Auswahl von Widerständen oder Kondensatoren die Farbtüchtigkeit und zugleich auch die Aufnahmefähigkeit testen. Zu diesem Zweck erklärt der Ausbilder kurz die Kennzeichnung der Widerstände und Kondensatoren nach dem internationalen Farb-Code. Der Bewerber erhält dann den Auftrag, aus den ihm vorliegenden Widerständen einige mit einer bestimmten Farbringkennzeichnung herauszusuchen. Bereitet diese Aufgabe dem Bewerber Schwierigkeiten, so sollte das Anlass sein, nach den Ursachen zu forschen und daraus die Konsequenzen zu ziehen.

Auf **Handgeschick** und trockene Hände lässt ein einfacher Blechbiegetest interessante Schlüsse zu. Hierfür wird ein Stahlblechstreifen von ca. 10 mm Breite, 0,5 mm Dicke und 300 mm Länge fettfrei und blank geschmirgelt. Der Bewerber soll diesen Blechstreifen mit Hilfe von Flachzangen nach einer Zeichnung im Maßstab 1 : 1 zu einer Treppe biegen. Der Blechstreifen darf dabei zum Maßnehmen auf die Zeichnung gelegt werden.

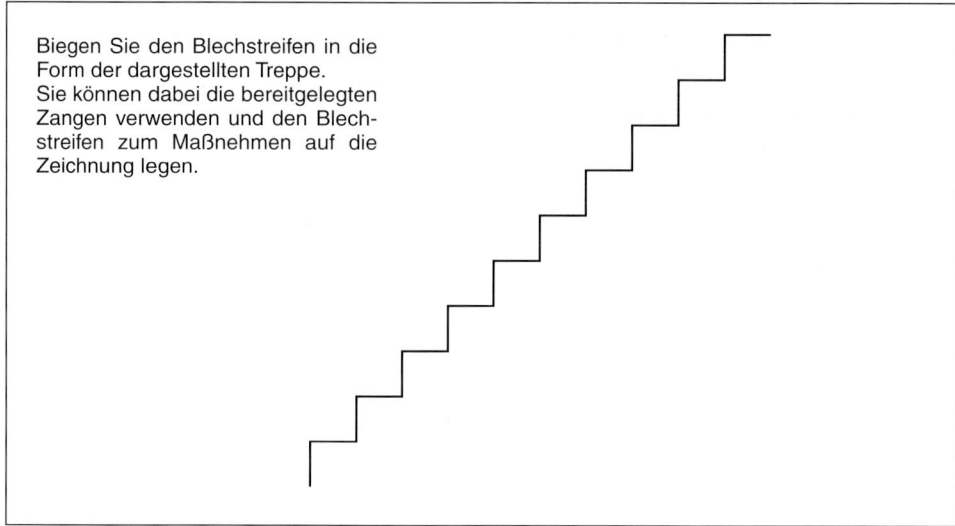

Biegen Sie den Blechstreifen in die Form der dargestellten Treppe.
Sie können dabei die bereitgelegten Zangen verwenden und den Blechstreifen zum Maßnehmen auf die Zeichnung legen.

Handgeschick-Test

Der Ausbilder wird bei diesem Test das Handgeschick, die Sorgfalt und die Übungsfähigkeit beobachten können. Bei Bewerbern mit »Schweißhänden« verfärbt sich der Blechstreifen darüber hinaus nach kurzer Zeit auffällig durch Rostbildung. Hier wird eventuell der Betriebsarzt feststellen müssen, ob die verstärkte Schweißabsonderung nur entwicklungsbedingt ist oder ausschließend sein kann für Berufe wie z. B. Industriemechaniker, Einsatzgebiet Instandhaltung.

Einblick in das **räumliche Vorstellungsvermögen** erlaubt ein einfacher »Falttest«. Dem Bewerber wird die Zeichnung eines dreifach gefalteten quadratischen Papiers vorgelegt, in das Aussparungen geschnitten sind.

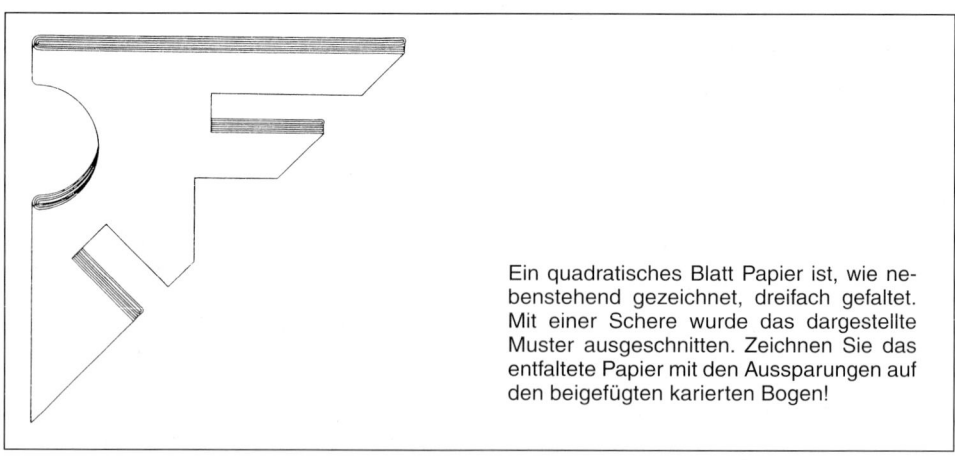

Ein quadratisches Blatt Papier ist, wie nebenstehend gezeichnet, dreifach gefaltet. Mit einer Schere wurde das dargestellte Muster ausgeschnitten. Zeichnen Sie das entfaltete Papier mit den Aussparungen auf den beigefügten karierten Bogen!

Test für räumliches Vorstellungsvermögen

Hinweise auf das Verständnis für **technische Zusammenhänge** gibt ein Getriebetest. Falls im Betrieb keine hierfür geeigneten Objekte vorhanden sind, kann aus Stirn-, Schnecken- und Kegelrädern eines technischen Baukastens ein Getriebe zusammengestellt werden. Durch Fragen nach der Funktion der Zahnräder und deren Drehrichtungen bei vorgegebener Richtung des Antriebsrades erhält der Ausbilder einen ersten Eindruck vom technischen Verständnis des Bewerbers.

Verbreitet sind, zusammenfassend gesagt, **Fähigkeits- und Leistungstests,** die der Ausbilder nach der zugehörigen Testanleitung selbst einsetzen und auswerten kann. Diese Tests gelten immer nur für einen bestimmten Bereich. Sie erheben das Leistungsniveau des Bewerbers in Bereichen wie

- Rechnen oder Rechtschreibung,

- Intelligenzstruktur,

- Merkfähigkeit,

- Konzentration und Ausdauer,

- Raumvorstellung oder

- motorische Geschicklichkeit,

um nur einige zu nennen.

6.3.2.3　　Einstellungsgespräch

Gemessene Daten und eingereichte Schriftstücke sind das eine, der persönliche Eindruck ist das andere. Der Ausbilder wird sich deshalb immer auch ein Bild von der »Gesamtpersönlichkeit« des Bewerbers machen müssen. Dazu dient das Einstellungsgespräch. Hier zeigt sich der Bewerber als Person, hier kann er seine Neigungen und Interessen ins Spiel bringen, seine Erwartungen ausbreiten und präzisieren. Hier kann der Ausbilder aber auch seine Einschätzung vertiefen und abrunden, inwieweit der Bewerber den Anforderungen der Ausbildung wohl gewachsen sein wird. Entsprechende Fragen wird er sich zurechtlegen, um am Ende die bestgeeigneten Kandidatinnen und Kandidaten zum Zuge kommen zu lassen.

In der Regel gibt das Einstellungsgespräch **den Ausschlag** für die Bewerberauswahl. In amerikanischen Untersuchungen hat sich gezeigt, dass mit der Kombination »Intelligenztest + strukturiertes Einstellungsgespräch« 65 % maximal möglicher Sicherheit erzielt werden kann, den richtigen Bewerber auszuwählen.

Strukturierte Einstellungsgespräche zeichnen sich durch folgende Merkmale aus:

- Sie besitzen eine festgelegte Form.

- Es ist vorab ein Fragenkatalog bestimmt worden.

- Verschiedenen Bewerbern werden gleiche Fragen gestellt.

- Die Antworten werden dezidiert bewertet, bevor ein allgemeines Urteil gefällt wird.

Wichtig ist vor diesem Hintergrund eine Gesprächsführung, die allen in der »Endrunde« verbliebenen Bewerbern gleiche Chancen einräumt. Das scheint nach amerikanischen Untersuchungen nur in Grenzen der Fall zu sein. So wird denn auch vor dem »üblichen unstrukturierten Vorstellungsgespräch« geradezu gewarnt: Nur in etwas mehr als der Hälfte der Gespräche gleicht das Ergebnis eines ersten einem kurz darauf mit demselben Bewerber erneut geführten Gespräch!

Derartige **Messfehler** sind in erster Linie eine Folge der nicht kontrollierten Rahmenbedingungen; das Verhalten der Gesprächspartner ist ebenso mehr oder weniger zufällig wie die Struktur des Gesprächsverlaufs. Dagegen schützt nur eines: die vorherige

Verständigung auf Fragekomplexe, mit denen die Eignung des Bewerbers gezielt und strukturiert geprüft wird.

Die Atmosphäre bei Einstellungsgesprächen ist meistens zu Beginn recht unnatürlich. Das Bemühen des Bewerbers, einen vorteilhaften Eindruck zu hinterlassen, führt gerade in einer ungewohnten Umgebung oft zu einem Verhalten, das die wahren Persönlichkeitszüge verdeckt. Insofern ist eine »zugewandte Einleitung« des Ausbildenden, bei dem er die Zielsetzung, die einzelnen Schritte des Gesprächs, die Teilnehmer an der Gesprächsrunde und die zeitlichen Bedingungen vorstellt, hilfreich, um »das Eis zu brechen«.

Im Einstellungsgespräch lassen sich die Berufsvorstellungen des Bewerbers deutlich erfragen und der Ausbildende erfährt, wie der Berufswunsch zustande gekommen ist. Selbst wenn man die Gefahr einer Urteilsverfälschung durch Sympathie oder Antipathie berücksichtigt, erhält man in einem solchen Gespräch doch eine konkrete Vorstellung von der persönlichen Eigenart, den Neigungen und beruflichen Interessen eines Jugendlichen und gewinnt einen Eindruck von seiner Vitalität, seinem Temperament und seiner Kontaktfähigkeit. Bewährt hat es sich, Aufgabenstellungen aus dem künftigen Ausbildungsbereich anzusprechen, sodass sich **sowohl** der Bewerber ein konkreteres Bild von seinen künftigen Aufgaben machen kann, als auch der Ausbildende einzuschätzen vermag, wie wohl der Bewerber mit bestimmten Anforderungen zurechtkommen dürfte und wie intensiv er sich mit dem Unternehmen auseinander gesetzt hat.

Das **Elterngespräch** – sinnvoll bei sehr jungen Bewerbern – vermittelt auch Informationen über den Kontakt des Jugendlichen zu seinen Eltern, über Konfliktansätze und den Verlauf von Auseinandersetzungen. Das Kennenlernen der Eltern ist ferner im Hinblick auf eventuell später auftretende Schwierigkeiten mit dem Auszubildenden im Betrieb wichtig, wenn eine Zusammenarbeit bei der Behebung von Fehlentwicklungen in der Persönlichkeit des Jugendlichen erforderlich werden sollte.

Die Anwesenheit der Eltern beim Auswahlgespräch ist aber nicht immer hilfreich. Sie hat zwar manche Vorteile, kann sich aber auch erschwerend auswirken. In dem Bemühen, ihr Kind »ins rechte Licht zu setzen«, mischen sich Eltern häufig ein, wenn man authentische Stellungnahmen des Jugendlichen hören möchte. So kommt es durchaus nicht selten vor, dass Eltern ihre eigenen Vorstellungen – auch in Bezug auf den Beruf – in ihre Kinder hineinlegen, sodass die Jugendlichen nun mit »aufgesetzten« Meinungen das Gespräch bestreiten.

Andererseits hat die Anwesenheit der Eltern – eben gerade bei sehr jungen Bewerbern – auch eine Reihe von Vorteilen. Sie können ergänzende Auskünfte zu Fragen erteilen, die sich aus den schriftlichen Unterlagen ergeben haben – vor allem, wenn diese die frühe Kindheit des Bewerbers betreffen. So kann ein Gespräch mit den Eltern dazu beitragen, detaillierte Informationen über die Umwelt – »das sozio-kulturelle Milieu« – zu erhalten, in der der Jugendliche aufgewachsen ist, gegebenenfalls auch über häusliche Schwierigkeiten, über seinen Werdegang und besonders erwähnenswerte Lebensumstände. Man wird etwas erfahren über die persönlichen Eigenarten des Bewerbers, über Begabungen und Fähigkeiten, die sich in der Kindheit gezeigt haben, über die körperliche Belastbarkeit, seine Konzentration und Ausdauer.

6.3.2.4 Entscheidungen im Vorwege des Auswahlverfahren

Zu klären oder zu veranlassen ist regelmäßig Folgendes:

- Wer ist außer dem Verantwortlichen noch an der Bewerberauswahl und wer davon an der Vorauswahl zu beteiligen?
- Gehen Sie die Vorauswahl an, indem Sie drei Gruppen aufmachen: A-Bewerber für die engere Wahl, C-Bewerber, die auf keinen Fall in Frage kommen, B-Bewerber, die eventuell noch in Frage kommen.

- Eine untereinander abgestimmte Liste mit den entscheidenden Auswahlkriterien ist hilfreich, um den Auswahlvorgang mit den verschiedenen Beteiligten auf eine solide Grundlage zu stellen. Diese Liste ist Ausgangspunkt für eine Tabelle, in die die Bewerber mit ihren Voraussetzungen eingetragen werden, um auf einen Blick eine Übersicht über den – oft sehr großen, manchmal sogar drei- und vierstelligen Interessentenkreis zu gewinnen.

- Sie sollten sich im Vorwege mit den am Auswahlverfahren Beteiligten über die Kriterien verständigen, die bei der Auswahlentscheidung unverzichtbar sind. Das können sein:

  a. Schulbildung,

  b. Lebensalter

  c. Form und Aufmachung des Anschreibens,

  d. außerschulische Interessen.

Eine Fülle von Fragen, die sich nicht einfach mit »ja« und »nein« beantworten lassen! Aber sie müssen beantwortet werden, wenn nicht einfach »aus dem Bauch« heraus entschieden werden soll. Die folgenden Ausführungen mögen eine Hilfe sein.

Viele Unternehmen haben lange Zeit auf eine möglichst hochwertige Eingangsqualifikation ihrer Auszubildenden Wert gelegt. Manche von ihnen haben inzwischen festgestellt, dass sich der Erwartungshorizont hinsichtlich der Vorkenntnisse und Leistungsfähigkeit nicht unbedingt an den Abschlusszeugnissen festmachen lässt. Und solange das Abitur Eingangsqualifikation für ein Hochschulstudium darstellt, neigen viele Abiturienten dazu, die duale Ausbildung als Grundlage und Durchgangsstadium einer beruflichen Gesamtqualifikation auf Hochschulniveau anzusehen.

Dem haben mittlerweile viele Ausbildungsbetriebe Rechnung getragen, indem sie

- Quoten für Bewerber mit Abitur, Real- oder Hauptschulabschluss aufgestellt haben,

- immer weniger geneigt sind, ihre Ausbildungsplätze mit Abiturienten zu besetzen,

- Abiturienten eher in weiterführende Bildungsgänge aufnehmen (Berufsakademie, Wirtschaftsakademie, Kombination von Lehre mit Fachhochschulstudium usw.), um sie möglichst langfristig an den Betrieb zu binden.

Andererseits stellen sich auch viele Ausbildende der gesellschaftlichen Verantwortung für die vom Schulabschluss her (oft vermeintlich) schwächeren Schüler, indem sie gezielt Absolventen von Förderschulen, Jugendliche ohne Hauptschulabschluss oder ausländische Jugendliche in Ausbildungsverhältnisse aufnehmen – oft mit sehr guten Erfahrungen. Denn viele von denen, die auf diese Weise die Chance erhalten, über eine berufliche Qualifikation ihren künftigen Lebensunterhalt zu sichern, sporrt der Wettstreit mit den vermeintlich besseren besonders an; sie bedanken sich für das Vertrauen des Ausbildenden mit außergewöhnlichen Anstrengungen und besonderem Ehrgeiz.

Das Auswahlverfahren beginnt nicht mit der Durchsicht und Auswertung der eingegangenen Bewerbungen. Es lässt sich vielmehr in **drei Stufen** einteilen:

1. Festlegung der **Auswahlkriterien** des Auswahlverfahrens,

2. Treffen einer **Vorauswahl** des einzuladenden Bewerberkreises auf der Grundlage einer Durchsicht der eingereichten schriftlichen Unterlagen,

3. **Entscheidung** über die Stellenbesetzung, z. B. in Form einer Reihung, sodass im Falle einer Absage auf weitere geeignete Kandidaten zurückgegriffen werden kann.

In den meisten Unternehmen ist die Auswahl von Auszubildenden eine Gruppenentscheidung. In Kleinbetrieben treffen oft alle Mitarbeiter gemeinsam die Entscheidung, in mittleren Betrieben sind es Ausbildender und Personalleiter (sofern nicht Personalunion besteht), meist im Einvernehmen mit dem Betriebsratsvorsitzenden, in größeren Unternehmen sind Ausbildungsleiter, Personalleiter und die jeweiligen Abteilungsleiter, in deren Funktionsbereich die Stellen angesiedelt sind, die ausschlaggebenden Personen, ebenfalls meist im Einvernehmen mit dem Betriebsrat.

In **kleinen** Betrieben werden vor dem Auswahlgespräch von allen Beteiligten die einge-reichten Unterlagen gelesen. In einem Vorgespräch wird dann die Auswahl der zum Ge-spräch einzuladenden Kandidaten getroffen. In **mittleren** Betrieben werden oft kleinere Tests zwischen Studium der Bewerberunterlagen und Auswahlgespräch eingeschoben, um sich durch eine gezielte Erhebung und Auswertung ein klares Bild von der Leistungs-fähigkeit des Bewerbers zu machen. In **größeren** Unternehmen sind oft Massen an Be-werbungen zu bearbeiten. Zur Vorauswahl werden meist Testbatterien eingesetzt, an de-nen nahezu jeder Bewerber (herausgefiltert nur diejenigen, die aufgrund der Unterlagen von vornherein nicht geeignet erscheinen) teilnimmt.

6.3.2.5 Schwerbehinderte Menschen im Auswahlverfahren

Wird im Betrieb eine Stelle frei, so ist der Arbeitgeber gemäß § 81 Abs. 1 SGB IX ver-pflichtet zu prüfen, ob diese mit einem schwerbehinderten Menschen besetzt werden kann. Geschieht das nicht, kann der Betriebsrat den Einstellungsvorschlag zurückweisen.

Man findet den Zusatz regelmäßig in Stellenanzeigen nicht nur öffentlicher Arbeitgeber: »Schwerbehinderte Interessenten werden besonders aufgefordert, sich zu bewerben«. Tun sie das, sind sie in jedem Falle besonders zu behandeln und zu einem Auswahlge-spräch einzuladen, es sei denn die mitgebrachte Qualifikation stimmt mit der in der Stel-lenanzeige beschriebenen in wichtigen Punkten nicht überein. Mit dieser Vorgabe sollen geeignete Bewerber, die mit dem Makel der Schwerbehinderung leben müssen, beson-ders angesprochen werden. Sie sollen insofern nichtbehinderten Bewerbern gleichgestellt werden, als ihr Handicap durch einen bevorzugten Einbezug in das Bewerberfeld ausge-glichen wird.

6.3.2.6 Einstellungsprozess

Ausgelöst wird die Bewerbungssituation zumeist durch die Suche nach geeigneten Ausbildungsplatzangeboten in den einschlägigen Tageszeitungen oder durch einen Besuch bei der Agentur für Arbeit. Der Jugendliche schreibt seinen Bewerbungsbrief und fügt die erforderlichen Unterlagen bei. Nun erhält er entweder eine Absage oder eine Einladung zu einem Test oder Auswahlgespräch. In diesem Zusammenhang er-fährt er unmittelbar, dass bei der Bewerberauswahl andere Bedingungen als in der Schule gelten: Eine möglichst große Zahl verschiedenartiger Aufgaben ist in knapps-ter Zeit zu lösen; Rechen-, Rechtschreibungs-, Wortschatz-, Analogiebildungs- und andere Fähigkeiten werden in unmittelbarer Folge abgeprüft. Schließlich gelingt das Eindringen in die nächste Runde: das Bewerbungsgespräch. Hier sind wieder andere – schulfremde – Fähigkeiten gefragt: Konzentrationsfähigkeit, rhetorisches und ggf. motorisches Geschick, auch Durchsetzungsvermögen in Gesprächssituationen.

Der Einstellungsprozess lässt sich in **sechs Schritte** aufteilen:

1. Soweit vorhanden, wird aus einer Stellenbeschreibung ein Anzeigentext entwickelt. Dabei werden die wesentlichen Aufgaben des künftigen Stelleninhabers in Stichworte gefasst, Als zweites werden die vom Bewerber erwarteten Voraussetzungen (= Qualifi-kationen) beschrieben. Eintrittsdatum und Adressat der Bewerbung müssen zudem genannt werden, nicht zuletzt auch die Bewerbungsfrist. In manchen Stellenanzeigen finden sich auch Angaben zur Arbeitszeit, zur tariflichen Eingruppierung, zum Einstel-lungstermin und zu einem Ansprechpartner.

2. Die eingehenden Bewerbungen müssen ordnungsgemäß registriert werden. Dazu werden sie in der Regel durchnummeriert und in eine Liste eingetragen. Es bietet sich an, hier bereits die wesentlichen Personmerkmale in Stichworten festzuhalten!

3. Die Bewerbungen werden einer ersten Sichtung unterzogen. Dabei werden die in der Stellenanzeige genannten Kriterien zugrunde gelegt.

4. Grundsätzlich geeignete Bewerber werden entweder zu einem Test oder gleich zum Vorstellungsgespräch eingeladen (entscheidend sind Betriebsgröße und Bewerberzahl).

5. Anschließend fällt der Ausbildende eine Entscheidung und legt dem Betriebsrat, ggf. auch der Vertrauensperson für schwerbehinderte Mitarbeiter, seine Entscheidung mit der Bitte um Zustimmung vor.

6. Ist die Zustimmung erteilt worden, benachrichtigt der Ausbildende den Bewerber von seiner Entscheidung.

Es hat sich bewährt, nicht allein **einen** Kandidaten zu küren, sondern eine Liste – meist bestehend aus drei Personen – aufzustellen, sodass im Falle einer Absage des Erstplatzierten auf weitere Bewerber zurückgegriffen werden kann – ohne die Stelle erneut ausschreiben zu müssen.

6.3.2.7 Auswahlkriterien

Üblicherweise bewirbt man sich auf eine Stellenausschreibung mit einer schriftlichen Bewerbung. Zwar gibt es nach wie vor auch mündliche Formen der Bewerbung, aber sie werden immer seltener und sind wohl auf Aushilfsjobs u. ä. beschränkt.

Zu den Bewerbungsunterlagen gehören standardmäßig

– ein auf die Stellenanforderungen gezielt abhebendes **Anschreiben,** in dem der Bewerber zugleich sein besonderes Interesse an eben dieser ausgeschriebenen Ausbildungsstelle bekundet, besser: begründet,

– ein **Lichtbild,** das nicht gerade dem Fotoautomaten im nächstgelegenen Bahnhof entstammt, sondern von einem Fotografen angefertigt worden ist,

– ein **Lebenslauf,** der heute nur noch selten handschriftlich verfasst, vielmehr in tabellarischer Form »maschinenschriftlich«, d. h. über ein Textsystem angefertigt wird,

– **Zeugnisse** und Bescheinigungen, soweit sie für die ausgeschriebene Stelle von Bedeutung sind.

Viele meinen, ein Hauptschulabschluss sei die Eintrittsberechtigung für eine Ausbildung in einen staatlich anerkannten Ausbildungsberuf. Das ist zwar faktisch häufig richtig, juristisch jedoch keineswegs. Nirgendwo steht geschrieben, dass ein bestimmter Schulabschluss Voraussetzung für den Abschluss eines Ausbildungsvertrages ist, sieht man beispielsweise von der Ausbildung in der Krankenpflege (mittlerer Bildungsabschluss, ersatzweise Hauptschulabschluss und abgeschlossene Berufsausbildung von mindestens zwei Jahren oder Abschluss als Krankenpflegehelfer/in, vorgeschrieben im Krankenpflegegesetz 2004) einmal ab. Wer ohne Hauptschulabschluss eine Ausbildung erfolgreich abschließt, hat damit im Regelfall auch den Hauptschulabschluss erworben! Noch einmal: Prinzipiell bedarf ein Jugendlicher zum Abschluss eines Ausbildungsvertrages nicht eines allgemein bildenden Schulabschlusses!

Tatsächlich knüpfen allerdings die meisten Ausbildenden den Abschluss eines Ausbildungsvertrages an die Bedingung »Erwerb eines Schulabschlusses«, häufig eines weiterführenden. So ist es bei vielen Dienstleistungs-Großbetrieben nicht mehr möglich, ohne überdurchschnittlichen Realschulabschluss oder Abitur zu einem Ausbildungsplatz zu gelangen.

Aus gesamtgesellschaftlicher Perspektive ist es wünschenswert, vor allem auch denjenigen eine Chance auf einen Ausbildungsplatz zu geben, die sonst ins soziale Abseits gedrängt werden. Viele Schulversager haben sich zu durchaus passablen, manche sogar zu ausgezeichneten Auszubildenden »gemausert«. Aber sie brauchten eben auch einen verständigen Ausbildenden, der ihnen die Chance einräumte, die Scharte schwacher Schulleistungen auszuwetzen.

Die drei wichtigsten Einstellungsvoraussetzungen bei den Personalverantwortlichen sind – fachliche Kompetenz ist selbstverständlich – **V**erlässlichkeit, **V**erträglichkeit (»...passt in die Belegschaft?«) und **S**elbstständigkeit. »**VVS**« gilt für Beschäftigungsverhältnisse, ist aber auch bei der Auswahl Auszubildender durchaus zu beachten!

Manche sind aus Schaden klug geworden, andere haben es von vornherein nicht anders kennengelernt: Hilfreich ist eine Kriterienliste mit den entscheidenden Auswahlgesichtspunkten, die unter denjenigen abgestimmt ist, die am Einstellungsverfahren beteiligt sind. Die Verständigung vor der ersten Durchsicht der Unterlagen schafft nicht nur Klarheit, sondern vermeidet auch spätere Problemnachbearbeitung, die daraus erwächst, dass man sich vorab nicht hinreichend ausgetauscht und verständigt hat.

Wie sehr schulische Leistungen und spätere berufliche Erfolge voneinander abweichen können, wird gern am Beispiel von Prominenten unterstrichen, die in der Schule versagten. So musste beispielsweise Winston CHURCHILL ein Schuljahr wegen ungenügender Zensuren wiederholen, Albert EINSTEIN soll es nicht besser ergangen sein.

Wie hoch oder wie niedrig die prognostische Validität von Lehrerurteilen ist, zeigen empirische Studien. Beispielsweise wurde das Eignungsurteil von Grundschullehrern über den Schulerfolg künftiger Gymnasiasten mit deren tatsächlichem Schulerfolg nach fünf Jahren Zugehörigkeit zum Gymnasium verglichen. Dabei handelte es sich um eine für die Bundesrepublik Deutschland repräsentative Stichprobe:

Von den für uneingeschränkt geeignet befundenen Schülern erreichten 52 % die Versetzung in die 10. Klasse des Gymnasiums. Von den als nicht geeignet Eingeschätzten schafften immerhin noch 16,7 % die Versetzung in die 10. Klasse. Hätte nun das Urteil der Grundschullehrer die Entscheidung über den Weg zum Gymnasium bedeutet, so wäre immerhin einem Sechstel der Schüler ungerechtfertigterweise der Weg zum Abitur verstellt worden.

Schulnoten sind mit den verschiedenen Funktionen, die sie gleichzeitig erfüllen sollen – Kontrolle, Motivierung, Dokumentation, Prognose – überfrachtet; Lehrer sind in der Regel keine geschulten Diagnostiker. Ihre Instrumente sind sozialwissenschaftlich höchst fragwürdig. Insofern bieten Schulnoten bestenfalls Anhaltspunkte für die Einschätzung der damit ausgestatteten Persönlichkeiten. Sie entbinden aber den Ausbilder nicht davon, sich ein eigenes Urteil aufgrund persönlicher Eindrücke zu bilden.

Aufschlussreiches Fazit amerikanischer Erfahrungen in der wissenschaftlichen Auseinandersetzung mit der Eignungsdiagnostik:

»Der ökonomische Wert des Gewinns durch verbesserte Einstellungsmethoden ist 1. normalerweise recht groß, und 2. ist dieser Gewinn zur Größe des Validitätszuwachses direkt proportional, wenn man von den alten zu neuen Auswahlverfahren übergeht.« (SCHMIDT/HUNTER 1998, S. 21)

6.3.3 Ergebnisse auswerten

Es gibt keine Eignung an sich, sondern nur eine »Eignung für etwas«. Die Eignung eines Menschen für einen bestimmten Beruf kann mithin nur festgestellt werden, indem man Ausbildungsberuf und Jugendlichen zueinander in Beziehung setzt.

Neudeutsch nennt man das »Matching«: Anforderungsprofil und Fähigkeitsprofil werden übereinandergelegt. Aus dieser »Deckungsanalyse« schälen sich dann geeignete Bewerber heraus. Welche besonderen Anforderungen verlangt das Berufsbild in Bezug auf Intelligenz, Persönlichkeitsstruktur und körperliche Leistungsfähigkeit eines Bewerbers? Diese Frage kann man nicht generell beantworten, weil die Anforderungen in den einzelnen Berufen und Betrieben sehr unterschiedlich sind und sich die Berufsinhalte ständig verändern.

Die Instrumente der Bewerberauswahl sind in den vergangenen Jahren stark verfeinert worden. Neben die Durchsicht der Zeugnisse und weiterer Bewerbungsunterlagen und das persönliche Gespräch sind – vor allem in Großunternehmen, in denen eine große Zahl an Bewerbern begutachtet werden muss – Einstellungstests und Assessments getreten. Das Auswahlverfahren verursacht, wie schon gesagt, oft einen erheblichen Zeit- und Kostenaufwand.

Besonders größere Unternehmen bauen, wie schon gesagt, aber oft auf Assessment Center. Grund: Sie stellen eine Mischung aus Test- und Beobachtungsverfahren dar. Beobachtet wird das Verhalten von Bewerbern in Gruppensituationen, und zwar durch mehrere unabhängig voneinander agierende Beobachter. Diesem Verfahren wird eine höhere Zuverlässigkeit zugesprochen als herkömmlichen Einstellungsgesprächen.

Der Lebenslauf ist bei Jugendlichen meist von relativ geringem Aussagewert. Das Lebensschicksal, sofern es nicht ganz außergewöhnlich verlaufen ist, ist einfach zu kurz, um wesentliche Prägemomente zu enthalten. Auch die graphologische Untersuchung der Handschrift in Bewerbungsschreiben und Lebenslauf dürfte keine brauchbaren Informationen bringen. Weder die Persönlichkeit des Jugendlichen noch seine Handschrift besitzen in der nachpubertären Phase jenen Reifegrad, der sinnvolle Rückschlüsse zuließe und damit eine gültige Aussage ermöglichte. Zudem hat sich das graphologische Urteil in einschlägigen Untersuchungen für die Bewerberauslese als vollkommen wertlos herausgestellt.

Man kann darüber streiten, wie intensiv Ausbilder über Ziele, Inhalte und Aufbau des Bildungswesens in der Bundesrepublik Deutschland informiert sein müssen. Dass sie ein solides Grundwissen besitzen sollten, um die schulische Herkunft und Leistungsfähigkeit ihrer Bewerber (vor allem in der Berufsschule, die erfahrungsgemäß für viele Auszubildende die Hürde darstellt) valide beurteilen zu können, steht außer Frage. Dieses Wissen hilft ihnen, den Kenntnisstand und das Leistungsvermögen der Auszubildenden einzuschätzen, die ja immer schon eine bestimmte Schullaufbahn hinter sich haben. Außerdem können sie Jugendliche mit bestimmten Begabungsschwerpunkten im Hinblick auf deren Weiterbildung sachverständig beraten.

Wichtig für eine gerechte Auswahl geeigneter Bewerber ist die Systematik beim Auswahlverfahren. Die Verständigung auf Einstellungskriterien stellt einen ersten Schritt dar, die unabhängige Bewertung der Bewerbervoraussetzungen den zweiten.

7   Bewertung von Prüfungsleistungen sowie Prüfen und Prüfungsgestaltung

7.1   Methoden zur Bewertung von Lernleistungen und zur Qualifikationsfeststellung

In diesem Abschnitt werden die Auswahl von Inhalten der Lernerfolgskontrollen aufgezeigt, werden verschiedene Methoden der Lernerfolgskontrollen beschrieben sowie Formen der Lernerfolgskontrollen und deren Qualitätssicherung aufgezeigt. Ebenso werden neue Prüfungsformen erklärt.

7.1.1   Inhalte der Lernerfolgskontrolle auswählen

Lernerfolgskontrollen sind diagnostische Instrumente des Ausbilders zum Feststellen bzw. Messen und Vergleichen von Lernergebnissen. Dabei wird ein Ist-Soll-Vergleich durchgeführt, der dem Ausbilder und dem Auszubildenden zeigt, ob die Lernziele erreicht wurden. Eine entsprechende Anwendung aller Grundsätze im Ausbildungsverhältnis für Verhältnisse in der Weiterbildung (Trainer und Teilnehmer) kann ohne weiteres erfolgen.

Die Inhalte der Lernerfolgskontrollen leiten sich aus dem Ausbildungsplan, der auf der Grundlage des Ausbildungsrahmenplanes (sachliche und zeitliche Gliederung) aus der Ausbildungsordnung zu entwickeln ist, ab. In den genannten Plänen ist allerdings nicht konkret zu erkennen, welche Ausbildungsinhalte (Fertigkeiten, Kenntnisse und Fähigkeiten) die Auszubildenden am Ende einer Ausbildungseinheit gelernt haben sollen. Somit geben die aufgeführten Ausbildungsinhalte in den verschiedenen Plänen nur grobe Ausbildungsziele wieder. Deshalb sind bei der Planung und Durchführung einer Ausbildungseinheit die formulierten Ausbildungsinhalte des Ausbildungsplanes zu konkretisieren und eindeutig festzulegen. Dies wird durch die Formulierung von operationalisierten Lernzielen erreicht.

Ein **operationalisiertes Lernziel** ist nach Robert F. MAGER (1965) die präzise Formulierung (Beschreibung) des erwünschten Endverhaltens, das folgende Kriterien enthalten muss:

- Bestimmung und Bezeichnung des beobachtbaren Verhaltens, das die Auszubildenden am Ende der Ausbildungseinheit zeigen sollen,
- Beschreibung der notwendigen Bedingungen (erlaubte und verbotene Arbeitsmittel), unter denen die Verhaltensänderung erfolgen soll,
- Bestimmung des Bewertungsmaßstabes (vgl. MAGER 1965, S. 43 und 53).

Folglich beschreibt ein operationalisiertes Lernziel präzise das gewünschte Endverhalten des Auszubildenden und dessen nähere Bestimmung sowie die Angabe des Beurteilungsmaßstabes, der es überprüfbar und somit auch bewertbar macht.

Beispiele von operationalisierten Lernzielen (nach Robert F. MAGER):

- *Die Auszubildende soll mit einem Personalcomputer (PC) 200 Anschläge pro Minute im Zehnfingerblindschreibsystem mit maximal 1 % Fehlern schreiben können.*

- *Die Auszubildenden sollen mit Hilfe eines Tabellenbuches innerhalb von 5 Minuten 6 konzentrische Stecker für elektroakustische Anlagen aufschreiben können.*

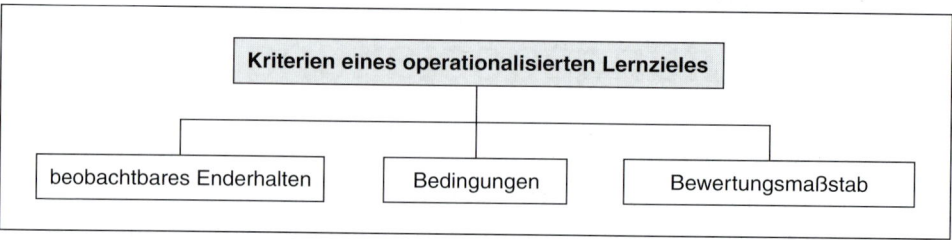

Kriterien eines operationalisierten Lernzieles

Mit präzisen Lernzielformulierungen können pädagogisch sinnvolle Lernerfolgskontrollen durchgeführt werden, um festzustellen, ob die vom Ausbilder erwarteten Lernziele erreicht wurden oder nicht. Deshalb müssen die Lernziele überprüfbar (messbar) sein, indem sie die Voraussetzungen und den Bewertungsmaßstab enthalten, um das gewünschte Endverhalten messen, d. h bewerten bzw. benoten zu können. Folglich sind Lernziele nützliche Werkzeuge für die Planung, Durchführung und Kontrolle (Evaluation) einer Ausbildungseinheit.

Im Ausbildungsrahmenplan (sachliche und zeitliche Gliederung) sind die während der Berufsausbildung zu vermittelnden inhaltliche **Mindeststandards** (Ausbildungsinhalte) aufgeführt. Daneben kann die Ausbildungsordnung vorsehen, dass über die vorgeschriebenen Inhalte des Ausbildungsberufsbildes **Zusatzqualifikationen** aufgenommen werden, um die berufliche Handlungsfähigkeit der Auszubildenden zu ergänzen oder zu erweitern (vgl. § 5 Abs. 2 Nr. 5 Berufsbildungsgesetz – BBiG). Ebenso besteht die Möglichkeit zusätzlich **besondere Kompetenzen,** wie beispielsweise PC-Kenntnisse und Fremdsprachen, zu vermitteln, die im Ausbildungsrahmenplan nicht vorgesehen sind. Solche zusätzlichen Qualifikationen werden auch oft im ergänzenden Berufsschulunterricht oder in Betrieben sowie von überbetrieblichen Bildungseinrichtungen vermittelt. Damit können die Auszubildenden individuell gefördert werden. Die Zertifizierung der Zusatzqualifikationen erfolgt beispielsweise durch gesonderte Zeugnisse und Teilnahmebescheinigungen sowie Vermerke im Ausbildungszeugnis und im Zeugnis der Berufsschule. Die zusätzlich erworbenen beruflichen Fertigkeiten, Kenntnisse und Fähigkeiten können auch von einem Prüfungsausschuss gesondert geprüft und bescheinigt werden. Diese gesonderte Prüfung hat jedoch keinen Einfluss auf das Ergebnis der Abschlussprüfung (vgl. § 49 BBiG).

Die meisten Zusatzqualifikationen werden von Berufsschulen, gefolgt von den Ausbildungsbetrieben angeboten. Weitere Anbieter von Zusatzqualifikationen sind beispielsweise:

- Industrie- und Handelskammern,

- Handwerkskammern,

- Öffentliche Institutionen (Leonardo usw.),

- Bildungseinrichtungen von (Fach-)verbänden oder Gewerkschaften.

Die angebotenen Zusatzqualifikationen sind vielfältig und unterscheiden sich bezüglich der Organisation, z. B. innerhalb und/oder außerhalb der regulären Ausbildungszeit, und des zeitlichen Umfangs.

Folgende Zusatzqualifikationen werden beispielsweise angeboten:

- Europäischer Computerführerschein ECDL (European Computer Driving Licence),

- Fachhochschulreife,

- Fortbildung zur Elektrofachkraft für festgelegte Tätigkeiten,

- Fremdsprachen,

- Fluggerätmechanik Teil 66 CAT A (Bestandteil der neuen Ausbildungsordnung zum Fluggerätmechaniker),

- Grundlagen des Qualitätsmanagement,

- Methoden- und Sozialkompetenz,

- Teamorientierte Berufsausbildung.

Das Bundesinstitut für Berufsbildung (BBIB) hat eine Datenbank »AusbildungPlus« eingerichtet, in der bundesweit über 2.200 Modelle von Zusatzqualifikationen erfasst sind und in der entsprechend recherchiert werden kann.

Die Internetadresse lautet: www.ausbildungplus.de

Nach dem BBiG sind auch informell erworbene Kompetenzen für die Zulassung zur Abschlussprüfung (so genannte Externenprüfung) anzuerkennen. Danach kann Berufstätigen mit einer einschlägigen beruflichen Tätigkeit, die mindestens das Eineinhalbfache der Zeit, die als Ausbildungszeit vorgeschrieben ist, diese als gleichwertige Berufsausbildung in dem entsprechenden Beruf zuerkannt werden. Zu den anrechnungsfähigen Zeiten zählen nicht nur die praktischen Tätigkeiten in einem einschlägigen Ausbildungsberuf, sondern auch Ausbildungszeiten in einem anderen einschlägigen Ausbildungsberuf (vgl. § 45 Abs. 2 BBiG und gleichgerichtet § 37 Abs. 2 Handwerksordnung – HwO).

Auszubildende, Studierende und/oder Arbeitssuchende können mit dem **Europass,** einem Service der Europäischen Kommission, ihre formal festgelegten Ausbildungsabschlüsse oder die informell erworbenen Kompetenzen (Qualifikationen) europaweit verständlich darstellen. Mit unterschiedlichen Dokumenten (Bausteinen) können die im In- und Ausland gesammelten Lern- und Arbeitserfahrungen dokumentiert sowie die persönlichen Fähigkeiten, Kompetenzen und Qualifikationen in verständlicher und nachvollziehbarer Form präsentiert werden. Die vorhandenen Qualifikationen einzelner Personen erfassen die verschiedenen **Europass-Dokumente,** die lebenslang ergänzt werden können. Ebenso erleichtern sie die Vergleichbarkeit im europäischen Kontext.

Folgende Europass-Dokumente sind verfügbar:

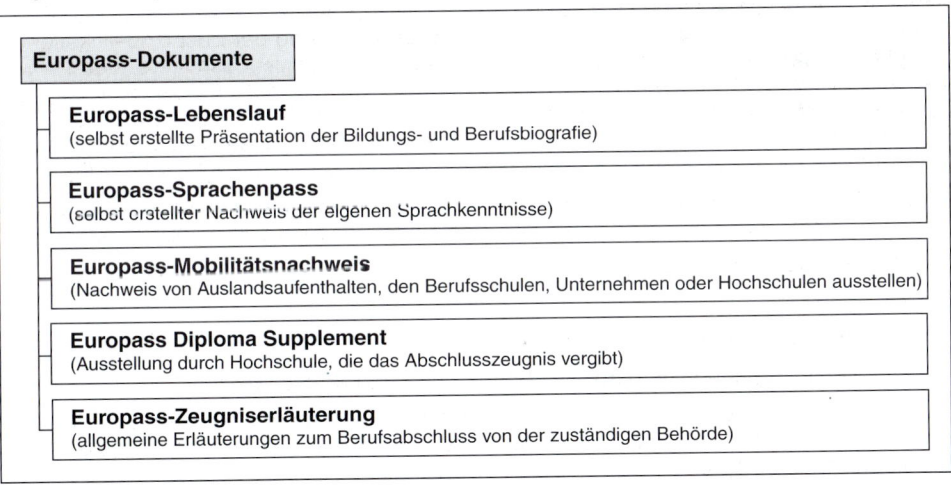

Europass-Dokumente

Auskünfte über den Europass erteilt die »Nationale Agentur Bildung für Europa« beim Bundesinstitut für Berufsbildung (NA beim BIBB).

7.1.2 Methoden der Lernerfolgskontrolle

In diesem Abschnitt werden Methoden der mündlichen, schriftlichen und praktischen Lernerfolgskontrolle beschrieben.

7.1.2.1 Mündliche Lernerfolgskontrollen

Mit mündlichen Lernerfolgskontrollen werden Kenntnisse (Wissen) der Auszubildenden überprüft, wobei es folgende Möglichkeiten gibt:

- **Wissensfragen:** Abfragen von Kenntnissen.
- **Fallbeispiele:** Schilderungen von praktischen Fällen, deren Lösungen anschließend besprochen (ausgewertet) werden.
- **Rollenspiele:** Üben und Feststellen kommunikativer Fähigkeiten, z. B. mit Verkaufsgesprächen.
- **Referate:** Vorträge über fachbezogene Themen, die 15 – 20 Minuten nicht übersteigen sollten, um den mündlichen Ausdruck der Auszubildenden zu fördern. Gleichzeitig können dabei fachliche Missverständnisse sowie Fehler aufgedeckt und korrigiert werden.

7.1.2.2 Schriftliche Lernerfolgskontrollen

Mit Hilfe von schriftlichen Lernerfolgskontrollen können **Kenntnisse** überprüft werden, wobei zwischen folgenden Aufgabenformen unterschieden wird:

- **Ungebundene oder freie Aufgaben,** bei denen die Lösung nach eigenem Ermessen frei zu formulieren ist, wie bei
  - **Essays oder Kurzaufsätzen:** Auf eine gestellte Frage oder zu einem gestelltes Thema ist eine kurze Antwort frei zu formulieren;
  - **Fallstudien:** Bearbeiten von komplexen Problemsituationen aus der Praxis;
  - **Klausuren:** Vorgegebene Aufgaben oder Themen sind ausführlich zu bearbeiten;
  - **Situationsaufgaben:** Konkrete berufliche Arbeitsabläufe sind zu rekonstruieren.
- **Halbgebundene Aufgaben,** bei denen die Antwortmöglichkeiten eingeschränkt sind, wie bei
  - **Lückentext-Aufgaben:** In einen vorgegebenen Text sind fehlende Wortteile oder Worte in die Textlücken zu schreiben;
  - **Ergänzungsaufgaben:** Informationslücken sind aus einem vorgegebenen Angebot zu ergänzen;
  - **Zahlen-Antwort-Aufgaben:** Die Antworten sind beispielsweise als Zahl zu schreiben.
- **Gebundenen Aufgaben:** Bei dieser Aufgabenform sind die Antwortmöglichkeiten vorgegeben, wie bei
  - **Alternativ-Aufgaben:** Die Antwortmöglichkeiten sind bereits vorgegeben, z. B. »ja« und »nein« oder »richtig« und »falsch«;
  - **Mehrfach-Antwortaufgaben (Multiple-Choice-Aufgaben):** Aus mehreren vorgegebenen Antwortalternativen ist die richtige oder beste Antwort bzw. sind die richtigen oder die »besten« Antworten anzukreuzen;

– **Reihenfolgeaufgaben:** Die vorgegebenen Elemente sind in eine logische Folge zu bringen, z. B. mit Hilfe von Zahlen;

– **Zuordnungsaufgaben:** Vorgegebene Antwortmöglichkeiten sind vorgegebenen Gruppen oder Elementen zuzuordnen.

7.1.2.3   Praktische Lernerfolgskontrollen

Mit praktischen Lernerfolgskontrollen werden **Fertigkeiten** überprüft. Hierzu können folgende Formen eingesetzt werden:

- **Arbeitsaufträge:** Bearbeiten betrieblicher Arbeitsaufträge sowie mit praxisbezogenen Unterlagen dokumentieren und auf der Grundlage der Unterlagen der bearbeiteten Aufträge ein Fachgespräch führen oder praktische Aufgaben vorbereiten, durchführen, nachbereiten und mit aufgabenspezifischen Unterlagen dokumentieren sowie hierüber Fachgespräche führen;

- **Arbeitsproben:** Feststellen von fachpraktischen Kenntnissen, Fertigkeiten und Fähigkeiten, indem beispielsweise berufstypische Aufgabenstellungen (z. B. Fehler suchen und beheben, Funktionsprüfungen an Anlagen und Geräten durchführen) bearbeitet werden;

- **Fachaufgaben:** Bearbeitung komplexer Arbeitsaufgaben im Einsatzgebiet einschließlich Erstellung von Reports als Basis für die Präsentationen und der danach anschließenden Fachgespräche;

- **Projekte:** Bearbeitung von praxisrelevanten Aufgaben, bei denen die erforderlichen fachlichen Fertigkeiten, Kenntnisse und Fähigkeiten sowie die arbeitsplatzspezifischen Schlüsselqualifikationen selbstständig anzueignen sind;

- **Übungsstücke:** Anfertigen eines typisches Werkstückes nach Vorgaben, z. B. Werkzeug oder Projekt.

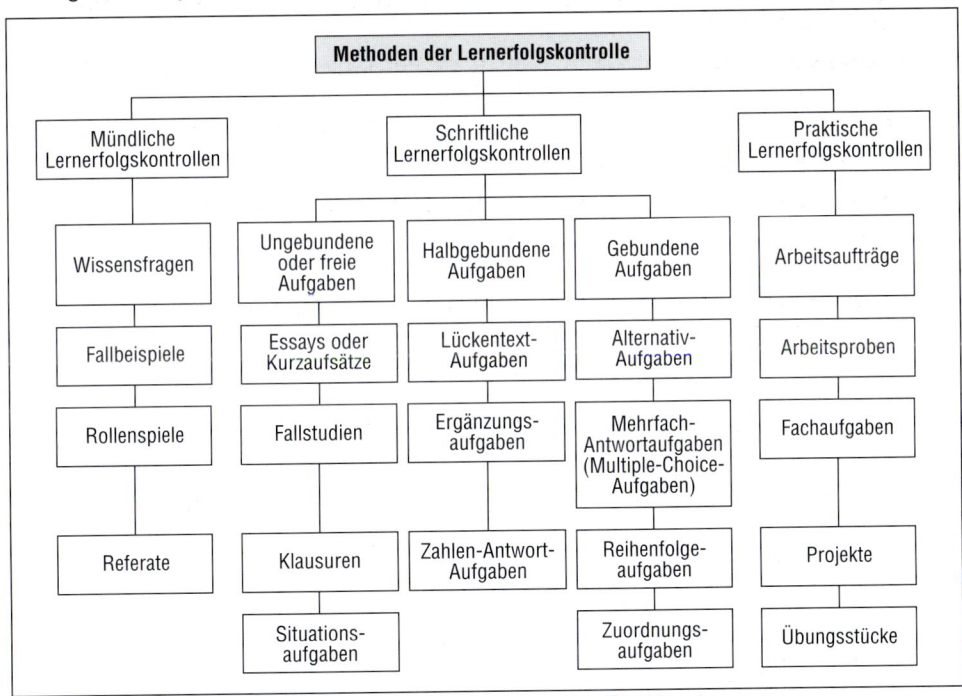

Methoden der Lernerfolgskontrolle

7.1.3 Formen der Lernerfolgskontrolle und deren Qualitätssicherung (QS)

Lernerfolgskontrollen sind testähnliche Verfahren, die ein Ausbilder für seine eigenen Zwecke entwickelt und oft nur ein Mal in seiner Ausbildungsgruppe verwendet. Sie sollen Auskunft darüber geben, in welcher Quantität und Qualität die kognitiven, affektiven und psychomotorischen Lernziele während einer durchgeführten Ausbildungsmaßnahme von den Auszubildenden erreicht wurden. Ebenso sollen sie Aussagen über die Ausbildungsmethoden liefern, die den bestmöglichen Lernerfolg der Ausbildungsgruppe garantieren. Somit sind Lernerfolgskontrollen ein Feststellen bzw. Messen und Vergleichen von Lernergebnissen, d. h. es erfolgt ein **Ist-Soll-Vergleich.** Lernerfolgskontrollen sind jedoch nur dann pädagogisch sinnvoll und aussagefähig, wenn die Auszubildenden nach einer Ausbildungsmaßnahme in ihrem Verhalten kontrolliert werden, das **im Lernziel** festgelegt ist. Folglich haben Lernerfolgskontrollen in erster Linie eine diagnostische Funktion für den Ausbilder. Ebenso zeigen sie den Auszubildenden ihren derzeitigen Ausbildungsstand auf und ermöglichen ihnen, ihre individuellen Lernaktivitäten zu überprüfen und zu steuern.

Während der gesamten betrieblichen Ausbildung sind kontinuierlich Lernerfolgskontrollen durch den Ausbilder durchzuführen, um Ausbildungsfortschritte der Auszubildenden zu erkennen. Ebenso sind Selbstkontrollen der Auszubildenden vorzusehen, um deren Qualitätsbewusstsein zu fördern. Somit dienen Lernerfolgskontrollen auch der Überprüfung von Qualifikationen.

Mit Lernerfolgskontrollen können folgende Ziele verfolgt werden:

- Auskunft über die erreichten Lernziele,
- Durchführung von Leistungsbewertungen,
- Feststellung des Ausbildungsstandes,
- Feststellung von Lerndefiziten bzw. Lernzuwächse,
- Reflexion des Ausbildungsprozesses,
- Überprüfung der didaktischen Gestaltung der Ausbildung.

Die folgende Abbildung zeigt interne und externe Lernerfolgskontrollen der Berufsbildung, die sich in der Praxis bewährt haben:

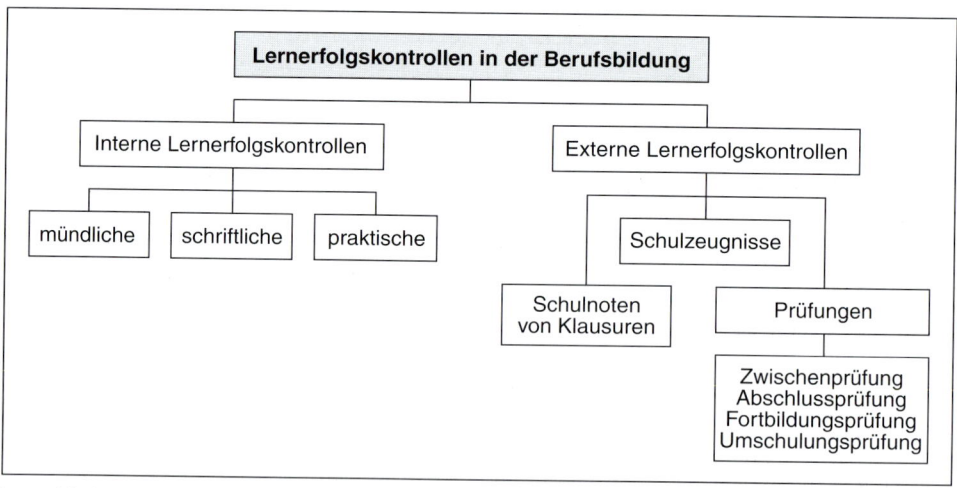

Lernerfolgskontrollen in der Berufsbildung

7.1.3.1   Interne Lernerfolgskontrollen entwickeln

In diesem Abschnitt werden Möglichkeiten zur Entwicklung von internen mündlichen, schriftlichen und praktischen Lernerfolgskontrollen sowie der Schwierigkeitsgrad und die Trennschärfe von Aufgaben beschrieben.

7.1.3.1.1   Mündliche Lernerfolgskontrollen

Bei einer mündlichen Lernerfolgskontrolle findet eine zielgerichtete Kommunikation zwischen dem Ausbilder und Auszubildenden statt, wobei der Ausbilder das Gespräch steuert. Dabei sind die Fragen vom Ausbilder so zu formulieren, dass der Auszubildende seine Fachkenntnisse nachweisen und somit seine Gedanken entwickeln kann. Die Fragen sind möglichst anhand von praktischen Beispielen zu stellen, um festzustellen, ob der Auszubildende die erwarteten Lernziele umgesetzt hat. Während des Gesprächs sollte jedoch kein Wissen abgefragt werden, das beispielsweise in Tabellenbücher und Formelsammlungen nachgelesen werden kann.

Einen großen Einfluss auf den Verlauf von mündlichen Erfolgskontrollen hat die **Art der Fragestellung.**

Bei mündlichen Lernerfolgskontrollen sind möglichst **offene Fragen** zu stellen, weil dadurch keine festen Antwortmöglichkeiten vorgegeben werden. Dies hat den Vorteil, dass sich der Auszubildende zur gestellten Frage frei äußern kann und muss. Dabei richten sich die Fragen ausschließlich auf das Ausbildungsziel. Sie beginnen mit einem Fragewort: Was, wer, wie usw. Beispiele: »Welche Vorteile hat eine E-Mail gegenüber einem Brief?« oder »Welche Vorteile haben Akkumulatoren gegenüber Zink-Kohle-Elementen?« Offene Fragen eignen sich besonders zu Beginn der mündlichen Lernerfolgskontrolle und zum Einstieg in ein neues Thema.

Mit **Ergänzungs- und Folgefragen** kann der Ausbilder einzelne Aspekte aus vorherigen Antworten des Auszubildenden vertiefen und weiterführen. Beispiele: »Welche Nachteile hat trotz der kurzen Laufzeit eine E-Mail?« oder »Für welche Texte setzen wir Medien ein?«

Mit **Sondierungsfragen** können unklare Sachverhalte aufgeklärt werden. »Können Sie das noch etwas genauer sagen, warum man eine vollständige Bewerbung nicht per E-Mail erledigen sollte?«

Die Fragen sollen wie folgt formuliert werden:

- Eindeutig,
- verständlich,
- mit kurzen und einfachen Sätzen.

Bei einer mündlichen Lernerfolgskontrolle sind folgende **Fragearten zu vermeiden:**

Kettenfragen sind eine Aneinanderreihung unterschiedlicher Fragen, die den Auszubildenden verwirren und somit eine Beantwortung für ihn fast unmöglich machen. Beispiele: »Wie viel kostet ein Standardbrief und wie lange ist in der Regel seine Laufzeit?« oder »Aus welchen Materialien bestehen Zink-Kohle-Elemente, welche Spannung liefern sie und warum ist dies so?«

Bei **Suggestivfragen** wird dem Auszubildenden eine bestimmte Meinung unterstellt. Dadurch wird er manipuliert. »Fahren Sie dieses Jahr nicht in Urlaub?« oder »Sie rauchen doch nicht etwa?"

Rhetorische Fragen beantwortet der Fragende selbst und somit verunsichert er den Auszubildenden. Beispiel: »Wollen Sie die Prüfung bestehen?«

Fangfragen, sind solche, die den Auszubildenden zu einer falschen Antwort einladen.

7.1.3.1.2 Schriftliche Lernerfolgskontrollen

Schriftliche Lernerfolgskontrollen können nicht besser als die Vorstellung des Ausbilders darüber sein, was die Auszubildenden leisten sollen. Dabei sind jedoch die Lernziele Ausgangspunkt für die Formulierung der Aufgaben und die Musterlösung ist Endpunkt für die Bewertung der Lernerfolgskontrolle.

Bei der **Erstellung** schriftlicher Lernerfolgskontrollen sind folgende Schritte zu beachten:

- Festlegung der zu prüfenden Lernziele aus dem vorgegebenen Abschnitt des behandelten Ausbildungsstoffes nach dem Ausbildungsplan;
- Konkretisierung der zugehörigen Lerninhalte;
- Wahl der geeigneten (sinntragenden, aussagekräftigen) Begriffe und Tätigkeitswörter (Operationalisierung);
- Präzise, verständliche und eindeutige Formulierung der Aufgaben unter Beachtung eines angemessenen Schwierigkeitsgrades, die den »normalen« beruflichen Anforderungen entsprechen;
- Sinnvolle Verteilung der Begriffe und Zusammenhänge auf Teilaufgaben;
- Formulierung des Informationsfeldes, z. B. Angaben zur Bearbeitungszeit und zu den erlaubten Hilfsmitteln;
- Erstellung des Aufgabenfeldes (Taxonomie beachten! Aufgabenfeld deutlich vom Informationsfeld absetzen!);
- Schätzung der Bearbeitungszeit (für manuelle Tätigkeiten wie Rechnen und Schreiben ist etwa die zwei- bis zweieinhalbfache Zeit vorzusehen, die der Ausbilder zur Lösung der Aufgaben benötigt).
- Formulierung einer Musterlösung einschließlich eines differenzierten Punktevorschlags für die Teilaufgaben, für einzelne Begriffe und Zusammenhänge sowie für einzelne Lösungsschritte;
- Festlegung der Mindestanforderungen und der Anforderungen für die verschiedenen Noten.

Eine Aufgabe ist dann **valide** (gültig), wenn sie möglichst treffsicher die Lerninhalte misst, die sie messen soll. Dies erfordert, dass

- die Aufgaben exakt auf die zu prüfenden Lerninhalte abgestimmt sein müssen,
- für die Lösung der Aufgaben Kenntnisse benötigt werden, die auch Gegenstand des Ausbildungsstoffes gewesen sind.

Bei der **Aufgabenformulierung** ist besonders darauf zu achten, dass die Aufgabenstellung von den Auszubildenden verstanden wird, damit sie die Aufgabe auch richtig beantworten (lösen) können. Deshalb ist es bei der Anfertigung einer schriftlichen Lernerfolgskontrolle wichtig

- die Aufgaben operational zu formulieren,
- die Aufgaben verständlich und eindeutig zu formulieren,
- einen einfachen Satzbau zu wählen,
- für die Auszubildenden geläufige Worte zu verwenden,
- klar und übersichtlich zu gliedern,
- weder zu knapp noch zu weitschweifig den Text zu formulieren,
- zwischen dem Informations- und dem Aufgabenteil zu unterscheiden.

Präzise Aufgabenformulierungen ermöglichen relativ objektive Lernerfolgskontrollen, wobei jedoch der pädagogische Freiraum des Ausbilders und die Eigeninitiative der Auszubildenden erheblich eingrenzt wird. Es ist allerdings nicht immer möglich, eine Aufgabe präzise in diesem Sinn zu formulieren, weil jeder Ausbilder seine persönlichen Vorstellungen und Werte in die Bewertung mit einbringt. Ferner sind in Lernerfolgskontrollen die **Voraussetzungen** (Bedingungen) aufzuführen, unter denen die Leistung erbracht werden soll, z. B. innerhalb einer vorgegebenen Bearbeitungszeit von 90 Minuten. Ebenso sind die erlaubten **Hilfsmittel**, z. B. Formelsammlungen, Formulare, Gesetzestexte, Tabellenbücher und Taschenrechner, anzugeben, die bei der Bearbeitung der Aufgaben benutzt werden dürfen.

Schriftliche Aufgaben, die nicht eindeutig formuliert sind, können

- den Ausbilder unglaubwürdig machen,

- die Auszubildenden frustrieren,

- für den Ausbilder bei der Bewertung zu Problemen führen,

- zur unverschuldeten Verfehlung der Aufgabenstellung führen.

Nicht eindeutig formulierte Aufgaben entsprechen nicht den Gütekriterien der Objektivität, Reliabilität und Validität für Lernerfolgskontrollen und Prüfungen, weil sie mehrdeutig auszuwerten sind und ungenau messen; hierzu später.

7.1.3.1.3   Praktische Lernerfolgskontrollen

Praktische Lernerfolgskontrollen, z. B. Arbeitsproben und Projekte, sind aus der betrieblichen Praxis abzuleiten, wobei der Ausbildungstand der Auszubildenden zu berücksichtigen ist. Da die Auszubildenden handlungsorientiert auszubilden sind, sollte auch bei der Entwicklung von praktischen Lernerfolgskontrollen das Modell der vollständigen Handlung (Informieren, Planen, Entscheiden, Durchführen, Kontrollieren, Bewerten) im Vordergrund stehen. Die praktische Lernerfolgskontrolle sollte aus einer berufstypischen und praxisnahen **Situationsbeschreibung** aus dem betrieblichen Alltag und einem konkreten Arbeitsauftrag bestehen. Hierfür sind auch die benötigten Dokumente, Materialien, z. B. Halbzeuge, Werkzeuge und Maschinen, bereit zu stellen. Ebenso ist für praktische Lernerfolgskontrollen eine feste Zeitvorgabe anzugeben. Vor Durchführung der Lernerfolgskontrolle ist ein **Bewertungsbogen** mit vorgegebenen Bewertungskriterien zu erstellen, anhand dessen das Arbeitsergebnis bewertet (benotet) wird.

7.1.3.2   Schwierigkeitsgrad und Trennschärfe

Der **Schwierigkeitsgrad** einer Aufgabe P_A ist der relative Anteil der von allen Auszubildenden richtig gelösten Aufgaben und den von allen Auszubildenden zu bearbeitenden Aufgaben.

$$P_A = \frac{\text{Anzahl der Auszubildenden (Prüflinge) mit richtigen Lösungen}}{\text{Anzahl der Auszubildenden (Prüflinge), die die Aufgabe zu bearbeiten hatten}} \cdot 100$$

Beispiel:

Von 20 Auszubildenden haben 14 Auszubildende die Aufgabe richtig gelöst.

$$P_A = \frac{14 \text{ Auszubildende}}{20 \text{ Auszubildende}} \cdot 100 = 70$$

Je größer der Schwierigkeitsgrad P_A ist, um so leichter ist die Aufgabe. Ein Schwierigkeitsgrad von 85 ist als »leicht«, einer von 50 als »mittelschwer« und ein Schwierigkeitsgrad von 20 oder weniger ist als »schwer« einzustufen. Aus diesem Grund sind in einem Aufgabensatz neben schweren auch mittelschwere und leichte Aufgaben zu formulieren.

Schwere Aufgaben, die von weniger als 10 % der Auszubildenden gelöst wurden (sogenannte Einserbremsen), sollten nicht verwendet werden; und deshalb sind sie nachträglich aus der Bewertung zu nehmen.

Um den Rechenaufwand gering zu halten, kann der Schwierigkeitsgrad einer Lernerfolgskontrolle P_L wie folgt errechnet werden

$$P_L = \frac{\text{erreichte Punktzahl aller Auszubildenden}}{\text{maximal erreichbare Punktzahl aller Auszubildenden}} \cdot 100$$

In einer Lernerfolgskontrolle haben alle 20 Auszubildenden zusammen 1526 Punkte erreicht, wobei jeder Auszubildende maximal 100 Punkte in der Lernerfolgskontrolle erreichen konnte.

$$P_L = \frac{1526 \text{ Punkte}}{2000 \text{ Punkte}} \cdot 100 = 76,3$$

Diese Lernerfolgskontrolle ist als leicht einzuschätzen, weil sie von 76,3 % der Auszubildenden gelöst wurde.

Diese Berechnungen beziehen sich jedoch nur auf die Auszubildenden, die an der Lernerfolgskontrolle teilgenommen haben.

Eine Aufgabe ist **trennscharf,** wenn sie von guten Auszubildenden besser beantwortet wird als von weniger guten. Deshalb sollte eine Aufgabe »nicht zu leicht und nicht zu schwer sein«, sodass sie von allen Teilnehmern gleich gut bzw. gleich schlecht beantwortet werden kann; andererseits darf sie auch nicht so schwer sein, dass die weniger guten Auszubildenden keine Chance zur Lösung erhalten.

7.1.3.3   Qualitätssicherung (QS) von Lernerfolgskontrollen

Qualitätssicherung umfasst alle Handlungen, die planend, durchführend und prüfend (kontrollierend) die Qualität der Ausbildung gewährleisten – wozu auch die Qualität der Lernerfolgskontrollen gehört.

Mit Lernerfolgskontrollen sollen **Lerndefizite und Leistungsstärken** der Auszubildenden festgestellt werden; sie sollen auch zur Motivation der Auszubildenden beitragen. Ebenso wird mit ihnen die vollständige Vermittlung der im Ausbildungsplan aufgeführten Ausbildungsinhalte kontrolliert. Damit kann sowohl der Ausbildungsplan ergänzt als auch seine Einhaltung überprüft werden. Ebenso dienen Lernerfolgskontrollen der Überprüfung der angewandten **Ausbildungsmethoden** und der eingesetzten **didaktischen Medien.** Alle diese Aspekte sollen zum erfolgreichen Ausbildungsabschluss beitragen. Deshalb sind Lernerfolgskontrollen **systematisch** einer Qualitätssicherung zu unterziehen und die Ergebnisse entsprechend auszuwerten.

Vor der Durchführung einer schriftlichen Lernerfolgskontrolle ist zur Qualitätssicherung vorab der Aufgabensatz darauf zu überprüfen, ob er die folgenden **Anforderungen** erfüllt.

Gestaltung der Lernerfolgskontrolle:
- Angemessene erlaubte Hilfsmittel,
- eindeutig spezifizierte Hilfsmittel,
- unabhängig lösbare Teilaufgaben,
- angemessene Bearbeitungszeit,

- klar und verständlich formulierte Aufgaben,
- angemessene Qualität verwendeter Abbildungen.

Aufgabenstellung:

- geeignete Aufgabenstellungen zur Erreichung des Lernziels,
- angemessene Schwierigkeit,
- unterschiedliche Taxonomiestufen,
- berufstypische praxisbezogene (authentische) Aufgaben,
- unterschiedlicher Schwierigkeitsgrad der Aufgabenstellungen,
- normgerechte Aufgabenstellungen,
- Vorhandensein der erforderlichen Informationen zur Lösung der Aufgaben,
- Urheberrechte beachtet.

Ergänzende Anforderungen an Multiple-Choice-Aufgaben:

- fünf Antwortmöglichkeiten vorgegeben,
- plausible Distraktoren (»Falsch-Antworten«),
- voneinander unabhängige Antwortmöglichkeiten,
- keine doppelten Verneinungen.

Musterlösung (Lösungsvorschlag):

- komplett,
- nachvollziehbar,
- angemessen.

Ergänzende Anforderung an gebundene Aufgaben:

Lösungsschablone vorhanden.

Bewertungsvorschlag:

- nachvollziehbar,
- angemessen.

Zusammenfassendes Ergebnis

Die Anforderungen entsprechen insgesamt dem Niveau des entsprechenden Ausbildungs-jahres.

Nach der Korrektur der Lernerfolgskontrolle sind zur **Qualitätssicherung** noch folgende Aspekte zu überprüfen.

Form der Korrektur:

- alle Lösungsteile deutlich sichtbar korrigiert,
- alle Lösungsteile bewertet,
- eindeutige Korrekturzeichen.

Durchführung der Korrektur:

• Individuelle Lösungen berücksichtigt,

• entsprechend der Musterlösung bewertet,

• nachvollziehbare und angemessene Punktvergabe.

Niveau:

Eine angemessene Bewertung der Lösungen entsprechend des Ausbildungsjahres.

7.1.3.4 Bei externen Lernerfolgskontrollen mitwirken

Ausbilder leisten als Mitglied (Prüfer) in einem Prüfungsausschuss der zuständigen Stelle (z. B. Industrie- und Handelskammer) einen bedeutenden und nachhaltigen Beitrag zur Qualitätssicherung in der Berufsausbildung im Bereich der zuständigen Stelle. Dabei überprüfen sie bei Zwischenprüfungen bzw. beim Teil 1 und Teil 2 der gestreckten Abschlussprüfungen sowie bei Abschlussprüfungen die im Ausbildungsrahmenplan (sachliche und zeitliche Gliederung) aufgeführten Fertigkeiten und Kenntnisse sowie den im Berufsschulunterricht entsprechend dem Rahmenlehrplan zu vermittelnden Lehrstoff, soweit er für die Berufsausbildung wesentlich ist. Die Prüfungsanforderungen ergeben sich aus der Ausbildungsordnung, in der Angaben über die Prüfungsform und -inhalte, die Prüfungsgebiete, die maximalen Prüfungszeiten und Gewichtungen sowie die Bestehensregelung einschließlich der Sperrfächer, festgelegt sind.

Ebenso wirken die Prüfer bei beruflichen Fortbildungsprüfungen, z. B. bei Bilanzbuchhaltern, Fachwirten, Industriemeistern und nach der Ausbilder-Eignungsverordnung (AEVO) sowie beruflichen Umschulungsprüfungen mit.

Die Prüfer entwickeln mündliche, schriftliche und praktische Prüfungsaufgaben entsprechend den Ausbildungs-, Fortbildungs- und Umschulungsordnungen – außer es sind die von einem überregional oder von einem Aufgabenerstellungsausschuss bei der zuständigen Stelle erstellte oder ausgewählte Aufgaben zu übernehmen. Ebenso erstellen Prüfer Fragen für mündliche Ergänzungsprüfungen sowie für die situativen Gesprächsphasen und Fachgespräche für die Abschlussprüfungen.

Die Prüfer erfüllen außerdem folgende **Aufgaben:**

• Bewertung von Arbeitsproben, Dokumentationen, Fachgesprächen, Präsentationen und Prüfungsstücken,

• Führung von Fach- und Prüfungsgesprächen,

• Genehmigung der Fachaufgaben,

• Genehmigung der betrieblichen Aufträge,

• Korrektur und Bewertung von Prüfungsarbeiten.

Ausbilder wirken auch bei der **Aufgabenstelle für kaufmännische Abschluss- und Zwischenprüfungen (AkA),** einer Gemeinschaftseinrichtung der Industrie- und Handelskammern, mit. Diese Einrichtung stellt Prüfungsaufgaben für kaufmännische und kaufmännisch-verwaltende Ausbildungsberufe zur gemeinsamen Verwendung durch die angeschlossenen Kammern bereit.

Auch wirken Ausbilder bei der **Prüfungsaufgaben- und Lehrmittelentwicklungsstelle** (PAL) bei der Industrie- und Handelskammer Stuttgart mit, die für mehr als 150 gewerblich-technische Berufe und Fachrichtungen aussagekräftige und an die betriebliche Praxis orientierte Prüfungsaufgaben entwickelt. Diese Aufgaben werden von den Industrie- und Handelskammern in den Zwischen- und Abschlussprüfungen eingesetzt.

Die Mitwirkung in einem Prüfungsausschuss und/oder einem Prüfungsaufgabenerstellungsausschuss wirkt sich positiv auf die Tätigkeit als Ausbilder aus, weil dieser als Multiplikator agieren kann. Dadurch kann er beispielsweise die Auszubildenden rechtzeitig über die Prüfungstermine und -orte sowie über den Prüfungsablauf und die Prüfungsgebiete besser informieren, soweit zulässig. Auch können dadurch bei den Auszubildenden die Prüfungsängste gemindert werden, weil sie ihren Ausbilder im Prüfungsausschuss kennen.

7.1.4   Neue Prüfungsformen und Entwicklungen

7.1.4.1   Gedehnte Abschlussprüfung

Die Abschlussprüfung ist beispielsweise für den Ausbildungsberuf Industriekaufmann zeitlich entzerrt; denn der schriftliche Teil der Prüfung wird zu Beginn des letzten Ausbildungshalbjahres (Mai oder November) durchgeführt und der praktische Teil (Prüfungsbereich Einsatzgebiet) findet am Ende des letzten Ausbildungshalbjahres (Juni/Juli oder Januar) statt. Deswegen wird diese Prüfungsform als »gedehnte Abschlussprüfung« bezeichnet.

In der folgenden Abbildung ist die Prüfungsstruktur der gedehnten Abschlussprüfung für den Industriekaufmann dargestellt:

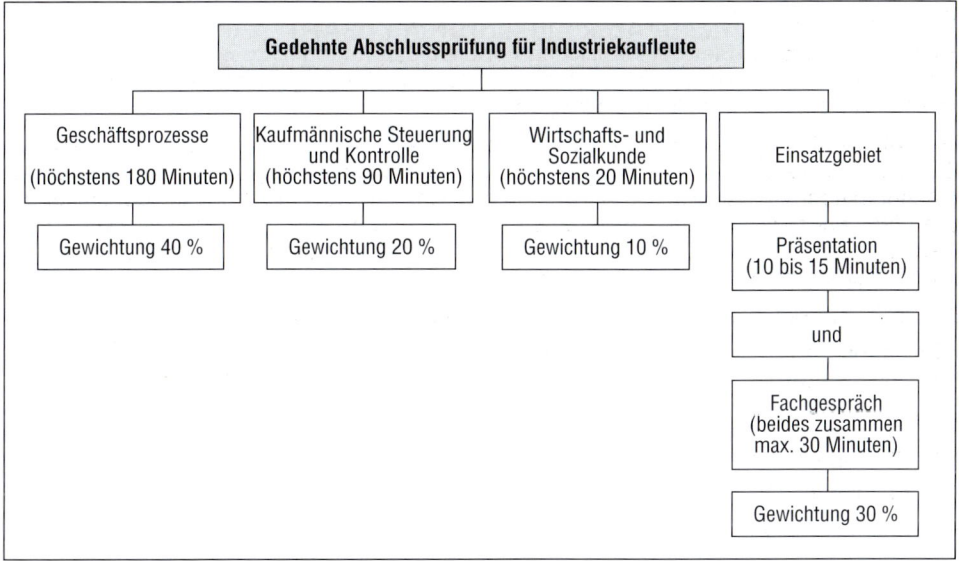

Gedehnte Abschlussprüfung für Industriekaufleute

Im Prüfungsbereich »**Geschäftsprozesse**« soll der Prüfungsteilnehmer in höchstens 180 Minuten auf Prozesse und komplexe Sachverhalte gerichtete Situationsaufgaben oder Fallbeispiele bearbeiten. Dabei soll der Prüfling zeigen, dass er Geschäftsprozesse analysieren sowie Problemlösungen ergebnis- und kundenorientiert entwickeln kann.

Hierfür kommen insbesondere folgende Gebiete in Betracht:

• Absatz und Marketing,

• Beschaffung und Bevorratung,

- Personal,
- Leistungserstellung.

Der Prüfungsteilnehmer soll im Prüfungsbereich »**Kaufmännische Steuerung und Kontrolle**« in höchstens 90 Minuten bis zu vier Aufgaben aus dem Bereich Leistungsabrechnung unter Berücksichtigung des Controllings bearbeiten. Dabei soll er zeigen, dass er Kosten erfassen, die betrieblichen Geld- und Wertströme analysieren sowie betriebswirtschaftliche **Schlussfolgerungen** daraus ableiten kann.

In höchstens 60 Minuten soll der Prüfling im Prüfungsbereich »**Wirtschafts- und Sozialkunde**« praxisbezogene Aufgaben bearbeiten. Dabei soll er zeigen, dass er allgemeine wirtschaftliche und gesellschaftliche Zusammenhänge der Berufs- und Arbeitswelt **darstellen** und **beurteilen** kann.

Der Prüfungsbereich »Einsatzgebiet« (z. B. Beschaffung und Bevorratung oder Leistungsabrechnung) besteht aus einer **Präsentation** und einem **Fachgespräch** über eine selbstständig durchgeführte Fachaufgabe im Einsatzgebiet. In der Präsentation soll der Prüfling auf der Grundlage eines Reports zeigen, dass er Sachverhalte, Abläufe und Ergebnisse der bearbeiteten Fachaufgabe **erläutern** und mit praxisüblichen Mitteln **darstellen** kann. Im Fachgespräch soll der Prüfungsteilnehmer zeigen, dass er die dargestellte Fachaufgabe in **Gesamtzusammenhänge** einordnen, Hintergründe erläutern und Ergebnisse bewerten kann. Die Präsentation und das Fachgespräch sollen zusammen höchsten 30 Minuten dauern, wobei die Präsentation zwischen 10 bis 15 Minuten dauern soll.

7.1.4.2 Gestreckte Abschlussprüfung (GAP)

Ab 2007 wurde mit den neuen Ausbildungsordnungen für die Metall- und Elektroberufe die sogenannte »gestreckte Abschlussprüfung« eingeführt, die inzwischen auch in einer Reihe von anderen Ausbildungsberufen, beispielsweise Mechatroniker und Technische Produktdesigner, eingeführt wurde. Mit dieser **neuen Prüfungsform** wurde die bisherige Zwischenprüfung aufgewertet, indem das Ergebnis in das Gesamtergebnis der Abschlussprüfung einfließt.

Nach der Ausbildungsordnung (AO) über die Berufsausbildung zum Industriemechaniker (IM) soll Teil 1 der Abschlussprüfung vor dem Ende des zweiten Ausbildungsjahres stattfinden (vgl. § 13 AO IM). Die Prüfung erstreckt sich auf die im Ausbildungsrahmenplan für das erste Ausbildungsjahr und für das dritte Ausbildungshalbjahr aufgeführten **Kern- und Fachqualifikationen** sowie auf den im Berufsschulunterricht entsprechenden Rahmenlehrplan zu vermittelnden Lehrstoff, soweit er für die Berufsausbildung wesentlich ist.

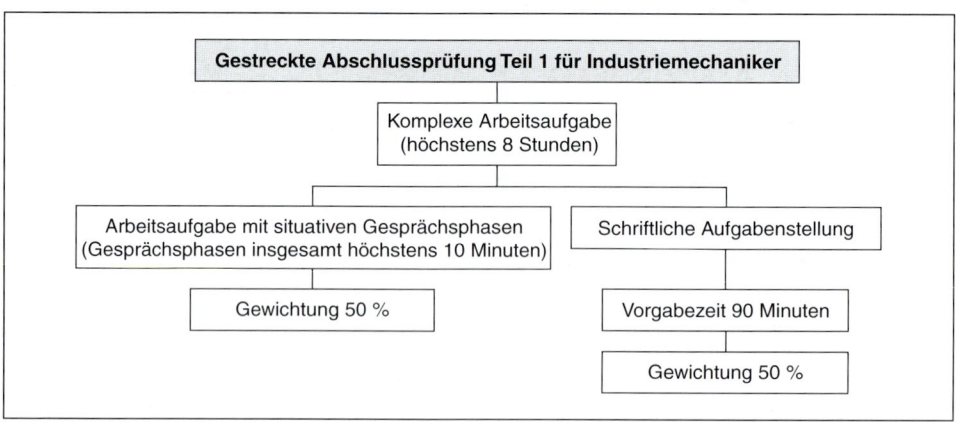

Teil 1 der Abschlussprüfung für Industriemechaniker

Die **komplexe Arbeitsaufgabe** besteht aus einer Arbeitsaufgabe mit situativen Gesprächsphasen und aus schriftlichen Aufgabenstellungen. Die Arbeitsaufgabe ist in einer Vorgabezeit von 8 Stunden durchzuführen und gliedert sich in eine Planungs-, Durchführungs- und Kontrollphase. In jeder dieser Arbeitsphasen soll ein kurzes Gespräch (situative Gesprächsphase) mit dem Prüfungsausschuss stattfinden, wobei komplexe Sachverhalte erörtert werden. Die **schriftlichen** Aufgabenstellungen sind vom Prüfling in einem Zeitraum von höchsten 90 Minuten zu bearbeiten, wobei die Aufgaben in gebundener oder ungebundener Form gestellt werden können. Die **Arbeitsaufgabe** und die schriftlichen Aufgabenstellungen fließt je zur Hälfte in das Ergebnis der Abschlussprüfung Teil 1 ein. Das Ergebnis der gestreckten Abschlussprüfung Teil 1 geht mit 40 % in das Gesamtergebnis der gestreckten Abschlussprüfung ein.

In der folgenden Abbildung ist die Prüfungsstruktur der gestreckte Abschlussprüfung Teil 2 für Industriemechaniker dargestellt.

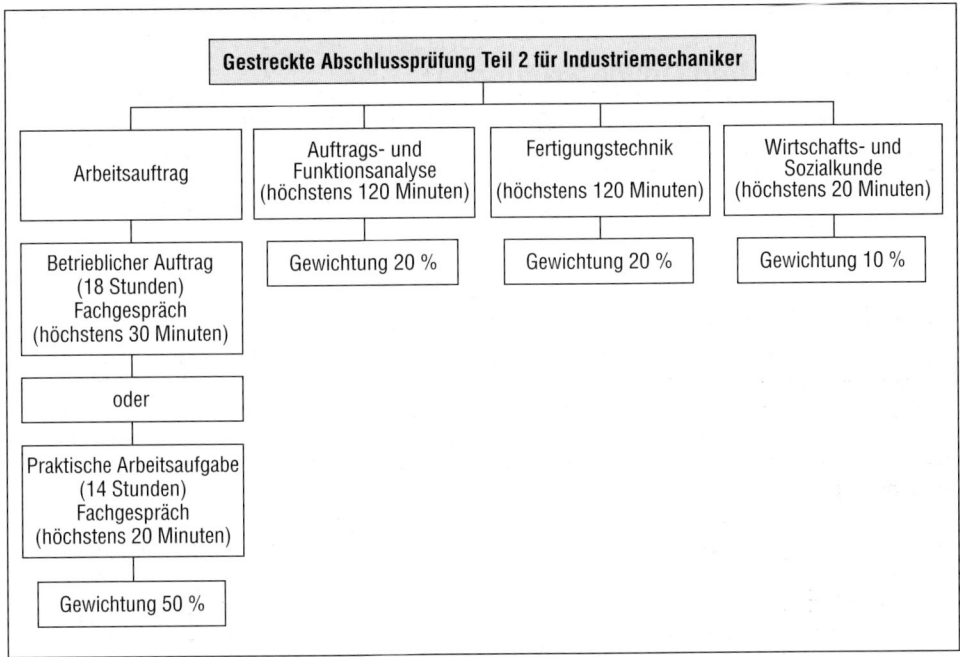

Gestreckte Abschlussprüfung Teil 2 für Industriemechaniker

Im Prüfungsbereich »**Arbeitsauftrag**« soll der Prüfling in 18 Stunden einen betrieblichen Auftrag durchführen und mit praxisbezogenen Unterlagen dokumentieren sowie ein Fachgespräch von höchstens 30 Minuten auf der Grundlage der praxisbezogenen Unterlagen des bearbeiteten betrieblichen Auftrags führen oder eine praktische Arbeitsaufgabe in 14 Stunden vorbereiten, durchführen, nachbereiten und mit aufgabenspezifischen Unterlagen dokumentieren sowie darüber ein begleitendes Fachgespräch von höchstens 20 Minuten führen. Die Prüfungsvariante wählt der Ausbildungsbetrieb aus und teilt diese dem Auszubildenden und der zuständigen Stelle mit der Prüfungsanmeldung mit.

Der Prüfling soll im Prüfungsbereich »**Auftrags- und Funktionsanalyse**« in einer Prüfungszeit von höchstens 120 Minuten technische Systeme analysieren.

Im Prüfungsbereich »**Fertigungstechnik**« soll der Prüfungsteilnehmer in einer Prüfungszeit von höchstens 120 Minuten die Herstellung technischer Systeme planen. Dabei soll er zeigen, dass er Fertigungsverfahren für die Herstellung von Bauteilen und Baugruppen beurteilen, unter Berücksichtigung technischer, wirtschaftlicher und ökonomischer Gesichtspunkte auswählen sowie technologische Daten ermitteln kann. Ebenso soll er die Mechanisierung von technischen Systemen, die Verwendung von Werk- und Hilfsstoffen, die notwendigen Arbeitsschritte planen sowie Werkzeuge und Maschinen zuordnen können.

In einer Prüfungszeit von höchstens 60 Minuten soll der Prüfling im Prüfungsbereich **»Wirtschafts- und Sozialkunde«** praxisorientierte handlungsorientierte Aufgaben bearbeiten. Dabei soll der Prüfungsteilnehmer zeigen, dass er allgemeine wirtschaftliche und gesellschaftliche Zusammenhänge der Berufs- und Arbeitswelt **darstellen** und **beurteilen** kann.

Der Prüfungsbereich »Arbeitsauftrag« fließt mit 50 %, die Prüfungsbereiche »Auftrags- und Funktionsanalyse« sowie »Fertigungstechnik« mit je 20 % und der Prüfungsbereich »Wirtschafts- und Sozialkunde« mit 10 % in das Ergebnis der gestreckten Abschlussprüfung Teil 2 ein, das wiederum zu 60 % auf das Gesamtergebnis der Abschlussprüfung eingeht.

7.1.4.3   PC- und Online-Prüfungen

Eine innovative Prüfungsmethode ist die computeruntergestützte Prüfung (PC-Prüfung) und die Online-Prüfung, bei der Aufgabenstellung, -bearbeitung und -auswertung direkt am Personalcomputer (PC) oder über das Internet erfolgen. Online bedeutet jedoch nicht, dass die Prüfung ohne Aufsicht zu Hause abgelegt wird, sondern dass die Prüfung in der Regel **unter Aufsicht** statt findet.

Verschiedene zuständige Stellen, z. B. Industrie- und Handelskammern, führen computeruntergestützte und/oder Online-Prüfungen mit fest installierten Personalcomputern und am Laptop durch, beispielsweise

- nach der Ausbilder-Eignungsverordnung (AEVO),
- zum EU-Berufskraftfahrer,
- zum Fremdsprachenkorrespondenten.

Computerunterstützte Prüfungen haben folgende **Vorteile:**

- Automatische Aufbereitung der Ergebnisse,
- automatische Erstellung von Statistiken,
- automatische und fehlerfreie Auswertung der Multiple-Choice-Aufgaben,
- eindeutige Bewertung,
- elektronische Archivierung der Aufgaben und Ergebnisse,
- erhöhte Ergebnisakzeptanz bei den Prüfungsteilnehmern durch die objektive Auswertung der Aufgaben,
- geringer Aufsichtsaufwand für Prüfer,
- geringer Auswerteaufwand,
- kein Eintragen von Lösungen an der falschen Stelle,
- kein »Entschlüsseln« von individuellen Handschriften,
- ökonomischer Prüfungsaufwand,
- schnelle Ergebnisbekanntgabe,
- Zeitersparnis durch die automatische Korrektur der Aufgabensätze,
- Qualitätssicherung durch Geheimhaltung der Prüfungsfragen, wenn diese erst am Prüfungstag freigeschaltet werden.

PC- und Online-Prüfungen haben eine hohe Durchführungs- und Auswertungsobjektivität.

7.2 Entwickeln von schriftlichen und mündlichen Lernzielkontrollen sowie Prüfungsaufgaben

In diesem Abschnitt wird die Sicherstellung der beruflichen Handlungskompetenz in Lernerfolgskontrollen und Prüfungen sowie die Entwicklung von geschäfts- und prozessorientierten Aufgaben erläutert. Ebenso werden neue Prüfungsformen ausführlich erklärt.

7.2.1 Berufliche Handlungskompetenz sicherstellen

Nach dem BBiG sind den Auszubildenden »die für die Ausübung einer qualifizierten beruflichen Tätigkeit in einer sich wandelnden Arbeitswelt [die] notwendigen beruflichen Fertigkeiten, Kenntnisse und Fähigkeiten (berufliche Handlungsfähigkeit) in einem geordneten Ausbildungsgang zu vermitteln« (§ 1 Abs. 3 BBiG). Diese Qualifikationen sollen prozessbezogen vermittelt werden, d. h. sie sollen so gelehrt werden, dass die Auszubildenden zur Ausübung eines qualifizierten Berufes befähigt werden. Diese Befähigungen sollen insbesondere das selbstständige Planen, Durchführen und Kontrollieren sowie das Handeln im betrieblichen Gesamtzusammenhang einschließen. Somit sind die Auszubildenden **ganzheitlich** und **handlungsorientiert** auszubilden.

Heinrich ROTH spricht vom Erziehungsstil »Mündigkeit« als Kompetenz für Handlungsfähigkeit, die er in die Bereiche »Selbst-, Sach- und Sozialkompetenz« unterteilt. In den Handreichungen der Kultusministerkonferenz (KMK) von 1996 entfaltet sich die Handlungsfähigkeit in den Dimensionen »Fach-, Selbst- und Sozialkompetenz«. Damit die Auszubildenden die an sie gestellten Erwartungen und Anforderungen am zukünftigen Arbeitsplatz erfüllen können, benötigen sie eine »berufliche Handlungskompetenz«. Dies ist die Fähigkeit, mit der ein Beschäftigter berufliche Aufgaben bewältigt und die sich aus der Persönlichkeits-, Sozial-, Methoden-, und Fachkompetenz zusammensetzt, wie folgende Abbildung zeigt:

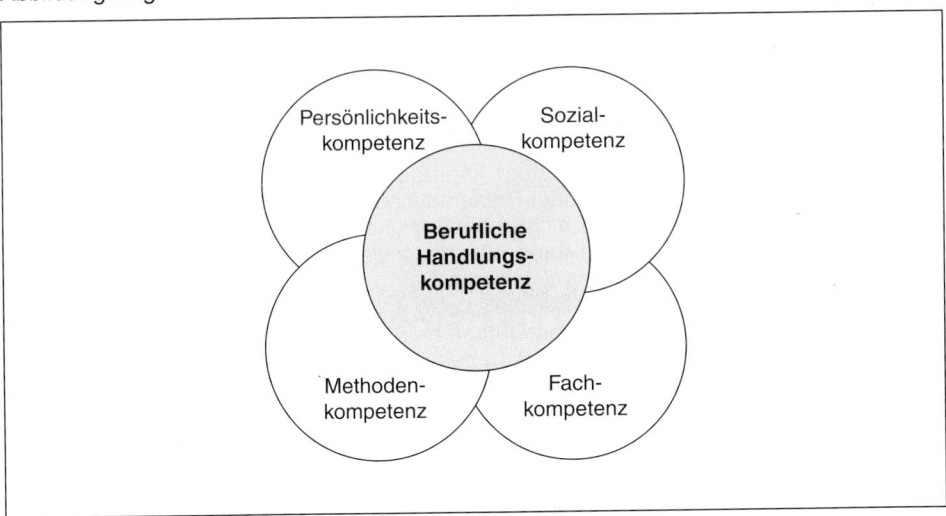

Ganzheitliches Kompetenzmodell

Persönlichkeitskompetenz: Ausdruck für das Handeln nach persönlichen und gesellschaftlichen Werten und Normen, die in der Regel nicht explizit geprüft wird;

Sozialkompetenz: Begriff für berufsübergreifende Fähigkeiten in Gruppen unterschiedlicher sozialer Struktur und Qualifikationen zusammen zu arbeiten;

Methodenkompetenz: Benennung für berufsübergreifende und berufsspezifische Fähigkeiten, selbstständig Lösungswege zur Bearbeitung von Aufgaben (z. B. betrieblicher Arbeitsauftrag) zu durchdenken und dabei verschiedene Verfahren anzuwenden;

Fachkompetenz: Bezeichnung für die Verzahnung von berufstypischen Fertigkeiten, Kenntnissen und Fähigkeiten (fachliche Qualifikationen);

An erster Stelle der Kompetenzbereiche steht die Persönlichkeitskompetenz, denn diese ist Voraussetzung zur weiteren Kompetenzentwicklung. Die einzelnen Kompetenzbereiche weisen jedoch **verschiedene Schlüsselqualifikationen** auf, d. h. sie beinhalten Fertigkeiten, Kenntnisse, Fähigkeiten und Verhaltensweisen, die von relativ hohem Allgemeinheitsgrad sind und nicht in einem unmittelbaren Bezug zu bestimmten Tätigkeiten stehen. Dabei ist jedoch zu berücksichtigen, dass die Schlüsselqualifikationen nicht immer eindeutig einem Kompetenzbereich zuzuordnen sind. Deshalb sind die Übergänge fließend, nach denen die Auszubildenden täglich handeln sollen.

Berufliche Handlungskompetenz			
Persönlichkeits- kompetenz	**Sozial- kompetenz**	**Methoden- kompetenz**	**Fach- kompetenz**
Aufgeschlossenheit Ausdauer Belastbarkeit Engagement Flexibilität Kreativität Kundenfreundlichkeit Innovationsfähigkeit Lernbereitschaft Lernfähigkeit Motivation Qualitätsorientierung Reflexibilität Selbstständigkeit Verantwortungsfähigkeit Zuverlässigkeit	Delegationsfähigkeit Hilfsbereitschaft Kommunikationsfähigkeit Konfliktfähigkeit Kooperationsfähigkeit Kundenorientierung Sensibilität Teamfähigkeit Toleranz Umweltbewusstsein Verantwortungs- bewusstsein	Entscheidungsfähigkeit Flexibilität Informationsbeschaffungs- fähigkeit Lernfähigkeit Organisationsfähigkeit Planungsfähigkeit Präsentationsfähigkeit Problemlösungsfähigkeit Prozessorientierungs- fähigkeit Transferfähigkeit	Anwendungsfähigkeit Fachliche Fertigkeiten Fachliche Kenntnisse Fachliche Fähigkeiten Dokumentationsfähigkeit Qualitätsbewusstsein Wirtschaftlichkeit

Berufliche Handlungskompetenz und ihre Inhalte

Die Persönlichkeits- und Sozialkompetenz kann nur in konkreten Handlungssituationen, z. B. Kundenberatungsgesprächen oder Präsentationen, beobachtet und beurteilt werden. Deshalb sind diese Kompetenzen nicht mündlich und schriftlich prüfbar. Mit geschäfts- und prozessbezogenen Aufgaben kann allerdings die Methoden- und Fachkompetenz mündlich und schriftlich, beispielsweise durch Bearbeiten eines Angebotes oder eines Kundenauftrages, sowie praktisch, beispielsweise anhand der systematischen Fehlersuche an Geräten oder einer effizienten Durchführung eines komplexen betrieblichen Arbeitsauftrages, geprüft werden. Dabei ist zu beachten, dass die in den einzelnen Kompetenzbereichen enthaltenen Schlüsselqualifikationen zu operationalisieren sind. Somit kann die berufliche Handlungskompetenz nur indirekt in Prüfungen festgestellt werden, indem die Prüfungsteilnehmer berufstypische Aufgaben in einem angemessenen zeitlichen Rahmen zu lösen haben. Dabei müssen sie nachweisen, dass sie geschäfts- und prozessbezogene Arbeitsaufgaben (Prüfungsaufgaben) lösen können. Anhaltspunkte für die Entwicklung und somit auch für die Bewertung von Prüfungsaufgaben sind die verschiedenen Lernzieltaxonomien, die unterschiedliche Schwierigkeiten aufweisen.

In den Ordnungsmitteln der Berufsausbildung stehen die kognitiven Lernziele im Vordergrund. Der Deutsche Bildungsrat (1970, S. 78ff.) hat im Strukturplan für das Bildungswesen eine taxonomisch strukturierte Hierarchisierung der Lernziele vorgeschlagen, wobei er folgende **vier Stufen** unterscheidet:

1. **Reproduktion** (Wissen), d. h. der Auszubildende bzw. Prüfling soll aus dem Gedächtnis ohne eigenständige Veränderungen wiedergeben können. Charakteristisch für diesen Bereich sind Aussagen wie: angeben, aufsagen, aufzählen, benennen, berichten, darstellen, nennen, schildern u. a.;

2. **Reorganisation** (Verstehen), d. h. eigene Verarbeitung und Anordnung des Lehrstoffes. Hier soll der Auszubildende bzw. Prüfling sein Wissen nicht mehr allein aus dem Gedächtnis wiedergeben können, sondern er muss sein bereits gelerntes Wissen neu ordnen und selbstständig verarbeiten können. Charakteristisch für diesen Bereich sind Aussagen wie: abgrenzen, aufstellen, beschreiben, berechnen, erklären, ordnen, unterscheiden, vergleichen u. a.;

3. **Transfer** (Anwenden), d. h. der Auszubildende bzw. Prüfling soll bereits Gelerntes auf ähnliche Aufgaben oder Situationen übertragen können. Charakteristisch für diesen Bereich sind Aussagen wie: ableiten, anfertigen, ausführen, begründen, herausfinden, konstruieren, lösen, überprüfen, zusammenstellen u. a.;

4. **Problemlösen** und **Kreativität** (Beurteilen), d. h. der Auszubildende bzw. Prüfling soll bereits erworbenes Wissen zur Problemlösung und Schaffung von Erneuerungen anwenden können. Charakteristisch für diesen Bereich sind Aussagen wie: ableiten, analysieren, begründen, bewerten, entdecken, entscheiden, entwickeln, erfinden, ermitteln, planen u. a.

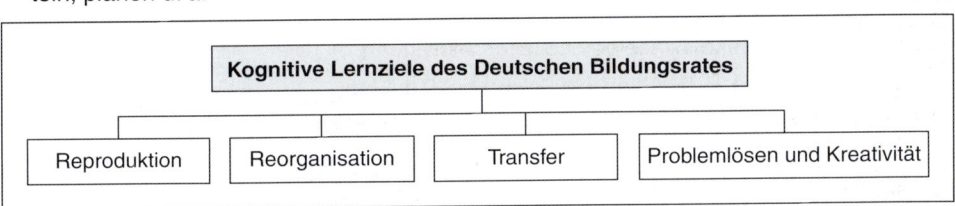

Kognitive Lernziele des Deutschen Bildungsrates

Problemtypen

Das Lösen von Aufgabenstellungen (Problemen) während der Berufsausbildung kann von Auszubildenden auf unterschiedliche Weise erfolgen. AEBLI (1981, S. 19 f.) unterscheidet folgende **drei Problemtypen:**

1. **Lücke:** Der Handlungsplan (Handlungsziel) ist lückenhaft, weil er eine fragmentarische Struktur aufweist, die es zu schließen gilt.

   Nachdem ein Auszubildender einen Arbeitsauftrag von seinem Ausbilder erhalten hat, muss er sich nach dem Modell der vollständigen Handlung in der Informationsphase alle erforderlichen Informationen beschaffen, um den Auftrag bearbeiten zu können.

2. **Widerspruch:** Der Handlungsplan ist widersprüchlich, weil er eine widersprüchliche Struktur aufweist und dies zu einem Zielkonflikt führt.

   Bei der Bearbeitung eines Arbeitsauftrages nach dem Modell der vollständigen Handlung muss sich der Auszubildende in der Entscheidungsphase für einen von mehreren (alternativen) Lösungswege entscheiden.

3. **Kompliziertheit:** Der Handlungsplan ist kompliziert, obwohl die Struktur lückenlos und widerspruchsfrei aussieht. Häufig enthält er jedoch unerkannte Lücken und Widersprüche, die zu unnötigen Wiederholungen, führen, die zu erkennen und zu beseitigen sind.

Bei der Bearbeitung eines Arbeitsauftrages nach dem Modell der vollständigen Handlung ist in der Entscheidungsphase das Wesentliche zu erkennen und Unwesentliches zu beseitigen. Es sind unnötige Wiederholungen zu vermeiden, um auf direktem Weg zur Lösung zu gelangen.

7.2.2 Geschäfts- und prozessorientierte Aufgabenstellungen entwickeln

Nach den prozessbezogenen Ausbildungsordnungen (z. B. Industriekaufmann und die neu geordneten Metallberufe) sind die Ausbildungsinhalte aus betrieblichen Prozessen (betriebliche Prozesskompetenz) abzuleiten. Ebenso ist die berufliche Prozesskompetenz, die in keinem unmittelbaren betrieblichen Zusammenhang steht, zu behandeln, weil sie in einer Vielzahl von Tätigkeiten in anderen Unternehmen anzuwenden ist. Die berufliche Prozesskompetenz wird nach der Ausbildungsordnung durch das Fachgespräch vom Prüfungsausschuss festgestellt. Deshalb ist den Auszubildenden neben der Fach-, Methoden- und Sozialkompetenz zusätzlich die betriebliche und berufliche Prozesskompetenz zu vermitteln, indem sie zum kompetenten Handeln im **betrieblichen Gesamtzusammenhang** befähigt werden.

Diese Befähigung ist auch in Prüfungen, z. B. beim betrieblichen Auftrag, nachzuweisen.

Zur Prozesskompetenz gehören

- Geschäftsprozesse, d. h. alle betrieblichen Aktivitäten,

- Leistungsprozesse, d. h. fehlerfreie Leistungserstellung,

- Arbeitsprozesse, d. h. Beschreibung betrieblicher Arbeitsschritte, Abläufe usw.

Eine praxisnahe sowie theorie- und persönlichkeitsbezogene Prüfung kann mit komplexen Arbeitsaufgaben gewährleistet werden, weil diese umfassend, ganzheitlich und problemhaltig an berufliche Handlungen angelegt sind. Dabei sollen die komplexen beruflichen Anforderungen, d. h. **sämtliche** Fertigkeiten, Kenntnisse und Fähigkeiten, in den Aufgaben repräsentiert werden. Die Arbeitsaufgaben basieren auf realen betrieblichen Aufgaben und bestehen aus schriftlichen, anschaulichen Beschreibungen der Situation mit einer konkreten »Aufgabenstellung sowie adressatengerechten Informations- und Arbeitsblättern für den Lösungsprozess« (BMBF 1998, S. 85), die von den Auszubildenden bzw. Prüflingen selbstständig bearbeitet werden können. Dabei wird die betriebliche Realität in Form von Texten, Skizzen, Grafiken und Tabellen abgebildet, wobei die Aufgabenstellung klar definierte Bearbeitungsaufträge enthält. Die Arbeitsaufgaben sind praxisnah gestaltet, wobei sie die **sechs Elemente** der vollständigen Handlung (Informieren, Planen, Entscheiden, Ausführen, Kontrollieren und Bewerten) umfassen, um die berufliche Handlungskompetenz der Auszubildenden verbindlich festzustellen. Gleichzeitig eröffnen sie den Auszubildenden bei der Bearbeitung möglichst große Handlungsspielräume.

Mit der Entwicklung und dem Einsatz von Arbeitsaufgaben sind nach SCHRÖDER folgende Schritte verbunden:

- Identifikation betrieblicher Geschäftsprozesse,

- Auswahl eines betrieblichen Arbeitsauftrages,

- Anfertigung von Arbeitsaufgaben,

- Zusammenstellung geeigneter Ausbildungsmittel,

- Evaluation der Arbeitsaufgaben nach dem Einsatz.

Die Arbeitsaufgaben sollen

- der beruflichen Praxis gerecht werden,

- typische berufliche Anforderungen erfüllen,

- von konkreten betrieblichen Aufgaben abgeleitet sein,

- in der vorgegebenen Zeit bearbeitet werden können.

Die Aufgaben sollten sich dadurch auszeichnen, dass die von den Auszubildenden und Prüflingen durchgeführten Teilaufträge **im Ganzen** betrachtet und bewertet bzw. beurteilt werden können. Für die Entwicklung von Prüfungsaufgaben sind in den einzelnen Prüfungsbereichen die entsprechenden Lernfelder des Rahmenlehrplanes zu Grunde zu legen.

Jeder Ausbilder und Prüfer muss in der Lage sein, geschäfts- und prozessorientierte Arbeitsaufgaben für Lernzielkontrollen und Prüfungen zu entwickeln bzw. zu erstellen.

7.2.3   Prüfungsformen (Prüfungsinstrumente) und deren Weiterentwicklungen

In diesem Abschnitt werden verschiedene neue Prüfungsformen (Prüfungsinstrumente) beschrieben, stets bezogen auf deren Funktion in der Prüfung.

7.2.3.1   Arbeitsaufgabe

Eine Arbeitsaufgabe besteht aus einer vom Prüfungsausschuss entwickelte berufstypischen Aufgabe, mit der **prozessrelevante Kompetenzen** bewertet werden. Ebenso kann das Arbeitsergebnis sowie die Vorgehens- und Arbeitsweise bewertet werden, wobei als Grundlage für die Bewertung die situativen Gesprächsphasen, das Fachgespräch, die Präsentation und/oder die schriftliche Aufgabe dienen. Daneben ist es möglich, die Dokumentation, praxisbezogene Unterlagen, die Beobachtung der Durchführung und die Inaugenscheinnahme des Arbeitsergebnisses in die Bewertung einzubeziehen. Sofern die Dokumentation Teil des berufstypischen Arbeitsergebnisses ist, kann auch eine eigenständige Bewertung erfolgen.

7.2.3.2   Arbeitsauftrag

Ein Arbeitsauftag ist ein Prüfungsbereich im Teil 2 der gestreckten Abschlussprüfung, der beispielsweise in den neuen industriellen Metall- und Elektroberufen aus einem **betrieblichen Auftrag** oder einer **praktischen Aufgabe** besteht.

7.2.3.3   Arbeitsprobe

Der Prüfungsteilnehmer hat eine berufstypische Arbeit durchzuführen. Dies kann beispielsweise eine Dienstleistung oder eine Instandhaltung sein, wobei die **Vorgehens- und Arbeitsweise** sowie das **Arbeitsergebnis** bewertet werden. Während der Durchführung der Arbeitsprobe ist der Prüfungsausschuss anwesend.

7.2.3.4 Aufgabenspezifische Unterlagen

Aufgabenspezifische Unterlagen sind beispielsweise vom Prüfling in der Abschlussprüfung zum Elektroniker für Geräte und Systeme während des gesamten Arbeitsauftrags zu bearbeiten oder gegebenenfalls neu zu erstellen. Die Unterlagen dienen dem Prüfungsausschuss zur Bewertung der **prozessrelevanten Kompetenzen.**

In die Bewertung können folgende Aspekte einfließen:

- Sind die Unterlagen ordentlich in einem Schnellhefter abgeheftet?
- Enthält der Schnellhefter ein Deckblatt und ein Inhaltsverzeichnis?
- Sind die Texte, Abbildungen etc. leserlich angefertigt?
- Sind die Unterlagen fachlich richtig?

7.2.3.5 Beobachtung

Die Beobachtung eines Prüfungsteilnehmers wird beispielsweise in der Abschlussprüfung zum Elektroniker für Geräte und Systeme während der Durchführung der praktischen Aufgabe durchgeführt. Dabei wird das Handeln des Prüflings vom Prüfer »unter die Lupe genommen«. Die Beobachtungsergebnisse sind zu protokollieren und werden für die Bewertung der **prozessrelevanten Kompetenzen** des Prüflings verwendet.

7.2.3.6 Betrieblicher Auftrag

Ein betrieblicher Auftrag ist ein konkreter Auftrag aus dem Einsatzgebiet des Auszubildenden, in dem **originäres berufliches Handeln** aus dem betrieblichen Alltag gefordert wird. Dabei wird ein im Ausbildungsbetrieb vorliegender Auftrag für Prüfungszwecke benutzt (Authentizität). Er wird mit praxisbezogenen Unterlagen dokumentiert und muss so angelegt sein, dass die vom Prüfling geforderten prozessorientierten Qualifikationen, d. h. die berufliche Prozesskompetenz, in Bezug zur Auftragsdurchführung im Fachgespräch angesprochen werden können. Vor der Durchführung des Auftrages ist die Aufgabenstellung einschließlich eines geplanten Bearbeitungszeitraums vom Prüfungsausschuss zu genehmigen.

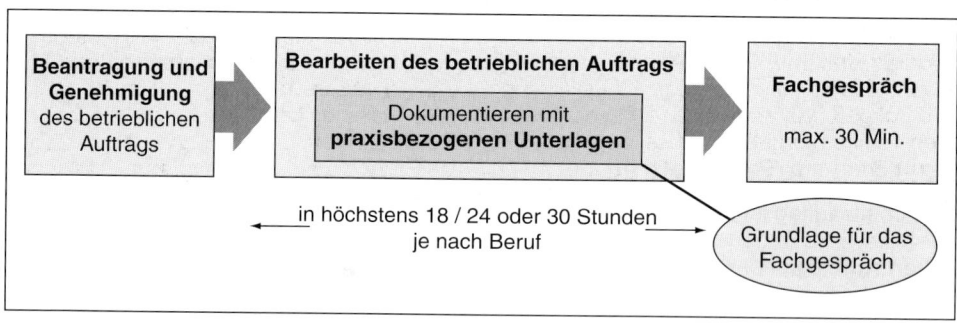

Ablauf – Betrieblicher Auftrag

(Quelle: BMBF 2006, S. 19)

7.2.3.7 Fachgespräch

Das Fachgespräch ist keine mündliche Prüfung, in der Fachwissen (Fachkenntnisse) abgefragt wird, sondern besteht aus zusammenhängenden **Frage-Antwort-Folgen.**

Dabei werden verschiedene Elemente der beruflichen Handlungskompetenz erfasst, die mit anderen Prüfungsformen nicht ohne Weiteres festgestellt werden können.

Im Fachgespräch soll der Prüfling (beispielsweise in der Abschlussprüfung zum Industriekaufmann) über eine selbstständig durchgeführte Fachaufgabe in einem Einsatzgebiet (z. B. Personalwirtschaft oder Leistungsabrechnung) zeigen, dass er **komplexe Fachaufgaben** und **ganzheitliche Geschäftsprozesse** beherrscht und Problemlösungen in der Praxis erarbeiten kann. Dabei muss er die dargestellte Fachaufgabe in Gesamtzusammenhänge einordnen, Hintergründe erläutern und Ergebnisse bewerten können. Ebenso muss er zeigen, dass er die Sachbearbeitung in einem speziellen Geschäftsfeld beherrscht.

Im Fachgespräch können folgende Fragen gestellt werden:

- Wie haben Sie sich die notwendigen Informationen beschafft?
- Welche Fehler sind aufgetreten?
- Nach welchen Kriterien haben Sie Ihren Auftrag geprüft?
- In welcher Form haben Sie die Ergebnisse dokumentiert?

Ebenso ist es möglich, Fragen zu künftigen Aufgaben und Handlungen des Prüfungsteilnehmers im angestrebten Beruf zu stellen (weitere Einzelheiten in Kapitel 11).

7.2.3.8   Auftragsbezogenes Fachgespräch

Das auftragsbezogenes Fachgespräch wird auf der Grundlage der praxisbezogenen Unterlagen des bearbeiteten betrieblichen Auftrages geführt. In ihm soll der Prüfling beispielsweise zeigen, dass er **fachbezogene Probleme** und deren Lösungen darstellen kann. Ebenso soll er die für den Auftrag relevanten fachlichen Hintergründe aufzeigen und die Vorgehensweise bei der Auftragsdurchführung begründen können. Dabei sollen die prozessrelevanten Qualifikationen im Bezug zur Auftragsdurchführung vom Prüfungsausschuss bewertet werden. Ein auftragsbezogene Fachgespräch wird im Prüfungsbereich »Arbeitsauftrag« im Teil 2 der Abschlussprüfung zum Mechatroniker von höchstens 30 Minuten geführt.

7.2.3.9   Fallbezogenes Fachgespräch

In einem fallbezogenen Fachgespräch von höchstens 15 Minuten soll beispielsweise ein Prüfungsteilnehmer in der Abschlussprüfung zum Kaufmann für Versicherungen und Finanzen in den Fachrichtungen »Versicherung und Finanzberatung« über eine selbstständig durchgeführte betriebliche Fachaufgabe zeigen, dass er komplexe Aufgaben bearbeiten, seine Vorgehensweise begründen, Problemlösungen in der Praxis erarbeiten, Hintergründe und Schnittstellen erläutern und die Ergebnisse bewerten kann. Das Gespräch wird auf der Grundlage eines **Reports** über die Durchführung der Fachaufgabe geführt.

7.2.3.10   Situatives Fachgespräch

Situative Fachgespräche von insgesamt höchstens 10 Minuten sind beispielsweise im Teil 1 der gestreckten Abschlussprüfung (GAP) zum Mechatroniker während der Arbeitsaufgabe zu führen. Ein situatives Fachgespräch von höchstens 20 Minuten ist z. B. im Prüfungsbereich »Arbeitsauftrag« während der Arbeitsaufgabe im Teil 2 der Abschlussprüfung zum Mechatroniker zu führen, wobei die **prozessrelevanten Qualifikationen** in Bezug zur Durchführung der Arbeitsaufgabe bewertet werden.

7.2.3.11   Situative Gesprächsphasen

Die situativen Gesprächsphasen sollen keine Befragung bzw. kein Fachgespräch sein, sondern eben ein Gespräch, in dem festzustellen ist, ob der Prüfling die gesamte Handlung und die Arbeitsschritte der Arbeitsaufgabe im Teil 1 der gestreckten Abschlussprüfung (GAP) verstanden hat. Also werden komplexe Sachverhalte in einer geschlossenen Erörterung behandelt, wobei der Prüfling prozessrelevante Sachverhalte innerhalb der Prüfung erläutern muss. Der Prüfer sollte dabei möglichst viele **offene Fragen** stellen, weil diese Fragen eine Vielzahl von Antworten zulassen und somit in der Regel als angemessen oder weniger angemessen zu bewerten sind. Geschlossene Fragen können ja nur als richtig oder falsch bewertet werden. Die situativen Gesprächsphasen sollen beispielsweise für die Ausbildungsberufe Industriemechaniker sowie Elektroniker für Geräte und Systeme insgesamt höchstens 10 Minuten umfassen.

In den situativen Gesprächsphasen können Sachverhalte

• zu den durchgeführten Arbeitsschritten,

• zu fachlichen Regeln,

• zu sicherheitsrelevanten Details,

• zum fachlichen Hintergrund

erörtert werden.

7.2.3.12   Kundenberatungsgespräch

In einem Kundenberatungsgespräch, einer Gesprächssimulation als **Rollenspiel,** in dem ein Prüfer einen Kunden spielt, soll der Prüfungsteilnehmer beispielsweise in der Abschlussprüfung zum Kaufmann für Versicherungen und Finanzen in den Fachrichtungen Versicherung und Finanzberatung auf der Grundlage einer von zwei von ihm zur Wahl gestellten Aufgaben in höchstens 20 Minuten zeigen, dass er Gespräche mit Kunden situationsbezogen vorbereiten, verkaufsorientiert führen und auf Kundenargumente angemessen reagieren kann. Bei der Aufgabenstellung sind produktbezogene betriebliche **Ausbildungsschwerpunkte** des Prüflings zugrunde zu legen. Nach der Aufgabenauswahl erhält der Prüfling eine Vorbereitungszeit von höchstens 15 Minuten.

7.2.3.13   Komplexe Arbeitsaufgabe

Bei einer komplexen Arbeitsaufgabe handelt es sich im Teil 1 der gestreckten Abschlussprüfung bei den neuen industriellen Metall- und Elektroberufen um eine Arbeitsaufgabe mit situativen Gesprächsphasen und schriftlichen Aufgabenstellungen (gebundene und ungebundene Aufgaben), die in einem engen thematischen und zeitlichen Bezug zueinander stehen.

7.2.3.14   Praktische Aufgabe

Die praktische Aufgabe ist eine betriebsübergreifende, überbetrieblich entwickelte Aufgabe, die mit aufgabenspezifischen Unterlagen dokumentiert und über die ein begleitendes Fachgespräch von höchstens 20 Minuten geführt wird. Damit wird die **berufliche Prozesskompetenz** anhand der aufgabenspezifischen Unterlagen und des Fachgesprächs sowie der durchgeführten Beobachtung des Prüflings durch den Prüfungsausschuss geprüft (bewertet). Die Aufgabe wird in der Regel von einem überregionalen Prüfungsausschuss (z. B. PAL – Prüfungsaufgaben- und Lehrmittel-Entwicklungsstelle bei der IHK Stuttgart) erstellt. Ebenso kann sie auch auf Kammerebene, d. h. im Bereich der zuständigen Stelle, erstellt werden.

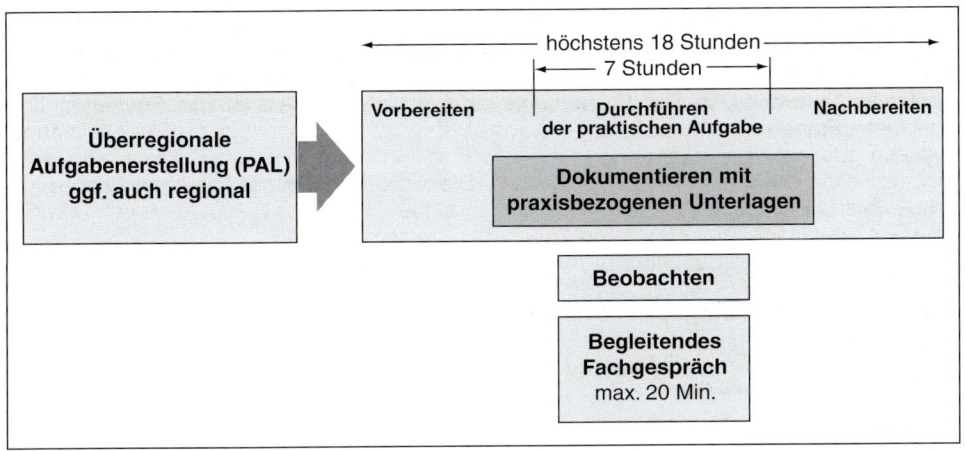

Praktische Aufgabe – Ablauf   (Quelle: BMBF 2006, S. 20)

7.2.3.15 Präsentation

Eine Präsentation ist die visuelle Darstellung von Sachverhalten, einem Projektergebnis etc. mit Unterstützung didaktischer Medien, beispielsweise Wandtafel (Whiteboard), Flipchart, Pinnwand, Arbeitsprojektor (Overheadprojektor) und Beamer. Dabei wird dem Prüfungsausschuss beispielsweise das Arbeitsergebnis in Form eines freien Vortrages anhand von Flipchart-Bildern, Pinnwand-Plakaten, Arbeitstransparenten (Overhead-Folien) und Charts (engl. »chart«: Schaubild) erläutert.

Ein Prüfling soll beispielsweise in der Abschlussprüfung zum Industriekaufmann in der 10 bis 15-minütigen Präsentation zeigen, dass er Sachverhalte, Abläufe und Ergebnisse der bearbeiteten Fachaufgabe erläutern und die Ergebnisse bewerten kann. Dabei soll er auch zeigen, dass er die Sachbearbeitung in einem speziellen Geschäftsfeld beherrscht.

Der Prüfungsausschuss erwartet vom Prüfungsteilnehmer, dass die Präsentation eine erkennbare, inhaltliche **Struktur** aufweist. Ebenso wird vorausgesetzt, dass er die didaktischen Medien während der Präsentation situationsgerecht einsetzt und dabei seine kommunikative Kompetenz beweist (siehe auch Kapitel 11).

Durch die Präsentation soll der Prüfungsteilnehmer z. B. im Teil A der Abschlussprüfung zum Fachinformatiker zeigen, dass er fachbezogene Probleme und Lösungskonzepte zielgruppengerecht darstellen, den für die Projektarbeit relevanten fachlichen Hintergrund aufzeigen sowie die Vorgehensweise im Projekt begründen kann.

7.2.3.16 Projektarbeit

Mit einer betrieblichen Projektarbeit und deren Dokumentation soll ein Prüfling z. B. im Prüfungsteil A der Abschlussprüfung zum Fachinformatiker belegen, dass er Arbeitsabläufe und Teilaufgaben zielorientiert unter Beachtung wirtschaftlicher, organisatorischer und zeitlicher Vorgaben (je nach Fachrichtung von höchstens 35 bzw. 70 Stunden) selbstständig planen und kundengerecht umsetzen sowie Dokumentationen kundengerecht anfertigen, zusammenstellen und modifizieren kann (weitere Einzelheiten in Kapitel 10).

7.2.3.17   Prüfungsstück

Der Prüfling erhält die Aufgabe, ein **berufsspezifisches Produkt** zu fertigen, wie beispielsweise ein Metall- oder Holzerzeugnis, ein kleines Computerprogramm, ein Marketingkonzept, eine technische Zeichnung oder einen Blumenstrauß. Das Arbeitsergebnis ist aus fachlicher Perspektive zu bewerten. Während des Arbeitsprozesses kontrolliert eine Aufsichtsperson, die nicht Mitglied des Prüfungsausschusses sein muss, ob der Prüfungsteilnehmer selbstständig arbeitet und keine unzulässigen Hilfsmittel verwendet.

7.2.3.18   Report

Zum Beispiel für die Abschlussprüfung zum Industriekaufmann hat der Prüfling einen höchsten fünfseitigen Report, der jedoch nicht bewertet wird, über eine **selbstständig durchgeführte Fachaufgabe** in einem Einsatzgebiet (z. B. Personalwirtschaft oder Leistungserstellung) zu erstellen, der als Basis für die Präsentation und das Fachgespräch dient. Dem Report können erläuternde Anlagen und betriebsübliche Unterlagen beigefügt werden.

Der Report soll gegliedert sein sowie die Aufgabenstellung, die Arbeitsschritte bei der Durchführung, die notwendigen Koordinierungsprozesse und das Ergebnis beinhalten. Der Ausbildende hat zu bestätigen, dass der Prüfungsteilnehmer die im Report dokumentierte Fachaufgabe im Betrieb selbstständig ausgeführt hat. Der Report ist dem Prüfungsausschuss vor der Durchführung der Prüfung zuzuleiten.

7.2.3.19   Situationsaufgabe

Eine Situationsaufgabe (gebunden oder ungebunden), wie sie beispielsweise zum Nachweis der berufs- und arbeitspädagogischen Eignung nach der Ausbilder-Eignungsverordnung (AEVO) eingesetzt wird, enthält Fragestellungen mit realen Handlungssituationen aus der betrieblichen Praxis. Eine Situationsaufgabe kann mit entsprechenden Unterlagen angereichert sein. Die Bewertung richtet sich nach der Form (gebunden oder ungebunden).

7.2.3.20   Schriftliche Aufgabe

Der Prüfungsteilnehmer bearbeitet schriftlich berufstypische Aufgaben, wie Lösungen zu einzelnen Fragen, Antworten auf Geschäftsbriefe, Bearbeiten von Stücklisten, Schaltplänen oder Betriebsanleitungen. Bewertet wird die fachliche Richtigkeit der Lösungen und das Verständnis für fachliche Zusammenhänge. Zusätzlich kann auch die Beachtung formaler Aspekte, z. B. Gliederung, Aufbau und Stil, bewertet werden, wenn beispielsweise ein Geschäftsbrief zu erstellen ist.

7.3   Gestaltung von Prüfungssituationen

In diesem Abschnitt werden Funktion und Bedeutung sowie die Qualitätsansprüche von Prüfungen beschrieben. Ebenso werden psychologische Aspekte einer Prüfungssituation und die Durchführung der Prüfung sowie die allgemeine Gestaltung einer Prüfungssituation beleuchtet.

7.3.1   Funktion und Bedeutung einer Prüfung

Während der Berufsausbildung ist nach dem BBiG »zur Ermittlung des Ausbildungsstandes eine Zwischenprüfung entsprechend der Ausbildungsordnung durchzuführen« (§ 48 Abs. 1 BBiG). Die **Teilnahme** an der Zwischenprüfung ist Voraussetzung für die Zulassung zur Abschlussprüfung (vgl. § 43 Abs. 1 Nr. 2 BBiG). Vom Gesetzgeber ist ein Bestehen oder Nichtbestehen der Zwischenprüfung aber nicht vorgesehen. Sofern die Ausbildungsordnung bestimmt, dass die Abschlussprüfung in zwei zeitlich auseinander fallenden Teilen durchgeführt wird (gestreckte Abschlussprüfung), findet keine Zwischenprüfung statt (vgl. § 48 Abs. 2 BBiG).

Ziel der **Zwischenprüfung** ist die Ermittlung des Ausbildungsstandes in der Mitte des 2. Ausbildungsjahres, um eventuell vorhandene Ausbildungsdefizite, sowohl beim Auszubildenden als auch in der Ausbildung selbst, rechtzeitig vor der Abschlussprüfung zu erkennen und um gegebenenfalls korrigierend auf die weitere Ausbildung einwirken zu können. Deshalb muss die Zwischenprüfung zu einem wesentlich differenzierteren Leistungsbild führen, als es für die Abschlussprüfung erforderlich ist. Dementsprechend ist sie auch anders gestaltet als die Abschlussprüfung, bei der die Noten der Prüfungsbereiche bescheinigt werden.

Somit hat die Zwischenprüfung eine **Rückmeldefunktion** für den Auszubildenden über seinen Leistungsstand und den Ausbilder für seinen Ausbildungserfolg.

Ebenso kann sie eine **Anreizfunktion** zur Erhöhung der Lernmotivation des Auszubildenden sein. Diesen Gesichtspunkt sollte zwar keiner der Beteiligten überschätzen; außer Acht zu lassen ist er jedoch ebenfalls nicht.

Das Ergebnis der Zwischenprüfung hat auch eine **Berichtsfunktion;** denn über die Teilnahme an der Zwischenprüfung wird eine Bescheinigung ausgestellt, die eine Feststellung über den Ausbildungsstand (Leistungsstand) enthält. Die Bescheinigung erhalten der Auszubildende, der Ausbildende, ggf. die gesetzlichen Vertreter und die Berufsschule. Für die zuständige Stelle (z. B. Industrie- und Handelskammer), dient die Bescheinigung zur Überwachung der Berufsausbildung (vgl. § 76 Abs. 1 Nr. 2 BBiG).

Durch die **Abschlussprüfung** ist nach dem Berufsbildungsgesetz (BBiG) festzustellen, ob der Prüfling die erforderlichen beruflichen Fertigkeiten beherrscht, die notwendigen beruflichen Kenntnisse und Fähigkeiten besitzt (berufliche Handlungsfähigkeit) und mit dem im Berufsschulunterricht zu vermittelnden, für die Berufsausbildung wesentlichen Lehrstoff vertraut ist, wobei die Ausbildungsordnung zugrunde zu legen ist (vgl. § 38 BBiG und § 32 HwO). Somit hat die Abschlussprüfung in erster Line eine **Berechtigungsfunktion** durch den erworbenen Berufsabschluss und für den weiteren beruflichen Aufstieg, z. B. Besuch einer weiterbildenden Schule oder Fachschule.

Ebenso kann die Abschlussprüfung eine **Klassifizierungsfunktion** als Maßstab für Fördermaßnahmen, z. B. für die Begabtenförderung sein. Die Abschlussprüfung hat allerdings auch eine Selektionsfunktion, weil eine Auslese zwischen den Prüfungsteilnehmern stattfindet.

7.3.2 Qualitätsansprüche an eine Prüfung

7.3.2.1 Hauptgütekriterien des Messens und Prüfens

In Analogie zu einem wissenschaftlichen Test ist eine Prüfung ein wissenschaftliches Routineverfahren zur Untersuchung eines oder mehrerer abgrenzbarer Merkmale (z. B. Leistung und Verhalten) mit dem Ziel einer möglichst quantitativen Aussage eines Messwertes, beispielsweise einer Note oder Punktzahl, über den relativen Grad der Merkmalsausprägung.

Zur Qualitätsprüfung von Tests wurden verschiedene Gütekriterien entwickelt, die ein guter Test nach LIENERT und RAATZ (1994, S. 7) erfüllen soll. Ebenso ist man in der Pädagogischen Diagnostik bemüht, die Güte eines Messergebnisses zu erkennen. Deshalb müssen, unabhängig vom verwendeten Erhebungsinstrument mit diagnostischer Absicht (z. B. Lernerfolgskontrollen und Prüfungen) die Gütekriterien gelten. Die **Hauptgütekriterien** sind:

- Objektivität (Unabhängigkeit),
- Reliabilität (Zuverlässigkeit),
- Validität (Gültigkeit).

7.3.2.1.1 Objektivität (Unabhängigkeit)

Basiskriterium einer Messung (Bewertung) ist die Objektivität: das Ergebnis einer Aufgabe ist möglichst unabhängig vom Prüfer (z. B. Ausbilder oder Berufsschullehrer) bzw. verschiedene Prüfer kommen bei der Bewertung einer Aufgabe zum gleichen Ergebnis. Mit anderen Worten: die Bewertung einer Aufgabe ist objektiv, wenn ein Prüfer oder wenn mehrere Prüfer beim selben Prüfling (Auszubildenden) bei der Auswertung zum gleichen Ergebnis kommen. Das Prüfungsergebniss muss unabhängig vom Prüfer sein, egal, wer die Prüfung durchführt, auswertet oder interpretiert. Wir sprechen hier auch von Durchführungs-, Auswertungs- und Interpretationsobjektivität.

Durchführungsobjektivität verlangt, dass alle Prüflinge die gleichen Rahmenbedingungen (Zeitdauer, Tageszeit, Hilfsmittel, Täuschungsmöglichkeit, Raumklima usw.) haben. Deshalb ist bei der Prüfung sicherstellen, dass alle Prüflinge den gleichen Anforderungen und gleichen Bedingungen ausgesetzt sind. Eine gute Durchführungsobjektivität kann dadurch erreicht werden, dass den Prüflingen alle Anweisungen schriftlich vorgegeben oder wörtlich vorgelesen werden.

Auswertungsobjektivität besagt, dass das Prüfungsergebnis unabhängig davon ist, welcher Prüfer die Aufgaben auswertet, d. h. dass verschiedene Prüfer zu verschiedenen Zeitpunkten die Prüfung auswerten und sie mit gleicher Bewertungs-/Punktzahl bewerten. Die Auswertung der Prüfungsaufgaben ist nicht objektiv, wenn verschiedene Prüfer zu unterschiedlichen Ergebnissen kommen. Bei Aufgaben mit Mehrfachantworten (Multiple-Choice-Aufgaben) ist die Auswertungsobjektivität maximiert, weil die Antwort vom Prüfling entweder richtig oder falsch angekreuzt ist und dadurch der Prüfer eine eindeutige Antwort erhält. Eine hohe Auswertungsobjektivität wird auch erreicht, wenn man beispielsweise für die Auswertung eine Schablone oder eine eindeutige Beispielsammlung vorsieht. Ein Prüfer kann jedoch bei der Auswertung zu einem falschen Ergebnis gelangen, wenn der Antwortbogen nicht eindeutig markiert ist oder wenn er sich bei der Addition der Einzelergebnisse verrechnet. Durch solche Fehler wird die Auswertungsobjektivität etwas geringer. Bei PC- und Online-Prüfungen sinkt die Fehlerquote bei der Auswertung von Multiple-Choice-Aufgaben, weil es dabei nur eindeutige Antworten gibt. Dadurch ist die Auswertungsobjektivität hier maximiert.

Interpretationsobjektivität liegt dann vor, wenn zwei oder mehrere Prüfer unabhängig voneinander aus dem gleichen Auswertungsergebnis den gleichen Schluss ziehen, d. h.

wenn mehrere Prüfer das gleiche Ergebnis der Auswertung gleich interpretieren. Weil aber Prüfungsergebnisse immer im Zusammenhang mit anderen Informationen interpretiert werden können, bleibt dabei ein großer subjektiver Spielraum. Deshalb ist hier besondere Vorsicht und Selbstkritik der Prüfer geboten!

7.3.2.1.2   Reliabilität (Zuverlässigkeit)

Unter Reliabilität einer Messung versteht man den Grad oder die Genauigkeit, mit der ein bestimmtes Merkmal gemessen wird. Die Reliabilität bezieht sich auf das Prüfungsergebnis, beispielsweise die Anzahl der erreichten Punkte bei einem Aufgabensatz. Als reliabel gilt eine Messung und das zugrunde liegende Messinstrument, wenn aus einer Wiederholung stets das gleiche Ergebnis resultiert. Die Reliabilität sagt jedoch nichts darüber aus, **was** gemessen (bewertet) wurde, sondern nur, **wie genau** gemessen wurde.

Der Grad der Zuverlässigkeit (Reliabilität) einer Messung und Bewertung wird durch den Reliabilitätskoeffizienten **r** bestimmt, der angibt, in welchem Maße das ermittelte Mess- und Bewertungsergebnis über denselben Prüfling unter gleichen Bedingungen übereinstimmt. Der Reliabilitätskoeffizient gibt die Höhe des Zusammenhangs zwischen zwei Ergebnissen an. Bei einem Reliabilitätskoeffizienten von $r = 1.00$ besteht zwischen den beiden Merkmalen ein perfekter Zusammenhang und bei $r = -1.00$ besteht keinerlei Zusammenhang. Eine für die Praxis geeignete Prüfung sollte eine Reliabilität von etwa .80 haben.

Um die Reliabilität einer Messung zu bestimmen, bedient man sich der folgenden Methoden, die im Rahmen der klassischen Testtheorie entwickelt wurden:

Bei der »**Retest- oder Wiederholungsmethode**« wird der gleiche Test von demselben Probanten zu unterschiedlichen Zeitpunkten bearbeitet. Anschließend wird aus beiden Ergebnissen die Korrelation ermittelt. Dies ist eine gebräuchliche Methode zur Bestimmung der zeitlichen Stabilität einer Messung, wobei sie nur sinnvoll ist, wenn Wiederholungseinflüsse wie beispielsweise Übungseffekte, die das Testergebnis verfälschen können, auszuschließen sind.

Dem Problem der Übungseffekte kann man jedoch aus dem Wege gehen, indem man die »**Split-Half- oder Testhalbierungsmethode**« anwendet. Dabei wird der Test (Aufgabensatz etc.) nur ein einziges Mal von der Versuchsperson (Prüfling) bearbeitet. Danach wird der Test in zwei Hälften aufgeteilt, beispielsweise alle Aufgaben mit geraden und alle Aufgaben mit ungeraden Nummern, und anschließend werden beide Aufgabenhälften miteinander korreliert. Diese Methode gibt Hinweise auf die Halbierungszuverlässigkeit oder die Konsistenz des Verfahrens.

Bei der »**Paralleltestmethode**« bearbeitet derselbe Proband zwei einander inhaltlich ähnelnde Tests (z. B. Form A und Form B) hintereinander und anschließend werden die Ergebnisse miteinander korreliert. Die Reliabilität ist um so größer, je genauer das Ergebnis der ersten Testdurchführung mit der zweiten Testführung übereinstimmt. Ist die Reliabilität hoch, dann messen beide Instrumente hinreichend genau. Ist sie jedoch niedrig, misst ein Test oder messen beide Tests ungenau. Es könnte aber auch sein, dass sich die Tests nicht ähneln, d. h. sie sind nicht genügend parallel! Dabei dürfte das Problem sein, zwei sich ähnelnde Test (sogenannte »parallele Tests«) zu finden. Bei Lernerfolgskontrollen kann z. B. der Inhalt (Zahlen etc.) und/oder die Reihenfolge der Aufgaben in den zwei Versionen geändert werden, ohne die formale Konstruktion des Ausgabensatzes abzuändern.

Diese Methoden liefern unterschiedliche Reliabilitätsschätzungen, weil die jeweiligen Messfehler auf unterschiedliche Ursachen zurückgehen können. Ein Reliabilitätskoeffizient, der mit der Split-Half-Methode (Halbierungsmethode) bestimmt wurde, sagt eher etwas über die instrumentelle Güte der Prüfung und über die Homogenität der Aufgaben aus. Bei heterogenen Prüfungsaufgaben liefert diese Methode meist eine Unterschätzung der Reliabilität. Die Retest-Reliabilität ist nur dann hoch, wenn das zu messende Merkmal zeitlich stabil ist, was bei Prüfungsleistungen nicht der Fall ist. Dabei ist die Homogenität der Aufgaben von geringerem Einfluss. Somit liefert ein Vergleich der verschiedenen Reliabilitätskoeffizienten Rückschlüsse auf die Güte und den Homogenitätsgrad der Prüfung sowie auf die Stabilität des Merkmals, das gemessen wurde. Dabei sollten die Stichproben, bei denen die Reliabilitätskoeffizienten ermittelt werden, genügend groß (mindestens 100 Probanden) und möglichst repräsentativ sein, was bei Prüfungen allerdings selten der Fall sein dürfte.

Die »Retest- oder Wiederholungsmethode« und die »Paralleltestmethode« sind für Prüfungen in der Praxis unbrauchbar, weil die Aufgabensätze nur einmal bearbeitet bzw. die mündlichen Fragen nur einmal von den Prüfungsteilnehmern beantwortet werden. Das bedeutet, dass sich Reliabilitäts-Prüfungen, außer der »Splithalf- oder Halbierungsmethode«, in der Praxis bei mündlichen und schriftlichen Prüfungen nicht durchführen lassen. Ebenso ist es unrealistisch, dass strukturgleiche Prüfungshälften und Prüfungsvarianten erstellt werden.

Die Reliabilität einer Messung sagt nur, wie genau gemessen wird, aber nicht was gemessen wird. Sie ist aber Voraussetzung für das **wichtigste** Gütekriterium, die Validität.

7.3.2.1.3   Validität (Gültigkeit)

Die Validität gibt den Grad der Genauigkeit an, mit dem das Messinstrument (Prüfung) auch tatsächlich das misst, das es messen soll oder zu messen vorgibt, beispielsweise Prüfungserfolg. Die Prüfung ist valide, wenn nur das bewertet wird, was auch geprüft worden ist. Dabei ist zu beachten, dass nur das geprüft werden darf, was in den Lernzielen festgelegt ist. Die Validität bezieht sich auf die Ergebnisse der jeweiligen Prüfung und deren Interpretation: eine Mathematikprüfung soll die Leistung eines Prüfungsteilnehmers in Mathematik und nicht seine Lesefähigkeit erfassen.

Auch bei der Validität werden verschiedene Aspekte unterschieden, die nachfolgend beschrieben werden:

Bei der »**Inhaltsvalidität**« wird die Gültigkeit der Prüfungsaufgaben durch die inhaltliche Analyse von Experten (Mitglieder des Prüfungsausschusses) gewährleistet, d. h. sie überprüfen, inwieweit der Aufgabesatz die Kompetenzen erfasst, welche durch die Lernziele zugrunde liegen. Die Inhaltsvalidität beruht jedoch allein auf der subjektiven Einschätzung der Mitglieder des Prüfungsausschusses bzw. des fragenden Prüfers bei mündlichen Prüfungen (außer es läge ein Fragenkatalog vor).

Die »**Konstruktvalidität**« verweist darauf, dass ein theoretisches Konzept (Modell) eines nicht direkt beobacht- und messbaren Sachverhaltes vorhanden ist, das durch eindeutig beobacht- und messbare Merkmale zu einem Begriff (z. B. berufliche Handlungskompetenz) zusammengefasst wird und anhand derer die Ergebnisse auf ihre Gültigkeit hin überprüft werden können.

Bei der »**Kriteriumsvalidität**« wird ermittelt, inwieweit die mit einem Aufgabensatz gewonnenen Daten und die auf andere Weise und/oder mit anderen Methoden ermittelnden Resultate übereinstimmen. Beispielsweise kann bei einer Mathematikprüfung die vorliegende Mathematiknote als unabhängiges Außenkriterium herangezogen werden. Liegt eine hohe Korrelation zwischen der Prüfungsnote in Mathematik und der vorliegenden Mathematiknote vor, dann wird von einer hohen Kriteriums- bzw. Übereinstimmungsvalidität gesprochen.

Bei der »**Vorhersagevalidität**« oder »prognostischen Validität« wird der Zusammenhang zwischen einer früheren und einer späteren Messung ermittelt. Sie bildet die Grundlage für alle auf Prüfungsergebnisse beruhenden Prognosen des Berufserfolges. Wird der Berufsausbildungserfolg anhand einer Prüfung prognostiziert, dann werden die Prüfungsergebnisse mit den Ergebnissen von ehemaligen Prüflingen verglichen, die bereits erfolgreich ihre Abschlussprüfung bestanden haben oder erfolgreich im Beruf stehen.

Alle Fragen der Validität sind Fragen nach der Lernzielorientierung und den Bewertungskriterien.

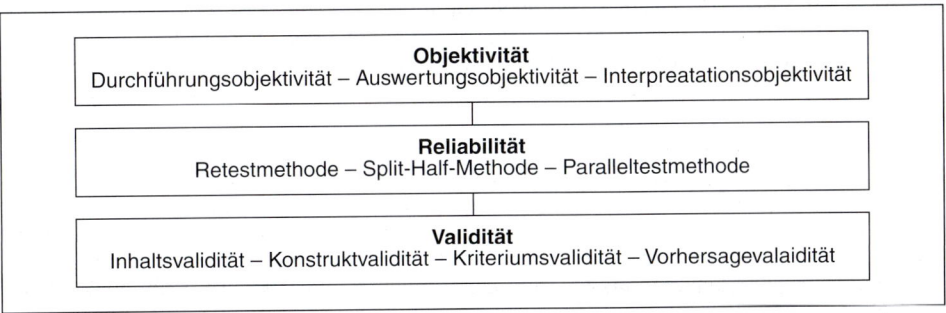

Objektivität
Durchführungsobjektivität – Auswertungsobjektivität – Interpreatationsobjektivität

Reliabilität
Retestmethode – Split-Half-Methode – Paralleltestmethode

Validität
Inhaltsvalidität – Konstruktvalidität – Kriteriumsvalidität – Vorhersagevalaidität

Hauptgütekriterien

Der Abbildung kann auf einen Blick entnommen werden, dass die Objektivität Voraussetzung für die Reliabilität und diese wiederum Voraussetzung für die Validität ist.

7.3.2.2   Nebengütekriterien

Außer den Hauptgütekriterien sind bei Prüfungen auch die Nebenkriterien »Ökonomie« und »Justiziabilität« zu beachten. »**Ökonomie**« in diesem Sinne ist gegeben, wenn der Aufgabensatz wenig Material verbraucht, einfach zu handhaben und als Gruppenprüfung durchführbar ist, sowie wenig Zeit bei der Durchführung beansprucht und in kurzer Zeit einfach ausgewertet werden kann. Erfüllt eine Prüfung alle diese Kriterien, dann ist sie auch preisgünstig in der Durchführung und Auswertung. Besonders computerunterstützte Prüfungen (PC- und Online-Prüfungen) können ökonomisch durchgeführt werden, weil sie zeitsparend bei der Auswertung und der Erstellung von Statistiken, beispielsweise zur Qualitätssicherung, sind.

»**Justiziabilität**« liegt vor, wenn Prüfungen rechtsfehlerfrei durchgeführt werden und einer gerichtlichen Überprüfung Stand halten, d. h. dass das Prüfungsverfahren von einem Gericht letztlich nicht beanstandet wird.

Computerunterstützte Prüfungen erfüllen fast alle genannten Gütekriterien gegenüber konventionellen handschriftlichen Prüfungen, wobei besonders die Objektivität durch die automatisch auswertbaren Aufgaben hoch ist.

7.3.3   Psychologische Aspekte einer Prüfungssituation

Prüfungen sind für Menschen **Ausnahmesituationen** und sind bei vielen Prüfungsteilnehmern unbeliebt; dies gilt auch für Auszubildende. Die psychische Belastung einer Prüfung spiegelt sich u. a. in »Prüfungsnervosität« und »Prüfungsangst« wieder. Diese Symptome verspüren die Prüflinge vor und/oder während der Prüfung, und sie sind meist mit körperlichen Reaktionen (z. B. erhöhter Puls, Herzklopfen, roter Kopf, Schweißhände, trockener Mund und Zittern) verbunden. Die Erscheinungen sind situationsbedingt und beeinträchtigen die Leistungsfähigkeit der Prüflinge, weil sie die Prüfungssituation mit unkalkulierbaren Faktoren, z. B. unbekannte Prüfer und Prüfungsaufgaben sowie die Konsequenzen der Prüfung, verbinden. Ebenso wirken sich die teilweise unbekannten

Prüfungsanforderungen und Bewertungskriterien sowie der unbekannte Prüfungsablauf negativ auf die körperlichen Reaktionen der Prüflinge aus. Dadurch werden bei ihnen die Ängste in der jeweiligen Prüfungssituation verstärkt. Ebenfalls können Ängste vor möglichen Misserfolgen die Motivation reduzieren.

Häufige weitere Ursachen von Prüfungsangst können

- schwierige und unüberschaubare Aufgaben,
- unfreundliche Prüfer,
- unangemessener Zeitdruck.

sein.

Die möglichen Stressfaktoren beeinflussen das Prüfungsergebnis erheblich, sodass dabei die tatsächlichen Fertigkeiten, Kenntnisse und Fähigkeiten des Prüflings nicht hinreichend festgestellt werden können.

Um die Ängste bei den Prüfungsteilnehmern zu lindern, sollte ein Prüfer u. a. folgende pädagogischen und psychologischen Fähigkeiten besitzen und einsetzen:

- Eine entspannte Prüfungsatmosphäre schaffen,
- mit erläuterten Worten die Prüfungsteilnehmer beruhigen,
- mit sachlichen Hinweisen den Prüfungsablauf aufzeigen.

Auf der anderen Seite kann der Wunsch der Prüflinge nach einem Prüfungserfolg aber auch die »intrinsische Motivation« fördern und sie dadurch zu guten Leistungen antreiben.

Das **Anforderungsniveau** der einzelnen Prüfungsaufgaben ist nach den gebräuchlichsten Taxonomien, z. B. des Deutschen Bildungsrates (Reproduktion, Reorganisation, Transfer sowie Problemlösen und Kreativität) oder den kognitive Lernzielen von Benjamin BLOOM u. a. zu formulieren, um eine höhere Objektivität zu erhalten. Außerdem müssen die Prüfungsaufgaben mit den Anforderungen der Ausbildungsordnung übereinstimmen, d. h. die ausgewählten Aufgaben müssen repräsentativ und adäquat sein.

Die Prüfungsfragen und -aufgaben sind **verständlich** zu formulieren, damit die Prüfungsteilnehmer den Inhalt schnell erfassen können und schon insoweit weniger Stress bei ihnen entsteht. Ebenso sind die Aufgaben strukturiert und übersichtlich anzufertigen, damit wichtige Informationen nicht einfach übersehen werden. Auch ist eine hohe Anzahl von Fragen und Aufgaben zu stellen, die unabhängig voneinander zu bearbeiten sind, um somit verschiedene Kompetenzen zuverlässiger prüfen zu können. Dadurch müssen sich die Prüfungsteilnehmer zwar immer wieder in neue Fragen- und Aufgabenstellungen eindenken bzw. einarbeiten. Allerdings können mit umfangreichen und komplexen Aufgabenstellungen, z. B. Situationsaufgaben, die erwarteten Kompetenzen zuverlässiger geprüft und bewertet werden.

Bei der Frage- und Aufgabenstellung ist auf die **Reihenfolge** der Aufgaben zu achten; es sollten zuerst leichte Aufgaben zu lösen sein. Anschließend können etwas schwierigere und auch umfangreichere Aufgaben gestellt werden; der Prüfungsteilnehmer ist nun mit der Prüfungssituation jetzt vertrauter. Gegen Ende des Aufgabensatzes sollten die Anforderungen wieder etwas geringer werden, weil die meisten Prüflinge ermüden und dadurch die Konzentration bei ihnen nachlässt.

Der **Schwierigkeitsgrad** der Prüfungsfragen bzw. der Aufgaben müssen den normalen beruflichen Anforderungen entsprechen. Deshalb dürfen die Aufgabenstellungen weder zu leicht noch zu schwer sein. Zumindest im Durchschnitt muss eine mittlere Anforderung gewährleistet sein.

7.3.4   Durchführung der Prüfung

Nachdem alle Prüfungsteilnehmer ihre Plätze eingenommen haben, erfolgt pünktlich die Begrüßung durch den Vorsitzenden des Prüfungsausschusses. Anschließend wird die Anwesenheit der Prüfungsteilnehmer anhand einer Teilnehmerliste festgestellt und die Prüflinge haben sich auf Verlangen des Vorsitzenden oder der Aufsichtsführung nach der Prüfungsordnung (PO) über ihre Person ausweisen. Nun sind die Prüflinge über den Prüfungsablauf, die zur Verfügung stehende Zeit, die erlaubten Arbeits- und Hilfsmittel, die Folgen von Täuschungshandlungen und Ordnungsverstößen, Rücktritt und Nichtteilnahme zu belehren, wobei auch die besonderen Verhältnisse behinderter Prüflinge zu beachten sind (vgl. §§ 16 und 21 Musterprüfungsordnung – MPO). Danach sind Fragen der Prüfungsteilnehmer zu beantworten; denn wenn während der Prüfung Fragen gestellt werden, bekommen dies erfahrungsgemäß nicht alle Prüflinge mit und die anderen Prüfungsteilnehmer können außerdem dadurch gestört werden.

Die Prüfungsunterlagen sind verdeckt auszuteilen und danach sind sie gleichzeitig von den Prüflingen aufdecken zu lassen, sodass allen Prüfungsteilnehmern die gleiche Zeit zur Bearbeitung der Aufgaben zur Verfügung steht. Der Beginn und das Ende der Prüfungszeit ist auf die Wandtafel oder auf ein Flipchart zu schreiben, damit alle Prüflinge die Abgabezeit der Prüfungsunterlagen (Aufgabensatz und Lösungsbogen etc.) jederzeit nachlesen können. Etwa 10 Minuten vor dem Prüfungsende ist dies den Prüflingen mündlich anzukündigen. Am Ende der Prüfungszeit sind alle Prüflinge zu bitten, die Prüfungsunterlagen zusammenzulegen, um diese anschließend einzusammeln. Danach sind die Prüfungsunterlagen sofort auf Vollzähligkeit und Vollständigkeit zu überprüfen. Falls ein Aufgabensatz und/oder Lösungssatz fehlt, sind die Prüfungsteilnehmer unverzüglich davon in Kenntnis zu setzen und zum Nachsuchen aufzufordern, damit dies dem Aussichtsführenden oder den korrigierenden Prüfern nicht angelastet werden kann.

7.3.5   Als Mitglied einer Prüfungskommission die Prüfungssituation gestalten

Um eine angenehme Prüfungssituation zu schaffen ist für eine gute Gestaltung des Raumes zu sorgen. Deshalb sind bei der Raumplanung die zur Verfügung stehenden Räume vorab zu überprüfen und gegebenenfalls entsprechende Änderungen daran vorzunehmen oder andere Räume einzuplanen.

Vor Beginn der **praktischen** Prüfung haben sich die Aussichtsführenden von dem einwandfreien Zustand der Arbeitsplätze sowie der erforderlichen Werkzeuge und Maschinen zu überzeugen. Der Prüfungsablauf ist so vorzubereiten, dass die Prüfungsteilnehmer ihre Aufgabenstellung reibungslos und ohne Zeitverlust erledigen können.

Der Prüfungsraum ist für **schriftliche** Prüfungen mit mehr Tischen auszustatten als die Anzahl der Prüfungsteilnehmer, damit auch die Prüfer einen Arbeitsplatz haben. Dabei soll der Abstand zwischen den Tischen mindestens 1 m betragen, damit die Prüflinge in ihrer Bewegungsfreiheit nicht eingeschränkt werden und unzulässige Kontakte unterbunden werden. Die Tische sollten zu Beginn der Prüfung bereits mit Namensschildern versehen sein, sodass jeder Prüfling seinen festen Platz während der Prüfung vorfindet.

Die Prüfung ist wegen der psychischen Anspannung der Prüfungsteilnehmer grundsätzlich pünktlich zu beginnen. Dabei ist möglichst eine entspannte Atmosphäre durch ein offenes, höfliches und freundliches Auftreten der Prüfer und Aufsichtsführenden zu schaffen.

Während der Prüfung dürfen einem Prüfling bei der Lösung der Aufgaben wegen der Gleichbehandlung keine Hinweise oder gar Hilfen vom Aufsichtsführenden gegeben werden. Dadurch würde auch die Durchführungsobjektivität der Prüfung eingeschränkt!

Bei einer **mündlichen** Prüfung (z. B. Ergänzungsprüfung) findet eine zielgerichtete Kommunikation zwischen den Mitgliedern des Prüfungsausschusses und dem Prüfling statt, wobei die Prüfer das Prüfungsgespräch natürlich steuern. Im Mittelpunkte des Gesprächs steht die Anwendung von Fachwissen, zu dem überwiegend offene Fragen zu stellen sind.

Um eine angenehme Prüfungssituation zu schaffen, ist der Prüfling vom Vorsitzenden des Prüfungsausschusses in den Prüfungsraum zu holen, wobei er mit ihm (nicht prüfungsbezogene, freundliche Worte) wechseln kann. Während der Prüfung sollten alle Gesprächsteilnehmer (Prüfling und Prüfer) um einen runden oder quadratischen Tisch sitzen, um eine entspannte und angstfreie Atmosphäre zu schaffen. Der Tisch ist mit Namensschildern des Prüflings und der Prüfer zu versehen, damit sich die Gesprächsteilnehmer mühelos ansprechen können. Ebenso sollten **alkoholfreie** Getränke zur Verfügung stehen.

Das Prüfungsgespräch beginnt der Vorsitzende, wobei er sich zuerst kurz vorstellt, die Identität des Prüflings feststellt und ihn auf die Möglichkeit des Rücktritts von der Prüfung hinweist. Anschließend bittet er die anderen Prüfer und den Prüfungsteilnehmer sich ebenfalls vorzustellen, auch um beim Prüfling einfach die Nervosität zu mindern. Danach erläutert der Vorsitzende den Prüfungsablauf.

Für den **Ablauf eines Prüfungsgesprächs** sind folgende Hinweise zu beachten:

- Den Prüfling »zum Reden bringen«, z. B. mit Fragen zu seinem Ausbildungsbetrieb, um ihm eine gewisse Sicherheit zu geben.

- Die Fragen sind kurz, prägnant und eindeutig zu formulieren, damit der Prüfungsteilnehmer weder irritiert noch überfordert wird.

- Mit leichten Fragen ist zu beginnen und allmählich sind die Anforderungen (Schwierigkeitsgrad) zu steigern, damit der Prüfling Selbstvertrauen gewinnen kann.

- Dem Prüfungsteilnehmer ist für die Beantwortung der Fragen genügend Zeit zur geben, damit er nicht überstürzt antwortet.

- Im Ansatz richtige Antworten können mit einem verbalen Lob oder mit Zunicken verstärkt werden, um dem Prüfungsteilnehmer zu zeigen, dass er »auf dem richtigen Weg« ist.

- Aus dem Gespräch soll der Prüfling erkennen, ob seine Beiträge tendenziell richtig sind.

- Bei Fragen, bei denen der Prüfling Schwierigkeiten mit der Beantwortung hat, sind diese gegebenenfalls zu wiederholen oder neu zu formulieren. Ebenso können ihm beispielsweise Antwortalternativen oder Stichworte gegeben werden. Auch hier ist ihm ausreichend Zeit zum Nachdenken zu geben.

- Bei einer falschen Antwort ist nicht mit den Worten »Falsch« oder gar »Unsinn« zu reagieren, sondern durch nochmaliges Fragen oder Nachfragen ist die Möglichkeit zur Korrektor zu geben.

- Sollte der Prüfungsteilnehmer eine Frage nicht beantworten können, ist er mit einer weiteren Frage zum Ziel hinzuführen.

- Die Prüfungszeit ist zu beachten, d. h. sie darf nicht überschritten werden.

Bei mündlichen Prüfungen gelten für Fragen dieselben Grundsätze wie bei mündlichen Lernerfolgskontrollen. Der Prüfungsplan ist unbedingt einzuhalten, damit es nicht zu zeitlichen Verzögerungen kommt und dadurch die Nervosität der noch wartenden Prüfungsteilnehmer erhöht wird.

7.4.   Bewerten von Lern- und Prüfungsleistungen

Die rechtlichen Rahmenbedingungen einer Prüfung sowie die Bewertung von Lern- und Prüfungsleistungen werden nachfolgend beschrieben. Ebenso werden wir auf die Ermittlung der Prüfungsergebnisse und die Vergleichbarkeit von erworbenen Kompetenzen eingehen.

7.4.1   Rechtliche Rahmenbedingungen einer Prüfung

Unter Prüfung wird hier die Feststellung zur Berufseignung verstanden, die bei mangelhaften Noten des Prüfungsteilnehmers (beim »Nichterreichen« des Ausbildungszieles) die freie Berufswahl oder freie Auswahl der Ausbildungsstätte nach Artikel 12 Abs. 1 Grundgesetz (GG) einschränkt. Auch oder gerade deshalb benötigen Prüfungen eine klare gesetzliche Grundlage. Infolgedessen werden Abschlussprüfungen in anerkannten Ausbildungsberufen ausschließlich nach dem BBiG und der HWO sowie der entsprechenden Prüfungsordnung (PO) durchgeführt.

7.4.1.1   Ausbildungsordnung

Als Grundlage für eine geordnete und einheitliche Berufsausbildung kann das Bundesministerium für Wirtschaft und Technologie (BMWi) oder das sonst zuständige Fachministerium im Einvernehmen mit dem Bundesministerium für Bildung und Forschung (BMBF) durch Rechtsverordnung, die nicht der Zustimmung des Bundesrates bedarf, Ausbildungsberufe staatlich anerkennen und hierfür Ausbildungsordnungen (AO) erlassen, nach denen ausgebildet werden darf (vgl. § 4 Abs. 1 und Abs. 2 BBiG). Als Rechtsverordnungen des Bundes sind die Ausbildungsordnungen für die Berufsausbildung **verbindlich** und gewährleisten somit einen bundeseinheitlichen Standard für die Berufsausbildung. In ihnen ist **mindestens** die Bezeichnung des Ausbildungsberufes, die Ausbildungsdauer, das Ausbildungsberufsbild, der Ausbildungsrahmenplan und die Prüfungsanforderungen festgelegt (vgl. § 5 Abs. 1 BBiG und § 26 HwO). Damit wird die Grundlage für eine geordnete und einheitliche Durchführung der Berufsausbildung sowie deren Anpassung an die technischen, wirtschaftlichen und gesellschaftlichen Erfordernisse und Entwicklung sichergestellt. Dadurch werden auch bundeseinheitliche Berufsausbildungen und einheitliche Prüfungsanforderungen gewährleistet. Daneben dienen die Ausbildungsordnungen, wie bereits mehrfach ausgeführt, der Kontrolle der Berufsausbildung durch die Berater der zuständigen Stelle.

7.4.1.2   Zwischenprüfung

Während der Berufsausbildung ist nach dem BBiG »zur Ermittlung des Ausbildungsstandes eine Zwischenprüfung entsprechend der Ausbildungsordnung durchzuführen« (§ 48 Abs. 1 BBiG und § 39 Abs. 1 HwO). Sie soll es ermöglichen, gegebenenfalls in die weiteren Ablauf der Ausbildung einzuwirken. Vom Gesetzgeber ist ein Bestehen oder Nichtbestehen der Zwischenprüfung nicht vorgesehen und somit kommt eine Wiederholungsprüfung auch nicht in Betracht. Die Teilnahme an der Zwischenprüfung ist jedoch, wie bereits gesagt, Voraussetzung für die Zulassung zur Abschlussprüfung (vgl. § 43 Abs. 1 Nr. 2 BBiG und 36 Abs. 1 Nr. 2 HwO). Sofern die Ausbildungsordnung vorsieht, dass die

Abschlussprüfung in zwei zeitlich auseinander fallenden Teilen durchgeführt wird (gestreckte Abschlussprüfung), findet keine Zwischenprüfung statt (vgl. § 48 Abs. 2 BBiG und § 39 Abs. 2 HwO), wie es beispielsweise bei den industriellen Metall- und Elektroberufen der Fall ist.

7.4.1.3 Abschlussprüfung

Durch die Abschlussprüfung ist nach dem BBiG festzustellen, ob der Prüfling die erforderlichen beruflichen Fertigkeiten beherrscht, die notwendigen beruflichen Kenntnisse und Fähigkeiten besitzt **(berufliche Handlungsfähigkeit)** und mit dem im Berufsschulunterricht zu vermittelnden, für die Berufsausbildung wesentlichen Lehrstoff vertraut ist, wobei die Ausbildungsordnung zugrunde zu legen ist (vgl. § 38 BBiG und § 32 HwO). Darunter ist der Lehrstoff zu verstehen, der nach dem Rahmenlehrplan von der Berufsschule zu vermitteln ist. Die berufliche Handlungsfähigkeit wird geschäfts- und prozessbezogen geprüft. Dabei sollen die Prüfungsteilnehmer die Befähigung zur Ausübung einer qualifizierten beruflichen Tätigkeit nachweisen, die insbesondere selbstständiges Planen, Durchführen und Kontrollieren sowie das Handeln im betrieblichen Gesamtzusammenhang einschließt.

7.4.1.3.1 Prüfungsausschüsse

Die zuständige Stelle, z. B. Industrie- und Handelskammer, errichtet für die Abnahme der Abschlussprüfung Prüfungsausschüsse (vgl. § 39 Abs. 1 BBiG und § 33 Abs. 1 HwO), die aus mindestens drei Mitgliedern bestehen. Die Abnahme der Abschlussprüfung durch die Prüfungsausschüsse umfasst das gesamte Prüfungsverfahren, d. h. das Erstellen und die Auswahl der Prüfungsaufgaben, die Vorbereitung und Durchführung der Prüfung sowie die Bewertung der Prüfungsleistungen. Die Mitglieder müssen für die Prüfungsgebiete sachkundig und für die Mitwirkung im Prüfungswesen geeignet sein (vgl. § 40 Abs. 1 BBiG und § 34 Abs. 1 HwO). Dies bedeutet, dass sie neben Kenntnissen der Ausbildungsordnung und des Prüfungswesens auch die **beruflichen Kompetenzen** besitzen müssen, um die Prüfungsinhalte entsprechend prüfen zu können. Ebenso müssen Prüfer für die Mitwirkung im Prüfungsausschuss persönliche Reife sowie prüfungspädagogische und -psychologische Fähigkeiten besitzen.

Dem Prüfungsausschuss müssen Beauftragte der Arbeitgeber und der Arbeitnehmer in gleicher Zahl sowie mindestens eine Lehrkraft einer berufsbildenden Schule angehören, wobei mindestens zwei Drittel der Gesamtzahl der Mitglieder Beauftragte der Arbeitgeber und der Arbeitnehmer sein müssen. Die Mitglieder haben Stellvertreter (vgl. § 40 Abs. 2 BBiG), die nur dann zum Zuge kommen, wenn ein ordentliches Mitglied verhindert ist.

Die Mitglieder und deren Stellvertreter werden von der zuständigen Stelle (z. B. Industrie- und Handelskammer) für **längstens fünf Jahre** berufen. Auf Vorschlag der im Bezirk der zuständigen Stelle bestehenden Gewerkschaften und selbstständigen Arbeitnehmervereinigungen mit sozial- und berufspolitischer Zwecksetzung werden die Beauftragen der Arbeitnehmer berufen. Im Einvernehmen mit der Schulaufsichtsbehörde (z. B. Bezirksregierung) oder der von ihr bestimmten Stelle wird der Lehrer einer berufsbildenden Schule berufen (vgl. § 40 Abs. 3 BBiG). Die Beauftragten der Arbeitgeber werden wegen mangelnder gesetzlicher Regelung von der zuständigen Stelle berufen. Für das Handwerk gibt es ähnliche Regungen (vgl. § 34 Abs. 4 HwO).

Die Tätigkeit im Prüfungsausschuss ist **ehrenamtlich.** Es wird aber für bare Auslagen und Zeitversäumnis, soweit nicht von anderer Seite erfolgt, eine angemessene Entschädigung gewährt (vgl. § 40 Abs. 4 BBiG und § 34 Abs. 7 HwO). Die Entschädigung erfolgt meistens nach dem Justizvergütungs- und -entschädigungsgesetz (JVEG). Die Mitarbeit im Prüfungsausschuss hat einen hoheitlichen, amtlichen Charakter, weil sie im öffentlichen Interesse liegt.

Die Mitglieder des Prüfungsausschusses wählen einen Vorsitzenden und einen Stellvertreter, der nicht derselben Mitgliedergruppe angehören soll (vgl. § 41 Abs.1 BBiG und § 35 HwO); dies kann auch ein Berufsschullehrer sein.

Der Prüfungsausschuss beschließt über die Noten zur Bewertung einzelner Prüfungsleistungen, der Prüfung insgesamt sowie über das Bestehen und Nichtbestehen der Abschlussprüfung (vgl. § 42 Abs. 1 BBiG und § 35a Abs. 1 HwO). Dabei gilt das Kollegialprinzip, d. h. der Prüfungsausschuss entscheidet als Ganzes. Beschlussfähig ist er, »wenn zwei Drittel der Mitglieder, mindestens drei mitwirken. Er beschießt mit der Mehrheit der abgegebenen Stimmen. Bei Stimmengleichheit gibt die Stimme des Vorsitzenden den Ausschlag« (§ 41 Abs. 2 BBiG und § 35 Abs. 1 HwO).

7.4.1.3.2   Zulassung zur Abschlussprüfung

Im Regelfall ist zur Abschlussprüfung zuzulassen

- wer die Ausbildungszeit zurückgelegt hat oder wessen Ausbildungszeit nicht später als zwei Monate nach dem Prüfungstermin endet,
- wer an vorgeschriebenen Zwischenprüfungen teilgenommen sowie vorgeschriebene schriftliche Ausbildungsnachweise geführt hat und
- wessen Berufsausbildungsverhältnis in das Verzeichnis der Berufsausbildungsverhältnisse eingetragen oder aus einem Grund nicht eingetragen ist, den weder der Auszubildende noch deren gesetzlicher Vertreter zu vertreten haben« (vgl. § 43 Abs. 1 BBiG und § 36 Abs. 1 HwO).

Die Auszubildenden haben einen **Anspruch auf Zulassung** zur Abschlussprüfung, wenn alle oben aufgeführten Zulassungsvoraussetzungen vorliegen.

Ebenso ist zur Abschlussprüfung zuzulassen, wer in einer **berufsbildenden Schule** oder **sonstigen Bildungseinrichtung** ausgebildet worden ist, wenn dieser Ausbildungsgang der Berufsausbildung in einem anerkannten Ausbildungsgang entspricht (vgl. § 43 Abs. 2 BBiG und 36 Abs. 2 HwO). Der Anspruch eines Antragsstellers auf Zulassung ist jedoch im Rahmen eines Beurteilungsspielraums von der zuständigen Stelle zu prüfen.

Sofern die Abschlussprüfung in zwei zeitlich auseinander fallenden Teilen durchgeführt wird **(gestreckte Abschlussprüfung)** ist für die Zulassung jeweils gesondert zu entscheiden (vgl. § 44 Abs. 1 BBiG und § 36a Abs. 1 HwO). Zum ersten Teil der Abschlussprüfung ist zuzulassen, wer die in der Ausbildungsordnung vorgeschriebene Ausbildungszeit zurückgelegt, den vorgeschrieben Ausbildungsnachweis geführt hat und dessen Berufsausbildungsverhältnis in das Verzeichnis der Berufsausbildungsverhältnisse eingetragen ist (vgl. § 44 Abs. 2 BBiG und 36a Abs. 2 HwO). Zum zweiten Teil der Abschlussprüfung ist zusätzlich die Teilnahme am Teil 1 der Abschlussprüfung erforderlich (vgl. § 44 Abs. 3 BBiG und § 36a Abs. 3 HwO). Ein Bestehen des ersten Teils der Abschlussprüfung ist jedoch nicht Voraussetzung.

Nach Anhören des Ausbildenden **und** der Berufsschule kann ein Auszubildender **vorzeitig** zur Abschlussprüfung zugelassen werden, wenn seine Leistungen dies rechtfertigen (vgl. § 45 Abs. 1 BBiG und § 37 Abs. 1 HwO). Die zuständige Stelle (z. B. Industrie- und Handelskammer) hat dem Antrag zur vorzeitigen Zulassung stattzugeben, wenn bei Antragstellung überdurchschnittliche betriebliche und schulische Leistungen (Durchschnittsnote aller prüfungsrelevanten Fächer oder Lernfelder) vorliegen. Dies ist dann der Fall, wenn das letzte Berufsschulzeugnis in den prüfungsrelevanten Fächern oder Lernfeldern einen Notendurchschnitt **besser als 2,49** enthält und die praktischen Ausbildungsleistungen im Betrieb als überdurchschnittlich bzw. besser als 2,49 bewertet werden. Durch die vorzeitige Zulassung zur Abschlussprüfung ändert sich nichts am Berufsausbildungsvertrag; somit ist der Ausbildende auch nicht verpflichtet, den Ausbildungsplan zu ändern.

Ebenfalls zur Abschlussprüfung ist »zuzulassen, wer nachweist, dass er mindestens das Eineinhalbfache der Zeit, die als Ausbildungszeit vorgeschrieben ist, in dem Beruf tätig gewesen ist, in dem die Prüfung abgelegt werden soll. Als Zeiten der Berufstätigkeit gelten auch Ausbildungszeiten in einem anderen, einschlägigen Ausbildungsberuf (§ 45 Abs. 2 BBiG und § 37 Abs. 2 HwO). Damit werden Personen begünstigt, die bereits in einem Beruf tätig sind, in dem die Prüfung abgelegt werden soll. Somit können sie ein anerkanntes Zertifikat erhalten. Die vorgeschriebene Ausbildungszeit ergibt sich aus der entsprechenden Ausbildungsordnung.

Auch **Soldaten** auf Zeit und ehemalige Soldaten sind zur Abschlussprüfung zuzulassen, wenn das Bundesministerium der Verteidigung (BMVg) oder die von ihm bestimmte Stelle bescheinigt, dass der Bewerber die beruflichen Fertigkeiten, Kenntnisse und Fähigkeiten erworben hat, welche die Zulassung zur Prüfung rechtfertigen (vgl. § 45 Abs. 3 BBiG und § 37 Abs. 3 HwO). Mit Vorlage der entsprechenden Bescheinigung besteht ein Rechtsanspruch auf Zulassung zur Abschlussprüfung.

Über die Zulassung zur Abschlussprüfung entscheidet die zuständige Stelle, z. B. Industrie- und Handelskammer, (vgl. § 46 Abs. 1 BBiG) und im Handwerk der Vorsitzende des Prüfungsausschusses (vgl. § 37a HwO). Halten diese die Voraussetzungen zur Zulassung für gegeben, ist der Antragsteller zur Abschlussprüfung zuzulassen. Halten sie die Zulassungsvoraussetzungen nicht für gegeben, entscheidet der zuständige Prüfungsausschuss als Kollegium (vgl. § 46 Abs. 1 BBiG und § 37a HwO), wobei auch dieser natürlich an Recht und Gesetz gebunden ist.

7.4.1.3.3 Prüfungsordnung

Die zuständige Stelle hat eine Prüfungsordnung, die der Genehmigung der zuständigen obersten Landesbehörde (z. B. Ministerium für Wirtschaft, Verkehr und Landesentwicklung) bedarf, zu erlassen (vgl. § 47 Abs. 1 BBiG und § 38 Abs.1 HwO). Für Prüfungsordnungen erlässt der Hauptausschuss des Bundesinstituts für Berufsbildung Richtlinien **(Musterprüfungsordnung – MPO),** an denen sich die zuständigen Stellen orientieren können, um somit die Prüfungsordnungen zu vereinheitlichen.

In ihnen ist die Zulassung, die Gliederung der Prüfung, die Bewertungsmaßstäbe, die Erteilung der Prüfungszeugnisse, die Folgen von Verstößen gegen die Prüfungsordnung (PO) und die Wiederholungsprüfung zu regeln. Darin kann auch vorgesehen werden, dass Prüfungsaufgaben, die von überregional oder von einem Aufgabenerstellungsausschuss bei der zuständigen Stelle erstellt oder ausgewählt werden, zu übernehmen sind. Diese werden dann von paritätisch besetzten Gremien ausgewählt (vgl. § 47 Abs. 2 BBiG, § 38 Abs. 2 HwO und § 18 Abs. 2 MPO).

7.4.1.3.4 Prüfungsergebnis

Unmittelbar nach Feststellung des Gesamtergebnisses der Prüfung soll dem Auszubildenden (Prüfling) nach der Prüfungsordnung mitgeteilt werden, ob er die Prüfung »bestanden« oder »nicht bestanden« hat. Hierüber erhält der Auszubildende eine vom Vorsitzenden des Prüfungsausschusses unterzeichnete Mitteilung (vgl. § 26 Abs. 3 MPO). Auf Verlangen des Ausbildenden sind ihm die Ergebnisse der Zwischen- und Abschlussprüfung zu übermitteln (vgl. 26 Abs. 4 MPO).

Bei **nicht bestandener** Prüfung erhalten der Auszubildende (Prüfling) und seine gesetzlichen Vertreter von der zuständigen Stelle einen schriftlichen Bescheid, in dem auch angegeben ist, welche Prüfungsleistungen in einer Wiederholungsprüfung nicht mehr geprüft werden müssen (vgl. § 28 Abs. 1 MPO).

Besteht der Auszubildende die Abschlussprüfung nicht, kann er diese zweimal wiederholen. Wird die Abschlussprüfung in zwei zeitlich auseinander fallenden Teilen durchgeführt, kann der erste Teil nicht eigenständig wiederholt werden (vgl. § 37 Abs. 1 BBiG und § 31 Abs. 1 HwO). Das Berufsausbildungsverhältnis verlängert sich auf Verlangen des Auszubildenden bis zur nächstmöglichen Wiederholungsprüfung, höchstens um ein Jahr (vgl. § 21 Abs. 3 BBiG). Damit erhält der Auszubildende die Möglichkeit, seine Berufsausbildung in seinem bisherigen Ausbildungsbetrieb mit gleicher Ausbildungsvergütung weiterzuführen, wenn er dies wünscht. Verlangt der Auszubildende keine Verlängerung, endet das Berufsausbildungsverhältnis mit Ablauf der vertraglich festgelegten Ausbildungszeit, ohne dass es weitere Erklärungen, z. B. einer Kündigung, bedarf.

Eine Wiederholung der Abschlussprüfung zur Verbesserung der Noten ist im Gesetz nicht vorgesehen.

7.4.1.4   Fortbildung und Umschulung

Als Grundlage für eine einheitliche berufliche Fortbildung kann das Bundesministerium für Bildung und Forschung im Einvernehmen mit dem Bundesministerium für Wirtschaft und Technologie oder dem sonst zuständigen Fachministerium nach Anhörung des Hauptausschusses des Bundesinstituts für Berufsbildung durch Rechtsverordnung, die nicht der Zustimmung des Bundesrates bedarf, Fortbildungsabschlüsse anerkennen und hierfür Prüfungsregelungen (Fortbildungsordnungen) erlassen (vgl. § 53 Abs. 1 BBiG und § 42 Abs. 1 HwO).

Die berufliche **Fortbildung** unterscheidet zwischen Anpassungs- und Aufstiegsfortbildung. Die Anpassungsfortbildung soll den Teilnehmern ermöglichen, ihre berufliche Handlungsfähigkeit an die gewandelten Erfordernisse in der Arbeitswelt zu erhalten und zu aktualisieren. Sie baut auf vorhandenen Qualifikationen auf und erfolgt **innerhalb** des bisherigen Berufsbereiches. Dabei werden beispielsweise PC- und Sprachkenntnisse erworben, um den bisherigen Beruf weiter ausüben zu können. Die Aufstiegsfortbildung umfasst alle Maßnahmen, die der Erweiterung qualitativ höherwertiger Berufstätigkeiten dienen und auf einen beruflichen Aufstieg ausgerichtet sind. Teilnahmevoraussetzung ist in der Regel eine abgeschlossene Berufsausbildung und eine entsprechende Berufspraxis. Hierzu gehört beispielsweise die Fortbildung zum Handwerksmeister, staatlich geprüften Techniker, staatlich geprüften Fachwirt oder Bilanzbuchhalter.

Für die berufliche **Umschulung** sind entsprechend der Regelung für die berufliche Fortbildung

- die Bezeichnung des Umschulungsabschlusses,
- das Ziel, den Inhalt, die Art und Dauer der Umschulung,
- die Anforderungen der Umschulungsprüfung und die Zulassungsvoraussetzungen,
- das Prüfungsverfahren der Umschulung

unter Berücksichtigung der besonderen Erfordernissen der beruflichen Erwachsenenbildung (Umschulungsordnungen) zu bestimmen (vgl. § 58 BBiG und § 42e HwO).

Soweit hierfür keine Rechtsverordnungen bestehen, kann die zuständige Stelle, z. B. Industrie- und Handelskammer, Fortbildungs- und Umschulungsprüfungsregelungen erlassen (vgl. §§ 54 und 59 BBiG sowie §§ 42 und 42 f HwO). Sofern sich die Umschulungsordnung oder eine Regelung der zuständigen Stelle auf die Umschulung für einen anerkannten Ausbildungsberuf richtet, ist das Ausbildungsberufsbild, der Ausbildungsrahmenplan und die Prüfungsordnung der entsprechenden Ausbildungsordnung zugrunde zu legen (vgl. § 60 BBiG und § 42 g HwO).

Die berufliche Umschulung soll Erwerbstätige zu einer anderen, bisher nicht erlernten Berufstätigkeit qualifizieren, weil sie ihre bisherige Tätigkeit aufgeben müssen oder wollen. Durch vielfältige Regelungen wird ihnen der Übergang in eine **andere** berufliche Tätigkeit, welche sie vorher ausgeübt haben oder für die sie ausgebildet wurden, ermöglicht.

7.4.2   Lern- und Prüfungsleistungen bewerten

Bewerten ist das subjektive oder objektive Einstufen von theoretischen und praktischen Lern- und Prüfungsleistungen. Dabei ist eine objektive Bewertung mit einem im Vorfeld festgelegten einheitlichen und standardisierten Bewertungsmaßstab anzustreben, der unabhängig von den erbrachten mündlichen, schriftlichen und praktischen Leistungen des Auszubildenden bzw. Prüflings ist.

In den Prüfungsanforderungen ist festgelegt, mit welchen Prüfungsformen (Prüfungsinstrumenten) die berufliche Handlungskompetenz in den einzelnen Prüfungsbereichen am sinnvollsten festzustellen ist. Dabei orientieren sich die neuen Prüfungsformen an berufstypischen Arbeits- und Geschäftsprozessen.

Zur Feststellung der beruflichen Handlungskompetenz können folgende Prüfungsformen eingesetzt werden:

• Aufgabenspezifische Unterlagen,

• situative Gesprächsthemen,

• Fachgespräche,

• ungebundene und gebundene Aufgaben.

Beispielsweise wird in den Ausbildungsordnungen der industriellen und handwerklichen Elektroberufe jeder einzelne Prüfungsteil der Abschlussprüfung so beschrieben, dass weitgehend überschneidungsfrei eine spezifische Facette der beruflichen Handlungskompetenz geprüft (vgl. BMF 2006, S. 9) und somit auch bewertet werden kann, wie die folgende Abbildung für den Bereich »Elektrofachkraft« zeigt:

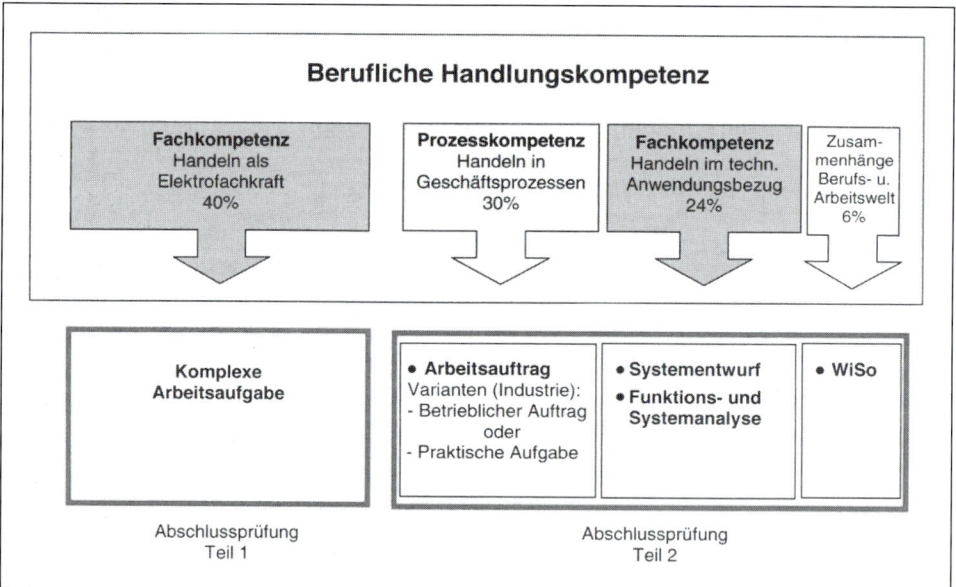

Überschneidungsfreie Prüfung aller Fassetten beruflicher Handlungskompetenz   (Quelle: BMBF 2006. S. 9)

Im **Teil 1** der Abschlussprüfung in den industriellen Elektroberufen hat der Prüfling in der komplexen Arbeitsaufgabe schwerpunktmäßig seine Fachkompetenz als Elektrofachkraft nachzuweisen.

Der **Teil 2** der Abschlussprüfung gliedert sich in folgende Prüfungsbereiche:

- Arbeitsauftrag (betrieblicher Auftrag oder praktische Aufgabe),
- Systementwurf,
- Funktions- und Systemanalyse,
- Wirtschafts- und Sozialkunde.

Im Prüfungsbereich »Arbeitsauftrag« wird die Prozesskompetenz, d. h. das Handeln in betrieblichen Geschäftsprozessen, des Prüflings bei der Durchführung eines betrieblichen Auftrags bzw. einer praktischen Aufgabe bewertet.

In den Prüfungsbereichen »Systementwurf« sowie »Funktions- und Systemanalyse« wird schwerpunktmäßig die Fachkompetenz, d. h. das Handeln im technischen Anwendungsbereich geprüft.

Der Prüfungsbereich »Wirtschafts- und Sozialkunde« prüft mit praxisbezogenen handlungsorientierten Aufgaben die Fähigkeit, des Prüflings allgemeine wirtschaftliche und gesellschaftliche Zusammenhänge der Berufs- und Arbeitswelt darstellen und beurteilen zu können.

7.4.2.1   Beispiel Industriekaufleute

Die folgenden Bewertungsmatrixen werden für die Abschlussprüfung zum Industriekaufmann eingesetzt:

IHK Industrie- und Handelskammer Schwarzwald-Baar-Heuberg

Die IHK informiert:
Bewertungskriterien der Mündlichen Prüfung
Industriekaufleute

Bewertungsmatrix für die Präsentation

Punkte	92 – 100	81 – 91	67 – 80	50 – 66	30 – 49	0 – 29
Aufbau und Inhalt - Sachliche Gliederung - Logik - Zielorientierung	optimal angepasste Gliederung und logisch richtige Darstellung, streng zielorientiert	zweckmäßige Gliederung und logisch richtige Darstellung, zielorientiert	sinnvolle, jedoch nicht optimale Gliederung, Darstellung im allgemeinen logisch, Zielorientierung vorhanden	umständlich, leichte Fehler in der logischen Darstellung, Zielorientierung erkennbar	sinnvolle Gliederung kaum erkennbar, teilweise logische Fehler, Zielorientierung kaum erkennbar	unsystematisch, unlogisch, zufällige Aneinanderreihung von Fakten, keine Zielorientierung
Sprachliche Gestaltung - Ausdrucksweise - Satzbau - Stil	Ausdrucksweise, Satzbau und Stil vorbildlich	einwandfreie Ausdrucksweise, guter Satzbau und Stil	Ausdrucksweise weitgehend passend, meist richtiger Satzbau, flüssiger Stil	leichte Schwächen in der Ausdrucksweise, Satzbau teilweise fehlerhaft, teilweise stilistische Fehler	erhebliche Schwächen in der Ausdrucksweise, grobe Fehler im Satzbau, erhebliche stilistische Fehler	unverständliche Ausdrucksweise, grobe Fehler im Satzbau, geringer Wortschatz
Visualisierung - Visualisierung	durchgängig situationsgerecht, prägnant, immer optimal zum Inhalt passend	situationsgerecht, prägnant und dem Inhalt angemessen	überwiegend situationsgerecht, meist passend zum Inhalt	im allgemeinen nicht situationsgerecht oder schlecht zum Inhalt passend, aber trotzdem verständlich	im allgemeinen nicht situationsgerecht oder schlecht zum Inhalt passend, so dass die Verständlichkeit leidet	Visualisierung falsch oder fehlend, verwirrende unangemessene Darstellung

Bewertungsmatrix für die Präsentation – Industriekaufleute   (Quelle: IHK Schwarzwald-Baar-Heuberg)

Bewertungsmatrix für das Fachgespräch – Industriekaufleute   (Quelle: IHK Schwarzwald-Baar-Heuberg)

7.4.2.2   Beispiel IT-Berufe

Die folgenden Bewertungsbögen werden für die Abschlussprüfung in den IT-Berufen eingesetzt:

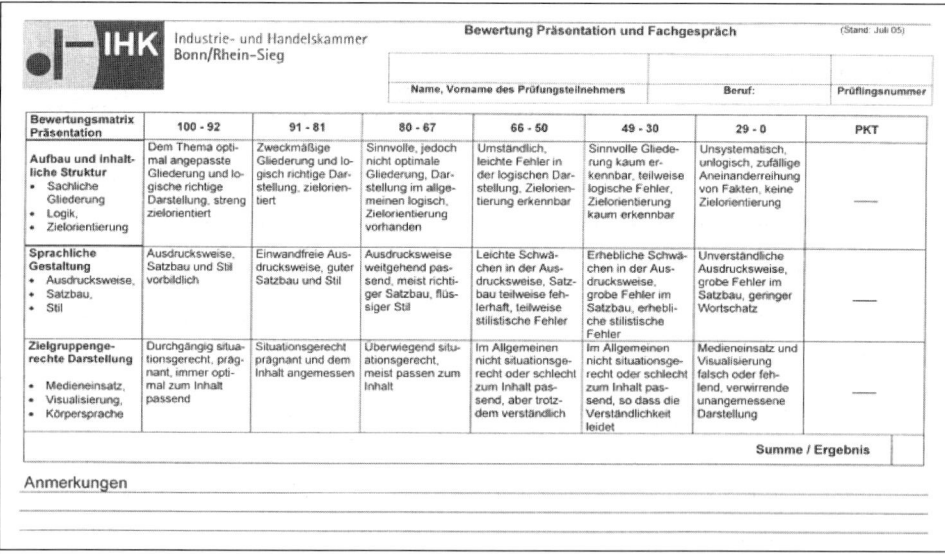

Bewertung Präsentation und Fachgespräch   (Quelle: IHK Bonn/Rhein-Sieg 2012, S. 29)

Fachgespräch

Name	
Zeitdauer Präsentation	
Zeitdauer Fachgespräch	

Verlaufsprotokoll Fachgespräch		++	+	o	-	--
Fragestellungen	Beantwortung	Umfassend	Teilweise	Korrekt mit Hilfe	mit Hilfe teilweise	nicht ok

	Beantwortung ...	Der relevante Fachhintergrund wird ...
++	• ohne Hilfe, umfassend und selbstständig entwickelnd. • ohne Hilfe, sicher, gründlich und vollständig.	• sicher und überzeugend beherrscht. • wird beherrscht.
+	richtig, aber oberflächlich und eher im Vordergrund bleibend.	im Allgemeinen beherrscht.
o	mit Hilfe beantwortet	im Allgemeinen beherrscht, wenige Zusammenhänge werden aber falsch oder nicht erkannt.
-	mit Hilfe, trotzdem nur teilweise.	nicht sicher beherrscht, Zusammenhänge werden oft falsch oder nicht erkannt.
--	nur mit großer Hilfe, trotzdem unvollständig.	nicht beherrscht, Zusammenhänge werden im allgemeinen nicht oder falsch erkannt.

Ergebnis Präsentation _____ Punkte

+ Ergebnis Fachgespräch _____ Punkte

= Summe _____ Punkte → / 2 = Ergebnis Präsentation und Fachgespräch: [ ] Punkte

Noten- und Punkteschlüssel zur Bewertung der Prüfungsleistungen

Note	Punkte		
Note 1 „sehr gut"	100 -	92	Punkte
Note 2 „gut"	91 -	81	Punkte
Note 3 „befriedigend"	80 -	67	Punkte
Note 4 „ausreichend"	66 -	50	Punkte
Note 5 „mangelhaft"	49 -	30	Punkte
Note 6 „ungenügend"	29 -	0	Punkte

Fachgespräch   (Quelle: IHK Bonn/Rhein-Sieg 2012, S. 30)

7.4.2.3 Mündliche Prüfungsleistungen bewerten

Mündliche Prüfungsleistungen können mit Hilfe eines strukturierten Beobachtungs- und Bewertungsbogens nach folgenden **Kriterien** bewertet werden:

- Angemessen auf die Argumente des Kunden reagiert?
- Begründete Antwort gegeben?
- Konkret auf die Frage eingegangen?
- Ohne Hilfe die Frage beantwortet?
- Richtige Beantwortung der Frage?
- Richtige Darstellung des Lösungsweges?
- Selbstständig die Lösung gefunden?
- Verkaufsorientiertes Kundenberatungsgespräch geführt?
- Vollständig die Frage beantwortet?

Die Bewertung ist nach dem 100-Punkte-Bewertungsschlüssel zu ermitteln, wobei Richtigkeit und Vollständigkeit als Kriterium im Vordergrund (z. B. richtig – teilweise richtig – mit Hilfestellung – falsch – nicht gewusst) stehen. Der Schwierigkeitsgrad der Fragen sowie die Argumentationsfähigkeit und das Ausdrucksvermögen des Prüfungsteilnehmers ist in die Bewertung einzubeziehen.

7.4.3 Bewertungsfehler

Bei der Bewertung von Lern- und Prüfungsleistungen können in der Person des Ausbilders und Prüfers gelegene Fehler vorkommen, die im folgenden Glossar erläutert werden.

Tendenz zur Mitte

Bei diesem Bewertungsfehler erfolgt die Bewertung häufig zur Mitte der Bewertungsskala – oder es werden nur mittlere Bewertungen abgegeben. Hier hat der Ausbilder oder Prüfer entweder zu wenig Informationen über den Bewertungsmaßstab oder er kann sich kein klares Bild über die Lern- und Prüfungsleistung verschaffen. Es kann aber auch sein, dass er nicht auffallen möchte oder sich scheut, besonders gute oder schlechte Bewertungen abzugeben.

Logikfehler

Die Ausbilder und Prüfer schließen von einem Merkmal des Auszubildenden (Prüfling) auf andere, weil diese Merkmale ihrer Meinung nach ein gemeinsames Fundament, z. B. Begabung, haben. Sie gehen also davon aus, dass ein guter Prüfling mit einer guten Mathematik-Note in Technischer Mathematik nicht schlecht sein kann (was aber so nicht sein muss).

Prüfungsdauer- und Reihungsfehler

Bei der Durchführung von mehreren hintereinander liegenden mündlichen Prüfungen oder bei der Korrektur von mehreren schriftlichen Aufgaben können Ausbilder und Prüfer dazu neigen, die ersten Auszubildenden oder Prüflinge bzw. deren Arbeiten strenger als die letzten zu bewerten.

Referenz- oder Bezugsfehler

Die Ausbilder oder Prüfer beziehen ihr Urteil auf eine bestimmte Gruppe, z. B. die Ausbildungs- oder Prüfungsgruppe und deshalb sind die Ergebnisse (Noten) nicht mehr vergleichbar.

Versuchsleiter-Erwartungseffekt (»Rosenthal-Effekt«)

Beim Versuchsleiter-Erwartungseffekt beeinflussen Ausbilder oder Prüfer unbeabsichtigt durch ihr verbales oder nonverbales Verhalten den Auszubilden bzw. Prüfling im Sinne ihrer Erwartungen. Dabei verhält sich der Auszubildende oder Prüfling so, wie es Ausbilder oder Prüfer erwarten. ROSENTHAL und JACOBSEN (1968) gelang der Nachweis, dass induzierte Erwartungshaltungen von Lehrern das Leistungsverhalten ihrer Schüler nachhaltig bestimmte.

Halo- oder Hof-Effekt

»Halo« bedeutet »Hof«. Wir kennen alle den Hof beim Mond, d. h. die Tatsache, dass in bestimmten Situationen das Licht des Mondes auf die ihn umgebende Fläche ausstrahlt. Wir verstehen bei Bewertungen unter dem Halo-Effekt, dass eine Eigenschaft auf andere, benachbarte Eigenschaften ausstrahlt, die wir als Ausbilder und Prüfer nicht mehr isoliert für sich wahrnehmen.

Kontrastfehler

Beim Kontrastfehler neigen Ausbilder und Prüfer – wie fast alle anderen Menschen auch – dazu, bei der Bewertung eine Lern- und Prüfungsleistung von den eigenen Vorstellungen auszugehen. Dieser Fehler tritt auf, wenn Ausbilder und Prüfer an sich selbst sehr hohe Anforderungen stellen und auch diesen Maßstab bei den Auszubildenden und Prüflingen anlegen.

Mildefehler

Ausbilder oder Prüfer kategorisieren deswegen verzerrt, weil sie bei extremen Bewertungsresultaten für sich oder andere Personen unangenehme Folgen befürchten. In diesem Fall bewerten sie einen Auszubildenden oder Prüfling besser, als es dessen Leistungen entspricht. Ausbilder oder Prüfer sind entweder überängstlich und möchten sich bei dem Auszubildenden oder Prüfling »Lieb-Kind« machen oder sie sind nicht in der Lage, gute Leistungen anzuerkennen.

Sympathie-Effekt

Sympathie (auch Antipathie) spielt bei der Bewertung einer Lern- und Prüfungsleistung meist eine unterschwellige Rolle. Bei diesem Fehler werden Bewertungen durch Sympathie angehoben oder bei Antipathie nach unten verschoben. Ausbilder und Prüfer sollten jedenfalls versuchen, diesen Effekt auszuschließen.

Generell: Ausbilder und Prüfer müssen sich all dieser Fehlerquellen bewusst sein und ihr Verhalten entsprechend überprüfen und ggf. ändern; denn von der Vermeidung dieser Fehler wird die Qualität der Bewertung von Lern- und Prüfungsleistungen bestimmt. Eine objektive Bewertung ist nur durch **sorgfältige** und **nachweisbare** Einzelbewertungen zu erreichen. Damit können die Bewertungsfehler auf ein Minimum reduziert werden!

Bei mündlichen Prüfungen können übrigens Bewertungsfehler aufgrund folgender Umstände auf Seiten der Prüflinge hinzukommen:

- Äußere Erscheinung,
- Formulierungs(un)fähigkeit,
- Geschlecht,
- Nationalität.

7.4.4 Prüfungsergebnisse ermitteln

Für die Bewertung der **ungebundenen Aufgaben** stehen dem Prüfer (dem Prüfungsausschuss) Lösungsvorschläge zur Verfügung, die auf den richtigen Lösungsansatz hinweisen und die eine Angabe der maximal erreichbaren Punktzahl enthalten. Für die Bewertung ist allein der fachliche Inhalt der vom Prüfling abgegebenen Lösung, unabhängig ob frei formuliert oder in Stichworten, entscheidend. Für die Bewertung der einzelnen Prüfungsleistungen ist beispielsweise der **gleitende Bewertungsschlüssel 10 – 0 Punkte** (10 - 9 - 8 - 7 - 6 - 5 - 4 - 3 - 2 - 1 - 0 Punkte) im Hinblick auf den Gleichbehandlungsgrundsatz für alle Prüfungsteilnehmer anzuwenden.

Bei der Korrektur von ungebundenen Prüfungsaufgaben sind nicht alle Aufgaben des Prüfungsteilnehmers A und anschließend die Aufgaben des Prüflings B usw. zu bewerten, sondern zuerst ist die erste Aufgabe von allen Prüflingen und danach die zweite Aufgabe bei allen usw. zu bewerten; d. h. es ist **aufgabenbezogen** und nicht prüflingsbezogen zu korrigieren. Dadurch wird vermieden, dass gleiche Prüfungsleistungen vom Prüfer unterschiedlich bewertet und andererseits unterschiedliche Leistungen gleich bewertet werden. Der Prüfer hat bei dieser Vorgehensweise die Lösungshinweise besser im Gedächtnis gespeichert und damit auch keinen erhöhten Korrekturaufwand durch neues Einlesen in den Aufgabensatz.

Gebundene Aufgaben, z. B. Multiple-Choice-Aufgaben, bei denen die Antwortmöglichkeiten vorgegeben werden, sind unter Zuhilfenahme der Lösungsschablone zu korrigieren und entsprechend zu bewerten. Bei einer größeren Anzahl von Prüfungsarbeiten sind diese nicht auf ein Mal zu korrigieren, sondern es sollten vom Prüfer entsprechende Pausen eingelegt werden, um sich zu entspannen.

Die Korrektur der Prüfungsaufgaben ist **getrennt** vom Erst- und Zweitprüfer durchzuführen, um eine gegenseitige Beeinflussung zu verhindern. Ebensowenig darf der Erstprüfer Eintragungen (Anmerkungen, Punktzahl etc.) in den Lösungssätzen (Lösungsbogen) vornehmen, um den Zweitkorrektor bei der Aufgabenbewertung nicht zu beeinflussen.

Deshalb ist für jeden Prüfungsteilnehmer ein **Bewertungsprotokoll** zu führen, das folgende Vorteile hat:

- Unabhängige Bewertung des Zweitkorrektors,
- unangreifbare Kommentare bei Einsicht des Prüfungsteilnehmers in die Prüfungsarbeit.

Mit der Einhaltung der beschriebenen Hinweise wird die Auswertungsobjektivität der Prüfung hergestellt bzw. erhöht.

Nachdem alle Prüfungssätze korrigiert sind, ist zu kontrollieren, ob alle Prüfungsaufgaben auch bewertet wurden. Anschließend ist für jeden Prüfungssatz die Gesamtpunktzahl zu berechnen.

Für die **praktische Prüfung** stehen standardisierte Bewertungsbogen zur Verfügung, die entsprechend auszufüllen und auszuwerten sind, um die von jedem Prüfling erreichte Gesamtpunktzahl zu errechnen.

Bei Prüfungen wird oft davon ausgegangen, dass die Skala der Prüfungsleistung mit den Noten 1 bis 6 mathematischen Gesetzen unterworfen ist. Grundlage hierfür ist die Vorstellung, dass ein objektiver Prüfer seine Bewertung nach den Gesetzmäßigkeiten der sogenannten **Gauß'schen Normalverteilung** vornimmt. Demnach müsste die Verteilung der vergebenen Noten dem Verlauf der folgenden Kurve unterliegen:

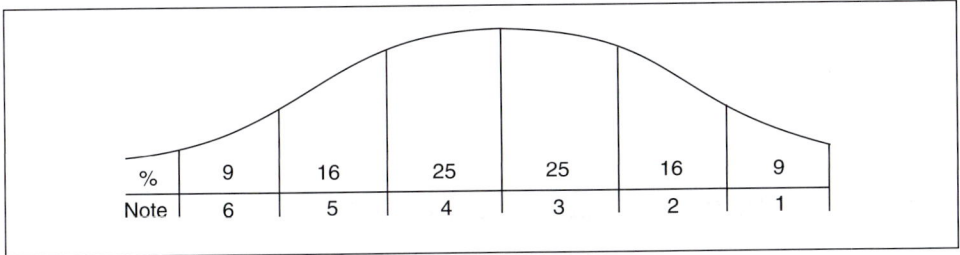

%	9	16	25	25	16	9
Note	6	5	4	3	2	1

Normalverteilung bei einer Bewertung nach Noten

Um jedoch die Gauß'sche Normalverteilung auf die Bewertung von Prüfungsleistungen anwenden zu können, müssen folgende Voraussetzungen vorliegen:

- Die Auswahl der Prüfungsteilnehmer (Auszubildenden) muss nach dem Zufallsprinzip erfolgen, d. h. die Gruppe darf nicht vorsortiert sein,

- die Anzahl der Prüflinge liegt bei mindestens 25 Personen.

Die Bewertung von Prüfungsleistungen, die sich an der Normalverteilung orientieren, sind jedoch pädagogisch unerwünscht, weil es in einer Prüfungsgruppe unterschiedliche Leistungen gibt. Diese Unterschiede sollen sich deshalb auch in der Bewertung, d. h. im **Notenbild**, zeigen. Um dies zu erreichen, sind lernzielorientierte Prüfungen durchzuführen und entsprechend zu bewerten. Der Sinn einer lernzielorientierten Prüfung, wie beispielsweise Abschluss- Fortbildungs- und Umschulungsprüfungen nach dem Berufsbildungsgesetz (BBiG), besteht nicht darin, die Leistung eines Prüfungsteilnehmers an der Durchschnittsleistung seiner Prüfungsgruppe zu bewerten, als ob diese eine Normalverteilung darstellen würde, sondern die Prüfungsleistung orientiert sich am Lernziel. Dabei legt der Prüfer bzw. der Prüfungsausschuss nach der Erstellung der Prüfungsaufgaben, allerdings vor der Prüfung, den Bewertungsmaßstab fest, der konsequent einzuhalten ist. Dadurch ist die Note des einzelnen Prüfungsteilnehmers abhängig von seiner eigenen Leistung und nicht von den Leistungen der anderen Prüfungsteilnehmer. Deshalb ist der Bewertungsmaßstab im Voraus festzulegen.

Für die Bewertung aller Prüfungsleistungen sowie die Ermittlung von Zwischen- und Gesamtergebnissen ist nach der Musterprüfungsordnung für die Durchführung von Abschluss- und Umschulungsprüfungen der folgende Bewertungsschlüssel **(100-Punkte-Schlüssel)** anzuwenden:

100 – 92 Punkte	Note 1 = sehr gut	Eine den Anforderungen in besonderem Maße entsprechende Leistung
unter 92 – 81 Punkte	Note 2 = gut	Eine den Anforderungen voll entsprechende Leistung
unter 81 – 67 Punkte	Note 3 = befriedigend	Eine den Anforderungen im Allgemeinen entsprechende Leistung
unter 67 – 50 Punkte	Note 4 = ausreichend	Eine Leistung, die zwar Mängel aufweist, aber im ganzen den Anforderungen noch entspricht
unter 50 – 30 Punkte	Note 5 = mangelhaft	Eine Leistung, die den Anforderungen nicht entspricht, jedoch erkennen lässt, dass gewisse Grundkenntnisse noch vorhanden sind
unter 30 – 0 Punkte	Note 6 = ungenügend	Eine Leistung, die den Anforderungen nicht entspricht und bei der selbst Grundkenntnisse fehlen

Bewertungsschlüssel (vgl. § 24 MPO).

Prüfungen nach dem BBiG werden im praktischen und theoretischen Teil so bewertet, dass die Prüfungsteilnehmer jeweils maximal 100 Punkte erreichen können. Zum Bestehen der Prüfung muss mindestens die Hälfte (d. h. mindestens 50 Punkte – Note 4 = willkürlich festgelegt) in jedem Teil erreicht werden. Gegebenenfalls sind auch die Sperrfächer (Prüfungsbereiche) nach der Ausbildungsordnung zum Bestehen der Prüfung zu berücksichtigen. Lernzielorientierte Aufgabenstellungen werden für Prüfungen von regionalen oder überregionalen Prüfungsausschüssen nach den entsprechenden Prüfungsanforderungen in den Ausbildungs-, Fortbildungs- und Umschulungsordnungen entwickelt.

Die lernzielorientierte Prüfung ermöglicht auch eine Analyse der Prüfungsaufgaben, die Aufschluss über die Qualität (Güte) der einzelnen Prüfungsaufgaben bzw. Aufgabenstellungen und der gesamten Prüfung gibt. Deshalb ist zum Abschluss der Prüfung eine **Prüfungsstatistik** zu erstellen, um aus der Analyse Erkenntnisse, wie beispielsweise Aussagen über den Schwierigkeitsgrad der Aufgaben, mögliche Verständnisprobleme oder die Bearbeitungszeit, zu erhalten.

7.4.5 Vergleichbarkeit von erworbenen Kompetenzen

Der **Deutsche Qualifikationsrahmen für lebenslanges Lernen (DQR)** wurde als Übersetzungsinstrument für den **Europäischen Qualifikationsrahmen (EQR)** entwickelt und wurde am 21. März 2011 vom Arbeitskreis Deutscher Qualifikationsrahmen (AK DQR) verabschiedet. Der DQR wurde im Mai 2013 eingeführt. Er bildet in der akademischen und beruflichen Bidlung erzielte Lernergebnisse bildungsübergreifend ab. Als nationale Umsetzung des EQR berücksichtigt der DQR die Besonderheiten des deutschen Bildungssystems. Somit leistet er einen Beitrag zur Förderung der Mobilität der Beschäftigten und Lernenden zwischen Deutschland und den anderen europäischen Ländern sowie zur Qualitätssicherung.

In Übereinstimmung mit dem EQR wurde die Zuordnungen des DQR so vorgenommen, dass eine **Vergleichbarkeit** deutscher Qualifikationen in Europa gewährleistet wird. Der DQR beschreibt auf **acht Niveaus** fachliche und personale Kompetenzen, die in der Hochschulbildung und in der beruflichen Bildung erworben werden bzw. für die Erlangung einer Qualifikation erforderlich sind.

Diese Zuordnung bezieht sich auf die Anlage zum Gemeinsamen Beschluss der Ständigen Konferenz der Kultusminister der Länder in der Bundesrepublik Deutschland, des Bundesministeriums für Bildung und Forschung, der Wirtschaftsministerkonferenz und des Bundesministeriums für Wirtschaft und Technologie zum DQR, der zum 1. Mai 2013 in Kraft getreten ist. Die Stufen der allgemeinbildenden Schulabschlüsse wurden zunächst nicht dem DQR zugeordnet; dies ist bis zum Jahr 2017 vertagt.

Im Rahmen des **Erasmus-Programms** (European Action Scheme for the Mobility of University Students), einem Bildungsprogramm der Europäischen Union zur Internationalisierung und Qualitätssicherung der Hochschulen sowie zur Förderung des studentischen und akademischen Austauschs, wurde das **Leistungspunktesystem ECTS** (European Credit Transfer System) entwickelt, um die Einschätzung der im Ausland erbrachten Studien- und Prüfungsleistungen zu ermöglichen und dadurch deren Anrechung an Hochschulen zu erleichtern.

Die ECTS-Credits beruhen auf dem Arbeitsaufwand (die Zeit für alle Lernaktivitäten, z. B. Vorlesungen, Selbststudium und Prüfungen), der erforderlich ist, den Studierende zur Erreichung der erwarteten Lernergebnisse zu führen. Für einen Arbeitsaufwand eines Jahres formalen Vollzeitlernens (akademisches Jahr) werden 60 ECTS-Credits vergeben. Meistens beträgt der Arbeitsaufwand 1.500 bis 1.800 Stunden in einem akademischen Jahr. Die ECTS-Credits werden Voll- und Teilzeitstudenten gewährt, die erfolgreich einen

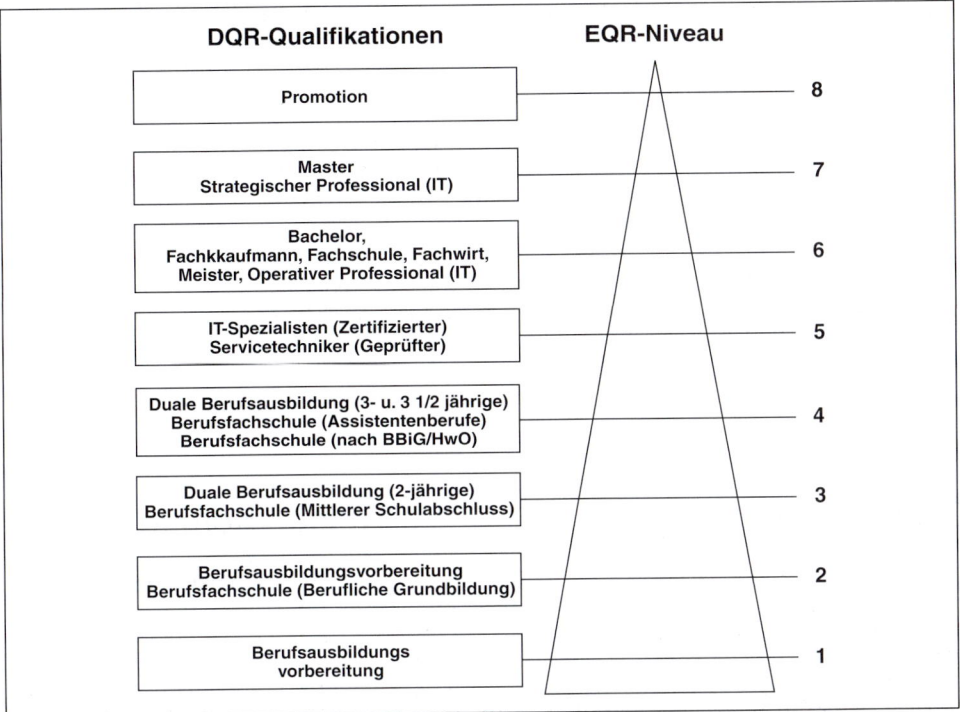

Zuordnung der DQR-Qualifikationen zum EQR-Niveau

formalen Studiengang oder deren einzelne Lernaktivitäten, beispielsweise Module, Lehr-veranstaltungen und Dissertationen, positiv bewertet wurden. Der EQR und der DQR ba-sieren auf den vereinbarten Niveaubeschreibungen mit den Lernergebnissen und den Credits.

Qualifikationsstufen	ECTS-Credits
Bachelor	180 – 210
Master	60 – 120
Promotion	300 (Voraussetzung für die Aufnahme einer Promotion)

ECTS-Credits

Das Leistungspunktesystem ECTS beinhaltet auch eine **Einstufungstabelle** (Umrech-nungstabelle), um die unterschiedlichen nationalen Notensysteme innerhalb der Europä-ischen Gemeinschaft (EG) transparent darzustellen. Damit wird die Mobilität der Stu-dierenden im europäischen Raum gefördert, weil eine gerechte Übertragung und Anrechnung der Noten durch die Hochschulen erfolgt.

Die **Qualitätssicherung** liegt in der Verantwortung der Institutionen. Sie beinhaltet alle Verfahren, die von den Hochschulen vorgenommen werden, um sicherzustellen, dass ih-re Studiengänge den Spezifikationen und denen anderer vergleichbarer Einrichtungen entsprechen. Zur Qualitätssicherung tragen auch externe Qualitätssicherungsorganisatio-nen mit ihren Rückmeldungen bei: diese bewirken, dass mit den internen Qualitätskontrol-len die Standards und Leitlinien im europäischen Hochschulraum umgesetzt werden.

8 Berufspädagogische Begleitung von Fachkräften in der Aus- und Weiterbildung

Im Handlungsbereich »Berufspädagogische Begleitung von Fachkräften in der Aus- und Weiterbildung« soll die Fähigkeit nachgewiesen werden, nebenberuflich in Lernbegleitungsaufgaben Tätige berufspädagogisch orientieren und anleiten zu können.

Hier wird der Geprüfte Aus- und Weiterbildungspädagoge (GAW) selbst zum Lernbegleiter der Lernbegleiter. Das bedeutet auch, dass die in den vorangegangenen Handlungsbereichen beschriebenen Beratungsaufgaben für den GAW in gleicher Weise gelten. Mehr noch: Er stellt in seiner eigenen Beratungs- und Begleittätigkeit ein Muster für den Lernbegleiter dar. Daher müssen die Anforderungen an den Lernbegleiter zu den Handlungsweisen des GAW passen, will er nicht an Glaubwürdigkeit verlieren.

Beratung ist (derzeit noch) keine Wissenschaft. Beratungsbefunde und -erkenntnisse finden sich in mehreren Wissenschaftsdisziplinen: Erziehungswissenschaft, Sozialpädagogik, Medizin, Rechtswissenschaft und Psychotherapie, um nur einige zu nennen. Immerhin gibt es bereits ein »Nationales Forum Beratung«, gegründet im Jahre 2006, und eine »Deutsche Gesellschaft für Beratung e.V.«, einem Dachverband, dem 28 Einzelverbände angehören.

Heute wird gern von **Coaching** anstelle von Beratung gesprochen. Für die einen ist das lediglich ein moderner Begriff für das Phänomen Beratung, für die anderen eine wertvolle Alternative oder auch Weiterentwicklung.

Coaching ist eine besonders intensive Beratungsform. Es basiert auf einer »gleichberechtigten, partnerschaftlichen Zusammenarbeit eines Prozessberaters mit einem Klienten. Coaching bedeutet, dem Klienten in seiner Arbeitswelt (wieder) einen ›ökologischen‹ Zugang zu seinen Ressourcen und Wahlmöglichkeiten zu eröffnen. Der Klient soll durch die gemeinsame Arbeit an Klarheit, Handlungs- und Bewältigungskompetenz gewinnen. Coaching ist eine handlungsorientierte hilfreiche Interaktion« (MIGGE 2007, S. 22).

Coaching ist in der Regel keine Beratung in fachlichen Fragen. Es geht vielmehr um Strategien und individuelle Verhaltensweisen. Damit gibt es natürlich eine Reihe von Überschneidungen. Das ist nicht schädlich, denn dem Coaching verdanken wir viele brauchbare Anregungen zur Gestaltung optimaler Beratung, so auch die folgende: »Gute Fragen sind im Coaching das wichtigste!« (MIGGE 2007, S. 20). Beratung lebt von Fällen. Fälle leben von gesicherten Erkenntnissen. Dazu werden im Folgenden einige ausgewählte Befunde und Erkenntnisse ausgebreitet.

8.1 Entwicklung von Konzepten für den Einsatz von Fachkräften in Lernbegleitaufgaben; Lehrziele für Lernstationen analysieren und bestimmen

Naturgemäß sind die Aufgaben, auf die hin zukünftige nebenberufliche Ausbilder in ihrer Funktion als Lernbegleiter vorzubereiten sind, in den vorangegangenen Kapiteln, sowohl in diesem als auch in Lehrbuch 1 beschrieben worden. Daraus folgt: Die Geprüften Aus- und Weiterbildungspädagogen müssen

- eine Vorstellung von der Aufgabe »Lernbegleitung« und der Ausfüllung dieser neuen Funktion besitzen, wo bislang das Schwergewicht auf der Unterweisung am Arbeitsplatz und dem Führen von Lehrgesprächen gelegen hat;

- Grundkenntnisse in Lernpsychologie, Jugendsozialisation, Interaktion und Kommunikation mit Erwachsenen und in sozialpädagogischer Beratung besitzen und für ihre Arbeit als Lernbegleiter fruchtbar machen können;

- für den Einsatz in der betrieblichen Ausbildung geeignete Medien und Materialien kennen und selbst damit umgehen können.

- Lern-, Bildungs- und Entwicklungsberatung nicht nur bei Lernkrisen und Disziplinproblemen ihrer Auszubildenden, sondern kontinuierlich durchführen können;

- Kenntnisse von der Didaktik der betrieblichen Ausbildung besitzen und auf Unterweisung und Lehrgespräche anwenden können;

- die Auswahl von geeigneten Jugendlichen für die Ausbildung im eigenen Betrieb vorbereiten und durchführen können;

- die Leistungen ihrer Auszubildenden messen und bewerten und die Kandidaten auf die Abschlussprüfung angemessen vorbereiten können;

- bereit sein, sich für ihre Aufgaben als Lern-, Bildungs- und Entwicklungsbegleiter zu qualifizieren;

- Qualitätskriterien für die betriebliche Ausbildung einschließlich der Lernberatung, Unterweisung am Arbeitsplatz und Moderation von Gruppen kennen und an die eigene Arbeit als Lernbegleiter anlegen können.

Das ist fürwahr ein umfangreiches und anspruchsvolles Programm. Aber es muss dabei eben auch bedacht werden, dass mit diesem Repertoire ausgestattete Aus- und Weiterbildungspädagogen einen **dem Bachelor vergleichbaren Bildungsabschluss** aufweisen. Damit entfällt die bisherige Schieflage mit einem Berufspädagogik-Studium für Lehrer an Berufsschulen und der ungleich schmaler ausfallenden Ausbildung der betrieblichen Ausbilder.

8.1.1 Fachkräfte auf die Aufgaben und die Rolle als Lernbegleiter im Aus- und Weiterbildungsprozess vorbereiten

Authentizität wird gefordert, d. h. die Vorbereitung der Lernbegleiter soll den Maximen entsprechen, die auch für das Verhältnis der Lernbegleiter zu ihren Auszubildenden gelten. Allen voran steht die Forderung nach selbst bestimmtem Lernen.

Wenn in Vorbereitungskursen zum Geprüften Aus- und Weiterbildungspädagogen aber die Form des Frontalunterrichts gewählt wird, ist das kontraproduktiv. Schließlich sollen die Lernbegleiter die mit diesem »Paradigmenwechsel« verbundenen Vorteile und Schwierigkeiten durchaus am eigenen Leibe erfahren.

Und sie sollen möglichst an der Entwicklung des für ihren Betrieb gültigen Beratungs- und Ausbildungskonzepts unmittelbar und maßgeblich beteiligt sein. Die in Lehrbuch 1, Abschnitt 4.1.1 benannten Prinzipien gelten also auch für ihre **eigene** Schulung zum Lernbegleiter, insbesondere:

- **Kompetenzorientierung:** nicht auf einzelne Kenntnisse und Fähigkeiten soll die Schulung abheben, sondern auf die Entwicklung jener Sach- und Sozialkompetenz, deren es zur Ausfüllung der (neuen) Rolle als Lernbegleiter bedarf.

- **Biografieorientierung:** Die Schulung sollte nicht »revolutionär« erfolgen, sondern auf der Grundlage der vorhandenen Erfahrungen entfaltet werden.

- **Partizipation:** Die angehenden Lernbegleiter sollten die Möglichkeiten zur Beteiligung an der Planung, Durchführung und Reflexion wahrnehmen können. Deshalb ist ein Einstieg in eine Kurseinheit sinnvoll, der die Erwartungen zum Vorschein bringt: »Dieses Seminar wird gut, wenn ...« Diesen Halbsatz sollen die Teilnehmer ergänzen. Die Antworten werden auf einem Flipchartblatt notiert und bilden so eine thematische Grundlage für Zwischen- und Abschlussreflexion.

- **Reflexion:** Es sollte hinreichend Platz und Zeit für den Austausch über erlebte Lernbegleitung und handlungsorientierte Ausbildung vorgesehen werden, um den (gegenseitigen) Lernprozess inhaltlich abzurunden.

8.1.2   Lernbegleitung und selbst bestimmtes Lernen

Man kann keinesfalls davon ausgehen, dass der Umschwung von einem »frontalen« Vorgehen zu einem selbst bestimmten Lernen quasi »auf Knopfdruck« erreicht wird. Allzu tief verwurzelt sind in uns Lernerfahrungen aus Kindertagesstätte, Kindergarten und allgemeinbildender Schule, in denen wir zum Objekt der Erzieher- bzw. Lehrerentscheidungen genommen worden sind. Wir mussten uns anpassen, konnten bestenfalls eigene Wünsche zu den Inhalten und Methoden äußern, waren aber nicht für den Lernerfolg verantwortlich.

Mit dem selbst bestimmten Lernen geht diese Verantwortung auf den Auszubildenden über. Er kennt von Beginn an die Ausbildungsziele und hat sich mit dem Berufsbild »seines« Berufs und dem Ausbildungsrahmenplan vertraut gemacht. Nun wird er auch darüber wachen, ob die darin enthaltenen Lernziele durch entsprechende Lernaufträge eingelöst werden. Er wird auch seine Wünsche zur Methodik einbringen. Diese Vorstellung eines mündigen Auszubildenden mag für viele »altgediente« Ausbilder schwer zu akzeptieren sein. Sie sollen aber ihre »alte« Rolle als Informationsgeber und Fertigkeits-»Vormacher« nicht völlig aufgeben; denn oft ist eine gezielte Information ergiebiger als ständiges »Herumprobieren«. Aber wo es früher hieß: Soviel Fremdsteuerung wie möglich, soviel Mitbestimmung wie nötig, lautet der Sinnspruch nun:

> Soviel Eigensteuerung wie möglich, soviel Fremdsteuerung wie nötig.

Das gilt in besonderem Maße in allen Ausbildungsberufen, die mit der EDV zusammenhängen; denn die Verfalldauern der Kenntnisse sind hier angesichts der rasanten technischen und programmatischen Veränderungen besonders kurz. Und die Ausbilder haben es meist mit Jugendlichen zu tun, die schon mit dem Computer aufgewachsen sind und den Ausbilder in die Rolle des Lernenden drängen. Er ist dann gut beraten, den Informationsvorsprung der Auszubildenden zu akzeptieren und für sich Erkenntnisse aus der gemeinsamen Lernarbeit mit den Auszubildenden zu ziehen.

Welches Interesse sollte ein betrieblicher Mitarbeiter haben, sich neben seiner Arbeitstätigkeit mit Auszubildenden »herumzuschlagen«? Ganz besonders ist das von seiner Neigung und Eignung abhängig, sich der Unterweisung Jugendlicher oder junger Erwachsener zu widmen. Wer kein Interesse daran hat, wird schwerlich für die Aufgabe zu gewinnen sein. Andererseits sind auch denjenigen, die mit Lust und Liebe an die Sache herangehen würden, der nötige zeitliche Freiraum und die geeignete Schulung zu gewähren. Dazu gehört insbesondere die Ausbildung der Ausbilder!

8.1.2.1 Lernziele aus dem Bildungsplan ableiten

In der Berufsausbildung sind die Ausbildungsinhalte durch den Ausbildungsrahmenplan vorgegeben. Dieser ist allerdings nicht so konkret, dass sich einzelne Lernschritte am betrieblichen Ausbildungsplatz unmittelbar aus ihm entnehmen ließen. Hier ist **Gestaltungsarbeit** angesagt. Und in die sollten die Lernbegleiter sogleich mit einbezogen sein. Die Lernzielbestimmung sollte in der Schulung schon ihren Platz haben, damit etwaige Schwierigkeiten mit der Formulierung konkreter Lernziele hier auftreten – und nicht erst in der aktuellen Ausbildungssituation – und besprochen werden können.

Wer an einer derartigen Fortbildung teilnimmt, erwartet konkrete Antworten und Hilfen auf seine Fragen und Wünsche. Eine **praxisnahe,** an Fällen und Problemen orientierte Schulung ist gewünscht – nicht blutleere Theoriereflexion, frontal dargeboten.

Der Ausbildungsinteressent erwartet, dass ihm der Ausbilder als Ansprech- und Gesprächspartner zur Verfügung steht. Er möchte wissen, welche Inhalte in welcher Form und in welcher Zeit vermittelt werden sollen. Der Ausbilder sollte sich deshalb darüber im Klaren sein, dass Auszubildende heute eher mehr Aufschluss über das Ausbildungsprogramm erhalten wollen als die Generationen vor ihrer Zeit. Mit einfachem Vormachen und Nachmachenlassen sind die meisten nicht mehr zu begeistern. Anspruchsvolle didaktische Fertigkeiten erwirbt man in der Regel nicht durch Nachdenken und »über die Schulter schauen«; eine gezielte Einführung ist geboten. Wie Horst SIEBERT so treffend ausdrückt: »Radfahren lernt man nicht, indem man ein Buch über das Fahrradfahren liest.« Den entsprechenden Zeitaufwand muss auch der Ausbilder für sich reservieren.

8.1.2.2 Auswahl geeigneter betrieblicher Lernorte

Wie motiviert man nebenberufliche Ausbilder? Tarifliche Gratifikationen werden in der Regel nicht geboten. Der Anreiz liegt zumeist auf der ideellen Ebene. Der Auszubildende von heute ist der Kollege von morgen. Untersuchungen haben gezeigt, dass angesichts einer – jedenfalls bisher – weitgehend gesicherten materiellen Versorgung der arbeitenden Bevölkerung die Unternehmenskultur (früher sprach man von »Betriebsklima«) für die Arbeitszufriedenheit immer wichtiger wird. Wer also seinen Beitrag nicht zuletzt zum eigenen Nutzen leisten will, ist gut beraten, sich als nebenberuflicher Ausbilder zur Verfügung zu stellen. Manch einer hat soviel Gefallen daran gefunden und sich in dieser Aufgabe so gut bewährt, dass ihm der Sprung zum hauptamtlichen Ausbilder geglückt ist...

Ganz besonders wichtig ist aber das frühzeitige Einbeziehen potenzieller nebenamtlicher Ausbilder in die Planung eines Ausbildungsplatzes. Mitarbeiter möchten heutzutage gefragt werden und mitsprechen können, wenn es um die konkrete Ausgestaltung ihres Arbeitsplatzes und ihrer Arbeitsbedingungen geht. Insofern ist der Ausbildende gut beraten, wenn er bereits im Vorfeld seiner Entscheidungen über die Einrichtung eines betrieblichen

Ausbildungsplatzes die als nebenamtliche Ausbilder in Frage kommenden Mitarbeiter informiert und mit ihnen die sachlichen und persönlichen Voraussetzungen für eine verantwortungsvolle Ausbildung an ihrem Arbeitsplatz bespricht. Hier können die Mitarbeiter ihre Meinung offen zum Ausdruck bringen, Fragen an den Ausbildenden stellen, eventuelle Bedenken äußern und Empfehlungen abgeben. Am Ende des Gesprächs lässt sich bereits in Umrissen ein zeitlicher Durchlaufplan für den Auszubildenden skizzieren, an dem er später ermessen kann, zu welcher Zeit er wo in welche Ausbildungsprozesse eingespannt sein wird.

8.1.2.2.1   Erstellung des Ausbildungsplans und der Versetzungspläne

Insgesamt betrachtet kann die Schrittfolge beim Aufstellen eines betrieblichen Ausbildungsplans etwa so aussehen:

1. Betriebliche Ausbildungsplatz-Analyse – Zusammenstellung der Funktionsbereiche und Auswahl der Ausbildungsplätze: z. B. Fertigung, Montage, Prüffeld (Fabrikationskontrolle) und Wartung bzw. Instandsetzung;

2. Gliederung des Ausbildungsablaufs nach sachlogischen Gesichtspunkten unter Zuhilfenahme des Ausbildungsrahmenplans: sachliche Gliederung;

3. Zuordnung der Fähigkeiten, Kenntnisse und Fertigkeiten mit einer gemeinsamen Funktion zu den entsprechenden Funktionsbereichen und Aufstellung (in Monaten) eines Versetzungsplans unter Zugrundelegung der Zeitrichtwerte des Ausbildungsrahmenplans: zeitliche Ordnung;

4. Benennung der geeigneten und notwendigen Lernorte;

5. Gewinnung von fachlich und pädagogisch geeigneten Ausbildungshilfskräften;

6. Hinzuziehung der Rahmenlehrpläne für die Berufsschule;

7. Orientierung an den Gegenständen der schriftlichen und mündlichen Kenntnis- bzw. Fertigkeitsprüfungen.

Als sehr hilfreich für den Praktiker haben sich die von R.-H. SCHAPER entwickelten **Planungshilfen** erwiesen. Zahlreiche Pläne und Übersichten, von denen im Folgenden einige abgebildet werden, erleichtern die Erstellung des Ausbildungsplans und des Gesamtversetzungsplans; anschauliche Praxisbeispiele zeigen, wie mit ihnen umzugehen ist.

Der betriebliche Ausbildungsplan enthält Angaben über die geplante Reihenfolge, in der die Auszubildenden die Lernorte wechseln sollen. Im betrieblichen **Gesamtversetzungsplan** werden diese Angaben präzisiert und dabei festgelegt, von wann bis wann jeder Auszubildende an einem bestimmten Lernort bleiben soll. Aus dem Gesamtversetzungsplan kann außerdem abgelesen werden, wie viele Auszubildende sich gleichzeitig an einem Lernort befinden. Er erfüllt somit auch die Funktion eines Belegungsplans und ist für die Praxis von großer Bedeutung.

Weil in der Regel die Zahl der Ausbildungsplätze nicht beliebig erweitert werden kann und die Plätze möglichst während des ganzen Jahres besetzt sein sollen, müssen beim Aufstellen des Gesamtversetzungsplans lernpsychologische und sachlogische Forderungen mit den Möglichkeiten der Ausbildungsstätte in Einklang gebracht werden.

Die Organisation wird erschwert, wenn mehrere Auszubildende gleichzeitig eingestellt werden und für einen Paralleldurchlauf nicht genügend Ausbildungsplätze in den einzelnen Abteilungen zur Verfügung stehen. Hier nun sollte der Ausbilder auf jeden Fall einen Gesamtversetzungsplan erstellen, natürlich heutzutage per passendem EDV-Programm.

In diesem Plan laufen die einzelnen Versetzungspläne übersichtlich zusammen; er ermöglicht eine genaue Kontrolle, in welcher Abteilung sich welcher Auszubildende zu welcher

Zeit befindet. Zudem wird ersichtlich, in welchem Ausbildungsstadium ein Auszubildender ist, welche Lernorte er schon durchlaufen hat und wie lange er noch an dem gegenwärtigen Ausbildungsplatz verbleibt. Auf diese Weise lässt sich eine optimale Nutzung aller vorhandenen betrieblichen bzw. außer- oder überbetrieblichen Ausbildungsplätze erreichen. Außerdem kann der Ausbilder auf eventuelle Schwierigkeiten relativ schnell reagieren.

Die folgende Abbildung bietet ein Musterbeispiel eines Gesamtversetzungsplans, hier für die Ausbildung von Industriekaufleuten.

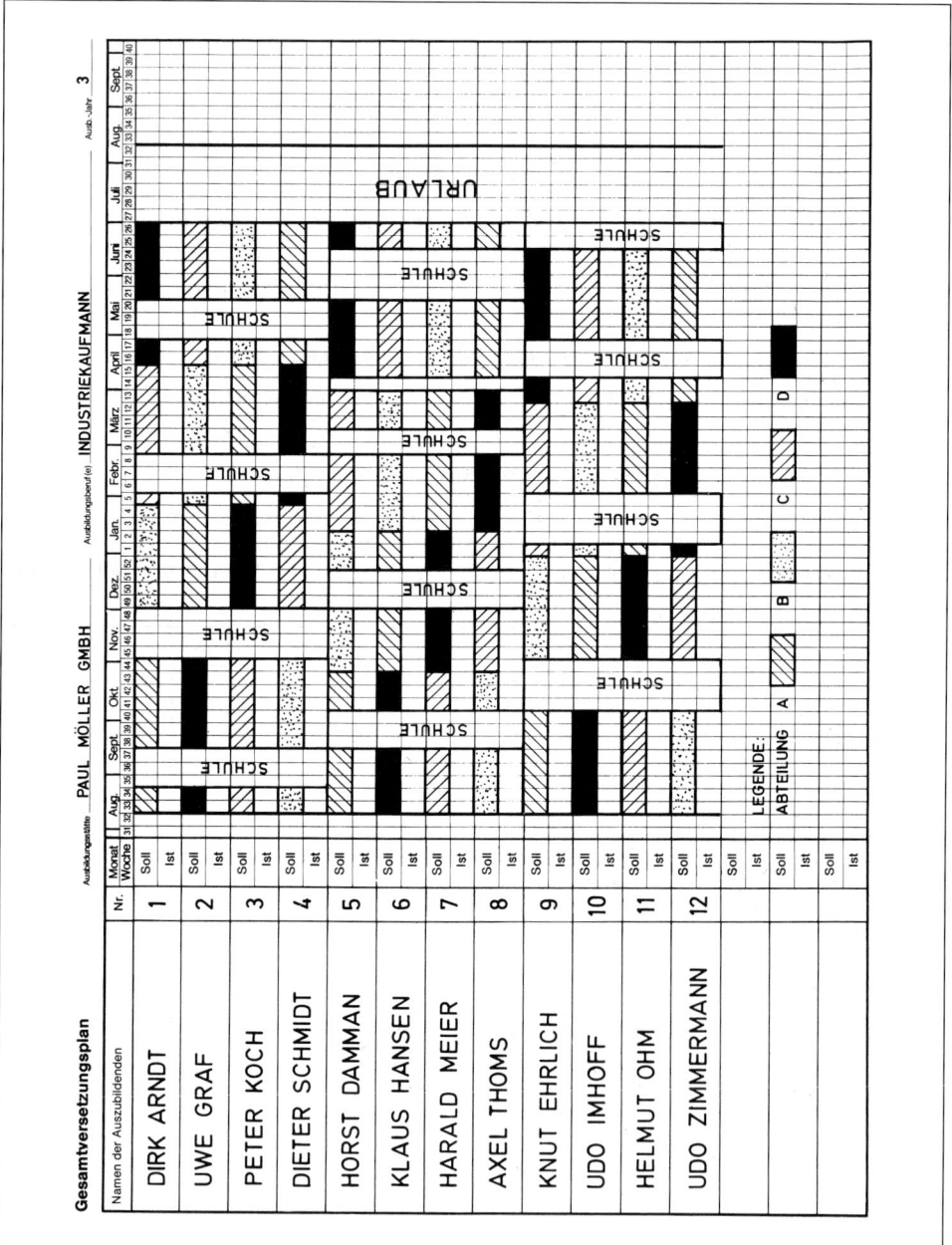

Muster eines Gesamtversetzungsplanes

Während die Organisation des Ausbildungsablaufes bei wenigen Auszubildenden relativ einfach ist, bedarf es bei einer größeren Zahl von Auszubildenden sorgfältiger Überlegungen und Planungen. Optimale Lösungen lassen sich manchmal erst nach mehreren Versuchen und Entwürfen finden. Jede noch so genaue Planung kann durch Unvorhergesehenes (Krankheit des Auszubildenden, vorübergehender Ausfall von Ausbildungsplätzen usw.) gestört werden. Planungstafeln und Planungsvordrucke sollten deshalb neben einer Reihe für die Planung (Soll) auch eine Reihe enthalten, in die der Ausbilder die tatsächlich durchgeführte Ausbildung (Ist) einträgt. Nur so ist der Überblick gewährleistet und die Möglichkeit gegeben, notwendige Korrekturen rechtzeitig vorzunehmen. Die bei den folgenden Beispielen für Gesamtversetzungspläne abgebildeten Vordrucke bzw. Formulare lassen den Soll-Ist-Vergleich zu.

Die Planungsmethode richtet sich weniger nach den dafür zur Verfügung stehenden technischen Hilfsmitteln (Planungstafeln, Vordrucken, EDV-Unterlagen u. ä.) als nach

- methodisch-didaktischen Erfordernissen,
- der Anzahl der Auszubildenden,
- den auszubildenden Berufen,
- der Größe und Art des Betriebes,
- der organisatorischen Gliederung des Betriebes,
- der Organisationsform des Berufsschulunterrichts (Blockform) und
- dem Wunsch, alle Ausbildungsplätze während des ganzen Jahres zu besetzen.

8.1.2.2.2   Entwicklung von Gesamtversetzungsplänen

Nehmen wir an, ein Industriebetrieb stelle jährlich drei Auszubildende für den Beruf »Industriekaufmann« ein. Bei dreijähriger Dauer der Ausbildung würden sich also gleichzeitig neun Auszubildende im Betrieb befinden, die nach folgendem Plan ausgebildet werden sollen:

Ausbildungsbereich	Ausbildungsort/Abteilung	Geplante Dauer	Ausbildungsjahr
Ausbildung	Ausbildungsabteilung	9	1
Allgemeine Verwaltung	Poststelle und Registratur	4	
Materialwirtschaft	Einkauf Warenannahme und Warenprüfung Lager	10 10 12	
Produktionswirtschaft	Fertigung Fertigungsplanung	8 8	2
Personalwesen	Personalverwaltung Lohn- und Gehaltsbüro	8 8	
Absatzwirtschaft	Absatzförderung Verkauf Versand	4 6 5	
Rechnungswesen	Buchhaltung Zahlungsverkehr Kalkulation	16 16 15	3
Urlaub 1 x 2 Wochen, 3 x 5 Wochen		17	
Gesamtdauer der Ausbildung		**156 Wochen**	

Ausbildungsplanung

Dieser Plan muss noch auf die Verweildauer der Auszubildenden zugeschnitten werden.

8.1.2.2.3   Überwachung der Pläne; Ausbildungsnachweise

Zur Überwachung der Ausführung von Ausbildungsplänen dienen traditionell die von den Auszubildenden zu führenden **Ausbildungsnachweise** (früher nur als »Berichtshefte« bezeichnet). Es versteht sich von selbst, dass diese nicht einfach entgegengenommen, durchgesehen und unkommentiert zurückgegeben, sondern zur Grundlage eines Gesprächs mit dem Auszubildenden genommen werden. Es handelt sich hier nicht um eine »lästige Pflichtübung«, sondern um eine didaktisch wertvolle Aktivität. Deshalb ist sie auch im Berufsbildungsgesetz verankert, und zwar in § 14 Abs. 1 Nr. 4. Die folgenden Empfehlungen des (ehemaligen) Bundesausschusses für Berufsbildung vom 24.8.1979 konkretisieren die **Anforderungen** im Zusammenhang mit dem Ausbildungsnachweis.

»Der Ausbildende muss den Auszubildenden zum Führen von Berichtsheften anhalten und diese regelmäßig durchsehen (§ 14 Abs. 1 Nr. 4 Berufsbildungsgesetz, Empfehlung des Bundesausschusses für Berufsbildung vom 24. August 1979).

1. Auszubildende müssen mindestens wöchentlich die von ihnen ausgeführten Tätigkeiten aufzeichnen. Die einzelnen Tätigkeiten sind für **kaufmännische Ausbildungsberufe monatlich, für technische Ausbildungsberufe** möglichst **täglich** mit den entsprechenden Zeitangaben stichwortartig festzuhalten.

2. Die Eintragungen für die Berufsschultage haben den berufskundlichen Lehrstoff zu erfassen.

3. Zu jedem Ausbildungsvertrag gehört eine sachliche und zeitliche Gliederung der Ausbildung, die auch dem Ausbildungsnachweis beigefügt werden sollte.

4. Auf Anforderung sind die Ausbildungsnachweise sowohl der Industrie- und Handelskammer als auch der zuständigen Berufsschule zur Einsichtnahme vorzulegen.

5. Auszubildende führen die Ausbildungsnachweise während der Ausbildungszeit.

6. Die Vorlage der Ausbildungsnachweise ist Zulassungsvoraussetzung gemäß § 43 Abs. 1 Ziffer 2 Berufsbildungsgesetz (BBiG).

7. Auszubildende bestätigen durch ihre Unterschrift die Richtigkeit ihrer Aufzeichnungen. Die Tätigkeitsberichte sind vom Ausbilder und dem gesetzlichen Vertreter der Auszubildenden wöchentlich abzuzeichnen.

8. Für Umschüler/ -innen ist das Führen der Ausbildungsnachweise nicht zwingend vorgeschrieben; es wird jedoch empfohlen.«

(http://www.ihk-schleswig-holstein.de/bildung/Download/ausbildungsnachweise_berichtsheft/732764/Richtlinien_fuer_Ausbildungsnachweise.html;jsessionid=45C922FBB8BF5E 4254FCBE1686FD7242.repl2)

Nochmals: Das Führen der Ausbildungsnachweise **ist Zulassungsvoraussetzung** zur Abschlussprüfung!

Der Ausbildende ist durch das BBiG selbst zwar nicht verpflichtet, dem Auszubildenden die Führung des Ausbildungsnachweises während der Ausbildungszeit zu gestatten; viele Ausbildungsordnungen enthalten jedoch eine solche Vorschrift, auch tarifvertragliche Vereinbarungen können dies bestimmen.

Die Ausbildungsnachweise sind wahrheitsgemäß und vollständig zu führen. Dabei sind die Unterweisungen und die ausgeführten Arbeiten möglichst treffend zu bezeichnen. Für das Muster und die Form der zu verwendenden Ausbildungsnachweise gibt es keine bundeseinheitlichen Vorschriften.

Über die in Ihrem Bereich zu verwendenden Muster erteilt die zuständige Stelle, z. B. die IHK, Auskunft.

Es folgen zwei ausgefüllte Seiten strukturell unterschiedlicher Ausbildungsnachweise (technisch-gewerblich und kaufmännisch).

Name _Dieter Frühwacht_

Ausbildungsabteilung _Ausbildungswerkstatt_

Ausbildungsnachweis Nr. _20_ Woche vom _13.5._ bis _17.5._ Ausbildungs- jahr _1_

Tag	Ausgeführte Arbeiten, Unterricht, Unterweisungen usw. _Fräsen_	Einzel-stunden	Gesamt-stunden
Montag	Einleitende Kenntnisvermittlung	2	
	Übung 1: Parallelstück – Fräsen mit dem Walzenfräser	4	
	Weitere Einführung auf kommende Übungsstücke	1 3/4	
			7 3/4
Dienstag	Übung 2: Abgesetztes Stück – Fräsen mit dem Walzenstirnfräser	2	
	Übung 3: Profilstück – Fräsen mit dem Profilfräser	2	
	Übung 4: Trennstück – Trennen mit dem Metallkreissägeblatt	1 3/4	
			5 3/4
Mittwoch	Übung 5: Nutstück – Fräsen mit dem Scheibenfräser	5 3/4	
	Betriebsversammlung	2	
			7 3/4
Donnerstag	Übung 6: Winkelstück – Fräsen einer schrägliegenden Fläche	4	
	Projekt Tischbohrständer		
	Teil 13: Verbindungsstück – Fräsen mit dem Walzenstirnfräser	3 3/4	
			7 3/4
Freitag	Projekt Tischbohrständer		
	Teil 14: Verbindungsstück – Fräsen mit dem Walzenstirnfräser	6	
	Maschinen und Werkstatt reinigen	3/4	
	Lehrgespräch: Unfallverhütung am Arbeitsplatz	1	
			7 3/4
Samstag			
		Wochenstunden	36 3/4

Besondere Bemerkungen

Auszubildender	Ausbildender bzw. Ausbilder
	Aktiv mitgearbeitet, gute Ergebnisse!

Für die Richtigkeit

22.05.13 Frühwacht	24.05.13
Datum Unterschrift des Auszubildenden	Datum Unterschrift des Ausbildenden bzw. Ausbilders

Muster der ausgefüllten Seite eines Ausbildungsnachweises (technisch-gewerblich)

Name Helene Mair

Ausbildungsabteilung Blusen

Ausbildungsnachweis Nr. 41   Ausbildungs-Woche vom 7.10. bis 11.10.   Ausbildungs-Jahr 1

Betriebliche Tätigkeit

Neu eingetroffene Blusen nach Größen und Farben auf die Ständer gehängt. Packmaterial bereitgestellt.
Ware kontrolliert nach : Größenkennzeichnung, Preisauszeich-
nung, fehlende Knöpfe.

Mithilfe beim Verkauf: Kunden begrüßt, Kundenwünsche ermittelt, Kunden zu den jeweils gewünschten Größen geführt, verkaufte Ware verpackt und den Kunden ausgehändigt.

Unterweisungen, Lehrgespräche, betrieblicher Unterricht, sonstige Schulungsveranstaltungen

Unterweisung: Zweckmäßiges Verpacken von Blusen.
              Schnitte und verwendete Materialien bei Blusen.

Betriebl. Unterricht: Wie begrüße ich einen Kunden.

Berufsschule (Unterrichtsthemen)

Betriebswirtschaftslehre: Arbeiten beim Wareneingang
Kaufm. Rechnen: Einfacher Dreisatz
Kaufm. Schriftverkehr: Ausfüllen einer Postanweisung
Waren-Verkaufskunde: Verkaufsargumente für Waren aus
                          Baumwolle.

11.10.13	14.10.13	14.10.13	22.10.13
H. Mair		*Mair*	*R.*
Auszubildender Unterschrift und Datum	Ausbildender Prüfvermerk und Datum	Gesetzlicher Vertreter Sichtvermerk und Datum	Berufsschule Sichtvermerk und Datum

Muster der ausgefüllten Seite eines Ausbildungsnachweises (kaufmännisch)

Die Beispiele in den beiden Abbildungen wurden auf entsprechenden Standard-Heftseiten vom FELDHAUS VERLAG geschrieben. Dort sind diverse Sorten von Ausbildungsnachweisen erhältlich, die für nahezu jeden Beruf und in jedem Kammerbezirk passend sind (sowohl für Industrie und Handel als auch für das Handwerk).

Dokumentation ist beileibe keine bildungspolitische Neuerung, die nicht schon ihre Entsprechung in alten Ordnungen gehabt hätte. Der Ausbildungsnachweis stellt ein nach wie vor sehr lernförderliches Instrument dar, anhand dessen sich der Auszubildende seine Lerninhalte bewusst macht und seine Fortschritte festhält. Wird der Ausbildungsnachweis in ein Förderungsgespräch eingebettet, so gewinnt dies noch an Bedeutung. Hier können Austausch und Verständigung zwischen dem Ausbilder und Auszubildendem über Ziele, Ansprüche, Aufgaben und bereits Erreichtes – oder noch Bevorstehendes – **systematisch** erfolgen.

Eine Weiterentwicklung stellt der **Ausbildungskompass** dar: In ihm finden sich alle Lerninhalte des Ausbildungsrahmenplans. Der Ausbildende ist selbst dafür verantwortlich, Buch zu führen. Was wurde bereits behandelt? Beherrsche ich den Lernstoff? Was muss noch etwas vertieft oder gar nachgeholt werden? Der Ausbildungskompass ist wie ein »Lerntagebuch«: Der Auszubildende soll stets erkennen können, wo er »steht«, was schon behandelt wurde und was noch bevorsteht.

Insgesamt bieten sich dem Ausbildenden bei der Kontrolle der Ausführung von Ausbildungsplänen folgende Informationsquellen:

- Gespräche mit den Ausbildern in den Fachabteilungen,
- Gespräche mit den Auszubildenden,
- Durchsicht und Besprechung der Ausbildungsnachweise,
- Ergebnisse der Zwischenprüfung,
- Vorlage der Berufsschulergebnisse,
- Gespräche mit den Berufsschullehrern,
- Analyse der Ausbildungsnachweise.

Ein auf lange Sicht konzipierter Plan wird nur selten ohne zwischenzeitliche **Anpassungen** durchgehalten werden können. Er wird hier und da wegen unvorhergesehener Ereignisse umgestellt werden müssen, etwa wenn

- ein Ausbilder ausfällt,
- bestimmte Lernorte wegen akuter personeller Unterbesetzung nicht (mehr) besetzt werden können,
- der Auszubildende wegen Krankheit verhindert ist oder
- vorzeitig zur Abschlussprüfung zugelassen wird, sodass sich die Ausbildungszeit um ein halbes Jahr verringert.

Treten solche Umstände ein, dann wird der Ausbilder unter Berücksichtigung der besonderen Bedingungen des Einzelfalles entscheiden müssen, welche Maßnahmen zu treffen sind. Bei einer längeren Unterbrechung der Ausbildung durch Krankheit oder Schwangerschaft der Auszubildenden wird eine Verlängerung der Ausbildungszeit ins Auge gefasst werden müssen. Bei einem kurzen Ausfall mag es ausreichen, wenn die Ausbildungszeiten an den noch verbleibenden Lernorten anteilig gekürzt werden. In Ausnahmefällen kann die zuständige Stelle auf Antrag des Auszubildenden die Ausbildungszeit verlängern, wenn die Verlängerung erforderlich ist, um das Ausbildungsziel zu erreichen, z. B. eben bei einer Gefährdung des Ausbildungsziels durch längere Krankheit.

Der Ausbildende selbst bleibt jedenfalls bei alledem dafür verantwortlich, dass die zu vermittelnden Ausbildungsinhalte vollständig behandelt und erworben werden.

In diesem Zusammenhang ist auch auf § 8 Absatz 2, Satz 2 BBiG zu verweisen. Dort ist ein **Rechtsanspruch** auf eine Streckung der Ausbildungszeit festgeschrieben worden. Wenn es die Lebensverhältnisse von Auszubildenden nicht anders zulassen, kann die Ausbildung in Teilzeitform durchgeführt werden. Die Auszubildende – meist handelt es sich um Frauen mit Kind(ern) – ist dann auf die Woche gesehen nur noch in reduzierter Zeit in der betrieblichen Ausbildung, womit sich ihre Ausbildungsdauer um ein Jahr verlängern kann.

Eine Verlängerung der Berufsausbildung ist insbesondere bei Nichtbestehen der Abschlussprüfung angezeigt (die Prüfung kann bei Nichtbestehen zweimal wiederholt werden – § 37 Abs. 1 BBiG).

Bei allen Planungsschritten sollte sich der Ausbildungsverantwortliche tunlichst auch die Erfahrungen von Auszubildenden zunutze machen. Sie ergänzen den Blickwinkel der Ausbilder in den verschiedenen Fachabteilungen. Andererseits werden diejenigen Kollegen es als persönliche Wertschätzung empfinden, deren Eindrücke und Erfahrungen abgerufen werden und zur Verbesserung und Weiterentwicklung der Ausbildungspraxis beitragen. Im Übrigen ist die Ausbildung selbst auch Gegenstand der Ausbildung, und von daher empfiehlt es sich – auch im Hinblick auf die Forderung handlungsorientierter Ausbildung – die Jugendlichen in den Planungsprozess in geeigneter Weise einzubeziehen. Sie können beispielsweise recherchieren, an welchen Lernorten welche Ausbildungsinhalte am vorteilhaftesten vermittelt werden können, und in Teamarbeit eigene Vorschläge entwickeln und einbringen.

Nicht nur die Verweildauer an einzelnen Arbeitsplätzen ist ins Kalkül zu nehmen, sondern auch die an anderen Lernorten. Viele Betriebe verfügen noch über eine **Lernecke** die zu Ausbildungszwecken innerhalb einer Werkstatt eingerichtet worden ist. So gewinnt der Auszubildende einen Eindruck von seinem künftigen Arbeitsfeld; der Ausbilder kann sich dem Produktionsprozess widmen, hat aber zugleich ein Auge auf den Auszubildenden (siehe auch die Ausführungen zu den Lernorten in den Abschnitten 5.3.1 und 5.3.2).

In größeren Unternehmen findet sich häufig noch eine **Lehrwerkstatt.** In diesem geschützten Raum erfährt der Auszubildende fern von jeglichem terminlichen Druck und frei von etwaigen Störquellen eine Einführung in die technischen Grundlagen seines Berufs und erprobt wichtige manuelle Funktionen unter Beobachtung durch den Ausbilder.

Eine **Lernstation** ist etwas ganz anderes. Hier werden Materialien bereit gelegt, dazu ein Beschreibung eines Arbeitsauftrages, der vom Auszubildenden allein oder im Rahmen einer Kleingruppe ausgeführt werden soll. Die Auszubildenden(-gruppen) wandern nach erfolgreicher Bewältigung des Arbeitsauftrages zur nächsten für sie vorgesehenen oder von ihnen gewählten Station.

Wieder anders verhält es sich mit dem **arbeitsplatzorientierten** Lernen. Hier werden geeignete Kundenaufträge gleichsam aus dem Geschäftsgang ausgekoppelt und dem oder den Auszubildenden übertragen. Er bearbeitet sie – unter kundiger Anleitung und sensibler Aufsicht – selbstständig.

8.1.2.3   Didaktische und methodische Vorgehensweisen an unterschiedlichen Lernorten

Selbstgesteuertes Lernen ist nicht zu verwechseln mit »Trial-and-error-Lernen«. Beim selbstgesteuerten Lernen verfügt der Auszubildende bereits über Handlungsschemata, die ihn zielgerichtet an seine Arbeitsaufgaben herangehen lassen. Diese Erfahrung sollten auch die nebenamtlichen Ausbilder an ihren jeweiligen Lernorten machen. Wird ihnen nur erzählt, wie sie ihre Rolle als ausbildende Fachkraft ausfüllen sollen, ist das keine erfahrungsbezogene Einführung in selbstbestimmtes Lernen. Eine Mischung aus Seminar für jeweils neu mit Ausbildungsaufgaben betraute Mitarbeiter und Einzelgesprächen zum Stand methodischer Kompetenz hat sich sehr bewährt.

Das betrifft auch die ganzheitliche Förderung der Auszubildenden. Mit großer Fachkompetenz ist es ja heute nicht mehr getan. Kunden wollen beraten werden, mit Kollegen wird in Arbeits- oder Projektgruppen gemeinsam gearbeitet, Prophylaxe gegen psychische Beeinträchtigungen muss angesichts des rasanten Anstiegs der Zahl betroffener Arbeitnehmer schon während der Ausbildung ins Kalkül genommen werden.

Dabei ist die Berücksichtigung von Selbst- und Sozialkompetenz beileibe keine Erfindung des 20. Jahrhunderts, sondern wurde von fortschrittlichen Ausbildern = Lernbegleitern immer schon wahrgenommen, wenn sie auch nicht so ausgeprägt programmatisch eingefordert wurde. Der Auszubildende von heute ist der Kollege von morgen. Der Lehrling von einst entwickelt sich zum künftigen Leistungsträger: Die Kompetenzen der Mitarbeiter sind die Garanten der Arbeitsqualität.

8.2   Auswahl, Eignung und Einsatz von Fachkräften für Lernbegleitaufgaben

Bislang war die Rede von Lernberatern, Bildungsberatern und Entwicklungsberatern, die ja ohnehin schon hinsichtlich ihres Anforderungsprofils nur schwer zu unterscheiden waren. Nun kommt der Begriff der »Fachkraft für Lernbegleitaufgaben« hinzu. Die Bezeichnung »Fachkraft« ist eigentlich der (zweijährigen) Ausbildung nach dem Berufsbildungsgesetz (z. B. Fachkraft für das Gastgewerbe) vorbehalten. Genau das soll es aber nicht sein: ein Ausbildungsberuf, sondern eine **Funktion** und deshalb sollte hier auch keine Berufs- sondern eine Funktionsbezeichnung gewählt werden, die einen Fortbildungsberuf voraussetzt: Geprüfter Aus- und Weiterbildungspädagoge.

Auch damit kann in Schwierigkeiten geraten, wer den Begriff »Pädagoge« (= Kindererzieher) Ernst nimmt. Denn ein »Weiterbildungs-Kindererzieher« ist ein Widerspruch in sich. So gesehen soll im Folgenden, abweichend von den Überschriften im DIHK-Rahmenplan, weiter vom **Lernbegleiter** die Rede sein.

8.2.1   Kompetenzprofil für Lernbegleiter entwickeln

»Der Weg des Rollenwechsels zum Lernberater ist (...) als Prozess zu beschreiben, der einer intensiven Auseinandersetzung mit sich selbst als professionell pädagogisch handelnder Person bedarf und mit (reflektierten) Praxiserfahrungen sowie dem Aufbau eines erweiterten Methodenrepertoirs kombiniert werden sollte« (WENZIG 2004, S. 64). Wer mit dem Vorurteil in eine derartige Schulung kommt, hier werde mal wieder »eine neue Sau durch's Dorf getrieben«, man müsse nur lange genug ausharren, dann seien die alten Vermittlungsformen wieder »in«, wird kaum für selbstgesteuertes und -verantwortetes Lernen zu gewinnen sein.

Fraglich ist, ob die Bezeichnung »Ausbilder« noch tragfähig ist angesichts der Aufgabenerweiterung, oder ob nicht mit dem »Lernbegleiter« die subjektive Wendung im Anforderungsprofil besser bezeichnet wäre. Fachleute waren sich immer schon darin einig, dass der Begriff »Ausbilder« präzisierungsbedürftig ist. Das Berufsbildungsgesetz lässt relativ viele Deutungen zu. Die gängigste Definition sieht den Ausbilder als die Person, die den Auszubildenden unmittelbar am Arbeitsplatz unterweist. Unklar ist dabei, um welchen Zeitaufwand oder welchen Zeitanteil es sich mindestens handeln soll, um von einem wirklichen Ausbilder zu reden.

Die Aufgaben des Ausbilders sind denn auch sehr vielfältig. Sie können je nach Branche, Betriebsgröße, Region und einzelbetrieblichen Bedingungen erheblich voneinander abweichen. Drei **Hauptaufgaben** lassen sich ausmachen; demnach ist der Ausbilder

• Fachmann für den jeweiligen Ausbildungsberuf und seinen Inhalt,

• Ansprechpartner, Lernbegleiter und Vorgesetzter des Auszubildenden,

• Ansprechpartner der ausbildenden Fachkräfte in den verschiedenen Abteilungen des Betriebes.

Das Bundesministerium für Bildung und Forschung nennt (in der Broschüre »Ausbildung der Ausbilder«) drei Ziele der AEVO im Hinblick auf die Ausbilder:

• Die Bereitschaft zum ständigen Weiterlernen zu wecken, um den wechselnden Anforderungen seiner doppelseitigen (fachpraktischen und berufspädagogischen) Aufgabe jederzeit gewachsen zu sein;

- die Fähigkeit zum sachverständigen Umgang mit den Auszubildenden zu erwerben oder zu bewahren, um ihnen in der kritischen Phase der Pubertät und Adoleszenz verständig und beratend zur Seite zu stehen;

- die Kenntnisse und Fähigkeiten zu erwerben oder zu bewahren, die für eine lernoptimale Vermittlung der Ausbildungsinhalte nötig sind.

Das bedeutet im Einzelnen: Der Ausbilder muss über die Ziele und Inhalte der Berufsausbildung informiert sein. Er muss die in der Entwicklung der Jugendlichen auftretenden – typischen – Persönlichkeitsmerkmale und ihre Abhängigkeit von entwicklungsbedingten Voraussetzungen sowie von Umwelteinflüssen des Familien-, Freundes- und Bekanntenkreises einschätzen können.

Vor allem wird vom Ausbilder aber erwartet, dass er die der Ausbildung zugrundeliegende Ausbildungsordnung kennt und fähig ist, mit ihrer Hilfe den Ausbildungsstoff planmäßig aufzubereiten.

Seine Aufgaben entsprechen den in der AEVO aufgeführten **»4 Handlungsfeldern«**

1. Ausbildungsvoraussetzungen prüfen und Ausbildung planen,

2. Ausbildung vorbereiten und Auszubildende einstellen,

3. Ausbilden,

4. Ausbildung abschließen.

Der Ausbilder ist ebenso Fachmann für die beruflichen Qualifikationen in dem von ihm betreuten Ausbildungsberuf(sfeld) wie Moderator bei Beratung und Unterstützung der ihm anvertrauten Auszubildenden bei deren möglichst **selbstständiger Entwicklung beruflicher Handlungskompetenz.**

8.2.1.1   Persönliche Eignung des Ausbildenden und des Ausbilders

Der Ausbilder muss – wie jeder andere Staatsbürger auch – das Grundgesetz kennen, die Verfassung seines Bundeslandes ebenfalls und mit den wichtigsten Bestimmungen des Bürgerlichen Gesetzbuches und des Handelsgesetzbuches, soweit sie das Vertragsrecht behandeln, vertraut sein. Hinzu kommen Kenntnisse des Gesetzes zur Regelung des Rechts der Industrie- und Handelskammern, der Handwerksordnung und der Gewerbeordnung, die den Betrieben Vorschriften über die mit der Berufsbildung zusammenhängenden Probleme auferlegen, sowie der Gesetze und Verordnungen aus dem Berufsbildungsrecht und dem Arbeits- und Sozialrecht. Was er insoweit wissen muss, findet er in diesem Buch.

Die persönliche Eignung fehlt bei Personen, die Kinder und Jugendliche nicht beschäftigen dürfen oder die wiederholt oder schwer gegen das BBiG verstoßen haben (§ 29 BBiG). Nach § 25 des Jugendarbeitsschutzgesetzes (JArbSchG) dürfen auch Personen nicht ausbilden, die wegen eines Verbrechens zu einer Freiheitsstrafe von mindestens zwei Jahren oder wegen einer Straftat als Arbeitgeber oder Ausbilder zum Nachteil von Kindern und Jugendlichen zu einer Freiheitsstrafe von mehr als drei Monaten verurteilt worden sind.

Soweit die formale Seite. Als nachgewiesen kann gelten, dass es in erster Linie die Persönlichkeit des Ausbilders ist, der eine erfolgreiche Ausbildung zugeschrieben werden kann. Ausbilder, die mit Leib und Seele ihrer Aufgabe nachgehen, sind ein Gewinn für die Auszubildenden wie für den Betrieb. Insofern sind charakterliche Eignung und Motivation des Ausbilders Grundvoraussetzungen dafür, dass die Ausbildung in guten Händen ist. Daher sollte bei der Auswahl geeigneter Ausbilder niemals mit Zwang und Überredung gearbeitet werden! Ausbilder müssen sich freiwillig zur Verfügung stellen. Die Lernerfolge ihrer Anvertrauten werden es ihnen lohnen.

Wer eignet sich zum Lernbegleiter? Wenn es um die persönlichen Eigenschaften des Ausbilders geht, die ihn zum Lernberater für geeignet halten lassen, dann lässt sich mit Gewinn auf das von COSTA, McCRAE und DIGMANN entwickelte Fünf-Faktoren-Modell zurückgreifen, bekannt geworden unter dem Kürzel **»Big Five«:**

- **»Extraversion – Introversion:** gesprächig, energiegeladen, bestimmt versus ruhig, reserviert, schüchtern.

- **Verlässlichkeit – Unberechenbarkeit:** verlässlich, freundlich, zugewandt, mitfühlend versus kalt, streitsüchtig, unbarmherzig.

- **Gewissenhaftigkeit – Leichtfertigkeit:** gut vorbereitet und hervorragend organisiert, verantwortungsbewusst, umsichtig versus sorglos, verantwortungslos, leichtfertig, ohne Übersicht.

- **Emotionale Stabilität – Labilität:** stabil, in sich ruhend, ruhig, zufrieden, freundlich, rücksichtsvoll, ausgeglichen, besorgt versus labil, launenhaft, unausgeglichen, aggressiv, antisozial.

- **Offenheit für Erfahrungen – Unbeweglichkeit:** kreativ, intellektuell, neugierig, informiert, interessiert versus einfach, oberflächlich, unintelligent, wenig informiert und interessiert« (MIGGE 2007, S. 111).

Bevor der GAW die Persönlichkeit der in Frage kommenden Lernbegleiter anhand der fünf Kriterien einschätzt, sollte er das Instrument für die Einschätzung seiner eigenen Persönlichkeit nutzen. Wenn er stark genug ist, Fehlselbsteinschätzungen entlarvt zu bekommen, dann kann auch die Konfrontation der eigenen Einschätzung mit der eines Vertrauten sehr aufschlussreich sein.

Besonders wichtig bei der Rekrutierung geeigneter Lernbegleiter ist deren Selbstverständnis. Welche Ziele verfolgen sie mit ihrer Profession? MIGGE (2007, S. 294) hat aus Äußerungen von Beratungsklientel einmal sieben immer wieder geäußerte Ziele zusammengestellt, die auch und besonders für die verantwortungsvolle Aufgabe der Lernbegleiter gelten dürften:

1. Relevanz: »Ich möchte etwas beisteuern.«
2. Selbstständigkeit: »Ich möchte selbst entscheiden.«
3. Bewusstheit: »Ich möchte wissen, was ich tue.«
4. Selbstwirksamkeit: »Ich möchte wirksam und bewegend sein«
5. Verantwortlichkeit: »Ich möchte verantwortlich sein.«
6. Stolz und Akzeptanz: »Ich möchte mich selbst achten.«
7. Identität: »Ich möchte wissen, wer ich bin.«

Eine Wissenschaftlergruppe um den Potsdamer Psychologen SCHARSCHMIDT hat ein viel beachtetes Verfahren zur Selbsteinschätzung des »arbeitsbezogenen Verhaltens- und Erlebnismusters« (kurz: AVEM) entwickelt. Es handelt sich um ein Fragebogen-Verfahren, bei dem 11 Dimensionen (z. B. beruflicher Ehrgeiz) in 66 Items (je 6) mit einer fünfstufigen Skala standardisiert sind. Die Bearbeitungszeit wird mit (knappen) 10 Minuten angegeben. Das dabei entstehende Profil wird mit vorgegebenen Profilen verglichen. Heraus kommt die Zugehörigkeit zu einem der folgenden vier Muster:

- Muster G für Gesundheit, Engagement, Widerstandskraft und Wohlbefinden,
- Muster S für Schonung,
- Risikomuster A für Selbstüberforderung,
- Risikomuster B für Überforderung und Resignation.

Problematisch sind mit Blick auf die einzelne Person die beiden Risikomuster, aus der Lernenden-Perspektive aber – wegen der geringen Motivation der eingeschätzten Person – auch das Muster »Schonung«. Keine Frage: wünschenswert und unbedingt geeignet als Lernbegleiter sind Personen mit dem Muster G. Leider hat die Forschungsgruppe SCHARSCHMIDT bei der Untersuchung von angehenden Lehrern nur 19 % Personen mit dem Muster G vorgefunden. Das zeigt, wie wichtig eine eingehende Fähigkeitseinschätzung und daran anschließend Auswahl künftiger Lernbegleiter ist.

8.2.1.2   Fachliche Eignung des Ausbilders

§ 30 Abs. 1 BBiG definiert pragmatisch: »Fachlich geeignet ist, wer die beruflichen sowie die berufs- und arbeitspädagogischen Fertigkeiten, Kenntnisse und Fähigkeiten besitzt, die für die Vermittlung der Ausbildungsinhalte erforderlich sind.« Das BBiG sagt jedoch nicht, wer persönlich geeignet ist, sondern nur, wer persönlich **nicht** geeignet ist.

Beide, persönliche wie fachliche Eignung, sind Voraussetzung dafür, dass überhaupt ausgebildet werden darf. Ein **fachlich** geeigneter Ausbilder muss entweder

- die Abschlussprüfung in einer dem Ausbildungsberuf entsprechenden Fachrichtung oder

- eine anerkannte Prüfung an einer Ausbildungsstätte oder vor einer Prüfungsbehörde oder eine Abschlussprüfung an einer staatlichen oder staatlich anerkannten Schule in einer dem Ausbildungsberuf entsprechenden Fachrichtung oder

- eine Abschlussprüfung an einer deutschen Hochschule in einer dem Ausbildungsberuf entsprechenden Fachrichtung

bestanden haben.

Durch den Erlass von Rechtsverordnungen kann im Einzelfall geregelt werden, welche Prüfungen für welche Ausbildungsberufe anerkannt werden (§ 30 Abs. 3 BBiG), oder dass und wie der Erwerb berufs- und arbeitspädagogischer Fähigkeiten nachzuweisen ist (§ 30 Abs. 5 BBiG). Die nach Landesrecht zuständige Behörde kann Personen, die die Voraussetzungen der fachlichen Eignung nicht erfüllen, die Eignung widerruflich zuerkennen (§ 30 Abs. 6 BBiG).

8.2.1.3   Berufs- und arbeitspädagogische Eignung des Ausbilders

Diese Eignung wird durch das Ablegen der Ausbilderprüfung oder durch Nachweis der Befreiung davon erbracht. Gegenstand der Ausbilderprüfung sind die vier Handlungsfelder und die Durchführung einer Ausbildungseinheit mit anschließendem Prüfungsgespräch.

Wer also eine Handwerksmeisterprüfung oder eine nach dem Berufsbildungsgesetz geregelte Industriemeisterprüfung bestanden und dabei entsprechende berufs- und arbeitspädagogische Kenntnisse nachgewiesen hat, gilt ebenfalls für die Berufsausbildung im Sinne der Ausbilder-Eignungsverordnung als berufs- und arbeitspädagogisch geeignet.

Zeitgemäß wäre eine Formulierung unter Einbezug notwendiger Kompetenzen. So gesehen erwarten wir vom Ausbilder/Lernberater

- breite und tiefe Sachkompetenz,

- methodische Versiertheit in Beratungs- und Unterweisungsfragen, oft auch als »Methodenkompetenz« bezeichnet,

- sensible Selbstkompetenz und
- empathische Sozialkompetenz.

Es bietet sich an, die Beschreibungen in Lehrbuch 1 unter Abschnitt 1.3.1.1 zu vergleichen.

8.2.2 Ausbildungsrelevante betriebliche Anforderungen im Vergleich mit dem Kompetenzprofil des Lernberaters

Die im Ausbildungsrahmenplan aufgeführten Lerninhalte sind samt und sonders in der betrieblichen Ausbildung zu vermitteln. Dafür steht der Ausbildende gerade. Der Betrieb kann weitere Inhalte in den Ausbildungskanon aufnehmen, darf dafür aber nicht auf obligatorische Themen aus dem Ausbildungsrahmenplan verzichten. Gleichwohl kann es sich – auch im Hinblick auf eine spätere Überleitung des Auszubildenden in ein Beschäftigungsverhältnis beim Ausbildungsbetrieb – anbieten oder gar empfehlen, betriebswichtige Inhalte zu vermitteln, auch wenn diese nicht im Ausbildungsrahmenplan aufgeführt sind. Sie dürfen dann aber nicht Gegenstand der Abschlussprüfung sein, denn für deren Inhalte bildet der Rahmenplan die äußere Grenze.

Der Ausbilder ist mithin gut beraten, die an den einzelnen betrieblichen Lernorten vermittelbaren Ausbildungsinhalte mit den Inhalten des Ausbildungsrahmenplans zu vergleichen, um so zeitliche Spielräume für zusätzliche, betriebsrelevante Inhalte zu identifizieren.

8.2.3 Ressourcenorientierten Einsatz und Entwicklungsbegleitung durchführen

Die Entwicklungsberatung wurde bereits in Lehrbuch 1, Abschnitt 4.4 besprochen. Es handelt sich dabei für viele Ausbilder um eine neue Aufgabe. Dazu müssen die betrieblichen Qualifizierungs- und Aufstiegschancen genauso eruiert werden wie der mögliche Wechsel in ein anderes Unternehmen. Auch Weiterbildung, etwa zum Technischen Fachwirt, ist ins Kalkül zu nehmen.

Der Ausbilder wird sich ein klares Bild von den Stärken und Kompetenzen des Auszubildenden im Hinblick auf dessen Karriere machen, sich Kenntnis erwerben von Qualifikationsvoraussetzungen für die Einnahme höherwertiger Arbeitsplätze. Sucht der Auszubildende den Rat des Ausbilders in Sachen »Weiterkommen«, so ist natürlich höchste Vertraulichkeit angesagt. Der Ausbilder wird auf der Grundlage seiner Kenntnisse eine individuelle Beratung vornehmen.

8.3 Berufspädagogische Anleitung von Lernberatern

8.3.1 Instrumente der Qualifizierung von Lernbegleitern

Die Suche nach permanenter Verbesserung wird heute meist mit der Empfehlung verbunden, ein gezieltes **Feedback** einzuholen. Das kann auf die verschiedensten Weisen geschehen, z. B. über die Einforderung der Rückmeldungen, dirigiert durch einen im Raum an Seminarteilnehmer geworfenen Ball, eine Zeichnung, die nach Gefühl in positiver oder negativer Weise ergänzt wird, ein Planquadrat auf einem Flipchart-Bogen, in den Klebepunkte fixiert werden oder Feedback-Gespräche mit einzelnen Teilnehmern. Das Feedback kann in Anwesenheit der Gruppenmitglieder (wenn es sich beispielsweise um ein Seminar handelt) gegeben werden, es kann aber auch in Einzelgesprächen eingeholt werden.

Die **Supervision** stellt eine weitere Form zur Qualifizierung von Lernbegleitern dar. Ein geschulter Supervisor ist als teilnehmender Beobachter bei Sitzungen einer Gruppe von Lernbegleitern dabei; er nimmt die Interaktionen während Fallbesprechungen wahr und meldet die Befunde vor dem Hintergrund des formulierten Qualitätsanspruchs an die Lernbegleiter zurück.

Eine weitere Variante der Unterstützung durch einen Experten stellt das **Coaching** dar. Der Coach ist im Regelfall für eine Person zuständig. Er klärt vorab die Ansprüche an den Coachee mit diesem und beobachtet dessen Verhalten anhand der vereinbarten Kriterien. Grundlage ist ein Vertrauensverhältnis und absolute Verschwiegenheit, da auch Kritik an der Persönlichkeit geübt werden soll. Der Aus- und Weiterbildungspädagoge kann in allen genannten Fällen der Supervisor, Coach oder Feedback-Initiator sein. Dazu muss er allerdings selbst qualifiziert sein: Erkann man Kurse in Supervision besuchen, die in der Regel mit einem zertifizierten Abschluss enden.

Es ist ein Irrglaube, wenn man denkt, der Übergang von einer frontal geprägten Schul- und Ausbildungserfahrung zu einer selbst bestimmten und verantworteten Lernform gehe bei entsprechendem Schulungsaufwand problemlos vonstatten. Man darf die emotionale Bindungswirkung der Erfahrungen mit fremd bestimmten und verantworteten Lernprozessen nicht unterschätzen. Darin liegt eine starke Gefahr. Da uns die traditionelle Lehr-/Lernform in Fleisch und Blut übergegangen ist, lässt sie sich auch nicht ohne Weiteres tilgen und durch eine selbst bestimmte ersetzen.

Am schnellsten dürfte der Umschwung bei IT-Ausbildungen Platz greifen. Hier scheint bei vielen Ausbildern und Auszubildenden die Erkenntnis gereift, herkömmliche Unterweisung und seminaristische Weiterbildungsformen seien nicht mehr zeitgemäß. Erfahrungslernen rückt an ihre Stelle (FLÜGGE/VORMBROCK 2004, S. 79).

8.3.2 Führungs- und Motivationsinstrumente

Es ist kein Selbstgänger, Mitarbeiter in Betrieben für Ausbildungsaufgaben zu gewinnen, noch dazu in der Kombination mit Lernberatung. Viele Unternehmen haben ihr Personal radikal eingeschränkt. Das hatte oft zur Folge, dass mehrere ursprünglich von mehreren Mitarbeitern ausgeübte Funktionen in einer Stelle zusammengefasst wurden. Das schränkt naturgemäß die für Ausbildung verfügbare Zeit ein. Von »Arbeitsverdichtung« ist die Rede, und Betroffene hüten sich dann, sich auch noch mit einem oder gar mehreren Auszubildenden zu belasten.

Wenn sie es dennoch tun, sollten sie hinreichend mit Informationen über ihren Ausbildungsauftrag versorgt werden. Wenn es im Betrieb einen Ausbildungsbeauftragten gibt, der organisatorische und koordinierende Aufgaben wahrnimmt, dann wird er sich fragen, was er selbst mit dem Auszubildenden anstellt und was er an die nebenamtlichen Ausbilder delegiert. Die **Lernberatung** dürfte zumeist die Funktion sein, die er sich vorbehält, während konkrete, im Ausbildungsrahmenplan verankerte Inhalte den Mitarbeitern überlassen werden.

Wenn didaktische Aufgaben nicht vom Ausbildenden oder einem von ihm beauftragten Personalverantwortlichen wahrgenommen, sondern an ausbildende Fachkräfte delegiert werden, dann ist vermittels **Zielvereinbarungen** die Qualität der Ausbildung sicherzustellen. Daran lässt sich ermessen, inwieweit hinreichend Sachverstand und pädagogisches Geschick – auch und besonders im Sinne selbstgesteuerten Lernens – beim Mitarbeiter vorhanden sind.

8.3.3 Berufspädagogische Grundlagen für Lernbegleitungsaufgaben

Welches Handwerkszeug muss der Lernbegleiter mitbringen, abgesehen von der Einstellung, dass partizipative Lernbegleitung eine wichtige Funktion im Ausbildungsgeschehen einnimmt? In der Ausübung muss allerdings eine partnerschaftliche Haltung erkennbar sein.

Natürlich braucht der Ausbilder als Lernbegleiter nach wie vor ein solides Methodenrepertoire. Er muss in der Lage sein, handlungsorientierte Lernsequenzen zu gestalten, insbesondere in Gruppen. Techniken der Gesprächsführung sind ihm eigen, er kann aktiv zuhören und beherrscht gängige Fragetechniken, kann Menschen motivieren, auf die Einhaltung von Zielen verpflichten, sich in sie hinein versetzen und Lernprobleme rechtzeitig identifizieren und mit Lösungen bedenken (FLÜGGE/VORMBROCK 2004, S. 82f.).

Das alles kann er nicht in einem Tagesseminar erlernen oder vertiefen, zumal die Lernform ebenfalls eine partizipative, aktivierende sein muss, um authentisch zu bleiben und nicht widersprüchlich im »Wein predigen und Wasser trinken« zu enden. Kenntnisse über Lernbegleitung zu vermitteln, ist eine vergleichsweise einfache Aufgabe; die Fähigkeit zu einer teilnehmerorientierten Gesprächsführung mit dem Ziel der Lernberatung ist aber keinesfalls zu »vermitteln«. Soll sie wirklich »in Fleisch und Blut übergehen«, müssen Erprobungsfelder offeriert und genutzt werden. Dabei ist Supervision zur Spiegelung, Reflexion und Kontrolle der Lernberatung durchaus ein probates Mittel. Denn das Führen von Lernberatungsgesprächen muss geübt werden, damit es in der aktuellen Gesprächssituation nicht zu Brüchen oder Fehleinschätzungen kommt. All das braucht Zeit – und deshalb ist eine der wichtigsten Forderungen im Zusammenhang mit der Implementation eines Lernbegleitkonzepts die Findung von **Erprobungszeiten und -räumen.**

Lernberatung lässt sich nicht verordnen. Sie kann auch nicht auf Beschluss des Vorstands oder der Geschäftsführung hergestellt werden. Sie bedarf allerdings des Rückhalts der Geschäftsführung und ggf. der Abteilungsleitung(en). Ohne die Erfahrungen einer systematischen Erprobung besteht die Gefahr, dass es sich um »Spiele« von Außenseitern handelt und dass Fehler von internen Kritikern zum Anlass von Diskreditierung genommen werden. Schließlich gilt es, sich von gewohnten, althergebrachten Verhaltensweisen im Rahmen von Beratung, aber auch von Unterweisung, (betrieblichem) Unterricht und Lehrgesprächen zu verabschieden. Andernfalls sind mit ziemlicher Sicherheit Rückfälle in Sachen selbst bestimmten und verantworteten Lernens die Folge.

Zu den »Kernelementen der Lernberatungskonzeption« gehören im Übrigen »das Lerntagebuch, die Lernkonferenz, das Lernberatungsgespräch, Fachreflexion und Feedback und der Lernquellenpool« (KLEIN/REUTTER 2004, S. 93). Damit kann auch die materielle Seite der Einführung einer Lernberatungskonzeption gesichert werden. Sich allein auf das Gespräch zu stützen, bringt zu wenig Substanz in die Bemühungen um Lernbegleitung als kontinuierlicher und organisatorisch verankerter didaktischer Form.

Nach Einschätzung von KLEIN & REUTTER bedarf es **dreier Voraussetzungen,** um das Konzept solide zu verankern:

1. Die **Geschäftsführung** muss sich betriebsöffentlich zur Lernbegleitung bekennen. Sie muss den Protagonisten Rückendeckung geben. Sie muss sie durch geeignete Rahmenbedingungen unterstützen. Sie muss sie auch ermuntern, wenn es Schwierigkeiten, Hindernisse und Beschwerden gibt. Denn der Übergang von der Instruktionsorientierung zur Lernbegleitung ist zu substanziell, als dass man von einer reibungslosen, konfliktfreien Reform ausgehen darf. In entsprechenden Projekten hat sich gezeigt, dass die Unternehmenskultur in der gleichen Richtung gestaltet werden muss wie die Lernbegleitung: Mitarbeiter müssen die Gelegenheit nehmen können, ihr Arbeitsgebiet und dessen Umfeld mit Kollegen zusammen verantwortlich gestalten zu können. Sonst passt das Lernbegleitkonzept nicht recht zur Unternehmensphilosophie. Dieser Widerspruch dürfte die tragfähige und dauerhafte Implementation des Konzepts verhindern. Auf eine in diesem Zusammenhang zu bewältigende »Paradoxie« weist Anja WENZIG hin: »einerseits Freiräume für Individuen zu eröffnen, und gleichzeitig klare Strukturen zu benötigen, damit diese Freiräume möglich sind« (zitiert in KLEIN/REUTTER 2004, S. 104). Dies gelte es sorgfältig auszutarieren.

2. Es braucht »**interne Promotoren**«, die ein klares Bild von Lernbegleitung haben und die Übergangszeit bis zur vollständigen Umsetzung dieser Konzeption strategisch gestalten können. Sie werden dann erfolgreich sein, wenn

   • »Lernberatung in die strategischen Planungen der Organisation eingebunden wird,

   • Rückendeckung durch Vorgesetzte bei gleichzeitig klarer Definition der Verantwortungsbereiche und Entscheidungskompetenzen gesichert ist,

   • Vorgesetzte den Entwicklungs- und Implementierungsprozess mit steuern und

   • es möglichst frühzeitig gelingt, auch auf dieser Ebene Verantwortungsteilung durch gemeinsam vereinbare kooperative Arbeitsteilungen im Entwicklungs-, Umsetzungs- und Reflexionsprozess zu praktizieren« (ebenda, S. 106).

3. Ohne **externe Beratung** kommt eine durchgreifende Organisationsreform in aller Regel nicht aus. Wie wir aus der wissenschaftlichen Begleitung verschiedener Forschungsprojekte und Modellversuche wissen, ist eine Entwicklungsberatung, die zugleich eine Evaluation des Projektes ins Auge fasst, nahezu unverzichtbar. Dazu muss das Projekt schon in der Planungsphase begleitet werden. Man verständigt sich über Ziele und Rahmenbedingungen, legt unterstützende Weiterbildungsveranstaltungen fest und versieht das Vorhaben mit einer stringenten Ablaufplanung. Wichtig ist die gemeinsame Information der gesamten Belegschaft über das Projekt und seine Organisationsberatung. Die Mitarbeiter wollen Aufschluss haben über

   • den Sinn und Zweck des Vorhabens,

   • die von ihnen erwarteten (zusätzlichen) Leistungen,

   • die Auswirkungen auf ihren Arbeitsplatz und ihre Arbeitssituation,

   • die Möglichkeit weiter gehende Information bei einem Ansprechpartner einzuholen,

   • den zeitlichen und organisatorischen Rahmen des Vorhabens.

Man darf nach aller Erfahrung die Information nicht auf die leichte Schulter nehmen. Wer die Belegschaft – und nicht nur den Betriebsrat – für das Vorhaben gewinnen will, muss regelmäßig über den Fortgang berichten. Teile der Belegschaft werden an detaillierter

Planung interessiert sein, andere wiederum möchten damit nicht behelligt werden. Insofern ist Fingerspitzengefühl gefragt, und das in Absprache mit den Projektteams und der Geschäftsführung.

Der Prozess sollte als Lernberatungsprozess angelegt werden, sodass die Verantwortlichen die Möglichkeit haben, Lernberatung »am eigenen Leibe« zu erfahren. Zugleich ist der Außenblick wertvoll, in dem ein neutraler Beobachter mit seinem Erfahrungshintergrund auf den Fortgang blickt, Stärken und Schwächen erkennt und sich in den Ablauf einbringt.

Zu Beginn des Vorhabens überwiegt dabei die Mitwirkung an der Konzeptarbeit, gefolgt von der Planung der Umsetzungsschritte. Die Evaluation spielt in dieser Phase noch keine besondere Rolle. Das ändert sich mit fortgeschrittener Zeit. Gegen Ende wird die Prozess- und ganz am Schluss die Ergebnisevaluation dominant. Auf keinen Fall darf der Auftraggeber den Verdacht hegen, es würden bewusst Anschlussaufträge generiert. Jedes Projekt braucht ein definiertes Ende. Wenn dann der Auftraggeber noch weitere Wünsche an den Auftragnehmer hat, ist das eine andere Sache. Oft wird der Transfer der guten Erfahrungen mit der Konzeption auf weitere Unternehmensteile angestrebt; ein derartiger Anschlussauftrag ist sicherlich wert- und sinnvoll.

Gewarnt wird zu Recht davor, ein Unternehmen als Ganzes einer durchgreifenden Reform zu unterziehen. Aus der Begleitung verschiedener Entwicklungsprojekte können wir das nur bestätigen. Das Projekt sollte sich auf einen umgrenzten Rahmen und Personenkreis richten. Die Gefahr, sich mit den unterschiedlichen Vorstellungen der Belegschaft und der Geschäftsführung und den darauf erteilten Antworten zu verzetteln, ist allzu groß. Günstig gestaltet sich der Transfer immer dann, wenn betriebliche Erfahrungsträger eingebunden werden. Dann kommen internes und externes Know how zusammen und bilden eine segensreiche Allianz, auch gegenüber den Skeptikern im eigenen Unternehmen. »Diejenigen, die meinen, es geht nicht, sollen die nicht stören, die es schon tun.« lautet ein alter unternehmerischer Sinnspruch.

8.3.4 Maßnahmen zur Kompetenzerweiterung der ausbildenden Fachkräfte durchführen

Ute BÜCHELE rät auf der Grundlage vielfältiger Erfahrungen aus Seminaren mit Lernbegleitern dazu, Prozesse der Bewusstmachung der eigenen Situation, Funktion und Rolle auf jeden Fall zu betonen. »Unverzichtbar erscheint uns, dass in der Weiterbildung für diese Aufgaben einer persönlichen Begleitung solche Elemente genutzt werden, die bei den Teilnehmern die Selbstwahrnehmung verbessern« (2004, S. 72). Ins gleiche Horn tuten FLÜGGE & VORMBROCK: »Manchmal war den Qualifizierten ihr Kompetenzgewinn gar nicht bewusst geworden. Dies durch geschicktes Fragen in die Bewusstseinsebene zu rücken, war eine Herausforderung, die immer besser erfüllt wurde« (2004, S. 82).

Der Lernbegleiter ist dahingehend zu qualifizieren, dass er »Lernerfolge erkennen und diese sichtbar und besprechbar machen« kann (ebenda, S. 74). Dementsprechend werden folgende Themen für Trainingsseminare mit Lernbegleitern vorgeschlagen:

- »Kommunikationsformen und -stile,
- Beratungsformen und Beraterhaltungen,
- Zuhören »zwischen den Zeilen« und auf unterschiedlichen Ebenen und
- Reflexionen und Projektplanungen gestalten – mit unterschiedlichen Arten zu fragen«.

Großen Wert sollte man auf die Ankündigung von **Weiterbildungsveranstaltungen** im Betrieb legen, seien es Informationstage, Kurse oder Fachtagungen. Die potenziellen Interessenten und ihre Vorgesetzten haben nicht nur ein Recht darauf, Details des Angebotes zu erfahren, sie wollen auch herausfinden, ob sich die Teilnahme für sie oder ihren Mitarbeiter lohnt. Interessantes Ergebnis einer Studie der Universität Hannover ist, dass sich männliche und weibliche Ankündigungstexte deutlich unterscheiden: »Kursleiterinnen betonen mehr die Gemeinsamkeiten des Lernens (Wir wollen ...«) und Erfahrungsbezüge (»Anknüpfend an die Erfahrungen ...«). Kursleiter formulieren eher sachliche Aspekte und bevorzugen das Passiv (»Es werden ... Themen behandelt«, »Es werden neue wissenschaftliche Erkenntnisse vermittelt« – (SIEBERT 2010, S. 69).

Geschlechtsunabhängig ist jedoch der »Leitfaden zur Formulierung von Ankündigungstexten« (ebenda):

* »**Wer** (Dozent, Kursleiter) vermittelt
* **was** (Thema, Lerninhalte)
* **wem** (Adressat/inn/en, Teilnehmervoraussetzungen)
* **wozu** (Lernziele, Verwendungszweck)
* **wie** (Methoden, Medien, Arbeitsformen)
* **wann** (Zeit, Dauer)
* **wo** (Veranstaltungsort)«.

Zeit- und Selbstmanagementstrategien beginnen immer damit, dass ihr Gegenstand eingekreist und präzisiert und die zeitlichen Spielräume entdeckt und festgelegt werden. Die 70 %-Regel hat durchweg ihren Wert: Nicht 100 % der beabsichtigten Aktivitäten werden geplant, sondern nur etwas mehr als zwei Drittel. So bleibt hinreichend Puffer für die gründliche Recherche und präzise Ausführung für die Aktivitäten.

Dem Selbstmanagement lassen sich Planungshilfen unterlegen, wie sie mit den sieben »W-Fragen« angedeutet worden sind. Es hat sich bewährt, die Einführung von Lernbegleitung und von selbstbestimmtem Lernen als Projekt zu sehen und z. B. das von BOY vorgeschlagene Formular als Planungsunterlage zu verwenden.

8.4 Berufspädagogische Beratung bei Problemfällen

Wie im Falle von Problemfällen zu verfahren ist, wurde bereits in Lehrbuch 1, Abschnitte 4.1.2.1 bis 4.1.2.6 behandelt. Hier geht es daher nur noch um zusätzliche Aspekte, die die Unterstützung des Lernbegleiters und seine weiteren Schritte beleuchten.

Ein ganz wichtiger Hinweis findet sich bei KLEIN & REUTTER, indem sie davor warnen, in einer Institution, die selbst bestimmtes Lernen auf ihre Fahnen geschrieben hat, zunächst nach Hindernissen und Stolperfallen zu fahnden; vielmehr sollte man sich die Ressourcen vor Augen halten, die sich in der Institution aufspüren lassen (2004, S. 95). Im anderen Fall drohe Rückfallgefahr in scheinbar Bewährtes und Unverzichtbares.

8.4.1 Lernbegleiter bei Verhaltensauffälligkeiten von Teilnehmern im Bildungsprozess unterstützen

Der Lernbegleiter wird zunächst versuchen, das Problem selbst zu lösen. d. h. er sucht das Gespräch mit dem Auszubildenden, gleich ob es sich um disziplinarische oder Leistungsprobleme handelt. Unterstützung wird er sich für den Fall holen, dass ihm die Problemlösung nicht gelingt. Das kündigt er besser schon frühzeitig bei seinem Vorgesetzten an.

Vorgesetzte schätzen es aber nicht, wenn sie mit Problemen behelligt werden, von denen sie annehmen (dürfen), dass sie vom Mitarbeiter auch ohne ihr Zutun gelöst werden (können). Andererseits wollen sie über Probleme und Krisen rechtzeitig und umfassend informiert werden, möglichst mit der Angabe von Lösungsvorschlägen. Der Lernbegleiter wird insofern mögliche Lösungen in petto halten, sich Rückendeckung versprechen lassen, sofern er – was er nicht für wahrscheinlich hält – tatsächlich im Alleingang nicht erfolgreich sein sollte.

8.4.2 Lösungsansätze und strategische Vorgehensweisen bei Problemen

Auch hier lässt sich auf Lehrbuch 1, Abschnitte 4.1.2.1 bis 4.1.2.6 verweisen. Wichtig ist es, Ruhe zu bewahren und sorgfältig den Tatbestand notieren, sodann verschiedene Lösungsstrategien (»Szenarien«) bedenken, sich dann in aller Ruhe für die bestgeeignete entscheiden und die Entscheidung ggf. mit Vertrauten unter den Mitarbeitern besprechen. Oftmals lösen sich die Dinge schon deshalb, weil sich der »Delinquent« ernst genommen fühlt.

Ein Sonderfall ist die Auseinandersetzung mit renitenten Auszubildenden. Hier bedarf der Lernberater gelegentlich auch nach seiner Einarbeitung der Unterstützung durch den GAW. Bei MIGGE (2007, S. 40) finden wir eine Sammlung oft gehörter »Killerphrasen«, hier um jene bereinigt, die nicht zum Ausbildungsgeschehen gehören und um solche erweitert, die dazu gehören. Anschließend finden sich Ratschläge, sie erfolgreich zu kontern.

- *»Sie immer mit Ihren sogenannten Anregungen.«*
- *»Dafür bin ich doch nicht zuständig.«*

- »*Das hat bei Ihnen auch nicht immer gleich geklappt.*«
- »*So etwas übernehme ich grundsätzlich nicht.*«
- »*Sie sind nicht der erste, der mir mit sowas kommt.*«
- »*Hier geht das einfach nicht.*«
- »*Da müssen Sie mir erstmal zeigen, wie's geht.*«
- »*Glauben Sie wirklich, dass ich das später auch können muss?*«

MIGGE empfiehlt, nicht aufzubrausen, sondern die Killerphrasen umzudeuten. Seine Anregungen sind hier wiederum um ausbildungsrelevante ergänzt bzw. auf Ausbildungssituationen bezogen worden:

- »*Jemand muss Ihnen schließlich auf die Sprünge helfen.*«
- »*Wer soll es denn sonst übernehmen? Ich vielleicht?*«
- »*Darum geht es nicht. Ich bin schließlich für Ihre Ausbildung verantwortlich.*«
- »*Das können Sie leider nicht selbst entscheiden. Es steht im Ausbildungsrahmenplan und dann muss es auch gemacht werden.*«
- »*Ob ich der erste bin oder nicht, steht nicht zur Debatte. Es geht darum, dass Sie Ihren Beruf von der Pike aus erlernen.*«
- »*Das haben andere vor Ihnen schon geschafft.*«
- »*Kein Problem. Das mache ich gern.*«
- »*Wenn ich es nicht wüsste, würde ich es auch nicht verlangen.*«

8.4.3   Eigenständige Problemlösung der Lernbegleiter

Der Lernbegleiter darf sich nicht über- und nicht unterschätzen, was seine Fähigkeiten und Möglichkeiten zur Problemlösung betrifft. Im ersten Fall gelingt die Problemlösung nicht, das macht es im Regelfall schlimmer, weil nunmehr der Konflikt auf eine andere Ebene gehoben wird. Es geht nicht mehr um die Sache, sondern um die persönliche Durchsetzung. Das lässt die Situation verfahren erscheinen. Nun muss auf jeden Fall externe Hilfe und Unterstützung angefordert werden.

Im Falle der Unterschätzung mag zwar das Problem gelöst worden sein, aber die Mitarbeiter und Kollegen werden sich fragen, warum der Lernbegleiter es nicht allein gelöst hat. Damit ist zumeist ein Prestigeverlust verbunden. Insofern sollte sich der Lernbegleiter intensiv fragen, ob er das Problem nicht doch allein zu lösen versucht, sich aber für den Fall des Scheiterns schon einmal möglicher Bündnispartner versichert.

Auszubildende neigen oft dazu, im Gespräch mit dem Lernberater ihre Probleme in den Vordergrund zu rücken. Ihre Stärken nehmen Sie als selbstverständlich hin, über ihre Schwächen ärgern sie sich. Gern suchen Sie daher Solidarität beim Lernberater, der aber gut daran tut, den Auszubildenden durch geschickte Fragen zu einer vorurteilsfreien, ärgernislosen, nüchternen Betrachtung und Bewertung seiner Leistungen zu führen. MIGGE schlägt dazu folgende Beispielfragen vor:

»*Gab es Situationen, in denen Sie mit solchen Schwierigkeiten früher einmal fertig geworden sind?*«

»*Was soll sich alles geändert haben, wenn Sie Ihr nächstes Projekt starten?*«

»*Was war dabei das allergrößte Problem?*«

»Was erfreut Sie daran besonders?«

»Wie weit kann Sie so etwas eigentlich runterreißen – wie fühlt sich das dann an?«

»Wie sehen das die Kollegen, wenn Sie in einer ruhigeren Phase mit ihnen darüber reden?«

Der Lernbegleiter wird sich hüten, die Persönlichkeit des Auszubildenden zu kritisieren. Er wird hingegen das Problem zu versachlichen suchen und sich auf beobachtbares Verhalten konzentrieren. Kritik muss immer mit Perspektive verknüpft werden, sonst besteht die Gefahr, dass der Auszubildende sie in sich »hinein frisst« und »an sich verzagt«.

Wenn der Auszubildende sein Problem schildert, sollte ihm der Lernberater signalisieren, dass er ihn versteht und sich für seine Schwierigkeiten interessiert. Das kann er verbal tun (»so sehe ich das auch«, »genau«, »so geht es mir oft auch; ich kann das gut verstehen«) – das wird er auch gegebenenfalls durch Mimik und Gestik unterstreichen. Der Auszubildende wird erfreut sein, dass der Lernberater ihm nicht nur seine Aufmerksamkeit schenkt, sondern sich auch als Partner zeigt, der ihm bei der Bewältigung seiner Probleme helfend zur Seite steht. Wenn der Lernberater aber zu der Überzeugung gelangt, mit seinem Verhalten der Unselbstständigkeit Vorschub zu leisten, sollte er sich vorsichtig zurückziehen und dem Auszubildenden eine selbstständige Lösung ermöglichen.

8.4.4 Zusammenarbeit mit Partnern und externen Stellen bei der Problembewältigung

Auch dieses Thema wurde bereits in Lehrbuch 1 unter Abschnitt 4.1.2.6 behandelt. Nochmals in aller Kürze: Dem Lernbegleiter ist anzuraten, sich für den Fall des Falles zu wappnen und schon einmal nach externen Unterstützern zu suchen, damit nicht wertvolle Zeit verloren geht, wenn die Suche erst nach Eintritt des Problems aufgenommen wird.

9 Qualitätssicherung von beruflichen Bildungsprozessen

Im Handlungsbereich »Qualitätssicherung von beruflichen Bildungsprozessen« soll die Fähigkeit nachgewiesen werden, Instrumente des Qualitätsmanagements und des Controlling für die Steuerung und Verbesserung selbst verantworteter Bildungsprozesse anzuwenden.

9.1 Qualität sichernde und verbessernde Methoden, Bildungscontrolling, Qualitätsstandards

Was versteht man unter »Qualität«? Laut BROCKHAUS bedeutet dieses Fremdwort »Güte« oder »Beschaffenheit«. Wie ein Ding beschaffen ist, soll im Regelfall objektiv und ohne jede Wertung beschrieben oder gezeigt werden. Geht es hingegen um die Güte, so ist eine Bewertung des Gegenstands gefragt. Diese sollte nach festen Regeln und anerkannten Kriterien erfolgen. »Qualität ist, wenn ich es sehe!« so der Titel eines 1982 von GUARESCHI verfassten kleinen Lehrbuchs. Prägnanter kann man den Sinn und Zweck der Qualitätsmessung und -bewertung wohl kaum ausdrücken!

Dem amerikanischen Sozialforscher Avendis DONABEDIAN (1919 – 2000) verdanken wir die Idee, drei Qualitätsdimensionen zu unterscheiden: Struktur-, Prozess- und Ergebnisqualität. Strukturqualität richtet sich auf die Voraussetzungen und Rahmenbedingungen von Handlungen; deren Beschaffenheit und Güte werden der Prozessqualität zugerechnet, Struktur- und Prozessqualität sind schließlich verantwortlich für die Ergebnisqualität. Hier kann man mit dem **Deutschen Qualitätsrahmen (DQR)** noch Output- und Outcomequalität unterscheiden. Während Outputqualität das unmittelbare Ergebnis bezeichnet, meint die Outcomequalität den Verwendungszweck des Erreichten. Ein Beispiel mag dies verdeutlichen: Ein VW Golf ist das Produkt aus Wolfsburg (Output), zufriedene Käufer sind das Outcome.

Etwas anders gliedert SIEBERT (2010, S. 142) die »Dimensionen der Qualitätssicherung«:

- **Systemqualität:** die Qualität des gesamten Bildungsangebots einer Region,
- **Institutionenqualität:** die Qualität einer Einrichtung: Marketing, Leitbild, Kundenfreundlichkeit, Finanzierung, Netzwerke, ›lernende Organisation‹,
- **Programmqualität:** thematische Vielfalt, Zielgruppen, benachteiligte Gruppen, Veranstaltungsformen,
- **Veranstaltungsqualität:** Kompetenz der Lehrenden, Didaktik, Methodik, Teilnehmerorientierung.«

In verschiedenen Ansätzen wird Qualität auf ihre Funktionen konzentriert. So weist beispielsweise Martin FISCHER (2013, S. 3) ihr **vier Funktionen** zu:

1. Qualifizierungsfunktion = Ausstattung der Auszubildenden mit den für die spätere Berufsausübung notwendigen Qualifikationen,

2. Verwertungsfunktion = Gegenüberstellung der Ausbildungsleistungen ausbildender Betriebe (das sind nur 23 %) mit dem Nutzen durch Einstellung fremdqualifizierter Arbeitskräfte von nicht ausbildenden Betrieben (rund drei Viertel),

3. Allokations- und Selektionsfunktion = Platzierung ausgebildeter Erwerbspersonen an für sie und das jeweilige Unternehmen bestgeeignete Arbeitsplätze,

4. Aufbewahrungs- und Integrationsfunktion = Bildung einer »Arbeitskräftereserve« gleichsam als Puffer zwischen Bildungs- und Beschäftigungssystem, aber auch eines Übergangsbereichs für noch nicht, aber grundsätzlich mit entsprechender Ausbildungsvorbereitung doch noch geeignete Jugendliche.

Keine der vier genannten Funktionen wird derzeit hinreichend erfüllt, am ehesten noch die Allokationsfunktion (durch einen relativ offenen Arbeitsmarkt mit einer zunehmenden Anzahl offener Stellen) und die Qualifizierungsfunktion, wenn auch mit einer relativ schlechten Bewertung des Berufsschulanteils. Die Verwertungsfunktion kennzeichnet eine »schiefe Verteilung«: Ein Viertel der Unternehmen bildet für 100 % Arbeitskräfte benötigende Unternehmen aus, ohne dafür in irgendeiner Weise entschädigt zu werden. Und die Kritik an einem Übergangsbereich, in dem sich noch knapp 300.000 Jugendliche befinden, von denen die meisten lieber heute als morgen eine Ausbildung aufnehmen würden, hat zur Ausprägung verschiedener Programme und Modelle geführt, die allesamt ihre Bewährungsprobe noch bestehen müssen.

Bei der Ermittlung der Voraussetzungen von Jugendlichen mit Behinderung, die in ein Berufsbildungswerk zur Ausbildung gelangen, haben wir mit einem vierstufigen Modell gearbeitet: Der Strukturqualität haben wir noch die »Inputqualität« unterlegt: Damit sind die körperlichen und mentalen Voraussetzungen gemeint, mit denen die Jugendlichen in die BBW-Ausbildung einmünden, aber auch die Qualifikationen ihrer Lernbegleiter. Diese Voraussetzungen haben Auswirkungen auf die Strukturqualität – z. B. bedürfen die Jugendlichen intensiver Förderung in kleinen Gruppen von 8 bis 10 Auszubildenden und Nachhilfeunterricht sowie sozialpädagogischer, psychologischer und oft auch medizinischer Betreuung. Diese hervorragenden Bedingungen schlagen sich in erhöhter Prozessqualität nieder, ergänzt um die Güte der Interventionen durch das jeweilige Fachpersonal. Damit lässt sich eine vergleichsweise hohe **Ergebnisqualität** erreichen, ausgedrückt und gemessen an der Eingliederungsquote in Beschäftigungsverhältnisse nach erfolgreich bestandener Abschlussprüfung.

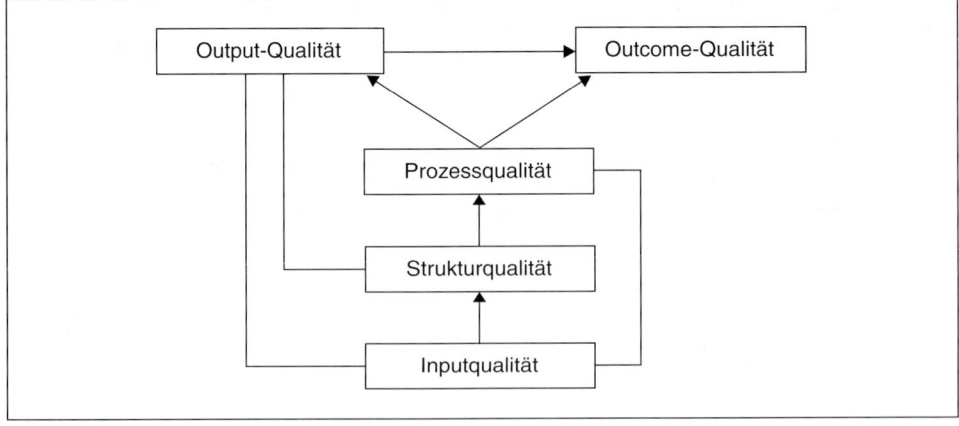

Qualitätshierarchie – eigener Entwurf. auf der Basis von DONABEDIAN 1966 und DQR 2011

Es ist sehr sinnvoll, zwischen Effektivität und Effizienz zu unterscheiden. Ersteres meint die unmittelbare Wirkung einer Leistung, während Effizienz die Wirkung in Relation zum Aufwand sieht = Wirtschaftlichkeit. Effektivität ist die Voraussetzung für Effizienz; sie stellt eine notwendige, aber nicht hinreichende Bedingung dar, denn der Aufwand kann dermaßen hoch sein, dass sich die Sache »nicht lohnt«.

Auf einen Konflikt sei gleich zu Beginn dieses Kapitels verwiesen: Qualität sichernde Systeme, die ja zunächst mit einigem Aufwand verbunden sind, treffen auf Mitarbeiter in Betrieben und Bildungsträgern, deren verfügbares Zeitbudget ohnehin durch Anhäufung von Arbeitsaufgaben mehr und mehr schrumpft. Dass diese Mitarbeiter QS-Verfahren nicht mit offenen Armen empfangen, ist verständlich. So bezweifeln denn auch viele Betroffene den Mehrwert der Systeme.

Für problematisch wird in diesem Zusammenhang die Rolle der Bundesagentur für Arbeit gesehen, die für Maßnahmen nach Sozialgesetzbuch III zuständig ist. »Eine Arbeitsverwaltung, die selbst kaum noch Planungshorizonte definiert und in ihrem Selbstverständnis verunsichert ist, garantiert nicht einmal mehr ein Minimum an Planungssicherheit« (KLEIN/REUTTER 2004, S. 99). Für verfehlt muss man die Haltung dieser größten Behörde der Bundesrepublik halten, nicht die Prozessqualität und die damit zu erreichende Beschäftigungsfähigkeit zum Maßstab ihres Handelns zu nehmen, sondern lediglich die Eingliederungsquote bei Absolventen. Kurzfristige Erfolge können sich jedoch langfristig rächen.

Die Qualitätssicherung in der Industrie geht angeblich auf Erfahrungen japanischer Autohersteller zurück, die nicht erst Qualitätsprüfungen am fertigen Produkt vornahmen – dann ist es in der Regel schon zu spät für Korrekturen und teure Nachbesserungen werden fällig –, sondern den gesamten Fabrikationsprozess auf seine Qualität hin prüften.

Voraussetzung für die Anwendung der QM-Systeme ist, dass ein Unternehmen überhaupt Qualitätsmanagement betreiben will. Dabei dürfte die radikalste Variante »TQM = Total Quality Management« sein. Das gesamte Unternehmen unterwirft sich Qualitätsstandards in all seinen Strukturen, Prozessen und Ergebnissen und lässt sich das durch ein externes Institut – Certqua, TÜV Akademie etc. -bescheinigen.

9.1.1   QM-Systeme für Bildungsprozesse

Die bekannteste Norm dürfte die ISO-Norm sein. ISO steht für »International Organization für Standardization«. Ausgang war seinerzeit das Problem, bei der Fertigung von Überschallflugzeugen Teile unterschiedlicher Hersteller zu beziehen, die nicht ohne Weiteres zueinander passten. Daraus folgte die Überlegung, ein Messsystem zu schaffen, das die jeweiligen Qualitätsnormen detailliert beschreiben sollte.

Die ISO wurde 1946 gegründet und nahm 1947 in Genf ihre Arbeit auf. Ihr gehören über 150 Länder als Mitglied an. Das Austrian Standards Institute war Gründungsmitglied, Deutschland ist seit 1951 durch das Deutsche Institut für Normung (DIN) e.V. vertreten.

Die Normen sorgen bei aller Kritik im Detail doch insgesamt gesehen für Verlässlichkeit, was die Qualität der Produkte angeht. 1987 wurde die ISO 9000 Normenreihe eingeführt und international anerkannt. Aus dieser Reihe wurde die ISO 9001 inzwischen zu einer der meistakzeptierten Normen im Qualitätsmanagement:

Bis Ende 2009 wurden über eine Million Zertifikate basierend auf der Norm ISO 9001 international in über 170 Ländern erteilt. In Deutschland besitzen rund 51.000 Organisationen eine derartige Zertifizierung.

Mittlerweile wurde die ISO auch für wirtschaftliche Produkte entwickelt und inzwischen auch für die Qualitätssicherung von **Bildungsveranstaltungen.** Die Norm selbst wird definiert als »Gesamtheit von Eigenschaften eines Produkts oder einer Dienstleistung, die sich auf deren Eignung zur Erfüllung festgesetzter oder vorausgesetzter Erfordernisse bezieht.«

Das Unternehmen, das sich zertifizieren lassen möchte, muss ein Leistungshandbuch erstellen, in dem seine Produkte und Dienstleistungen sowie der Prozess ihrer Erstellung beschrieben sind. Auf dieser Grundlage, anhand der Verfahrensanweisungen und Produktbeschreibungen, stellen die Prüfer **per Audit** fest, ob systematisch Qualität erzeugt wird. Natürlich werden nicht allein Beschreibungen über die Qualität geprüft, sondern auch Stichproben genommen, um zu sehen, ob die beschriebene Qualität sich auch tatsächlich in den Strukturen, Prozessen und Ergebnissen wiederfindet. Ist das der Fall, wird das Zertifikat erteilt. Es gilt für drei Jahre, eingeschlossen allerdings jährliche Zwischenaudits.

Während sich ISO 9000 auf das gesamte Unternehmen und dessen Leistungsfähigkeit bezieht, greift **LQW** lediglich auf die Funktionsbereiche Ausbildung und Weiterbildung zu. LQW bedeutet: Lernerorientierte Qualitätstestierung in der Aus-, Fort- und Weiterbildung. Kunden und Mitarbeiter stehen im Fokus des 2000 gegründeten Unternehmens. Aus ihrer Perspektive werden die Leistungen eines Bildungsunternehmens taxiert.

Folgendes Leitbild zeigt die Struktur von LQW:

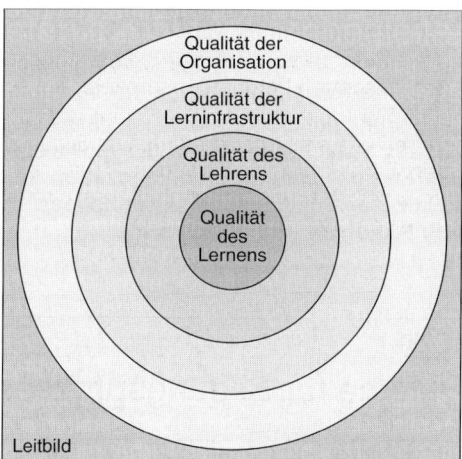

Lernerorientierte Qualität in der Weiterbildung　　　　Quelle: http://www.artset-lqw.de/cms/index.php?id=301

Auf der Homepage der ArtSet GmbH., Trägerin von LQW, findet sich folgende Selbstauskunft: »Die Lernerorientierte Qualitätsentwicklung und -testierung ist ein internes Qualitätsmanagementverfahren und eine externe Qualitätsevaluation für Bildungseinrichtungen, die mit einem bundesweit anerkannten Testat bestätigt wird.«

(http://www.artset.de/cms/index.php?id=services)

Die **zehn Handlungsfelder** müssen also intern beschrieben werden und die entsprechenden Ausarbeitungen bieten dann die Grundlage für die durch einen externen Auditor vorgenommene Evaluation und – bei positivem Abschneiden – Zertifizierung. Die Akteure werden per Seminar und vierstündiger Einzelberatung auf ihre Dokumentationsaufgabe vorbereitet.

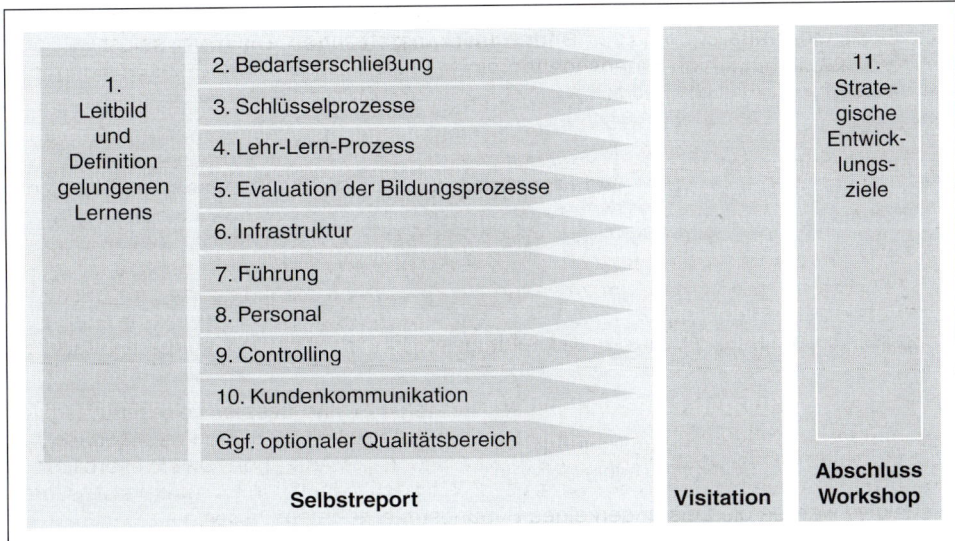

Zehn Handlungsfelder　　　　　　　Quelle: http://www.artset-lqw.de/cms/index.php?id=302

EFQM (»European Foundation of Quality in Management«) wiederum ist auf das Unternehmen als ganzes orientiert. Es wurde 1988 als Antwort auf amerikanische und japanische Qualitätsmanagement-Systeme entwickelt. Es basiert auf Selbsteinschätzungen des Unternehmens hinsichtlich seiner Leistungsbereiche. Die Selbsteinschätzungen sind an ein Punktesystem gebunden. Es liefert somit auch den Anreiz, sich von Jahr zu Jahr, von internem Audit zu internem Audit zu verbessern. Aufschlussreich ist daher die Struktur der Leistungsbereiche. Sie wurden zuletzt 2010 überarbeitet:

»EFQM bietet neun Kriterien. In der Selbsteinschätzung werden (Stand 2010) je 100 Punkte maximal vergeben.

Befähiger	1	Führung	100	500 Punkte
	2	Strategie	100	
	3	Mitarbeiter	100	
	4	Partnerschaften und Ressourcen	100	
	5	Prozesse, Produkte und Dienstleistungen	100	
Ergebnisse	6	Kundenbezogene Ergebnisse	150	500 Punkte
	7	Mitarbeiterbezogene Ergebnisse	100	
	8	Gesellschaftsbezogene Ergebnisse	100	
	9	Schlüsselergebnisse	150	
Total				1000 Punkte

Der Prozess der Selbstbewertung bietet den Vorteil, dass eine kritische Analyse innerhalb der eigenen Organisation stattfindet und die Bewertung aufgrund von Fakten anstelle von subjektiven Wahrnehmungen als Grundlage für Verbesserungen dienen kann.« (http://de.wikipedia.org/wiki/EFQM-Modell) Sehr anschaulich zeigt das folgende Abbildung die Struktur von EFQM:

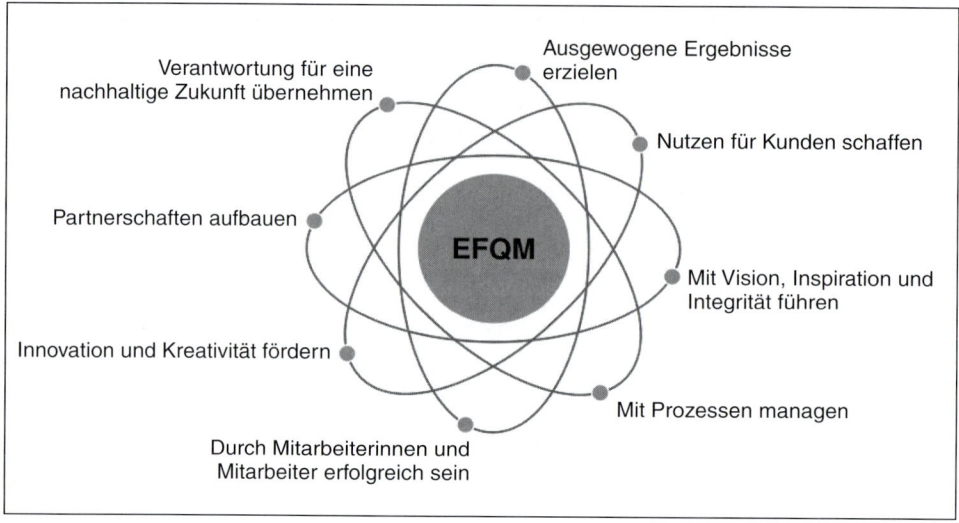

EFQM setzt also im Gegensatz zu ISO und LQW den Schwerpunkt nicht auf eine externe Auditierung, sondern auf **unternehmensinternes, kontinuierliches Verbesserungs- potenzial.** Es beruht auf der Philosophie, dass sich Belegschaften permanent in ihrer Leistungsfähigkeit steigern wollen. Ihnen werden Instrumente dazu an die Hand gegeben.

9.1.2 Dokumente zur Qualitätssicherung für Bildungsprozesse

Instrumente der Qualitätssicherung sind das bereits angesprochene Leistungshandbuch sowie Prozessbeschreibungen, Stellenbeschreibungen, Verfahrensanweisungen, Arbeits- anweisungen und Checklisten.

Prozessbeschreibungen richten sich auf den Herstellungsprozess der vom Unterneh- men erstellten Güter und Dienstleistungen von der Auftragsannahme bis hin zur Ausliefe- rung und Erfassung der Kundenzufriedenheit.

Stellenbeschreibungen regeln den Aufgabenbereich von Mitarbeitern im Unternehmen; dabei geht es jeweils um Mitarbeiter, die gleichartige Tätigkeiten verrichten. Zudem sind in Stellenbeschreibungen die Prozentanteile der einzelnen Tätigkeitsbereiche angegeben. Diese wiederum bieten die Grundlage für eine leistungsgerechte Dotierung der Stelle. Zu- dem sind hier Verantwortlichkeiten geregelt, die Abteilungs- oder Bereichszugehörigkeit sowie die Unterordnung (»Vorgesetzte«) und Überordnung (»Mitarbeiterkreis«).

Verfahrensanweisungen dienen der Orientierung der verantwortlichen Mitarbeiter auf ih- ren Tätigkeitsbereich. Sie richten sich allein auf den Herstellungsprozess der Güter und Dienstleistungen, gehen somit über eine Prozessbeschreibung hinaus.

Arbeitsanweisungen stellen letztlich das Pendant zu den Verfahrensanweisungen dar. Sie richten sich nicht auf die Produkte und Dienstleistungen, sondern auf die Tätigkeiten des jeweiligen Stelleninhabers. Sie besitzen den Rang einer Vorschrift. Wird sie verletzt, kann der Vorgesetzte eine Rüge erteilen. Ist die Verfehlung von größerer Bedeutung für das Unternehmen, so kann hieraus auch eine Abmahnung erwachsen. Darin muss der Vorgesetzte den Tatbestand feststellen, die Folgen für das Unternehmen benennen, die

Erwartung hinsichtlich eines Unterlassens des Fehlverhaltens bzw. einer künftigen Qualitätsverbesserung und Rechtsfolgen (Kündigung, Versetzung, Gehalts- oder Bonusreduzierung etc.) zum Ausdruck bringen und die Folgen einer Nichtbeachtung der Abmahnungsinhalte unmissverständlich aufzeigen.

Checklisten, nach denen komplizierte Arbeitsverfahren durchgeführt werden, können ebenfalls hilfreich sein, wenn es um die Steigerung der Produkt- und Ergebnisqualität geht. Das gilt beispielsweise für die Programmierung von CNC-Maschinen (Computerized Numerical Control – Computergestützte numerische Steuerung).

Dokumentation kostet natürlich Zeit. Sie muss so ausfallen, dass sie von Außenstehenden verstanden werden können. Dokumente stellen zudem einen Kompromiss zwischen Detailliertheit und Übersichtlichkeit dar, wenn sie nicht in der Schublade landen sollen. Zudem ist die Arbeit mit den Instrumenten der Qualitätssicherung nur dann ergiebig, wenn sie von den Verantwortlichen sowohl auf der operativen Ebene als auch der Führungsebene akzeptiert werden. Auch müssen sie aktuell gehalten werden, um die Akzeptanz zu wahren. Viel hängt im Übrigen davon ab, wie Qualitätssicherung im Unternehmen eingeführt wird und welchen Verbindlichkeitsgrad die Unternehmensleitung ihr einräumt.

9.1.3   Qualität sichernde und verbessernde Methoden

9.1.3.1   Bedarf und Zielgruppe entsprechend der betrieblichen Arbeitsprozesse systematisch ermitteln

Ein Unternehmen, das seine Strukturen und Prozesse permanent verbessern will, muss bei den Qualifikationen seiner Mitarbeiter ansetzen. Eine systematische Qualitätssicherung kann nicht ohne eine sorgfältige Ermittlung der Voraussetzungen der Mitarbeiter auskommen: Qualifikationen und Tätigkeitsanforderungen müssen zur Deckung gebracht werden. Meist geht es dabei um Führungskräfte oder Mitarbeiter, denen die Übernahme von Führungsfunktionen zugetraut wird. Um deren Qualifikation langfristig zu sichern, greifen viele Unternehmen inzwischen zu einem Personalentwicklungsprogramm. Es findet sich mittlerweile auch schon in Mittelbetrieben.

Man startet meist mit einer **Potenzialanalyse,** mit der die Fähigkeiten der rekrutierten Nachwuchskräfte ermittelt werden. Was sie nicht mitbringen, müssen sie lernen. Dazu wird das Instrument der **Bildungsbedarfsanalyse** genutzt. Ausgangspunkt sind Stellen- und Prozessbeschreibungen, in denen die relevanten Qualifikationsanforderungen enthalten sind. Dabei kommen im Regelfall standardisierte Fragebögen zum Einsatz.

Am Ende steht der Bildungsbedarf fest. Nun muss eruiert werden, auf welche Weise die notwendigen Qualifikationen angeeignet werden können. Interne oder externe Schulung, Selbststudium oder Teilnahme an Schulungen stehen zur Debatte. Effektivität auf der einen, Kosten auf der anderen Seite sind zu ermitteln. Möglicherweise ist auch eine personelle Ergänzung vonnöten.

Nicht übersehen werden darf, dass Mitarbeiter auch über Qualifikationen verfügen können, die aktuell nicht benötigt werden, aber durchaus geeignet sind, neue Unternehmensleistungen zu generieren oder gar neue Geschäftsmodelle zu entwickeln. Die Kompetenzanalyse stellt gleichsam das Gegenstück zur Bildungsbedarfsanalyse dar. Auch hier ist ein externer Coach hilfreich, der Strukturen und Prozesse aus dem Blickwinkel des neutralen Experten beurteilen und Empfehlungen für Schulungsveranstaltungen oder Organisationsberater abgeben kann.

9.1.3.2 Konzepte entwickeln

Ausgehend von den Ergebnissen der Bildungsbedarfsanalyse müssen Ziele, Inhalte, Methoden und Medien der inner- oder außerbetrieblichen, gleichwohl meist von einem externen Coach betreuten Fortbildungsveranstaltungen bestimmt werden.

Es muss sich nicht unbedingt um Seminare handeln, in denen Qualifikationen der Nachwuchskräfte vermittelt werden. Blended learning, Literaturrecherche, filmisches Material etc. können zum Einsatz gebracht werden. Wichtig ist, dass die einzelnen Impulse in einem Trainingsprogramm für Führungskräfte und/oder Mitarbeiter zusammenlaufen.

9.1.3.2.1 Stellenwert von Weiterbildung

Eine bestandene »Abschlussprüfung« schließt zwar eine Ausbildung ab, sie bietet aber keinerlei Grund dafür, auf dem Erreichten auszuruhen. »Lebenslanges Lernen« aus eigenem Antrieb wird im Hinblick auf die rasche Entwicklung der Technik und den steigenden Wettbewerb in unserer Wirtschaft für alle Berufstätigen immer wichtiger.

Man kann die Fortbildungsangebote in zwei Bereiche gliedern:

* Anpassungs- und Aufstiegsfortbildungen, die thematisch eingegrenzt sind,

* allgemeine Fortbildung zum Erwerb eines höherwertigen schulischen oder beruflichen Abschlusses.

Die erstgenannten reichen von Volkshochschulkursen, in denen beispielsweise Fremdsprachen und spezielle Computeranwendungen angeboten werden, über diverse Veranstaltungen der Kammerorganisationen bis zu Angeboten privater Weiterbildner, die sich auf bestimmte Themen spezialisiert haben, z. B. Marketing und Verkaufsförderung.

Der sogenannte »Zweite Bildungsweg« bietet Menschen, die auf ihrem ersten Bildungsweg keinen höheren Bildungsabschluss erworben haben, die Chance, nachträglich einen Realschulabschluss oder das Abitur zu erwerben. Damit eröffnen sich ihnen wiederum Chancen auf höherwertige berufliche Abschlüsse. Beispielsweise können sie – im Anschluss an eine mindestens zweijährige Berufstätigkeit – eine Fachschule besuchen und sich dort zum Fach- oder Betriebswirt weiterqualifizieren. Diese Lehrgänge werden auch oft an Abendschulen angeboten. Allerdings ist die Beanspruchung bei vier Abenden pro Woche und gelegentlichen Blockseminaren am Wochenende nicht zu unterschätzen! Die Abbruchquote liegt denn auch bei rund 50 %. Andererseits zeichnet erfolgreiche Absolventen nicht nur ein breiter und tiefer Kenntnisstand aus, sondern auch ein starkes Durchhaltevermögen. Das kommt den Absolventen bei Bewerbungen oft zugute; denn viele Personalverantwortliche wissen die Qualitäten dieses Personenkreises sehr zu schätzen.

Dass mit dem Abitur ein Studium an einer Fachhochschule oder Universität ermöglicht wird, versteht sich von selbst. Aber es gibt auch Hochschulen, die einen bestimmten Anteil an Studienplätzen für besonders begabte Nichtabiturienten reservieren.

Inzwischen gehört der größere Anteil Studierender zu dem Personenkreis, der neben dem Studium berufstätig ist. Viele sehen darin nicht nur eine Notwendigkeit, um den Lebensunterhalt zu sichern, sondern auch eine Chance, sich sowohl an der Hochschule als auch im Beruf weiter zu qualifizieren. Es ist also lohnenswert, abzuwägen, ob der weitere Lebensweg von einer ununterbrochenen Berufstätigkeit begleitet oder durch Phasen der Weiterbildung unterbrochen und ergänzt werden soll.

Für den Ausbilder hat die Weiterbildung mehrfache Bedeutung:

* Er muss seine berufs- und arbeitspädagogischen Kenntnisse ständig erweitern und anpassen, damit er fähig ist, seine Auszubildenden nach neuen Erkenntnissen und den Anforderungen der sich stetig entwickelnden Wirtschaft und Technik auszubilden.

* Er muss sich fachlich in den Berufen weiterbilden, für die er als Ausbilder zuständig ist.

- Er sollte in der Lage und bereit sein, nicht nur seine Auszubildenden, sondern gegebenenfalls auch andere Mitarbeiter des Betriebes für die Weiterbildung zu motivieren, sie individuell zu beraten und ihnen dafür Wege aufzuzeigen.

Genaue Kenntnis der Möglichkeiten, der Anforderungen, der damit verbundenen persönlichen und finanziellen Belastungen, der Qualität der Weiterbildungsmaßnahmen sowie der Erfolgsaussichten können vor Enttäuschungen und daraus möglicherweise erwachsender Resignation schützen.

Berufliche Umschulung kann erforderlich sein, wenn die bisherige Tätigkeit aus gesundheitlichen Gründen nicht mehr ausgeübt werden kann oder wenn z. B. die Arbeitsmöglichkeit in dem Beruf entfallen ist. Es gelten §§ 58 – 63 BBiG, für die berufliche Rehabilitation behinderter Menschen das Sozialgesetzbuch IX.

Voraussetzung für eine Umschulung ist u. a., dass sich der Betreffende für den neuen Beruf eignet und seine Möglichkeiten auf dem Arbeitsmarkt durch die Maßnahme nachhaltig verbessert werden. Jeder, der an einer geförderten Bildungsmaßnahme teilnehmen möchte, ist deshalb verpflichtet, sich vor Beginn bei der zuständigen Agentur für Arbeit beraten zu lassen. Dort werden auch Qualität und Zweckmäßigkeit der Bildungsmaßnahme geprüft.

Die Möglichkeiten sind allerdings in den letzten Jahren erheblich eingeschränkt worden, weil von der Bundesagentur für Arbeit nur noch Kurse mit einer Eingliederungs-Erfolgsgarantie von mindestens 70 % finanziert werden.

Auskunft über Möglichkeiten zur Umschulung aus gesundheitlichen Gründen, d. h. über die **berufliche Rehabilitation,** erteilen auch die zuständigen Kostenträger. Hierzu zählen neben der BA die »Deutsche Rentenversicherung Bund«, die »Deutsche Rentenversicherung Knappschaft-Bahn-See«, die 14 Regionalträger der Deutschen Rentenversicherung sowie die Berufsgenossenschaften.

Die ursprünglich recht großzügig ausgelegten Bestimmungen des Arbeitsförderungsgesetzes (AFG 1969) zur Förderung der Anpassungs- und Aufstiegsfortbildung sind im Zuge der allgemeinen Sparmaßnahmen in den vergangenen Jahren wesentlich eingeschränkt oder gar aufgehoben worden. Als 1999 das Sozialgesetzbuch III an die Stelle des AFG trat, wurden mit ihm die Förderleistungen den Grundsätzen der wirtschaftlichen und sparsamen Mittelverwendung unterworfen.

Trotzdem sollten sich Interessenten vor der Anmeldung zu einer Weiterbildungsmaßnahme bei der zuständigen Agentur für Arbeit nach ihren individuellen Förderungsmöglichkeiten sowie der Förderungswürdigkeit der geplanten Maßnahme erkundigen, um gegebenenfalls Förderleistungen beantragen zu können.

Aufwendungen für die berufliche Weiterbildung sind unter bestimmten Voraussetzungen steuerlich absetzbar, soweit sie nicht bereits ganz oder zum Teil von anderer Seite (z. B. Agentur für Arbeit oder Firma) übernommen oder erstattet worden sind. Bei Teilnahme am Fernunterricht können unter Umständen auch die Kosten für ein Arbeitszimmer geltend gemacht werden (verbindliche Auskunft erteilt das zuständige Finanzamt).

9.1.3.2.2   Berufsbildbezogene Weiterbildungsmöglichkeiten

Im novellierten BBiG ist die berufliche Fortbildung in §§ 53 – 57 geregelt. Grundlage ist jeweils eine (bundesweite) Fortbildungsverordnung (§ 53 BBiG); besteht eine solche nicht, kann die zuständige Stelle entsprechende, eigene Regelungen erlassen (§ 54 BBiG).

Es folgen nützliche Hinweise und Informationen zum Thema »Weiterbildung« mit einer abschließenden Checkliste, deren Benutzung die Auswahl der vielfältigen Lehrgangsangebote erleichtern soll.

Wer sich über die vielen Möglichkeiten zur Weiterbildung informieren möchte, sollte sich Auskunft bei der zuständigen Industrie- und Handelskammer oder Handwerkskammer holen und die von Verbänden, der Volkshochschule, staatlichen, gemeinnützigen oder privaten Weiterbildungsstätten herausgegebenen Verzeichnisse oder Programme anfordern. Gesetzliche Vorschriften über eine Qualitätsprüfung und Zulassung, wie sie für den Fernunterricht in Deutschland verbindlich sind, gibt es für die anderen Lehrgangsformen nicht.

In Zweifelsfällen sollte deshalb vor dem Vertragsabschluss bei der zuständigen Kammer Auskunft über die Seriosität des Lehrgangsträgers und die Qualität des dort angebotenen Seminars oder Lehrgangs eingeholt werden.

Um diese Lücke zu schließen, haben z. B. in Hamburg Weiterbildungseinrichtungen im Rahmen einer Gemeinschaftsinitiative den Verein »Weiterbildung Hamburg e.V.« gegründet. Seinem Beirat gehören u. a. Vertreter von Handels- und Handwerkskammer, der Arbeitgeber- und der Arbeitnehmerverbände, der Hamburger Hochschulen, der Agentur für Arbeit sowie der Behörde für Schule und Berufsbildung an. Die Gutachterausschüsse des Vereins überprüfen laufend die Hamburger Weiterbildungseinrichtungen, die sich als Mitglieder zur Einhaltung bestimmter Qualitätsstandards verpflichtet haben. Der Verein vergibt, wenn der Nachweis seriöser Teilnahmebedingungen und einwandfreier Qualität erbracht ist, das Siegel »Weiterbildung Hamburg Service und Beratung gGmbH«

Ein Teil der Lehrgangsträger führt Seminare und Lehrgänge durch, die nicht nur mit einer internen Abschlussprüfung enden, sondern auf anerkannte öffentlich-rechtliche oder staatliche Prüfungen vorbereiten. Wer daran teilnehmen möchte, sollte unbedingt vor Vertragsabschluss klären, ob er dafür die Zulassungsvoraussetzungen zum Zeitpunkt der Prüfung erfüllen wird und ob die Teilnahme an der gewählten Weiterbildung zur Vorbereitung auf die Prüfung ausreichend ist.

Außerdem sind **vor der** verbindlichen Anmeldung folgende Punkte sorgfältig zu klären:

* Seminarinhalt,
* Ziel des Seminars (Anpassungsfortbildung, Aufstiegsfortbildung oder Umschulung),
* erforderliche Vorbildung oder Vorkenntnisse,
* Veranstaltungsform (Vollzeitform oder Teilzeitform, d. h. berufsbegleitend, stundenweise oder in Blockform),
* Lehrgangsort,
* Beginn und Dauer der Ausbildung,
* Kosten (Lehrgangsgebühren, Lernmittel, Prüfungsgebühren und gegebenenfalls Kosten für Unterkunft und Fahrten),
* Förderungsmöglichkeiten nach dem Sozialgesetzbuch III,
* Pflichten des Teilnehmers,
* Kündigungsmöglichkeiten.

Die Checkliste am Ende dieses Abschnitts soll dem Interessenten die Wahl eines für ihn geeigneten Weiterbildungsseminars oder -lehrgangs erleichtern und Vergleiche zwischen verschiedenen Angeboten ermöglichen.

Das BIBB gibt speziell für die Weiterbildung der Ausbilder **Seminarkonzepte** heraus. Sie wurden in verschiedenen Modellversuchen entwickelt und erprobt. Trägern und Referenten von innerbetrieblichen oder überbetrieblichen Seminaren stehen sie auf Anforderung gegen eine Schutzgebühr zur Verfügung (Vertriebsadresse: W. Bertelsmann Verlag, Postfach 10 06 33, 33506 Bielefeld). Jedes Seminarkonzept besteht aus einer kompletten Sammlung mit den für die Planung und Durchführung notwendigen Unterlagen. Für den Referenten bzw. Seminarleiter liefert der »Referenten-Leitfaden« alles, was er zur Durchführung benötigt, einschließlich der Kopiervorlagen für Merkblätter und Folien. Das Buch für die Teilnehmer enthält ausführliche Texte und Arbeitsmittel zum Einsatz am Arbeitsplatz.

Regelmäßig finden **überbetriebliche Zusammenkünfte** der Ausbilder statt. Sie bieten nicht nur Gelegenheit zum Austausch von Informationen und Erfahrungen, sondern auch zur Weiterbildung. Erfahrungsaustauschkreise können auf Anregung der zuständigen Kammer gebildet und von ihr betreut werden. Ebenfalls erfolgreich arbeiten Kreise, die auf Initiative von Ausbildern oder Verbänden gegründet und von ihnen geleitet werden.

Wenn diese Zusammenkünfte der Reihe nach in den Betrieben der Teilnehmer stattfinden, können sie z. B. mit der Besichtigung von Ausbildungsstätten und der Demonstration neuer Ausbildungsmittel oder -methoden sowie Vorträgen von Fachleuten dieser Betriebe verbunden und dadurch besonders effektiv gestaltet werden.

Als Gäste eingeladene Ausbildungsberater der Kammer, Lehrer der Berufsschule oder Berufsberater des Agentur für Arbeit können bei solchen Veranstaltungen gebeten werden, Auskünfte zu erteilen und über aktuelle Entwicklungen zu berichten.

Nicht jeder Berufstätige kann Tages- oder Abendlehrgänge zur Weiterbildung besuchen, weil er z. B. im Schichtbetrieb oder bei auswärtigen Montagen eingesetzt wird, weil die Entfernungen zur nächstgelegenen Seminarstätte zu groß sind oder weil persönliche Gründe die regelmäßige Teilnahme am Direktunterricht erschweren oder gar verhindern. Für diesen Personenkreis bietet die Teilnahme am **Fernunterricht** oft die einzige Möglichkeit zur beruflichen Anpassungs- oder Aufstiegsfortbildung. Die Teilnehmerzahl am Fernunterricht wurde z. B. für 2011 von der Staatlichen Zentralstelle für Fernunterricht und dem Statistischen Bundesamt auf ca. 328.000 beziffert, davon 245.000 an einem Institut für Fernunterricht, 115.000 an Fernhochschulen, 18.000 an Präsenzhochschulen, und nur noch 4.300 nahmen an zulassungsfreien Lehrgängen teil.

Vor Abschluss eines Vertrages mit einem Fernlehrinstitut sollte der Interessent sorgfältig prüfen, ob er das angestrebte Ziel durch Teilnahme an einem von ihm ausgewählten Fernlehrgang überhaupt erreichen kann. Das zur Sicherung der Qualität des Fernunterrichts und zum Schutz der Teilnehmer erlassene Fernunterrichtsschutzgesetz (FernUSG) schreibt vor, dass alle allgemeinen oder berufsbildenden Fernlehrgänge, die auf vertraglicher Basis angeboten werden, von der **Staatlichen Zentralstelle für Fernunterricht (ZFU)** zugelassen werden müssen. Ohne Zulassung – und das heißt, ohne vorherige Qualitätsprüfung – dürfen keine allgemein- oder berufsbildenden Fernlehrgänge vertrieben werden.

Jeder, der sich mit Hilfe des Fernunterrichts weiterbilden möchte, sollte rechtzeitig vor einem Vertragsabschluss den »Ratgeber für Fernunterricht« studieren, um sich vor Verlust und Enttäuschung zu schützen. Er wird von der ZFU herausgegeben (www.zfu.de). Dieser Ratgeber enthält außer wichtigen Informationen und Empfehlungen ein Verzeichnis sämtlicher zugelassener Fernlehrgänge und die Anschriften der Anbieter.

Auf **Fachausstellungen** und **Messen** zeigen Aussteller Neuigkeiten und Bewährtes aus ihrem Angebot. Für den Besucher stellen sie eine wichtige Informationsquelle dar, die auch Ausbilder nutzen sollten. Sie informieren sich beim Rundgang über den aktuellen Stand der Entwicklung in ihrem Fachgebiet – und erkennen nicht zuletzt auch etwaige Wissenslücken. Somit zeigt ein Messebesuch oftmals, auf welchem Gebiet **eigene** Weiterbildung erforderlich ist.

Besonders informativ sind für Ausbilder diejenigen Messen, auf denen auch Aussteller für Ausbildungsmittel vertreten sind. Hierzu zählen die Hannover-Messe, die CeBiT, die Handwerksmesse NRW und die Bildungsmesse »didacta«.

Besucher, die sich auf Messen über Ausbildungs- und Lehrmittel informieren wollen, sollten sich rechtzeitig an Hand des Messekatalogs die Standorte aufschreiben oder sich auf dem Messegelände an einem der Informationsstände nach den Nummern der betreffenden Hallen und Stände erkundigen. Mit Hilfe der elektronischen Besucher-Informationssysteme kann auf aktuelle Informationen zugegriffen werden.

Der Besuch einer Messe oder Fachausstellung kann auch Auszubildenden beachtliche Impulse für ihre Aus- und Weiterbildung geben. Die Erfahrung zeigt, dass Auszubildende bei einem Messebesuch nicht nur durch Neuentwicklungen und technische Details, sondern auch durch die Vielfalt der Angebote und die Präsenz der Mitbewerber ihrer Firma beeindruckt werden. Der Erfolg eines Messebesuchs hängt insofern bekanntlich schon von der Güte der inhaltlichen Vorbereitung ab. Eine Hochform von Veranstaltungen ist die **Fachtagung.** Hier sollen einem größeren, interessierten Publikum Ergebnisse und Erkenntnisse von Untersuchungen und Innovationen zur Kenntnis gebracht werden. Natürlich gibt es damit auch einen werblichen (Neben-)Effekt. Im Zentrum steht aber das Projekt, beispielsweise die Gründung einer neuen Niederlassung unter besonderen ökologischen und standortpolitischen Kategorien.

Als erstes ist das Ziel der Tagung genau zu definieren, damit es keine Missverständnisse über den Zweck gibt, die später bei der konkreten Detailplanung zu Verwerfungen führen könnten. Soll es sich um eine Informationsveranstaltung handeln oder sollen versierte Wegbegleiter herangezogen werden, um das Ziel weiter zu konkretisieren und Bearbeitungsstrategien zu ermitteln?

Dazu wird man eine kleine **Vorbereitungsgruppe** bilden. Sie wird

1. die Vorbereitung und Durchführung der Fachtagung als Projekt anlegen, also auch
2. die Formen – Vorträge, Podiumsdiskussionen, Workshops (mit bestimmten Moderatoren und Inputgebern, Expertenhearings, Ausstellungen, Videos etc.) auswählen,
3. die Einzelteile zu einem Gesamtpuzzle zusammenfügen,
4. mit einem Zeitplan versehen,
5. einen geeigneten Tagungsort ausfindig machen,
6. und zu einem stimmigen Programm verdichten,
7. den Kreis der Einzuladenden bestimmen,
8. das Einladungsschreiben formulieren,
9. einen Tagungsflyer entwerfen und
10. ggf. auch schon eine Pressemitteilung verfassen.
11. Helfer und Helferinnen müssen gewonnen werden.
12. Ein Tagungsbüro ist zu besetzen und mit Informationsmaterial sowie Teilnehmernamenskärtchen, neuestem Programmzettel (vielleicht musste einer der Referenten absagen) auszustatten.
13. Die Unternehmensleitung muss eingeweiht und um ihre Genehmigung sowie um einen Wortbeitrag zur Begrüßung der Gäste ersucht werden, und bis dahin müssen auch
14. die Kosten der Veranstaltung errechnet worden sein.
15. Vielleicht gibt es Sponsoren, die man um eine finanzielle Beteiligung ansprechen könnte.
16. Auch die Dokumentation der Fachtagung sollte man beizeiten bedenken, um die Referenten und sonstigen Mitwirkenden rechtzeitig darauf vorzubereiten, dass sie ihre Materialien dem Veranstalter (für einen Tagungsband oder eine Buchveröffentlichung) aushändigen mögen.

Gute Fachtagungen brauchen nicht nur aussagekräftige, rhetorisch versierte Referenten, Experten und Podiumsteilnehmer, sondern auch ein angenehmes Ambiente und einen Moderator, der freundlich und beschlagen durch das Programm führt. Er muss »gebrieft« werden, damit er nicht nur Überschriften und Beteiligte ankündigt, sondern in die jeweils folgende Thematik einzuführen und zu sinnvollen Übergängen in der Lage ist.

Dass die technische Betreuung ganz wichtig ist, soll es nicht zu – eigentlich vorhersehbaren – Pannen kommen, versteht sich von selbst. Hier ist eine fachlich ausgezeichnete Person als Ansprechpartner eine conditio sine qua non.

Johann Wolfgang von Goethe wird die auch hier passende Feststellung zugeschrieben: »Man sieht nur, was man weiß!«

9.1.3.2.3   Open Space

Der offene Raum ist ein Synonym für die Art und Weise, wie diese Methode funktioniert. Sie wurde ersonnen, um auch in großen Veranstaltungen Teilnehmer aktiv mitarbeiten zu lassen. Schließlich lässt sich bei Veranstaltungen mit beispielsweise 200 Teilnehmern eine strikte Rollenteilung beobachten: Wenige reden und viele hören zu (oder auch nicht). Die Zuhörer sind hinterher oft von der durch eine Aneinanderreihung von Vorträge eintretenden Lethargie eingenommen und von der Ergiebigkeit der Tagung enttäuscht.

Bei Open Space werden die Teilnehmer einem Wechselspiel von Plenum und Gruppenarbeit ausgesetzt. Es gibt einen Einstieg per »Fachinput« von einem oder mehreren Experten. Das Thema könnte lauten: »**Die Zukunft der Facharbeiterberufe** in einem gespaltenen Europa.« Die Fachvorträge könnten sich auf die Bildungssysteme in Europa, die Sonderstellung des deutschen dualen Systems beruflicher Erstausbildung, die Einordnung der Berufe in den Europäischen Qualitätsrahmen (EQR), die (quantitative) Fachkräfteentwicklung und die Entwicklung neuer Ausbildungsberufe durch das Bundesinstitut für Berufsbildung richten. Anschließend werden zehn Themengruppen mit jeweils ca. 20 Teilnehmern bei thematischer Doppelbesetzung gebildet. Diese Gruppen haben den Auftrag, sich eine Stunde lang mit den Ausführungen ihres Experten auseinander zu setzen und eine eigene Position dazu zu formulieren. Ein Berichterstatter stellt dann die Ergebnisse der Gruppenarbeit im Plenum vor. Eine (langweilige) Plenardiskussion ist nicht vorgesehen, allenfalls eine kleine Podiumsdiskussion mit den teilnehmenden Experten. Anschließend werden die Plenarerkenntnisse wieder in den Gruppen gespiegelt und vertieft. Dabei kann sich die Gruppenzusammensetzung durchaus ändern, weil die Teilnehmer ihre Gruppe wechseln dürfen. Die Ergebnisse werden protokolliert und anschließend allen Tagungsteilnehmern an die Hand gegeben.

Man kann auch mit sogenannten Redakteuren arbeiten, die sich in die Gruppen begeben, dort die Situation und die Argumente aufnehmen, sie verdichten und anschließend im Plenum vorstellen. Die **Steuerungsmatrix:**

Thema: Zukunft der Facharbeiterberufe in einem gespaltenen Europa	Ort und Zeit			
	Ort	Zeit		
		10 – 12	14 – 16	17 – 19
1. Bildungssysteme in Europa	Raum A	Thema 1	Thema 1	Thema 1
2. Sonderstellung duales System	Raum B	Thema 2	Thema 6 (neu)	Thema 6
3. EQR und die deutsche Berufsbildung	Raum C	Thema 3	Thema 3	Thema 3
4. Fachkräfteentwicklung in Deutschland	Raum D	Thema 4	Thema 4	Thema 7
5. Entwicklung neuer Ausbildungsberufe	Raum E	Thema 5	Thema 5	Thema 5
6. Thema 6 (im Plenum ergänzt)	Raum F			Thema 4
7. Thema 7 (im Plenum ergänzt)				

Steuerungsmatrix zur Fachtagung

Diese Methode ist für Anfänger relativ komplex. Übersicht verschafft die obige Matrix, aber es sollten versierte Moderatoren bei der Einteilung helfen. Die Gruppenräume sind mit den üblichen Visualisierungsmaterialien (Flipchart, Whiteboard, Tafel, OHP, Moderationskoffer) auszustatten.

Horst SIEBERT hat eine Checkliste »Leitfaden für die Planung und Umsetzung der Open-Space-Methode« entworfen, die sehr hilfreich ist.

Zielgruppe

- Ist die Zielgruppe homogen oder heterogen?
- Hat die Gruppe gemeinsame oder kontroverse Interessen?

Thema

- Ist das Thema eindeutig und konkret?
- Ist es zu umfassend oder komplex?
- Ist Expertenwissen nötig?

Dauer

- Mindestdauer: ein Nachmittag
- Höchstdauer: drei Tage

Tagungsort

- Raum für Plenum
- Gruppenräume
- Entspannungsräume
- Materialien wie Metaplan, Pinwände usw.

Fortsetzung

- Sind weitere Treffen oder regionale Arbeitsgruppen geplant?
- Gibt es Arbeitsaufträge?
- Werden Ergebnisprotokolle an die Teilnehmenden versendet?

(SIEBERT 2010, S. 32)

9.1.3.2.4   Fachbücher und Fachzeitschriften

Ein sehr großes Angebot an **Fachbüchern** steht zur Weiterbildung für fast alle Gebiete zur Verfügung. Prospekte, die Verlage auf Wunsch zusenden, zeigen die Vielfalt und ermöglichen einen guten Überblick. Büchereien der Betriebe und Kammern sowie öffentliche Büchereien bieten oft ein reichhaltiges Sortiment zur Auswahl an.

Wer intensiv und rationell lernen möchte, wird davon unabhängig die zum Lernen und zum Nachschlagen benötigten Bücher erwerben. Fachbuchhandlungen bieten in der Regel die Möglichkeit, die Bücher vor dem Kauf durchzusehen. Ihre Mitarbeiter helfen im Bedarfsfall mit sachkundigem Rat.

Mit eigenen Büchern – z. B. diesem – lässt es sich leichter lernen als mit fremden, in denen nichts angestrichen oder mit Anmerkungen und Hinweisen versehen werden darf. Sie sind stets greifbar und stehen jederzeit zum Nachschlagen zur Verfügung.

Fachzeitschriften informieren über aktuelle Entwicklungen, zeigen Trends auf, beschreiben Neuheiten, vermitteln Fachkenntnisse oder regen dazu an, diese zu erwerben.

Von besonderer Bedeutung für Lernbegleiter sind:

- »position«, Berufsbildungsmagazin der Industrie- und Handelskammern; Herausgeber: Deutscher Industrie- und Handelskammertag, Verlag Josef Keller GmbH & Co, Postfach 1455, 82317 Starnberg, erscheint vierteljährlich (http://verlag.dihk.de/position.html).
- »Wirtschaft und Berufserziehung« vereinigt mit »Der Ausbilder«; W. Bertelsmann Verlag KG, Postfach 100633, 33506 Bielefeld, erscheint monatlich, nimmt Stellung zu allen Fragen der beruflichen Aus- und Weiterbildung (www.w-und-b.com).
- »Berufsbildung in Wissenschaft und Praxis« (BWP), Zeitschrift des Bundesinstituts für Berufsbildung; W. Bertelsmann Verlag KG., erscheint 6mal im Jahr mit Berichten aus der Berufsbildungsforschung und -praxis (http://www.bibb.de/de/360.htm).
- »berufsbildung«, Zeitschrift für Praxis und Theorie in Betrieb und Schule. Erscheint 5 – 6mal jährlich im Eusl-Verlag Paderborn (http://www.zeitschrift-berufsbildung.de).

In Betrieben ist es üblich, Fachzeitschriften durch innerbetrieblichen Umlauf einem größeren Leserkreis zugänglich zu machen. Die für die Berufsausbildung oder Weiterbildung zuständigen Mitarbeiter sollten an dem Umlauf von Fachzeitschriften ihrer Wahl auch dann beteiligt werden, wenn für sie nur ein Teil des Inhalts verwertbar erscheint. Oftmals kann für sie schon einer der darin enthaltenen Beiträge, eine Anzeige oder eine Buchbesprechung von Nutzen sein.

Nun zur angekündigten Checkliste: Diese soll Sie auf Einzelheiten aufmerksam machen, die für die Wahl und den Erfolg der von Ihnen beabsichtigten Weiterbildung bedeutsam sein können.

Checkliste für die Wahl eines Seminars oder Lehrgangs zur Weiterbildung

Die Fragen der Checkliste sollen Sie auf Einzelheiten aufmerksam machen, die für die Wahl und den Erfolg der von Ihnen beabsichtigten Weiterbildung bedeutsam sein können. Zum Beantworten können Sie die nachstehenden Zeichen in die Kästchen eintragen oder Ihre Antwort unter die Frage schreiben (Mehrfachantworten auf eine Frage sind möglich).

Die Frage kann voll bejaht werden	+
Die Frage kann nicht ohne Einschränkungen mit »ja« beantwortet werden	●
Diese Frage wird mit »nein« beantwortet	−
Diese Frage ist nicht zutreffend	○

Zu Ihren persönlichen Wünschen:

1. Wollen Sie Ihre Kenntnisse und Fähigkeiten den veränderten Anforderungen Ihres Berufes anpassen oder wollen Sie in einem früher ausgeübten Beruf wieder tätig werden, d. h. wünschen Sie eine »**Anpassungsfortbildung**«? ☐

2. Möchten Sie Ihre Kenntnisse und Fähigkeiten erweitern, um eine anspruchsvollere Stellung im Beruf zu erhalten, d. h. wünschen Sie eine »**Aufstiegsfortbildung**«? ☐

3. Möchten Sie eine bisher fehlende berufliche Abschlussprüfung nachholen? ☐

4. Möchten Sie an einer **Umschulung** teilnehmen, weil
   - Sie den bisherigen Beruf aus gesundheitlichen Gründen nicht mehr ausüben können (berufliche **Rehabilitation**)? ☐
   - Ihnen z. B. nur ein **Berufswechsel** die Möglichkeit bieten könnte, auf dem Arbeitsmarkt zu bestehen? ☐

5. Welche **Chancen** versprechen Sie sich durch die Weiterbildung?

---

6. Wann hätten Sie Zeit für die Teilnahme an einem Direktunterricht

   – Ganztägig (**Vollzeitform**)   ☐

   – Abends nach Feierabend (**Teilzeitform**)   ☐

   – Ganztägig mit längeren Unterbrechungen (**Blockform**)   ☐

   – Gar nicht, ich wähle deshalb **Fernunterricht**   ☐

7. Wie lange darf die gewünschte Weiterbildungsmaßnahme dauern, ohne dass Sie sich (und auch Ihre Familie) zu stark belasten?

   _____

8. Genügt es, wenn die gewünschte Weiterbildung mit einer internen Prüfung der Ausbildungsstätte endet?   ☐

9. Wünschen Sie die Teilnahme an einer öffentlich-rechtlichen Abschlussprüfung (z. B. IHK-Prüfung) oder einer staatlichen Prüfung (z. B. Technikerprüfung)?   ☐

10. Haben Sie sich bereits über die für Sie geeigneten Weiterbildungsmöglichkeiten und ihre Chancen bei sachkundigen, neutralen Fachleuten (z. B. bei der IHK, HwK oder der Agentur für Arbeit) informieren und beraten lassen?   ☐

Zur Wahl des Seminars oder Lehrgangs:

11. Welches Ziel und welche Form hat das Seminar oder der Lehrgang (im Folgenden nur als Lehrgang bezeichnet)?

   _____

12. Wer ist der Träger? _____

13. Liegen positive Aussagen über die Qualität des Lehrgangs bzw. der Dozenten und die Erfolgsquote bei Prüfungen vor?   ☐

14. Liegt ein anerkannter Rahmenstoffplan zu Grunde bzw. wurde Ihnen ein Stoffplan ausgehändigt?   ☐

15. Wie lange dauert der Lehrgang? _____

16. Wie viele Unterrichtsstunden (je 45 Minuten) oder Zeitstunden (je 60 Minuten) umfasst der Lehrgang?. _____

17. Werden technische Arbeitshilfen (z. B. Videotechnik, Sprachlabor oder PCs) eingesetzt? ☐

18. Kann der Lehrgang ohne Beeinträchtigung Ihrer Berufstätigkeit besucht werden (z. B. Abendform)?   ☐

19. Sind Hausarbeiten erforderlich?

   Zeitaufwand? ._____ ☐

20. Ist die Teilnahme vom Bestehen einer Aufnahmeprüfung abhängig? Wie können Sie sich gegebenenfalls darauf vorbereiten?

   _____

21. Ist der Lehrgang geeignet zur Vorbereitung auf eine öffentlich-rechtliche Prüfung (z. B. Industriemeister-Prüfung einer IHK) oder auf eine staatliche Prüfung (z. B. Techniker-Prüfung)?   ☐

22. Wie groß ist die Teilnehmergruppe? _____

23. Verspricht der Lehrgangsträger vollen Erfolg für die Weiterbildung trotz verkürzter Ausbildungsdauer (Kompaktkurse) oder das »Lernen ohne Anstrengung«? (Vorsicht!) ☐

24. Wie hoch sind die Gesamtkosten für die Teilnahme an dem Lehrgang: Lehrgangs-gebühren, Lernmittel (z. B. Bücher, technisches Gerät), Aufnahme- oder Prüfungs-gebühren, Fahrtkosten usw.?

   _____

25. Kann die Anmeldung notfalls zurückgezogen oder die Teilnahme vorzeitig beendet werden? Welche Bedingungen gelten dafür und wie hoch sind die dadurch entstehenden Kosten? ☐

26. Ist bei Teilnahme an diesem Lehrgang eine Förderung aus öffentlichen Mitteln z. B. nach den Bestimmungen der Arbeitsförderung (SGB III) oder durch ein Darlehen grundsätzlich möglich? ☐

27. Welche Lehrgangsträger bieten die gleichen Lehrgänge an und was ergibt ein Leistungs- und Kostenvergleich?

28. Entsprechen Art, Form und Zielsetzung des Lehrgangs Ihren Wünschen? ☐

29. Wo findet der Lehrgang statt?

Erfüllen Sie die persönlichen Voraussetzungen?

30. Besitzen Sie die Vorkenntnisse, die für den erfolgreichen Besuch des Lehrgangs erforderlich sind? ☐

31. Können Sie die mit dem Besuch des Lehrgangs verbundenen persönlichen und finanziellen Belastungen verkraften? ☐

32. Erfüllen Sie, falls vorgesehen, die Zulassungsvoraussetzungen für die Teilnahme an öffentlich-rechtlichen oder staatlichen Abschlussprüfungen (z. B. Mindestalter, abgeschlossene einschlägige Berufsausbildung und anschließende Betriebspraxis, persönliche Eignung)? ☐

33. Bei Teilnahme an einem **Fernlehrgang**:
    – Steht ein Raum zur Verfügung, in dem Sie regelmäßig und ungestört die Lehrbriefe bearbeiten und Aufgaben lösen können? ☐
    – Sind Abschnitte mit begleitendem Unterricht (Direktunterricht) zur Vertiefung und Festigung des Stoffes vorgesehen? Wo findet er statt? ☐

    – Wie groß ist gegebenenfalls der Zeitaufwand für den Direktunterricht und wie hoch sind die dadurch zusätzlich entstehenden Kosten (Fahrten, Unterkunft, Verpflegung, Arbeitsausfall usw.?

34. Haben Sie bei der zuständigen Agentur für Arbeit geklärt, ob Sie für die beabsichtigte Weiterbildung eventuell einen Zuschuss oder ein Darlehen erhalten können? ☐

9.1.3.2.5   Betriebliche Entwicklungsmöglichkeiten

Die Wettbewerbsfähigkeit der Betriebe steigt in der Regel mit der Qualifikation der Mitarbeiter. Weiterbildung zählt neben der Erstausbildung des Berufsnachwuchses zu den Investitionen für ihre Zukunftssicherung. Fast die Hälfte der Weiterbildung in Deutschland wird von Unternehmen durchgeführt oder finanziert!

Innerbetriebliche Weiterbildungsmaßnahmen ermöglichen den direkten Praxisbezug und erleichtern das Umsetzen des vermittelten Wissens an konkreten Aufgaben.

Großbetriebe unterhalten besondere Abteilungen, die für die Personalentwicklung und Personalförderung zuständig sind. Sie planen die Weiterbildung ihrer Mitarbeiter und lassen Seminare unter Leitung von Fachleuten aus dem eigenen Unternehmen oder durch externe Dozenten durchführen.

Mittel- und Kleinbetriebe wählen in der Regel für die Weiterbildung ihrer Mitarbeiter überbetriebliche Seminare oder Lehrgänge, die z. B. von IHK, HwK, Arbeitgeberverbänden, Gewerkschaften, Instituten für Kontaktstudien der Fachhochschulen, wissenschaftlichen Vereinen sowie anderen Trägern (z. B. RKW, VDI, Volkshochschulen) angeboten werden.

Außerdem bieten Hersteller oder Lieferanten ihren Kunden für deren Mitarbeiter Seminare an, in denen sie den Umgang mit neuen Maschinen, Anlagen, Verfahren, Methoden oder Technologien lernen.

9.1.3.3 Akquisition von Teilnehmern

Fortbildung ist unerlässlich, will man als Mitarbeiter auf der Höhe seiner Leistungsfähigkeit bleiben. Für das Unternehmen gilt das gleichermaßen. Dennoch finden sich in der betrieblichen Realität viele Vorbehalte. Fortbildung kostet Zeit; sie ist oft nicht themengerecht; man kann zu wenig praktisch für die eigene Arbeit Nützliches mitnehmen; man ist ohnehin »bis zum Stehkragen« mit laufender Arbeit ausgelastet.

Diese Argumente müssen ernst genommen werden. Unternehmen und damit natürlich auch ihre Belegschaften stehen heute meist unter starkem Druck, was Termine und Qualität angeht. Insofern muss eine Fortbildung »etwas bringen«, gleich, ob sie aus eigenem Antrieb gewählt wird oder von Vorgesetzten »verordnet« worden ist.

Hilfreich sind auf jeden Fall regelmäßige Personalgespräche, in denen u. a. auch die Frage fehlender Qualifikationen, das Vorliegen von Leistungsgrenzen und eben auch Notwendigkeiten und Möglichkeiten von Fortbildung angesprochen werden. Es muss ja nicht unbedingt zu einer Situation kommen, in der krasse Fehler in der geleisteten Arbeit offenbar werden und gar noch Anlass geben zu einer Ermahnung oder – schlimmer noch – einer Abmahnung. »Vorbeugen ist besser als heilen«: Dieses Sprichwort gilt in besonderer Weise für Fortbildung.

Damit nicht nur die Bedarfslage festgestellt wird und diese Feststellung folgenlos bleibt, bedarf es natürlich einer Kenntnis geeigneter Fortbildungsangebote. Wichtig ist deshalb eine **Anlaufstelle** im Betrieb, ein Mitarbeiter, dem die Aufgabe zuteil geworden ist, sich einen Überblick über das vorliegende Angebot an für das Unternehmen und seine Mitarbeiter brauchbaren Fortbildungen zu verschaffen und dies in geeigneter Weise an die Mitarbeiter und ihre Vorgesetzten heranzutragen. Viele Unternehmen verfügen über einen **Qualitätsbeauftragten,** dem auch Aufgaben der Personalentwicklung und Koordination von Fortbildung obliegen.

9.1.3.4 Lernerfolg und Transfer sicherstellen

Kein Zweifel: Viele Fortbildungen erbringen gute Kenntnisse und leisten Vieles für die Qualifikation von Mitarbeitern, andere tun das nicht, und oft fehlen Zeit und Interesse, das erworbene Wissen in die Tat umzusetzen.

Zu empfehlen sind

- ein Portfolio, in dem erworbene Kenntnisse, verteilte Materialien, Mitschriften und eigene Einschätzungen gesammelt und systematisch aufbereiten werden;

- die Verpflichtung des Fortbildungsteilnehmers zu einem kurzen Bericht über seine Erfahrungen und Erkenntnisse, aus dem sich der Vorgesetzte, ggf. auch der Fortbildungsbeauftragte ein Bild von der Qualität der Fortbildung erschließen kann;

- die Verpflichtung des Fortbildungsteilnehmers, die erworbenen Kenntnisse an seine Kollegen weiter zu geben. Dies führt erfahrungsgemäß zu einer intensiven, erneuten Beschäftigung mit dem Fortbildungsthema, oft auch zu zusätzlichen Erkenntnissen durch die Diskussionen mit den Kollegen.

9.1.4   Bildungscontrolling

Hier handelt es sich um einen modernen Begriff, der die Gestaltung von Bildungs- (und nicht nur Fortbildungs-)maßnahmen von der Bedarfsweckung bis hin zur Evaluation umschließt. Wenngleich der Begriffsteil »Bildung« auf Unabhängigkeit vom jeweiligen Gebiet und Thema schließen lässt, findet sich der Begriff doch überwiegend im Bereich betrieblicher Aus- und Weiterbildung.

Die »Deutsche Universität für Weiterbildung« mit Sitz in Berlin beispielsweise bietet eine vier Monate umfassende Fortbildung zum Bildungscontrolling an. Diese Fortbildung kann von Interessenten gebucht werden, die einen ersten Hochschulabschluss oder eine Hochschulzugangsberechtigung plus einschlägige berufliche Erfahrungen im Bildungssektor oder einen Berufsabschluss, ebenfalls verknüpft mit beruflichen Erfahrungen, im Bildungssektor besitzen.

Es handelt sich um eine **Kombination aus Fern- und Direktstudium,** deren Ziele folgendermaßen beschrieben werden:

»Das **Zertifikatsprogramm Bildungscontrolling** vermittelt berufsbegleitend Instrumente und Aspekte der kompetenzorientierten Bildungs- und Personalarbeit, von der Bedarfsplanung über das Monitoring bis hin zum Qualitätsmanagement. Sie lernen, die Interessen der Mitarbeiter mit den organisationalen Anforderungen des Unternehmens in Einklang zu bringen. Dazu gestalten Sie konkrete Bildungsmaßnahmen für ausgewählte Zielgruppen, implementieren ein auf den Bedarf der Organisation zugeschnittenes Bildungsprogramm und stellen dessen Nachhaltigkeit sicher« (http://www.duw-berlin.de/de/zertifikate/bildungscontrolling.html)

9.1.4.1   Ziele des Bildungscontrollings

Unter Bildungscontrolling wird die systematische Planung, Gestaltung, Durchführung und Reflexion eines (betrieblichen) Bildungsprogramms verstanden.

Im **ersten Schritt** wird der Bildungsbedarf ermittelt, wie er in Abschnitt 9.1.3.1 beschrieben worden ist (Bildungsbedarfsanalyse). Außerdem werden vorhandene Angebote von Weiterbildungsreferenten oder entsprechenden Instituten eingeholt. Mit ihnen werden dann auch das konkrete Programmangebot oder wenigstens Teile davon erörtert und festgelegt.

Im **zweiten Schritt** wird das Programm zusammengestellt. Die einzelnen Inhalte und Themen werden kommentiert und in einem Flyer, einer Broschüre oder über das IntraNet an interessierte Mitarbeiter herangetragen. Die können dann – im Benehmen mit ihrem Vorgesetzten – ihr persönliches, individuelles Fortbildungsprogramm zusammenstellen.

Als **dritten Schritt** kann man die Durchführung einer Bildungsmaßnahme bezeichnen. Wird sie extern organisiert, hat das Unternehmen lediglich die Funktion eines Auftraggebers. Im Falle einer internen Organisation obliegt dem dazu bestellten Verantwortlichen die Schaffung geeigneter Rahmenbedingungen, um so die Strukturqualität sicherzustellen.

Vierter Schritt: Zu den Qualität sichernden Aktivitäten gehören Feedbacks in schriftlicher Form, meist als standardisierter Fragebogen. Diese Form der Kritik bietet den Verantwortlichen Hinweise, welche Fortbildungen sich lohnen und welche nicht. An die Durchführung der Bildungsmaßnahmen schließt sich eine Gesamtbetrachtung von Aufwand und Nutzen der Bildungsmaßnahmen an. Diese wiederum wird zur Grundlage der Planung für das kommende Jahr genommen und stellt mithin den **fünften Schritt** eines systematisch betriebenen Bildungscontrollings dar.

Folgender **Regelkreis** ergibt sich daraus:

1. Bildungsbedarfsanalyse,

2. Programmplanung,

3. Durchführung der Bildungsmaßnahme,

4. Effektivitätskontrolle,

5. Effizienzermittlung (= Ausgangspunkt für erneute Bildungsbedarfsanalyse).

9.1.4.2 Kontrollinstrumente zur Durchführung und Nachbereitung

Subjektive und objektive Kontrollen sind zu unterscheiden.

- Bei den **subjektiven Kontrollen** werden die Seminarleiter (Dozenten) über ihre Eindrücke befragt, etwa so: »Ist das, was Sie sich für diese Fortbildung vorgenommen haben, erreicht worden?« Vergleichbar können auch die Teilnehmer um ihre Einschätzung gebeten werden. Auch dabei ist der Gesamteindruck von den Eindrücken zu einzelnen Gesichtspunkten – Seminarziele, Seminarinhalte, Seminarmethoden, Medieneinsatz, Rahmenbedingungen, Nützlichkeit etc. – zu unterscheiden.

- **Objektive Kontrollen** bedienen sich unterschiedlicher Aufgaben- und Fragetypen, um so den Lernerfolg und damit die Qualität der Fortbildung zu messen. Bewährt haben sich Multiple-Choice-Fragen, die bei geringer Durchführungszeit eine Fülle an Aspekten einzufangen vermögen.

Aus Nordrhein-Westfalen stammt das auf der folgenden Seite stehende Beispiel für einen **Zufriedenheitsbogen,** eingesetzt bei einer externen Lehrerfortbildung.

9.1.4.3 Transfer

Hier geht es um die Übertragung des Gelernten vom Lernfeld ins Funktionsfeld: Bewährt haben sich Arbeitsaufträge. Damit werden die Seminarinhalte mit dem betrieblichen Einsatzfeld verzahnt. Die Teilnehmer erhalten entsprechende Umsetzungsaufträge oder suchen sie aus einer Liste des Seminarleiters aus. Das kann in folgender **sechsstufiger** Systematik geschehen:

1. Der Seminarleiter erstellt eine Liste mit Themen, die sich aus der Seminararbeit ergeben und die Grundlage für eine eigenständige Planung und Gestaltung einer Lerneinheit bieten.

2. Der Seminarleiter erarbeitet mit den Teilnehmern eine Lerneinheitssystematik. Das kann z. B. die oben dargestellte Projektmethode oder durchaus auch die Vier-Stufen-Methode oder eine Technik wie etwa die Methode 66 sein.

3. Der Teilnehmer entscheidet sich für eine Lerneinheit, die er bearbeiten will.

4. Die Planungsskizze wird vom Teilnehmer erarbeitet und dem Seminarleiter gemailt. Der Seminarleiter kommentiert den Entwurf und gibt ggf. Verbesserungsvorschläge.

Evaluation von Fortbildungsmaßnahmen zur Qualitätsentwicklung und Qualitätssicherung des Unterrichts

Thema:
( ) Schulinterne VA
( ) Schulexterne VA
Bezirksreg.:
VA-Nr.:
Datum:
− − − + + +

		− −	−	+	++
1.	Wie wichtig waren für Sie die angebotenen fachlichen Inhalte?				
2.	Hat die Fortbildung zur Erweiterung Ihrer Kompetenzen zur Unterrichtsgestaltung beigetragen?				
3.	Wie schätzen Sie die Verwendbarkeit der Inhalte für den eigenen Unterricht ein?				
4.	Inwieweit knüpfte die Fortbildung an Ihre Schulpraxis an?				
5.	Inwieweit wurden Ihre Fortbildungsbedürfnisse und Interessen berücksichtigt?				
6.	Wie beurteilen Sie die während der Fortbildung eingesetzten Methoden und Verfahren?				
7.	In welchem Maße war praktisches Training und Anwenden von Fortbildungsinhalten möglich?				
8.	Wie hilfreich waren die eingesetzten Materialien?				
9.	Wie bewerten Sie das Engagement und Interesse innerhalb der Teilnehmergruppe?				
10.	Inwieweit erfüllte die Fortbildung insgesamt Ihre Erwartungen?				
11.	Wie bewerten Sie die Organisation und Vorbereitung der Maßnahme?				
12.					
13.					

Kommentar:

Mir war besonders wichtig ... / Als hilfreich habe ich empfunden ...

Gefehlt hat mir ... / Gewünscht hätte ich mir ...

Zufriedenheitsbogen   Quelle: http://www.lfb-brd.nrw.de/evaluation/werkzeuge_schelf/schelf-eva-bogen.pdf

5. Die Planungsskizze wird vom Teilnehmer überarbeitet. Der Teilnehmer setzt das Ergebnis in eigenes berufliches Handeln um. Das kann, muss aber nicht, im Rahmen des Seminars geschehen.

6. Der Teilnehmer dokumentiert seine Erfahrungen mit dem Transfer der Lerneinheit und fügt diese seinem Portfolio hinzu.

Quasi als Kurzversion lassen sich strukturierte Gespräche führen, in denen der Fortbildungsleiter sich kundig hinsichtlich des geleisteten Transfers macht. Dabei erfährt er selbst eine Menge über die Arbeitsabläufe im Betrieb und gewinnt einen Eindruck davon, wie praxisnah seine Fortbildung gewesen ist.

Dem Teilnehmer bietet sich so die Möglichkeit, seinen Lernerfolg aus dem Seminar in das eigene Tätigkeitsfeld zu transferieren. Er erhält ggf. weitere Anregungen, die den Fortbildungsertrag noch vertiefen können.

9.1.5 Qualitätsstandards für Bildungsprozesse

9.1.5.1 Unternehmensspezifische Qualitätsstandards

Welche Qualitätsstandards für die Beurteilung der Bildungsqualität im Unternehmen geeignet sind, hängt in erster Linie von den Produkten und Dienstleistungen des Unternehmens ab. Ist es ein stark kundenorientiertes Unternehmen, so wird man in erster Linie die Kunden zu ihren Erfahrungen mit den Leistungen des Unternehmens befragen. Sind die Kunden nicht persönlich bekannt, weil für einen unbekannten Markt produziert wird, dann wird sich das Unternehmen auf seine Stärken besinnen Dazu wird es ein »Handbuch Qualitätsmanagement« erstellen oder erstellen lassen.

Intern erstellte Handbücher haben den Vorteil, dass hinreichend Sachverstand zur Geltung kommt. Allerdings mag es mit der Objektivität hapern. Wird darauf besonderer Wert gelegt, ist ein mit einem externen Partner erstelltes Handbuch vorzuziehen.

Wenn man die Funktion der Entwicklung unternehmensspezifischer Qualitätsstandards anschaut, so reicht die Bandbreite an Einschätzungen von »lästiger Pflichterfüllung zum Erhalt eines Zertifikats« bis hin zur »willkommenen Durchforstung aller Prozesse der Leistungserbringer mit dem Ziel ihrer Optimierung«. Im ersten Fall wird die Unternehmensleitung alles daran setzen, den Entwicklungsaufwand in überschaubaren Grenzen zu halten. Im zweiten liegt der Schwerpunkt eher auf dem Einbezug der Mitarbeiter. Sie sollen aus der Entwicklungsarbeit lernen und zur Verbesserung der Prozessqualität entscheidend beitragen.

9.1.5.2 Vergleich unternehmensspezifischer mit nationalen Qualitätsstandards

Im Zentrum des deutschen Berufsbildungssystems steht fraglos das duale System betrieblich-schulischer Ausbildung. Es wird von rund 60% der Jugendlichen besucht. Daneben finden sich Vollzeit-Berufsfachschulen, in denen knapp 20% der Jugendlichen eine Ausbildung erfahren. Bleiben noch die Hochschulen, in die etwa 10% der Schulabsolventen nach dem Abitur überwechseln (später kommen diejenigen hinzu, die zunächst eine Ausbildung auf Facharbeiter oder -angestelltenebene absolvieren).

Das deutsche Berufsbildungssystem wird in starkem Maße von Plänen gesteuert: Ausbildungsrahmenpläne für den betrieblichen und Rahmenlehrpläne für den schulischen Teil der Ausbildung (detaillierter in Abschnitten 1.3.1.1 (in Lehrbuch 1) und 5.5.1.1). Die zu erwerbenden Abschlüsse stehen erst am Ende der Ausbildung an und basieren auf den Plänen, nicht zuletzt auch auf den dazu erstellten Lehr- und Lernbüchern. Insofern handelt es sich um eine inputgesteuerte Ausbildung, ganz im Gegensatz zur outputgesteuerten, wie etwa in den angelsächsischen Ländern. Insofern lässt sich das deutsche Berufsbildungssystem als ein in starkem Maße input- und vorgabengesteuertes System bezeichnen.

Der **Deutsche Qualitätsrahmen (DQR)** nimmt diesen Hintergrund auf und sucht zwischen Planvorgabe und Outputorientierung zu vermitteln. Die Abstimmung der Qualitätsrahmen EQR und DQR stellt beileibe keinen Selbstzweck dar. Hintergrund ist die Idee eines Länder übergreifenden europäischen Arbeitsmarktes. Wenn aber die Abschlüsse, mit denen sich beispielsweise ein Franzose in Deutschland bewirbt, miteinander vergleichbar sein sollen, dann muss dafür eine Zuordnung zu verschiedenen Qualitätsebenen vorgenommen worden sein:

Level	Abschluss bzw. Bildungsgang
8	Promotion
7	Master und strategische Professionals (z. B. im IT-Bereich)
6	Bachelor, Fachwirte, Meister, Techniker, Fachschule/Fachakademie
5	Fortbildungen, vergleichbar mit IT-Spezialisten
4	Drei- oder dreieinhalbjährige Erstausbildung
3	Einfache Berufsabschlüsse
1 + 2	Berufsvorbereitende schulische Maßnahmen

Im Jahre 2008 haben das Europäische Parlament und der Europarat eine Empfehlung über die Einrichtung eines Europäischen Qualifikationsrahmens (EQR) beschlossen. Alle Mitgliedsstaaten sollten bis 2010 auf dieser Grundlage nationale Qualifikationsrahmen erarbeiten. Das allerdings erschien (und erscheint) schier unmöglich. Schon bei der Begrifflichkeit muss man Zweifel hegen, ob das Vorhaben sich angesichts der unterschiedlichen Basisbegriffe realisieren lässt. In Deutschland wird zwischen Fach-, Sozial-, Human- und Methodenkompetenz unterschieden – und diese Unterscheidung ist immerhin 2001 von der Kultusministerkonferenz getroffen worden, sodass man sie nicht einfach übergehen kann. Der EQR hingegen unterscheidet Kenntnisse, Fertigkeiten und Kompetenzen, wobei schon beim Begriff »Kompetenz« von einer Deutung ausgegangen werden muss, die unserem Verständnis von Qualifikationen näher kommt als der deutschen Auslegung von »Kompetenz«. Der EQR – damit der DQR – soll künftig nicht nur berufliche Abschlüsse ausweisen, sondern auch auf allgemein bildenden Schulen erworbene Abschlüsse einbeziehen.

Wie ist der heutige Stand? »Bund und Länder hatten 2008 eine gemeinsame Koordinierungsgruppe (»B-L-KG DQR«) zur Erarbeitung eines Deutschen Qualifikationsrahmens (DQR) eingerichtet. Um weitere relevante Akteure – Einrichtungen der Hochschulbildung und der beruflichen Bildung, Sozialpartner und Experten aus Wissenschaft und Praxis – in den Erarbeitungsprozess des DQR einzubeziehen, haben Bund und Länder zudem einen Arbeitskreis »Deutscher Qualifikationsrahmen« (AK DQR) einberufen. Die Abstimmung wird durch ein »DQR-Büro« begleitet, an dem BBJ Consult, das Forschungsinstitut Betriebliche Bildung (f-bb) und der Lehrstuhl für Berufs- und Arbeitspädagogik an der Helmut-Schmidt-Universität/Universität der Bundeswehr Hamburg beteiligt sind. Der gemeinsam entwickelte Diskussionsvorschlag eines »Deutschen Qualifikationsrahmens für lebenslanges Lernen« wurde im Februar 2009 vorgelegt. Ab Mai 2009 wurde dieser Entwurf des DQR von Experten aus Wirtschaft, Wissenschaft und Bildungspraxis in den vier ausgewählten Berufs- und Tätigkeitsfeldern Gesundheit, Handel, Metall/Elektro und IT-Bereich exemplarisch erprobt. Am 31. Januar 2012 haben sich die beteiligten Gremien auf eine für die nächsten fünf Jahre geltende Verfahrensweise geeinigt. Während darüber Einigkeit besteht, dass berufliche Abschlüsse auf Meisterebene, z. B. Meister des Handwerks und Handels, staatlich geprüfte Techniker und Fachwirte (z. B. Betriebswirt

(VWA), Verwaltungsfachwirt), der Niveaustufe 6 (= Bachelor-Niveau) zugeordnet werden, wurde das Problem, ob das deutsche Abitur die Niveaustufe 4 (Kammer-Vorschlag) oder 5 (KMK-Vorschlag) erhalten soll, auf einen späteren Zeitpunkt vertagt.« (http://de.wikipedia.org/wiki/Deutscher_Qualifikationsrahmen).

Die Zuordnungen sind keineswegs unumstritten. So wird die Einstufung der deutschen Berufsabschlüsse auf den Ebenen 3 und 4 als deutlich unterwertig angesehen. Der Bremer Hochschullehrer Felix RAUNER bemängelt für Deutschland die fragmentierte Input-Steuerung. »Die Zusammenarbeit der beteiligten Institutionen sei nur schwach ausgeprägt. Die Lenkung des Berufsbildungssystems stelle Normen und Vorgaben zum Vollzug der Ausbildung in den Vordergrund und gestatte auf der lokalen Ebene wenig Gestaltungsmöglichkeiten. Zudem fehle eine integrierte rechtliche Regelung« (STANDAR 2012, o. S.).

DEIßINGER kommt zu dem Ergebnis, die Berufsausbildung in Deutschland könne mithilfe des als Idealtypus konstruierten berufsorientierten Qualifizierungsstils gekennzeichnet werden (1998, S. 248 ff). Vor diesem Hintergrund bezeichnet er die »Beruflichkeit als ›organisierendes Prinzip‹ der deutschen Berufsausbildung« (so der viel zitierte Titel seiner Arbeit). Über den Beruf werde eine Verbindung hergestellt zwischen der schulischen Allgemeinbildung und der Erwerbstätigkeit. Der vom Staat und der Wirtschaft gesteuerte Qualifizierungsprozess (DEIßINGER vermeidet den Begriff des Berufsbildungssystems) sei in hohem Maße normiert und standardisiert. In anderen Länder orientiert man sich offensichtlich viel stärker am angestrebten Output des Bildungssystems und denkt somit nicht von den Vorgaben und Vorschriften her, sondern von den ausgewiesenen Zielen.

9.1.5.3 Vergleich unternehmensspezifischer mit europäischen Qualitätsstandards

Warum überhaupt europäische Qualitätsstandards? Diese Fragen beantworten BECKER und SPÖTTL (2006, S. 117) wie folgt:

»Die Europäische Kommission und die Bildungsminister von 31 europäischen Ländern haben in der Kopenhagen-Erklärung vom 30. November 2002 ehrgeizige Zielsetzungen für die Zusammenarbeit in der beruflichen Bildung festgelegt. Im Wesentlichen sollen bis zum Jahr 2010 in den folgenden vier Bereichen konkrete Ergebnisse erzielt werden:

1. Europäische Dimension: Stärkung der europäischen Dimension der beruflichen Bildung, um die Mobilität zu erreichen und die Zusammenarbeit zu fördern.

2. Transparenz, Information und Orientierung: Bündelung von Informationsinstrumenten in einem einheitlichen Rahmen zur Erhöhung der Transparenz.

3. Anerkennung von Fähigkeiten und Qualifikationen: Entwicklung von Bezugsniveaus zur Förderung der Transparenz, Vergleichbarkeit, Übertragbarkeit und Anerkennung von Qualifikationen und Einführung eines Systems für die Anrechnung von Ausbildungsleistungen im Bereich der beruflichen Bildung.

4. Qualitätssicherung: Austausch von Modellen und Methoden zur Qualitätssicherung und Erarbeitung gemeinsamer Qualitätskriterien.«

Dabei stehen die einzelnen Ziele durchaus in einem Unterordnungsverhältnis zueinander: »Transparenz, Vergleichbarkeit und Qualitätssicherung sind wiederum wesentliche Voraussetzungen für Durchlässigkeit und Mobilität.« (GOCKE 2006, S. 105).

Ein wichtiges Instrument als Ergebnis dieser Arbeiten ist der **EUROPASS**. In ihm werden Lernergebnisse gebündelt. Im Einzelnen gibt es den EUROPASS-Lebenslauf, den EUROPASS-Sprachenpass, den EUROPASS-Mobilitätsnachweis sowie die EUROPASS-Zeugniserläuterung und den EUROPASS-Diplomzusatz. (vgl. http://europass,cedefop.eu.int) (ebenda, S. 118).

Substanziell ist allerdings alles, was auf Anerkennung und Vergleichbarkeit hinausläuft. Hier ist unterschiedlichen Interessen – von Arbeitgebern, Ausbildenden, Arbeitnehmern und Auszubildenden – Rechnung zu tragen. Dazu wurde das Informationsportal http://europa.eu.int/ploteus/ eingerichtet.

Im Maastricht-Kommuniqué wurde der

- Europäische Qualifikationsrahmen (European Qualification Framework – EQF) und ein

- Europäisches Anrechnungssystem (European Credit Transfer System for Vocational Education and Training – ECVET)

als vordringlich festgestellt. »Während einer Ausbildung erworbene Qualifikationen sollen so Bezugsebenen/Referenzniveaus dem EQF zugeordnet und mit Hilfe von ECVET-Kreditpunkten bewertet werden« (ebenda, S. 118): Es war nie daran gedacht, ganze Ausbildungsabschlüsse vergleichbar zu machen; auch einzelne Fähigkeiten und Fertigkeiten sollten nicht Gegenstand des Messinstrumentes sein. Gleichsam auf mittlerem Niveau galt es Bausteine bzw. Module zu generieren, anhand derer die in Ausbildungen zu erwerbenden Prozessqualifikationen bzw. Transferkompetenzen beschrieben und bewertet werden können.

Auf der politischen Ebene sind die Referenzniveaus des EQF von besonderer Bedeutung. Sie sollen Bildungsabschlüsse nach ihrer Komplexität einstufbar machen. Das gilt nicht nur für die Berufsbildungsabschlüsse außerhalb der Hochschulen, sondern auch für die auf Universitäten und Fachhochschulen erworbenen Kompetenzen.

Dass sich die Arbeiten an diesem System so lange hinzogen und so schwerfällig wirkten, lag an der Unterschiedlichkeit der Bildungssysteme in den europäischen Ländern. »Bildungsangelegenheiten werden auf nationaler Ebene geregelt, und es gilt das in Artikel 149 und 150 des EG-Vertrags festgelegte Subsidiaritätsprinzip. Eine Harmonisierung von z. B. Bildungsgängen oder -abschlüssen ist nach Absatz des Artikels 150 ausgeschlossen (Harmonisierungsverbot)«.

Bedauerlicherweise werden Begriffe **sehr unterschiedlich** verstanden. Das gilt leider auch für zentrale Begriffe wie »Qualifikation«, »Fähigkeit« und »Kompetenz«. Zwar müht sich das **CEDEFOP** (European Centre for the Development of Vocational Training) mit Sitz in Thessaloniki seit 1975 sehr um Übereinstimmungen und Weiterentwicklungen in der beruflichen Bildung, allerdings mit wenig Erfolg. Zudem werden Ausbildungsqualifikationen und Arbeitsqualifikationen unterschiedlich verwendet. Die hohe Übereinstimmung zwischen Ausbildungs- und Erwerbsberuf in Deutschland (die Ausbildung zum Kfz.-Mechatroniker qualifiziert zum Kfz.-Mechatroniker) ist in den meisten europäischen Ländern weitaus weniger gegeben (ebenda, S. 119).

Hinsichtlich der Inhalte, die sich hinter Modulen (= Prozessbeschreibungen aus der Praxis) verbergen, ist auf die jeweilige Einschätzung durch das bewertende Land zu vertrauen.

Mit der Abstraktion auf verschiedenen Ebenen

- Tätigkeitsprofil als Ausgangspunkt,

- Curriculum für den Beruf mit detaillierter Beschreibung der Kompetenzen in Ausbildungsordnungen,

- Profilbeschreibung als Grundlage für den Vergleich von Kompetenzen,

- gemeinsames, vorläufiges Curriculum als »Katalog gemeinsamer und vergleichbarer Kompetenzen«

ist jeweils ein »Substanzverlust« (BECKER/SPÖTTL 2006, S. 122) aus dem Blickwinkel der landesspezifischen betrieblichen Praxis verbunden. Unternehmern kommen hingegen »Kernarbeitsprozesse« entgegen, wenn sie sich ein Bild von den Berufsanforderungen im Vergleich verschiedener Länder und von den damit einhergehenden Kompetenzen etwaiger Bewerber machen wollen.

In Deutschland existiert mit den punktuellen Abschlussprüfungen ein eingeführtes System. Das ist offenbar auf europäischer Ebene nicht gewollt. An ihre Stelle rücken begleitende Prüfungen, verbunden mit zu vergebenden Leistungspunkten (= Credit Points). Das funktioniert jedoch nur unter bestimmten Bedingungen:

- »Es muss klar ausgesagt werden, wofür es Leistungspunkte geben kann und wofür nicht.

- Es muss nachvollziehbar sein, wie hoch der Betrag der zu vergebenden Leistungspunkte ist.

- Es muss ersichtlich werden, welche Relevanz die (im Ausland) entwickelten Kompetenzen für die Ausbildung im eigenen Land und in der entsendenden Institution haben (Transparenz).

- Es darf keine Bewertung, Bevorzugung oder Benachteiligung eines bestimmten Ausbildungssystems (z. B. schulisch/betrieblich/dual) stattfinden.« (BECKER/SPÖTTL 2006, S. 124 ff.).

Wo, wie und unter welchen Bedingungen Kompetenzen erworben werden, spielt dabei keine Rolle. Vielmehr sind es die erbrachten Leistungen im Sinne eines **Outputs,** die ermittelt, bewertet, eingestuft und zertifiziert werden. Wohl am entschiedensten findet sich dies in den »National Vocational Qualification« (NVQ) angelsächsischer Prägung. Hieran lassen sich auch die **Nachteile** eines solchen Systems erkennen: Schlimmstenfalls reichert sich ein Auszubildender ein Sammelsurium an Einzelqualifikationen an, deren Praxisrelevanz wegen ihrer Kleinteiligkeit und des geringen Praxisbezuges als gering einzuschätzen ist. Dem soll mit der Definition von Kernarbeitskompetenzen entgegen gewirkt werden.

Am Ende findet sich eine »Kompetenzmatrix«, der die Positionierung der einzelnen Kompetenzen als Unterlage für die Ausbildungsplanung entnommen werden kann. Oder auch nicht.

9.2   Bewertung beruflicher Bildungsprozesse hinsichtlich ihrer Leistungsmerkmale

9.2.1   Evaluation durchführen

Eine kurze, aber treffende, weil sich auf das Wesentliche beschränkende Definition für »Evaluation« liefert Horst SIEBERT (2010, S. 136):

> »Eine Evaluation ist eine Auswertung, Bewertung, Erfolgs- und Wirkungskontrolle von Lehr-Lern-Prozessen.«

»Evaluation kann sich auf viele Kriterien richten, z. B. auf die Kosten (Kostencontrolling), auch auf die Kosten im Verhältnis zum Ertrag (Wirtschaftlichkeit), die Teilnehmerzufriedenheit, den Lerntransfer (Was kann ich mit dem Gelernten an meinem Arbeitsplatz anfangen?« SIEBERT (ebenda) hat eine umfassende Kriterienliste erstellt, die sich auf Fortbildungskurse richtet:

- »der individuelle Lernfortschritt,
- die Lernergebnisse der gesamten Gruppe,
- die Lehre und Seminarleitung,
- die Veranstaltung (Ort, Zeit, Werbung, Ankündigungstext),
- das didaktisch-methodische Konzept (Zielgruppen- und Teilnehmerorientierung, Praxisbezug, Methoden- und Medienwechsel),
- die Institution (Marketing, Zielgruppen, Kundenfreundlichkeit, Preis-Leistungsverhältnis, Beschwerdemanagement),
- das regionale Weiterbildungsangebot.«

In den meisten Fällen wird eine Bildungsmaßnahme mit einer Bewertung durch die Teilnehmer abgeschlossen. Ihre Zufriedenheit mit den Seminarthemen, der Methodik und der eingesetzten Materialien, nicht zuletzt mit der Persönlichkeit des Moderators oder Dozenten, sind ausschlaggebend für die Einschätzung, ob die Fortbildung sich gelohnt hat. Dabei wird das Urteil oft allzu sehr vereinfachend auf die Person des Seminarverantwortlichen projiziert, obwohl die äußeren Rahmenbedingungen ebenso wie die Haltung, Einstellung, Motivation und Mitwirkungsbereitschaft der Teilnehmer den Erfolg maßgeblich mit beeinflussend.

Letztlich ist aber nicht die subjektive Empfindung über die Seminarqualität entscheidend, sondern die Pragmatik: Was nehmen die Teilnehmer aus der Fortbildung für ihr künftiges Handeln an ihren Arbeitsplätzen mit? Die Frage des **Transfers** ist mithin viel entscheidender als die Empfindungen der Seminarteilnehmer. Und die wird nur in seltenen Fällen systematisch, z. B. von den Vorgesetzten, überprüft.

9.2.2   Kriterien für die Qualitätssteigerung

Wie gut die Qualifizierung wirklich gewesen ist, zeigt sich oft mit einer Distanz von mehreren Monaten. Das gilt vor allem für Seminare, die mit Aufträgen an die Beteiligten abgeschlossen werden. Solch ein Auftrag kann z. B. darin bestehen, im Seminar behandelte

Lerninhalte in die eigene Praxis umzusetzen. Ein solches Lernarrangement stellt gleichsam die Probe auf's Exempel dar. Das gilt vor allem dann, wenn das Lernarrangement dem Seminarleiter übermittelt wird mit der Bitte um Stellungnahme. Dann ist ein Seminar auch keine Ad-hoc-Veranstaltung mehr, sondern eingebettet in eine Lernsicherungsstrategie.

Das ist auch die Philosophie von KVP (= Kontinuierliche Verbesserung) der Produktion. KVP war ein Schlager der Organisationsentwicklung in den 70er Jahren des vergangenen Jahrhunderts. Dahinter steckte die Erkenntnis, dass selbst Prozesse, die man für ideal hielt, noch verbessert werden können, und zwar **regelmäßig.** Die Mitarbeiter wurden aufgefordert, Verbesserungsvorschläge zu ersinnen und an eine Jury einzureichen, die den Gehalt des jeweiligen Vorschlags zu prüfen hatte. Manche Unternehmen richteten geradezu Wettbewerbe für KVP ein, bei denen es lukrative Preise zu erringen gab, einen Motorroller etwa oder eine Reise für zwei Personen. Andere Unternehmen führten den KVP-Manager ein. Seine Aufgabe war es, im Gespräch mit Mitarbeitern an deren betrieblichen Arbeitsplätzen Verbesserungsmöglichkeiten aufzuspüren. Diese Verfahren haben sich durchaus auch im betrieblichen Alltag bewährt.

Der wohl wichtigste Faktor ist jedoch die ständige Reflexion der **Sinnfälligkeit** des eigenen Arbeitshandelns. Hier steckt der Erfolg schon in der Haltung des Mitarbeiters. »Was kann ich tun, um meine Arbeitsleistung zu verbessern?« Diese Frage sollte ständiger Begleiter eines verantwortlich handelnden Mitarbeiters sein. Und: »Habe ich mein Potenzial wirklich schon ausgeschöpft?«

9.3   Qualitätsmanagement von Bildungsprozessen

9.3.1   Mitwirkung an der Implementierung und Zertifizierung eines QM-Systems für Bildungsprozesse

Gleich, ob ISO 9000 ff., LQW, EFQM oder ein anderes gängiges QM-System: Sie werden nur wirksam, wenn die Mitarbeiter dahinter stehen und sich mit ihnen identifizieren. Wird QM innerlich abgelehnt, bleibt es papieren. Üblicherweise entscheidet die Unternehmensleitung über die Einführung eines QM-Systems. Sie wird auch darüber befinden, wer für die Umsetzung verantwortlich zeichnet. Bewährt hat sich die Einsetzung eines Qualitätszirkels, dem Mitarbeiter aus allen Unternehmensbereichen angehören.

Die Zertifizierung wird im Regelfall alle drei Jahre vorgenommen. Hier sind die Mitarbeiter qua Amt eingebunden, da es sich um die von ihnen zu gewährleistende Qualität handelt, die im Kern der Prüfung steht. Nicht bewährt hat sich übrigens die Heranziehung von Mitarbeitern zur Beschreibung ihrer eigenen Funktionen. Man glaubt gar nicht, wie schwer sich Mitarbeiter tun, ihre alltäglichen Verrichtungen klar und deutlich darzulegen und dabei das Wesentliche vom Unwesentlichen, das Selbstverständliche vom Sinnvoll-Notwendigen zu unterscheiden!

Ist ein Unternehmen gewillt, ein QM-System einzuführen, wird es Angebote bei den verschiedenen Betreibern einholen. So bietet beispielsweise die international agierende **CERTQUA** (Gesellschaft der deutschen Wirtschaft zur Förderung und Zertifizierung von Qualitätssicherungssystemen in der Beruflichen Bildung mbH) eine Zertifizierung auf Basis der ISO 9001 an. Dazu muss das Unternehmen zunächst seine Vorstellungen in Schriftform äußern. Auf dieser Basis liefert CERTQUA ein Angebot über Leistungen und Kosten. Beantragt das Unternehmen auf dieser Grundlage die Zertifizierung, benennt CERTQUA eine Auditorin oder einen Auditor. Ihr/ihm obliegt die terminliche Abstimmung. Das vom Betrieb zu erstellende QM-Handbuch stellt die Grundlage für das folgende Audit dar und soll 4 – 6 Wochen zuvor übermittelt werden. Auditorin oder Auditor prüfen anhand des QM-Handbuchs die Zertifizierungsfähigkeit des Unternehmens. Ist sie gegeben, werden Interviews an ausgewählten Arbeitsplätzen geführt. Der Auditor fertigt über seine Erfahrungen und Erkenntnisse einen Bericht für das Unternehmen an. Darin kann er etwaige Mängel und Schwachstellen benennen. Hat das Unternehmen diese behoben, kann der Zertifizierungsausschuss der CERTQUA die Zuerkennung des Zertifikates danach beschließen.

9.3.2   Qualität in den unterschiedlichen Stufen eines Bildungsprozesses

Qualitätszirkel werden in Unternehmen eingerichtet, wenn es Entwicklungen gibt, die angestoßen werden sollen, oder wenn sich Schwachstellen aufgetan haben, die es zu beseitigen gilt. Insofern handelt es sich um eine unternehmenspolitische Maßnahme, die der Qualitätsverbesserung – der Prozesse, der Strukturen, der Produkte – dient.

Es handelt sich dabei um kleine Gruppen von innerbetrieblichen Experten, die mit Sachverstand unvoreingenommen an ihre Arbeit gehen. Ihr Zeitraum ist begrenzt, meist auf ein halbes Jahr, kann aber bei Bedarf – wenn sich erste, noch vorläufige Ergebnisse zeigen und Aussicht auf weitere besteht – verlängert werden. Sie können, müssen aber nicht, extern begleitet werden. Inhaltlich heben sie neben der Qualitätsverbesserung ab auf

- »Kosten- und Fehlzeitenreduzierung,
- Ressourcenausschöpfung,
- Innovation, Optimierung der Arbeitsorganisation,
- Mehr Partizipation und Mitbestimmung« (SIEBERT 2010, S. 37).

Von ihm stammt auch die folgende Schrittfolge für die Umsetzung (ebenda, S. 38):

- »Entscheidung der Unternehmensleitung oder des Betriebsrats zur Einrichtung eines Qualitätszirkels,
- Benennung eines Moderators,
- Auswahl der Mitglieder,
- Vereinbarung eines Strategie,
- Protokollführung, Ergebnissicherung, Präsentation
- Realisierung der Verbesserungsvorschläge.«

Querdenker sind meist geschätzt, manchmal aber auch lästig. Ihre Gedankengänge liefern ungewöhnliche Perspektiven. Sie provozieren oft. Gute und absurde Ideen können einander abwechseln.

Zum Querdenker wird man, indem man nicht akzeptiert, zu welchen Ergebnissen und Erkenntnissen, Ratschlägen und Schlussfolgerungen Gesprächspartner kommen. SIEBERT rät zur »Kopfstandmethode« (2010, S. 130).

Kursteilnehmer sollen ungewöhnliche Fragen stellen, z. B. (ergänzt vom Verfasser):

- »Warum sollte man verhindern, dass man lernt?«
- »Warum lernen Schüler besser ohne Lehrer?«
- »Warum sollte die Schule abgeschafft werden?«
- Warum ist man ohne Ausbildung im Berufsleben besser dran?
- Warum geht es langsam am schnellsten?
- Warum sollte man keinesfalls Ausbilder werden?

Eine sowohl für die Gestaltung von Kursen als auch für die Organisations- und Personalentwicklung interessante Methode ist der **Seitenwechsel.** Dabei nehmen die Kursteilnehmer die Rolle und Position ihres Gegenüber ein. Das kann im Fall eines Abteilungsleiters die Sekretärin sein, im Fall des Geschäftsführers der Betriebsratsvorsitzende, im Falle eines Außendienstlers ein Sachbearbeiter im Personal- oder Rechnungswesen. Die Wirkung dieser Methode liegt darin, dass die Teilnehmer das Aufgabenfeld des jeweiligen Partners von einer ganz anderen Seite aus kennenlernen und sich besser in dessen Lage versetzen können.

Horst SIEBERT (2010, S. 40) berichtet von einem interessanten Versuch:

Topmanager/innen begleiten eine Woche lang Sozialarbeiter/innen bei deren Arbeit mit Obdachlosen, Behinderten, Drogenabhängigen, Arbeitslosen. Anschließend lernen die Sozialarbeiter/innen die Arbeitswelt und den Berufsalltag der Topmanager/innen kennen. Die Beteiligten sind bereit, sich auf völlig neue Wirklichkeiten einzulassen und sich nicht nur kognitiv, sondern auch emotional verunsichern zu lassen. Sie erleben einen Kulturschock gleich »vor der eigenen Tür.«

In Deutschland nicht sonderlich bekannt, in Schweden von langer Tradition: **Studienzirkel** verbinden formelles mit informellem, selbstgesteuertes mit fremdgesteuertem Lernen. Die Teilnehmer haben ein großes Interesse an der Thematik und sind zu großem Engagement und Zeiteinsatz bereit. Es kann sich beispielsweise um »erneuerbare Energien« handeln, die in der Gemeinde bislang noch keine große Rolle spielten. Dabei werden die verschiedenen Energieträger (Biogasanlagen, Windkraftanlagen, Einfangen von Solarenergie, Fernwärmeerzeugung etc.) einer gründlichen Analyse unterzogen.

Hier muss viel Arbeit investiert werden: Die technische, ökologische, ökonomische und politische Seite der Energien ist herauszuarbeiten. Recherche ist angesagt. Fachlektüre ist zu untersuchen, Expertengespräche sind zu führen, das Internet ist zu bemühen usw. usw. Das Studienzirkel hat mehrere relevante Seiten: die fachliche ist nur die eine, der Lerneffekt die andere, die gute Nachbarschaft und das Gemeinschaftsgefühl sind weitere. Die Arbeit soll sich in Resolutionen und Politikergesprächen, ggf. auch in Demonstrationen niederschlagen.

Viele Studienzirkel gehen später in Bürgerinitiativen auf – die Grenzen sind ohnehin fließend.

Bei Fachzeitschriften ist es mittlerweile gang und gäbe: Das **Peer Review.** Zwei oder mehrere Gutachter erhalten ein beim Verlag eingereichtes Manuskript zur voneinander unabhängigen Begutachtung. Weder der Gutachter noch der oder die Autoren wissen, wer »Peer Reviewer« ist. Dieser gibt einen Vorschlag zur Bewertung des Manuskripts ab:

* Auf jeden Fall geeignet,
* geeignet mit Auflagen, die sich auf die Veränderung des Manuskripts beziehen,
* eher nicht geeignet,
* auf keinen Fall geeignet.

Oft werden die Gutachter auch gebeten, Veränderungsvorschläge für Text und Überschrift zu unterbreiten. Das alles passiert unter dem Siegel der Verschwiegenheit.

Man kann diese Form der Begutachtung sicher auch auf die Arbeitsleistungen von Mitarbeitern übertragen. Zwei oder mehrere Fachleute machen sich unabhängig voneinander ein Bild von der Arbeitsqualität von Mitarbeitern. Dabei ist allerdings zu beachten, dass diese Form der kritischen Analyse leicht Anlass zu Konflikten zwischen Mitarbeitern und Gutachtern bieten kann. Insofern ist hier Fingerspitzengefühl gefragt.

III   Berufspädagogisches Handeln

Vorletzter Teil der Prüfung »Geprüfter Aus- und Weiterbildungspädagoge/Geprüfte Aus- und Weiterbildungspädagogin« ist die Abfassung einer schriftlichen Projektarbeit. Es folgen danach noch »Präsentation und Fachgespräch«. Mit der Projektarbeit soll »eine komplexe berufspädagogische Problemstellung in einer speziellen berufspädagogischen Funktion dargestellt, beurteilt und gelöst werden« (aus: DIHK-»Rahmenplan mit Lernzielen«). Das Prüfverfahren endet mit einem Fachgespräch mit dem Prüfungsausschuss, das die Projektarbeit zum Gegenstand hat.

Zur Projektarbeit zugelassen wird nur, wer die Prüfungsteile I und II erfolgreich abgelegt hat. Und daher kann man mit Fug und Recht sagen: Wer es bis hierhin geschafft hat, hat es tatsächlich geschafft! Denn im Gegensatz zu den vorangegangenen Prüfungsleistungen bietet dieser letzte Prüfungsteil den Kandidaten Gelegenheit, sich mit einem – wahrscheinlich selbst gewählten – Thema auf eine von ihnen selbst stark beeinflussbare Art und Weise auseinanderzusetzen. Die Klausuren sind die »Pflicht«, die Projektarbeit die »Kür«, in der »geglänzt« werden kann!

Die folgenden Hinweise nennen die Anforderungen der Prüfungsverordnung und des Rahmenplans, die dort auch nachgelesen werden können, und ergänzen diese um Tipps aus der Prüfpraxis zur Themenwahl, zur Gestaltung der Projektarbeit und zur Präsentation im Fachgespräch.

10 Projektarbeit

10.1 Allgemeines: Rahmenbedingungen

10.1.1 Zulassung zur Projektarbeit

Die Projektarbeit darf erst begonnen werden, wenn die vorangegangenen Prüfungsteile **vollständig bestanden** wurden – dann aber soll es auch nicht später als ein Jahr nach Bestehen losgehen! Das Verfahren wird im Allgemeinen so ablaufen, dass mit der Feststellung des Bestehens der ersten beiden Prüfungsteile, die in der Regel mit der erfolgreich abgeleisteten mündlichen Pflichtprüfung im Prüfungsteil »Lernprozesse und Lernbegleitung« zusammenfällt, die Aufforderung an die Kandidaten ergeht, einen **Themenvorschlag** für die Projektarbeit einzureichen.

10.1.2 Themenvorschlag

Der Themenvorschlag muss dem Prüfungsausschuss schriftlich eingereicht werden. Der Vorschlag soll neben der Benennung des Themas eine kurze Erläuterung und eine erste Gliederung (insgesamt höchstens eine DIN-A4-Seite) beinhalten. Das vorgeschlagene Thema muss den in der Verordnung genannten Prüfungs- und Handlungsbereichen entsprechen und für eine Bearbeitung auf dem geforderten Niveau (vgl. »Anspruch an die Projektarbeit«) geeignet sein. Die Ausschüsse sind gehalten, das Anspruchsniveau des Lehrgangs gemäß dem Rahmenstoffplan zu beachten, und einen zu einfachen Themenvorschlag ggf. aunzureichern bzw. einen zu komplexen zu vereinfachen. Wird der Vorschlag des Kandidaten insgesamt verworfen oder wurde kein Vorschlag eingereicht, ist der Bestimmung der Verordnung, nach der Vorschläge des Prüfungsteilnehmers berücksichtigt werden sollen, hinreichend Genüge getan: In diesem Falle wird das Thema vom Prüfungsausschuss formuliert. Aber keine Angst: Dies stellt in der Prüfungspraxis die absolute Ausnahme dar!

Vom genehmigten Thema darf nicht abgewichen werden: Die Übereinstimmung der fertig abgegebenen Arbeit (auch ihres Titels) mit dem eingereichten Vorschlag wird vom Prüfungsausschuss überprüft; Abweichungen führen zur Abwertung oder Ablehnung der Arbeit.

10.1.3 Anspruch an die Projektarbeit

Die Projektarbeit soll nicht die Ansprüche an eine wissenschaftliche Abschlussarbeit erfüllen, d. h. sie dient nicht dem Zweck, »den Stand der Wissenschaft voranzutreiben«. Angesichts des sehr anspruchsvollen Rahmenplanes wird aber ein inhaltlich wie formal hohes Niveau erwartet!

Oben wurde bereits ausgeführt, dass die Themenvorschläge »nicht zu einfach, aber auch nicht zu komplex« sein sollen. Zu einfach ist ein Vorschlag sicherlich, wenn er erkennen lässt, dass eine Problemstellung nur unter bestimmten Gesichtspunkten – etwa nur unter betrieblichen und wirtschaftlichen Aspekten – beleuchtet und die anderen geforderten Gesichtspunkte (fachlich, pädagogisch, zielgruppenspezifisch, organisatorisch) außer Acht gelassen werden sollen. Zu komplex ist ein Thema dann, wenn es nicht möglich erscheint, die wesentlichen Aspekte in einer Arbeit von ca. 30 Seiten Umfang, die innerhalb von 30 Kalendertagen erstellt werden soll, darzustellen.

Beste Chancen hat ein Themenvorschlag, der

- aus der Position eines betrieblichen Ausbilders heraus
- anhand einer konkreten Problemstellung
- eine Ausbilderfunktion herausarbeitet und dabei
- den Prozess – also wie diese Funktion entwickelt, geplant, organisiert, durchgeführt, in seiner Qualität gesichert und optimiert wird – in den Vordergrund stellt,

und außerdem

- die praktische Bedeutung der gewählten Problemstellung für einen konkreten Betrieb herausstellt und dabei
- verdeutlicht, dass die Arbeit die bereits angesprochene ganzheitliche Beurteilung des Problems anstrebt.

Die »Ausbilderfunktion« ist in § 9 der VO eingehender beschrieben. Dort heißt es:

»Als Ausbilderfunktion gelten Funktionen, soweit sie den unter § 1 Absatz 2 genannten Aufgaben entsprechen, wie: Ausbilderfunktionen in der betrieblichen Lehrwerkstatt, in der außerbetrieblichen Ausbildung benachteiligter Zielgruppen, in der überbetrieblichen Ausbildung, in der Koordination arbeitsprozessintegrierter Ausbildung und andere anleitende beratende Ausbilderfunktionen.«

10.2   Möglichkeiten der Ideenfindung und Informationsbeschaffung

10.2.1   Ideenfindung

Über Techniken zur Ideenfindung (»Kreativitätstechniken«) und ihrer Anwendung haben Sie im Zuge Ihrer Weiterbildung bereits einiges erfahren. Eher als ein Brainstorming unter Prüfungskandidaten wird aber die Umschau am eigenen Arbeitsplatz Anregungen für die einzureichenden Projektthemen liefern: Möglicherweise gibt es Missstände, die man schon lange gern einer Analyse unterzogen hätte, Verbesserungsvorschläge, die bisher nicht ausformuliert und fundiert wurden, oder aktuelle Situationen, an deren Aufarbeitung auch seitens des Betriebes ein Interesse besteht.

Oft sind Betriebe an einer Unterstützung ihrer vor dem Prüfungsabschluss zum »Geprüften Ausbildungspädagogen« stehenden Mitarbeiter hinsichtlich der Projektarbeit interessiert, bietet sich dadurch doch die Gelegenheit, günstig zu zielgerichtet, zügig und intensiv aufbereiteten Entscheidungs- und Planungsgrundlagen für ein ohnehin »angedachtes« Projekt zu gelangen. Sofern es sich bei dem Projektgegenstand um Interna handelt, deren Verbreitung außerhalb des Betriebes nicht gewünscht wird, kann mit dem Prüfungsausschuss ein Verfahren vereinbart werden, das die Geheimhaltung des Inhalts einer Projektarbeit gewährleistet. Wichtig ist dabei allerdings, dass der Ausschuss schon **bei Einreichung** des entsprechenden Themenvorschlags auf diese Notwendigkeit hingewiesen wird!

Was aber, wenn der Betrieb »nicht mitspielt«, nichts von der Weiterbildung wissen soll – oder gar kein Betrieb vorhanden ist? Selbstverständlich wird sich nicht immer zeit- und passgenau eine betriebliche Problemstellung finden oder einrichten lassen, die in eine Projektarbeit des hier geforderten Umfangs umgesetzt werden kann, und selbstverständlich stellen sich auch Kandidaten der Prüfung, die aktuell in keinem Arbeitsverhältnis stehen.

Häufig werden daher »fiktive Problemstellungen« beschrieben, was zur Folge hat, dass sich die betreffenden Arbeiten schwerpunktmäßig mit den Handlungsalternativen und Entscheidungsprozessen der Planungs- und Vorbereitungsphase beschäftigen. Sie schildern also nicht die Realisierung einer Problemlösung, sondern stellen lediglich Hypothesen über die zu erwartenden Veränderungen (in der Regel wird es sich um Verbesserungen handeln) auf.

Bisweilen sind Projektarbeiten auch Nachbetrachtungen von in der Vergangenheit durchgeführten betrieblichen Projekten. In diesen Fällen darf keine reine »Literaturarbeit« unter ausschließlicher Verwendung von im Betrieb vorhandenem Dokumentationsmaterial vorgelegt werden; auf **eigenständige** Beiträge der Prüfungskandidaten wird hier besonders geachtet!

Die folgenden Themenbeispiele können Anhaltspunkte für die anstehende Themenwahl liefern:

* *Einrichtung einer Übungsfirma für die Durchführung überbetrieblicher Ausbildungen und Praktika im Berufsfeld Büro und Verwaltung,*

* *Einführung der Ausbildungsmethode »Leittext« in der gewerblich-technischen Berufsausbildung eines Industriebetriebes,*

* *Systematisches Ausbilden mit Lernaufgaben in hochgradig automatisierten Arbeitsprozessen,*

* *Verstetigung des Übergangsmanagements an der Schnittstelle von Schule und Ausbildung als betriebliche Aufgabe,*

- *Entwicklung eines Instrumentariums zur Evaluierung der betrieblichen Ausbildungsleistung in einem Handelsbetrieb,*

- *Implementierung dualer und trialer Studiengänge in die Ausbildungspraxis eines Unternehmens der chemischen Industrie.*

10.2.2   Informationsbeschaffung

Vorrangige Informationsquelle bei im eigenen Betrieb angesiedelten Projekten ist natürlich der Betrieb selbst. Selbstverständlich ist es unerlässlich, die zuständigen vorgesetzten Stellen über die Absicht, ein betriebliches Projekt im Rahmen einer Projektarbeit darzustellen und auszuwerten, in Kenntnis zu setzen und erforderliche Genehmigungen einzuholen. Steht die Leitung diesem Unterfangen positiv gegenüber, dürfte der Nutzung der **internen Informationsquellen** nichts mehr im Wege stehen.

Welche Bereiche hier in Frage kommen, kann natürlich nicht allgemeingültig beantwortet werden. Es ist jedoch im Zweifel ratsam, in der Projektarbeit selbst die Daten zu »anonymisieren«, also den Betrieb und seine Erzeugnisse nicht namentlich zu nennen und alle Angaben, etwa über Ort, Betriebsgröße usw., so zu verallgemeinern, dass eine Identifizierung des Betriebes nur schwer möglich ist. Die gleiche Diskretion muss anderen, dritten Unternehmen zuteil werden, deren Angebotsdaten, Produkte usw. in die Projektarbeit einfließen. Dass in der Projektarbeit, immer dann, wenn von konkreten Personen die Rede ist, eine **anonymisierte Form** gewählt wird, ist selbstverständlich.

Als **externe Informationsquellen** kommen in Betracht:

- Datensammlungen, etwa die des Statistischen Bundesamtes bzw. der Landesämter, der Industrie- und Handelskammern und Fachverbände;

- Fachbücher, Fachzeitschriften und andere Periodika, die in Bibliotheken bzw. über den zentralen Leihverkehr ausgeliehen oder eingesehen werden können;

- das Internet, aus dem mit Hilfe von Suchmaschinen zu den angefragten Stichwörtern in der Regel zahlreiche Fundstellen herausgefiltert werden können – allerdings muss dabei immer, wie schon in der Einleitung zu diesem Arbeitsbuch dargestellt, die Verlässlichkeit und Seriosität der Fundstelle überprüft werden!

10.3 Formale Anforderungen

Vorweg: Formale Mängel führen zu Punktabzügen! Deswegen sollten die folgenden formalen Anforderungen an die Projektarbeit unbedingt beachtet werden:

Erstellung:	maschinenschriftlich mit PC oder Schreibmaschine
Papierformat:	DIN A4 Hochformat, einseitig beschrieben
Seitenränder:	links 2,5 cm (plus Heftrand), rechts 2,5 cm
Zeilenabstand:	1 1/2-zeilig
Schriftgröße und -art:	12 Punkt, technische Schrift, z. B. Arial (keine Proportionalschrift mit unterschiedlich breiten Buchstaben; keine Serifenschrift mit Buchstabenausläufen/»Füßchen«)
Seitennummerierung:	beginnend mit 1 auf der ersten Textseite (Titelblatt und Inhaltsverzeichnis nicht nummeriert)
Seitenumfang:	max. 30 Textseiten (einschließlich Anhang; nicht eingerechnet: Deckblatt, Inhalts-, Abkürzungs- und Literaturverzeichnis, eidesstattliche Erklärung)
Anzahl:	3 Exemplare für Kammer/Ausschuss
Heftung:	feste Verbindung, sodass keine der Seiten ausgetauscht werden können, also z. B.

– Klebebindung mit zusätzlicher Lochung

– Spiralbindung mit vorgelegtem Lochstreifen

10.3.1 Struktur und Gliederung der Projektarbeit

Die Projektarbeit besteht aus folgenden Elementen:
- Deckblatt,
- Inhaltsverzeichnis,
- ggf. Glossar (Begriffserklärungen),
- ggf. Abkürzungsverzeichnis,
- Textteil, ggf. mit Anhang,
- Literaturverzeichnis,
- eidesstattliche Erklärung.

10.3.2 Deckblatt

Das Deckblatt enthält die folgenden Angaben:
- Thema der Arbeit,
- Nennung der zuständigen Industrie- und Handelskammer,
- Name, vollständiger Vorname und Anschrift, ggf. Prüfungsnummer,

- Datum der Abgabe bei der IHK,
- Geheimhaltungshinweis, falls nötig.

10.3.3   Inhaltsverzeichnis

Das Inhaltsverzeichnis muss wahlweise numerisch oder alphanumerisch aufgebaut sein. Aus ihm müssen die Gliederung Ihrer Arbeit und die Rangfolge der Überschriften und Unter-Überschriften **eindeutig** erkennbar sein.

Denken Sie daran: Auch wenn die Einleitung nicht mit »Einleitung« und die Schlussbetrachtung nicht mit »Ende« überschrieben wird, so hat eine Projektarbeit natürlich im Grundsatz den aus dem »Schulaufsatz« bekannten dramaturgischen Bogen von der Einführung in das Thema über die Beschreibung des Problems mitsamt seinen unterschiedlichen Aspekten bis zum Fazit – etwa der Bewertung der Projektergebnisse – zu spannen.

Es folgen Beispiele für den Aufbau des Inhaltsverzeichnisses.

Numerischer Aufbau (dekadische Gliederung) mit eingerückten Überschriften:

```
1.
    1.1
        1.1.1
        1.1.2
        1.1.3
    1.2
        1.2.1
        1.2.2
2.
usw.
```

Numerischer Aufbau mit glattem linkem Rand:

```
1.
1.1
1.1.1
1.1.2
1.1.3
1.2
1.2.1
1.2.2
2.
usw.
```

Alphanumerischer Aufbau mit Einrückungen:

```
I
    A
        1
            a)
            b)
        2
    B
II
usw.
```

Die Gliederung der Projektarbeit darf höchstens **vier Hierarchie-Ebenen** enthalten. Deswegen empfiehlt sich die klarere und übersichtlichere numerische (dekadische) Gliederung: Die alphanumerische Gliederung entfaltet ihre Vorteile erst bei einer größeren Gliederungstiefe, wenn »lange« Gliederungsziffern wie »1.3.2.2.4.2.3.5« vermieden werden sollen. Auf einen Gliederungspunkt muss immer mindestens ein weiterer gleichwertiger Gliederungspunkt folgen; denn wenn es auf einer Rangstufe nur einen zu behandelnden Aspekt gibt, ist kein Anlass zur Untergliederung vorhanden. Gemäß DIN 1421 werden die Benummerungsstufen durch Punkte getrennt, aber es wird kein Schlusspunkt gesetzt (Beispiel: 1.2.2.1 statt 1.2.2.1.).

Weitere separate Verzeichnisse im Anschluss an das Inhaltsverzeichnis – etwa ein Abbildungs- oder ein Tabellenverzeichnis – sind angesichts der Kürze der Arbeit verzichtbar.

10.3.4   Abkürzungsverzeichnis

Abkürzungen, die nicht allgemein bekannt sind, sollten vermieden werden; wo immer möglich, sollte im Textteil Volltext verwendet werden! Wo dies ungünstig ist – etwa weil es sich um eine Maßeinheit oder einen üblicherweise abgekürzten Fachterminus oder einen wiederholt verwendeten, sehr langen und »sperrigen« Begriff handelt –, muss die Aufnahme in ein Abkürzungsverzeichnis erfolgen. Ausnahme: Wenn nur Abkürzungen verwendet werden, die im Duden Band 1 »Die deutsche Rechtschreibung« verzeichnet sind, muss kein Abkürzungsverzeichnis erstellt werden. Da die Bedeutung der Abkürzungen dem Leser vor dem Durchlesen des Textes bekannt sein muss, ist das Abkürzungsverzeichnis zwischen Inhaltsverzeichnis und Text einzufügen. Es enthält in der linken Spalte die verwendeten Abkürzungen in alphabetischer Reihenfolge und rechts daneben die Langform.

10.3.5   Textteil

Der Textteil soll 25 bis 30 Seiten umfassen. Die Paginierung (Seitennummerierung) beginnt auf Seite 1 des Textteils mit 1, wobei die Seitenzahl idealerweise zentriert am unteren Seitenrand erscheint. Abbildungen, Berechnungen und ähnliche Einfügungen sollten nur dann in den Text eingebettet werden, wenn sie zum Verständnis unmittelbar erforderlich sind; ansonsten empfiehlt es sich, sie als Anlagen in einen **Textanhang** einzustellen. Dieser ist allerdings (im Gegensatz zum Abbildungs-, Abkürzungs- und Literaturverzeichnis) in die 30 Seiten einzurechnen.

Überall dort, wo Zitate, Abbildungen oder andere Bestandteile der Arbeit fremden Quellen entstammen, ist eine Quellenangabe erforderlich. Zweckmäßigerweise erfolgt diese in einer Fußnote. Sie enthält den Vor- und Nachnamen des Autors (im Allgemeinen ohne akademischen Grad; bisweilen sind Vornamen der Quelle nur als Initial zu entnehmen), den kompletten Titel des Werkes, die Auflage (falls vermerkt), den Verlag (kann ggf. entfallen), den Verlagsort und das Erscheinungsjahr. Bei Übernahmen aus Zeitungen und Periodika (regelmäßig erscheinenden Zeitschriften, Jahrbüchern usw.) sind der Vor- und Nachname des Autors, das Erscheinungsjahr, der Titel des Artikels, die Zeitschrift, Jahrgang, Nummer und Seitenzahl(en) anzugeben.

Beispiele für Buchzitate:

- *Müller-Merbach, Heiner: Operations Research, 3. Auflage, Verlag Franz Vahlen, München 1972.*

- Cournot, Augustin: Recherches sur les principes mathematiques de la theorie des richesses, Paris 1838, in der Übersetzung von W.G. Waffenschmidt erschienen als: Untersuchungen über die mathematischen Grundlagen der Theorie des Reichtums, in: Sammlung sozialwissenschaftlicher Meister, Bd. 24, Jena 1924.

- Weber, R.: Kostenerfassung und Kostenzuordnung im Klein- und Mittelbetrieb; in: Praxislexikon, Kostenrechnung und Kalkulation von A-Z, Freiburg i. Br. 1989.

Beispiele für Zitate aus Periodika:

- Schmidt, Elke (1986): Möglichkeiten zur aufsichtsrechtlichen Begrenzung der Risiken von Financial Futures, in: Sparkasse 6/1986, S. 245–250.

- Schmidt, Elke; Claussen, Werner (1995): Die Kleinstadt-Volkshochschule und die Großindustrie; in: Hessische Blätter für Volksbildung 1/1995, S. 62–66.

Beispiele für das Zitat einer Internetquelle:

- Schmidt, Elke-Heidrun (2005): »Generation 50plus« – kommerzielle Erfindung oder neue Zielgruppe für die Erwachsenenbildung? Deutsches Institut für Erwachsenenbildung, Bonn. URL: www.die-bonn.de/esprid/dokumente/doc-2005/schmidt05_01.pdf

»Wikipedia« und andere Internetseiten ohne erkennbare Autoren und ohne Erstelldaten des Beitrags sind keine zitierfähigen Quellen! Ebenso ist die Angabe »gefunden bei Google« – natürlich – keine zulässige Quellenangabe.

Die Quellenangabe hat direkt bei der Quelle, bei Verwendung von Fußnoten also am Fuß derselben Seite, zu erfolgen. Zusätzlich muss eine Aufnahme in das Literaturverzeichnis erfolgen.

Wörtliche Zitate sollten sparsam verwendet und kurz gehalten sein: Schließlich ist Ihre eigene Leistung gefordert! Die wörtlich übernommenen Textteile müssen in Anführungszeichen wiedergegeben werden. Wird ein Werk häufiger zitiert, muss nicht jedes Mal eine vollständige Quellenangabe in eine Fußnote eingestellt werden; vielmehr genügt der Hinweis auf die Nummer des betreffenden Werkes im Literaturverzeichnis und die Seite, der das Zitat entstammt.

Beispiel für ein solches Zitat:

»Der Endverbraucher ist hierdurch regelmäßig benachteiligt« (3; Seite 266).

Im Textteil müssen sich alle im Inhaltsverzeichnis aufgeführten Überschriften in der dort vorgegebenen Reihenfolge wiederfinden. Da die mit dem Themenvorschlag eingereichte Gliederung eine wichtige Grundlage der Auswahlentscheidung des Prüfungsausschusses war, müssen die Überschriften nun auch halten, was sie versprochen haben: Abwiegelnde Floskeln (»Auf diesen Aspekt soll an dieser Stelle nicht eingegangen werden.«) als einzige Ausführung zu einer Überschrift müssen daher unbedingt vermieden werden!

Ausführungen, die nicht unmittelbar zum Thema gehören, aber zu dessen Erhellung als notwendig angesehen werden, können mit »Exkurs« überschrieben und z. B. durch eine Randeinrückung von 1/2 cm links und rechts kenntlich gemacht werden. Eine andere Möglichkeit, Ausführungen anzubringen, die nicht unmittelbar zum Text gehören (und vielleicht den Lesefluss behindern könnten), bieten die **Fußnoten**. Diese sind, wie bereits erwähnt, an den unteren Rand derselben Seite zu setzen, fortlaufend durch den Gesamttext zu nummerieren und, wenn die technische Möglichkeit besteht, in einem kleineren Schriftgrad (mit Rücksicht auf die Leser nicht kleiner als 8 Punkt!) zu drucken.

Auf die Behandlung von Abkürzungen wurde oben bereits eingegangen.

Sprache, Rechtschreibung und **Interpunktion** prägen das Erscheinungsbild. Schwerwiegende Mängel können zu Punktabzügen führen! Eine sorgfältige Korrekturlesung, möglichst durch eine außenstehende Person, ist daher unverzichtbar. Wird zur Texterfassung ein gängiges PC-Textverarbeitungsprogramm eingesetzt, kann es nützlich sein, eine Rechtschreibhilfe durchlaufen zu lassen – verlässlich sind diese Hilfsprogramme aber nicht, da sie lediglich Wort für Wort mit einem eingespeicherten Lexikon vergleichen, selbstverständlich aber den Sinn des Textes nicht verstehen und daher sinnentstellende Wendungen auch nicht identifizieren können! Noch ein Hinweis zur Sprache: Es ist zwar nicht vorgeschrieben, aber üblich, dass der Text nicht in »Ich-Form« abgefasst wird, sondern sich einer neutralen Sprache bedient. Hiervon kann aber in der Schlussbetrachtung abgewichen werden.

10.3.6   Literaturverzeichnis

In das Literaturverzeichnis sind sowohl die bereits in Fußnoten erwähnten als auch alle anderen verwendeten Quellen in alphabetischer Reihenfolge der Autoren-Familiennamen aufzunehmen. Dabei sind alle Quellen fortlaufend durchzunummerieren. Die Angaben entsprechen denjenigen, die auch in eine Fußnote aufzunehmen sind, wobei die Verlagsnennung üblicherweise entfällt. Aufgenommen werden sollen nur solche Quellen, die öffentlich und allgemein zugänglich sind.

10.3.7   Eidesstattliche Erklärung

Am Ende der Arbeit muss der Prüfungsteilnehmer versichern, dass er die Projektarbeit selbstständig angefertigt hat, und dies durch seine Unterschrift bestätigen. Dieser Vermerk kann wie folgt lauten:

»Ich versichere, dass ich die vorliegende Projektarbeit ohne fremde Hilfe und nur mit den angegebenen Hilfsmitteln erstellt habe«.

(Datum, Unterschrift)

10.4 Gestaltungsmöglichkeiten

Die formalen Anforderungen an das äußere Erscheinungsbild der Projektarbeit wurden oben bereits vollständig dargestellt. Die folgenden Hinweise zu Satz, Grafik, Schrift und Seitengestaltung sind nicht verbindlich, sondern als **ergänzende Empfehlungen** zu verstehen. Sie beziehen sich vor allem auf die Texterfassung und wenden sich vor allem an diejenigen Prüfungskandidaten, die selten größere Texte mit einem Textverarbeitungssystem erstellen und bearbeiten.

Die Texterfassung folgt bestimmten Normen, die die Lese- und Sehgewohnheiten derjenigen, die Ihre Arbeit beurteilen sollen, geprägt haben. Der Lesefluss wird entscheidend beeinträchtigt, wenn die Abweichungen von dieser Norm allzu augenfällig sind. Folgende Stilvorgaben sollten Sie daher bei der Texterfassung und -bearbeitung beachten:

- Ein Satzzeichen schließt sich immer unmittelbar an den letzten Buchstaben des vorangehenden Wortes an und wird immer von einem Leerschritt gefolgt. Dies gilt ausnahmslos, auch für Gedankenstriche. Ein Bindestrich, etwa in einem Doppelnamen, ist jedoch kein Satzzeichen und wird daher nicht von Leerschritten umschlossen!

  Müller-Merbach – der im Übrigen als einer der »Päpste« des Operations Research bezeichnet werden kann – merkt hierzu an...

- In Klammern eingeschlossene Anmerkungen (mit denen man sparsam umgehen sollte) werden von Leerschritten umschlossen, aber von dem eingeschlossenen Text nicht durch Leerzeichen getrennt. Ebenso verhält es sich mit »Anführungszeichen«. Beachten Sie bitte beim vorigen Satz die Stellung des Punktes!

- Wird im Text ein neuer Gedanke aufgenommen, macht man dies durch einen Absatz kenntlich. Dieser wird vom voranstehenden Absatz durch eine Leerzeile getrennt; bei eineinhalbzeiligem Abstand – der für die Projektarbeit vorgegeben ist – kann statt dessen auch eine Randeinrückung der ersten Zeile (ein sogenannter »hängender Erstzeileneinzug«) um etwa 1,25 cm erfolgen.

- Mit Zeichenformatierungen wie Fettdruck, Kursivdruck, Unterstreichung, Vergrößerung usw. sollte sparsam umgegangen werden: Allzu viele Hervorhebungen ermüden den Leser und nehmen ihm die Möglichkeit, das wirklich Wichtige auf einen Blick zu erkennen.

- Die Texterfassung kann linksbündig (d. h. mit glattem linkem Rand und rechtem »Flattersatz«) oder geblockt (mit beidseitig glatten Rändern) erfolgen. Sofern Blocksatz verwendet wird, sollte aber darauf geachtet werden, dass dieser vom Textverarbeitungsprogramm nicht in jedem Falle – etwa am Ende eines Absatzes, wenn die letzte Zeile nur wenig Text enthält – »erzwungen« wird. Übliche Textprogramme variieren beim Blocksatz lediglich den Abstand zwischen den einzelnen Wörtern, was in einzelnen Zeilen unschöne Lücken hervorrufen kann. Es empfiehlt sich, nach endgültiger Fertigstellung des Textes eine Silbentrennung vorzunehmen, die von den meisten Programmen als automatische Funktion angeboten wird. Hier sollte man sich, falls das Programm dies vorsieht, für eine Kontrollanzeige aller Trennvorschläge mit manueller Bestätigung entscheiden, da auch hier Fehler auftreten können.

- Beim Seitenwechsel muss darauf geachtet werden, dass am unteren Seitenrand möglichst mindestens drei Zeilen eines Absatzes stehen. Überschriften dürfen dort nie »für sich allein« erscheinen, Aufzählungen sollten nach Möglichkeit nicht über zwei Seiten verteilt werden, und auch die Trennung eines Wortes am Seitenende sollte unbedingt vermieden werden. Der obere Seitenrand sollte 2,5, der untere Rand 2 cm nicht unterschreiten.

- Grafiken sollten auch dann, wenn im vor- oder nachstehenden Text unmittelbar Bezug auf das Dargestellte genommen wird, immer einen Untertitel erhalten. Anstelle von Handskizzen sollten, sofern die technischen Möglichkeiten vorhanden sind, computergestützt erstellte Grafiken verwendet werden.

10.5 Kriterien zur Bewertung der Projektarbeit

Die Prüfungsausschüsse sind gehalten, folgende **Kriterien** in ihre Beurteilung einfließen zu lassen:

- Übereinstimmung des bearbeiteten Themas mit dem eingereichten Vorschlag.

- vollständige inhaltliche Erfassung des Themas,

- Strukturiertheit der Arbeit (übersichtliche Gliederung; schlüssiger, logischer Aufbau; inhaltlich angemessene und nachvollziehbare Gewichtung der verschiedenen Aspekte einschließlich des Verhältnisses von technischen und betriebswirtschaftlichen Inhalten),

- fachlich richtige Darstellung und Problemlösung unter präziser Verwendung der korrekten Fachsprache, nachvollziehbarer und geeigneter Methoden und Rechenwege,

- schlüssige Argumentation in technischer, wirtschaftlicher und organisatorischer Hinsicht,

- Eigenständigkeit der gedanklichen Leistung,

- Einhaltung der formalen Vorgaben,

- äußeres Erscheinungsbild,

- Ausdruck und Rechtschreibung.

Projektarbeit, Präsentation und Fachgespräch werden **gesondert benotet.** Anschließend

- werden die im Fachgespräch und in der Präsentation (vgl. Kap. 11) jeweils erreichten Punkte zusammengezählt und durch zwei geteilt,

- wird das Ergebnis der Projektarbeit mit dem Ergebnis aus der obigen Mittelwertberechnung zusammengezählt und wiederum durch zwei geteilt.

Aus der so errechneten Punktzahl wird die Note für den Prüfungsteil »Berufspädagogisches Handeln« ermittelt.

11 Präsentation und Fachgespräch

Mit der Präsentation seiner Projektarbeit und dem abschließenden Fachgespräch soll der Prüfungskandidat nachweisen, dass er sein Berufswissen in Verbindung mit seinem in der Weiterbildung erworbenen Wissen in berufstypischen Situationen anwenden und zur Erarbeitung sachgerechter Lösungen einsetzen kann. Die Zulassung zu diesen letzten Prüfungsleistungen erfolgt nur, wenn die schriftliche Projektarbeit mindestens mit »ausreichend« bewertet wurde.

Vor der eigentlichen Aussprache mit dem Prüfungsausschuss wird erwartet, dass der Prüfungsteilnehmer zunächst die wesentlichen Elemente und die Ergebnisse seiner Projektarbeit in einer Präsentation vorstellt. Damit wird neben der Fachkompetenz auch die Präsentations- und rhetorische Kompetenz des Kandidaten überprüft. In der Präsentation ist mit geeigneten Präsentationsmitteln (Overheadprojektor, Laptop/Beamer, Flipchart, Pinnwand) und Medien (Overheadfolien, MS-Powerpoint-Präsentation, Darstellungen auf vorbereitetem Flipchartpapier usw.) zu arbeiten, wobei Sie unbedingt vorab klären sollten, welche Präsentationsmittel Ihnen zur Verfügung gestellt werden (z. B. könnte es riskant sein, im Vertrauen auf das Vorhandensein des technischen Equipments ausschließlich mit einer auf einem USB-Stick abgespeicherten Präsentation zur Prüfung zu erscheinen).

An die Präsentation schließt sich eine Erörterung mit dem Prüfungsausschuss an. Gegenstand ist die Projektarbeit, wobei aber nicht ausgeschlossen werden kann, dass im Gesprächsverlauf auch andere Themen jenseits des Projektes angeschnitten werden. Insgesamt soll das Fachgespräch einschließlich der Präsentation nicht länger als 45 Minuten dauern. Auf die Präsentation sollen davon höchstens 15 Minuten entfallen.

Für manche Kandidaten mag die Aussicht, eine Präsentation vor dem Prüfungsausschuss vorführen zu sollen, einschüchternd sein; aber letztlich birgt diese Veranstaltungsform die Chance, zumindest einen wesentlichen Teil der Prüfung selbst gestalten und damit das gute Gelingen selbst in die Hand nehmen zu können.

Hierzu einige Vorschläge und Anregungen, die natürlich – je nach Gegenstand der Projektarbeit – einer Anpassung an die Themenstellung bedürfen:

- Keinesfalls sollte umfänglich **wörtlich** aus der Arbeit zitiert oder gar die gesamte Arbeit vorgelesen werden!

- Anhand vorbereiteter Folien oder Flipchartbögen kann ein **roter Faden** visualisiert werden, an dem entlang ein freier Vortrag erfolgt.

- Ausgangspunkt eines solchen Vortrags sollte die **Schilderung des Arbeitsfeldes** – des Betriebes, dessen Betätigungsfeld, Größe, Personalbestand, Marktsituation usw. – vor Inangriffnahme des Projektes sein. Danach sollten die Motive für die Projektauswahl und die mit dem Projekt verfolgten Ziele dargelegt werden. Zur Visualisierung bietet sich möglicherweise die Projektion von »Thesen« oder eine Istzustand-Sollzustand-Gegenüberstellung an. Anschließend kann der Verlauf des Projektes dargestellt werden, wobei prägnante Abbildungen und Tabellen aus der Projektarbeit in der Präsentation verwendet werden. Als Abrundung sollte ein Fazit erfolgen: Bei tatsächlich durchgeführten Projekten kann dies die Gegenüberstellung des alten und neuen Ist-Zustandes oder der angestrebten und tatsächlich erreichten Zielen sein; bei »fiktiven« Projekten, die nicht (oder noch nicht) in einem realen Betrieb umgesetzt wurden, kann ein persönliches Plädoyer die Gründe, die für die Durchführung des Projektes sprechen, noch einmal »auf den Punkt bringen«. Im letzteren Falle kann es hilfreich sein, sich die Prüfungsausschussmitglieder als die Entscheidungsträger vorzustellen, die von der Vorteilhaftigkeit der Durchführung des Projektes überzeugt werden sollen.

- Der Vortrag sollte insgesamt so angelegt sein, dass ein **Dialog** mit den Mitgliedern des Prüfungsausschusses in Gang kommen kann – schließlich handelt es sich bei dieser Prüfung um ein Gespräch, nicht um einen Monolog!

- Die Präsentation sollte unbedingt so angelegt sein, dass in **15 Minuten** alles Wesentliche gesagt werden kann. In aller Regel werden zwei Prüfungsausschussmitglieder die schriftliche Projektarbeit eingehend gelesen und ausführlich beurteilt haben, während die anderen Mitglieder einen Kurzbericht hierüber erhalten haben. Einerseits sollte der Kandidat daher auf Detailfragen vorbereitet sein, andererseits aber die Darstellung seines Projektes von der Ausgangssituation bis zur Abschlussbetrachtung vollständig anlegen.

- Eine »**lebendige Vorstellung**« wird durchaus gern gesehen: Es ist daher nicht notwendig, dass der Kandidat »an seinem Stuhl klebt«; die Erläuterung von Folien, Charts oder Tafelbildern oder die Demonstration an mitgebrachten originären Gegenständen darf gern im Stehen oder in Bewegung erfolgen.

- Prüfer haben viel Verständnis für aufgeregte Prüfungskandidaten und werden bemüht sein, eine angenehme, aufgelockerte Atmosphäre zu schaffen. Es ist üblich, dass die Ausschussmitglieder vom Vorsitzenden oder einem anwesenden Mitarbeiter der Kammer mit Namen und beruflicher Tätigkeit vorgestellt werden. Ein guter Vortragseinstieg des Prüfungsbewerbers ist eine **eigene Vorstellung!**

- **Übrigens:** Der »Geprüfte Aus- und Weiterbildungspädagoge« ist eine Führungskraft; dem sollte in Auftreten und Kleidung unbedingt Rechnung getragen werden!

Literaturverzeichnis

Aebli, H.1981: Denken: das Ordnen des Tuns. Band 2. Stuttgart:

Arbeitskreis Deutscher Qualifikationsrahmen: Deutscher Qualifikationsrahmen für lebenslanges Lernen. Verabschiedet am 22. März 2011

Ausubel, D. P. 1974: Psychologie des Unterrichts. Weinheim und Basel (2 Bde.)

Beck, U./Brater, M./Daheim, P. 1980: Soziologie der Berufe. Reinbek

Becker, M./Spöttl, G. 2006: Transfer von Ausbildungsleistungen in Europa. ECVET-Modelle und Lösungsansätze aus dem Leonardo-Projekt VQTS. In: Loebe, H./Severing, E. 2006: Europäisierung der Ausbildung. Ergebnisse einer Fachtagung des Forschungsinstituts Betriebliche Bildung und des Zentrums für Ausbildungsmanagement Bayern. Bielefeld. S. 117–132

Beiner, F. 1982: Prüfungsdidaktik und Prüfungspsychologie. Leistungsmessung und Leistungsbewertung in der öffentlichen Verwaltung sowie in der beruflichen und allgemeinen Bildung. Köln, Bonn

BIBB [Bundesinstitut für Berufsbildung] (Hrsg.) 1998: Handlungsorientierte Ausbildung der Ausbilder. Neue Empfehlungen und Rechtverordnungen. Bielefeld

BIBB [Bundesinstitut für Berufsbildung] (Hrsg.) 2006: Qualitätssicherung beruflicher Aus- und Weiterbildung. Ergebnisse aus dem BIBB. Berlin

BIBB [Bundesinstitut für Berufsbildung] (Hrsg.) 2011: AusbildungPlus in Zahlen. Trends und Analysen 2011. Bonn

Biermann, H./Bonz, B. (Hrsg.) 2011: Inklusive Berufsbildung. Didaktik beruflicher Teilhabe trotz Behinderung und Benachteiligung. Baltmannsweiler

Biermann, H. 2005: Pädagogische Konzeptionen in der Vorbereitung auf Ausbildung und Arbeit. In: Bieker, R. (Hrsg.): Teilhabe am Arbeitsleben. Wege der beruflichen Integration von Menschen mit Behinderung. Stuttgart, S. 167–184

Blankertz, H. 1982: Die Geschichte der Pädagogik. Von der Aufklärung bis zur Gegenwart. Wetzlar

Bloom, B.S. (Hrsg.) 1973: Taxonomie von Lernzielen im kognitiven Bereich. 2. Auflage. Weinheim und Basel

BMBF [Bundesministerium für Bildung und Forschung] (Hrsg.) 1998: Berufsbildungsbericht 1998. Magdeburg

BMBF [Bundesministerium für Bildung und Forschung] (Hrsg.) 2012: Berufsbildungsbericht 2012. Bonn

BMBF [Bundesministerium für Bildung und Forschung] (Hrsg.) 2012: Datenreport zum Berufsbildungsbericht 2012. Bonn, Berlin

BMBF [Bundesministerium für Bildung und Forschung] (Hrsg.) 2006: Umsetzungshilfen für die Abschlussprüfung der neuen industriellen und handwerklichen Elektroberufe. Bonn, Berlin

BMBF [Bundesministerium für Bildung und Forschung] (Hrsg.) 2012: Ausbildung und Beruf. Rechte und Pflichten während der Berufsausbildung. Bonn, Berlin

BMBF [Bundesministerium für Bildung und Forschung] 2012: Pressemitteilung über die Einigung bei der Einführung des Deutschen Qualifikationsrahmens vom 31. Januar

Boy, J./Dudek, C./Kuschel, S. 1994: Projektmanagement. Offenbach

Büchele, U. 2004: Kann man Lernbegleitung lehren? Erfahrungen aus der Schulung von Lernberatern. In: Rohs, M./Käpplinger, B.(Hrsg.): Lernberatung in der beruflich-betrieblichen Weiterbildung. Konzepte und Praxisbeispiele für die Umsetzung. Münster, New York, München, Berlin, S. 67–78

Bundesausschuss für Berufsbildung [heute: Hauptausschuss des Bundesinstituts für Berufsbildung]: Empfehlung für die Durchführung von mündlichen Prüfungen vom 20. Januar 1976

Bundesausschuss für Berufsbildung [heute: Hauptausschuss des Bundesinstituts für Berufsbildung]: Empfehlung für die Durchführung von Zwischenprüfungen vom 26. Januar 1972

De Bono, E. 1989: Laterales Denken. Ein Kurs zur Erschließung Ihrer Kreativitätsreserven. Düsseldorf

Deißinger, T.1998: Beruflichkeit als »organisierendes Prinzip« der deutschen Berufsausbildung, Habilitationsschrift Markt Schwaben

Deutscher Bildungsrat 1974: Zur Neuordnung der Sekundarstufe II. Konzepte für eine Verbindung von allgemeinem und beruflichem Lernen. Bonn

Deutscher Gewerkschaftsbund: Der deutsche Qualitätsrahmen (DQR). Chancen und Risiken aus gewerkschaftlicher Sicht. Mai 2009. http://www.gew.de/Binaries/Binary48679/DQR_DGB-Bildung24s_z.pdf

DIHK [Deutscher Industrie- und Handelskammertag] (Hrsg.) 2010: Rechtsratgeber Berufsbildung. Handbuch für die Praxis. Berlin

DIHK [Deutscher Industrie- und Handelskammertag] 2011: Qualitätsstandards für betriebliche Aufträge. Eine Handreichung der IHK-Organisation. Berlin

Donabedian, A. 1966: Evaluation the Quality of medical care. The Milbank Memorial Fund Quarterly. Vol. 44, No. 3, Part 2, S. 166–203.

Edelmann, W./Wittmann, S. 2012: Lernpsychologie. 7., vollständig überarbeitete Auflage. Weinheim und Stuttgart

Engelhardt, H.D./Graf, P./Schwarz, G. 1996: Organisationsentwicklung. Alling

Euler, D. 1999: Sozialkompetenzen in der beruflichen Bildung. Didaktische Förderung und Prüfung. Stuttgart

Euler, D. 2011: Führt der demografische Wandel zu einem Verschwinden des Übergangssystems? In: berufsbildung Heft 130 Jg. 65 (2011), S. 2–5

Euler, D./Severing, E. 2006: Flexible Ausbildungswege in der Berufsbildung. Nürnberg/St. Gallen. http://www.bmbf.de/pub/Studie_Flexible_Ausbildungswege_in_der_Berufsbildung.pdf

Europäische Kommission: ECTS-Leitfaden. Luxemburg: Amt für amtliche Veröffentlichungen der Europäischen Gemeinschaften 2009.

Fischer, M. 2013: Qualität in der Berufsausbildung. Theoretische Ansätze und Perspektiven in der Beurteilung. In: Berufsbildung, Heft 139 Jg. 66 S. 3–6

Flügge, D./Vormbrock, U. 2004: Vom Ausbilder zum Lernprozessbegleiter. In: Rohs, M./Käpplinger, B.(Hrsg.): Lernberatung in der beruflich-betrieblichen Weiterbildung. Konzepte und Praxisbeispiele für die Umsetzung. Münster, New York, München, Berlin, S. 79–88

Frey, K. 1991: Die Projektmethode. 4. Auflage. Weinheim und Basel

Freytag, H.-P. 2003: Prüfungen ein Lotteriespiel: Hamburg

Geißler, K. 1993: Anfangssituationen. Was man tun und besser lassen sollte. 5. Auflage. Weinheim und Basel

Geißler, K. 1994: Schlußsituationen. Die Suche nach dem guten Ende. 2. Auflage. Weinheim und Basel

Gesetz zu Ordnung des Handwerks (Handwerksordnung – HwO) vom 24. September 1989 (BGBl. I S. 3074; 2006 I S. 2095)

 Der Aus- und Weiterbildungspädagoge Lehrbuch 2 © FELDHAUS VERLAG, Hamburg

Gocke, J. 2006: Der europäische Qualifikationsrahmen – Positionen und Perspektiven. In: Loebe, H./Severing, E. 2006: Europäisierung der Ausbildung. Ergebnisse einer Fachtagung des Forschungsinstituts Betriebliche Bildung und des Zentrums für Ausbildungsmanagement Bayern. Bielefeld. S. 103–116

Gonschorrek, U.: Prüferhandbuch – Grundsätze, Regeln und Hintergrundinformationen. Bremen: L.T.U.-Vertriebsgesellschaft o.J.

Grundgesetz für die Bundesrepublik Deutschland vom 19. März 2009 (BGBl. I S. 606)

Grüner, G. 1967: Die didaktische Reduktion als Kernstück der Didaktik. In: Die deutsche Schule. H. 7/8 1967, S. 414–430

Haase, K./Schierholt, U. 2000: Handreichung zur Entwicklung, Durchführung und Bewertung von Lernerfolgskontrollen im Handlungsorientierten Unterricht. Bad Neuenahr-Ahrweiler: Institut für Bildungsforschung e.V.

Hacker, W. 1973: Allgemeine Arbeits- und Ingenieurpsychologie. Berlin (DDR)

Hauptausschuss des Bundesinstituts für Berufsbildung: Empfehlung zur Abkürzung und Verlängerung der Ausbildungszeit / zur Teilzeitausbildung (§ 8 BBiG / § 27 HwO) sowie zur vorzeitigen Zulassung zur Abschlussprüfung (§ 45 Abs. 1 BBiG / § 37 Abs. 1 HwO) vom 27. Juni 2008

Hauptausschuss des Bundesinstituts für Berufsbildung: Empfehlung für die Regelung von Prüfungsanforderungen in Ausbildungsordnungen vom 13. Dezember 2006

Helmke, A. 2004: Unterrichtsqualität erfassen, bewerten, verbessern. 3. Auflage. Seelze

Hering, D. 1958: Didaktische Vereinfachung. Habilitationsschrift. Dresden

Herkert, J./Töltl, H. 2009: Berufsbildungsgesetz – Kommentar mit Nebenbestimmungen. Regensburg

IHK Bonn/Rhein-Sieg 2010: Handreichung zur Abschlussprüfung in den IT-Berufen. Bonn

IHK Schwarzwald-Baar-Heuberg: Abschlussprüfung Industriekaufmann/-frau. Bewertungskriterien für die mündliche Prüfung. http://www.schwarzwald-baar-heuberg.ihk.de/fileadmin/IHK_root/Berufliche_Ausbildung/2009/Formulare/Formulare_Downloads/Pruefungswesen/Bewertungsmatrix_Indkfm_neu.pdf 22.09.2013

Ingenkamp, K. 2008: Lehrbuch der Pädagogischen Diagnostik. Weinheim und Basel

Kaiser, F.-J. 1983: Grundlagen der Fallstudiendidaktik – Historische Entwicklung – Theoretische Grundlagen – Unterrichtliche Praxis. In: Franz-Josef Kaiser (Hrsg.): Die Fallstudie – Theorie und Praxis der Fallstudiendidaktik. Band 6, Bad Heilbrunn, S. 9–34

Klein, R./Reutter, G. 2004: Lernberatung als Lernprozessbegleitung in der beruflichen Weiterbildung – Voraussetzungen auf der Einrichtungsebene. In: Rohs, M./Käpplinger, B.(Hrsg.): Lernberatung in der beruflich-betrieblichen Weiterbildung. Konzepte und Praxisbeispiele für die Umsetzung. Münster, New York, München, Berlin, S. 89–114

Koch, J. 1992: Ansichten, Einsichten und Mißverständnisse in der Ausbildung mit Leittexten. In: Berufsbildung in Wissenschaft und Praxis 21 (1992) 3, S. 29–32

Koch, J./Selka, R. 1991: Leittexte – ein Weg zu selbständigem Lernen. Teilnehmer-Unterlagen, 2. völlig überarbeitete Auflage. Berlin, Bonn

Kugemann, W.F. 1997: Lerntechniken für Erwachsene. Reinbek bei Hamburg

Lakies, T./Malottke, A.2007: BBiG Berufsbildungsgesetz mit Kurzkommentierung des Jugendarbeitsschutzgesetzes (JArbSchG). 4., vollständig überarbeitete und erweiterte Auflage. Frankfurt am Main

Langer, I./Schulz von Thun, F./Tausch, R. 2002: Sich verständlich ausdrücken. 7. Auflage, München

Lennartz, D. 2003: Die Zukunft der Prüfungen in der beruflichen Bildung. Analog zur Modernisierung der Ausbildung muss in der Berufsbildung das Prüfungssystem reformiert werden. In: Personalführung, Heft 1, S. 50–59.

Loebe, H./Severing, E. (Hrsg.) 2006: Europäisierung der Ausbildung. Bielefeld

Loebe, H./Severing, E. (Hrsg.) 2012: Jugendliche im Übergang begleiten. Konzepte für die Professionalisierung des Bildungspersonals. Bielefeld

Mager, R.F. 1965: Lernziele und programmierter Unterricht. Basel, Berlin

Mertens, D. 1974: Schlüsselqualifikationen. In: Mitteilungen der Arbeitsmarkt und Berufsforschung 7 (1974) 1, S. 36–43

Migge, B. 2007: Handbuch Coaching und Beratung. 2. Auflage. Weinheim und Basel

Mitscherlich, A. 1963: Auf dem Weg zur vaterlosen Gesellschaft. Weinheim

Montada, L. 2002: Delinquenz. In: Oerter, R./Montada, R. (Hrsg.): Entwicklungspsychologie, 5., vollständig überarbeitete Auflage. Weinheim, Basel, Berlin 2002, S.859–873

MPO [Musterprüfungsordnung für die Durchführung von Abschluss- und Umschulungsprüfungen] gemäß den Richtlinien des Hauptausschusses des Bundesinstituts für Berufsbildung vom 8. März 2007.

Nagel, K. 1986: Erfolg – durch effizientes Arbeiten, Entscheiden, Vermitteln und Lernen. München

Nationale Agentur Bildung für Europa beim Bundesinstitut für Berufsbildung (Hrsg.) 2008: Das EUROPASS Rahmenkonzept. Bonn

Nationale Agentur Bildung für Europa beim Bundesinstitut für Berufsbildung (Hrsg.) 2008: Marktchancen sichern – Personal international qualifizieren. Ein Leitfaden zur Durchführung von beruflichen Auslandsaufenthalten. Bonn

Oerter, R./Montada, L. (Hrsg.) 2002: Entwicklungspsychologie. 5. vollständig überarbeitete Auflage. Weinheim, Basel, Berlin

PAL [Prüfungsaufgaben- und Lehrmittelentwicklungsstelle der IHK Region Stuttgart] (Hrsg.): QM-Handbuch für Prüfungsaufgabenersteller/-innen. Stuttgart 2009.

Pätzold, G./Klusmeyer, J./Wingels, J./Lang, M. 2003: Lehr-Lern-Methoden in der beruflichen Bildung. Oldenburg

Portmann, R./Schneider, E. 1996: Spiele zur Entspannung und Konzentration. 10. Auflage. München

Prognos AG 2009: C. Böllhoff/H. J. Barth (Hrsg.) Der Zukunft auf der Spur. Analysen und Prognosen für Wirtschaft und Gesellschaft. Basel

Rabenstein, R. u. a. 1996: Das Methoden-Set. 5 Bücher für Referenten und Seminarleiterinnen. 8. Auflage. Münster

Rabenstein, R./Köhler-Günther, B. 1996: Lernen kann auch Spaß machen. 106 Methoden zum Einstieg, zur Aktivierung bei Müdigkeit und Unlust und zur Auswertung der gemeinsamen Arbeit. 5. Auflage. Darmstadt

Rauner, F. 2003: Ausbildungspartnerschaften als Regelmodell für die Organisation der dualen Berufsausbildung. In: Pahl, J:/Schütte, F. /Vermehr, B. (Hrsg): Verbundausbildung. Lernorganisation im Bereich Hochtechnologie. Berufsbildung, Arbeit und Innovation. Band 17. Bielefeld, S. 151–174

Rauner, F. 2010: Gestaltungsorientierte Berufsbildung für eine offene dynamische Beruflichkeit. In: Bremer, R./Jaglar, H.-H. (Hrsg.): Berufsbildung in Geschäfts- und Arbeitsprozessen. Bremen, S. 48 ff.

Rauner, F. 2012: Akademisierung beruflicher und Verberuflichung akademischer Bildung – widersprüchliche Trends im Wandel nationaler Bildungssysteme. In: http://www.bwpat.de/ausgabe23/rauner_bwpat23.pdf

Reetz, L./Seyd, W. 2006: Curriculare Strukturen beruflicher Bildung. In: Lipsmeier, A./ Arnold, R. (Hrsg.): Handbuch der Berufsbildung, 2., überarbeitete und aktualisierte Auflage. Wiesbaden, S. 227–259

Reinmann-Rothmeier, G./Mandl, H. 1997: Lehren im Erwachsenenalter. In: Weinert, F./Mandl, H. (Hrsg.): Psychologie der Erwachsenenbildung. Göttingen, S. 355f.

Robinsohn, S.B. 1967: Bildungsreform als Revision des Curriculum. Neuwied

Roloff, S. 2002: Hochschuldidaktisches Seminar – Mündliche Prüfungen. Fachhochschule Offenburg

Roloff, S. 2012: Schriftliche Prüfungen stellen und auswerten – methodisch, effektiv, objektiv. http//www.hochschuldidaktik.net/documents_public/20121127-Roloff-SchriftlPruef.pdf 22.092013

Rosa, H. 2005: Beschleunigung. Die Veränderung der Zeitstruktur in der Moderne. Frankfurt am Main

Röschmann, D. 1994: 111x Spaß am Abend. Heitere Spiele zur Auflockerung von Teilnehmern in Seminaren, Kursen und Freizeit. 2. Erweiterte und überarbeitete Auflage. Hamburg

Roth, H. 1968: Pädagogische Psychologie des Lehrens und Lernens. 13. Auflage. Hannover

Roth, H. 1971: Pädagogische Anthropologie. Bd. I und II. Hannover

Sacher, W. 1994: Prüfen – Beurteilen – Benoten. Theoretische Grundlagen und praktische Hilfestellungen für den Primar- und Sekundarbereich. Bad Heilbrunn

Sacher, W. 2009: Leistungen entwickeln, überprüfen und beurteilen. Bewährte und neue Wege für die Primar- und Sekundarstufe. Bad Heilbrunn

Schaarschmidt, U./Fischer, A.W. 1996: AVEM – Arbeitsbezogenes Verhaltens- und Erlebnismuster. Frankfurt/Main, 2. Auflage

Schelten, A. 1980: Grundlagen der Testbeurteilung und Testerstellung. Heidelberg

Schlottau, W.: Kooperationsmodelle in der Berufsbildung. In: Seyd, W./Schulz, K./Vollmers, B. (Hrs.): Verzahnte Ausbildung – Erkenntnisse und Perspektiven für die berufliche Rehabilitation. Hamburg, S. 47–59

Schmidt, F.L./Hunter, J.E. 1998: Meßbare Personmerkmale: Stabilität, Variabilität und Validität zur Vorhersage zukünftiger Berufsleistung und berufsbezogenen Lernens. In: Kleinmann, M./Strauß, B.: Potentialfeststellung und Personalentwicklung. Göttingen, S. 15–44

Schmidt-Lauff, S. 2004: Beratung als Support zur Inanspruchnahme von Weiterbildung. In: Rohs, M./Käpplinger, B.(Hrsg.): Lernberatung in der beruflich-betrieblichen Weiterbildung. Konzepte und Praxisbeispiele für die Umsetzung. Münster, New York, München, Berlin, S. 29–46

Schröder, T. 2009: Arbeits- und Lernaufgaben für die Weiterbildung. Eine Lernform für das Lernen im Prozess der Arbeit. Bielefeld

Schulz, K. /Seyd, W. 2011: Verzahnte Ausbildung mit Berufsbildungswerken. In: Biermann, H./Bonz, B. (Hrsg.) 2011: Inklusive Berufsbildung. Didaktik beruflicher Teilhabe trotz Behinderung und Benachteiligung. Baltmannsweiler, S. 165–172

Schulz, W. 1980: Unterrichtsplanung. München

Sekretariat der Kultusministerkonferenz (Hrsg.) 2011: Handreichung für die Erarbeitung von Rahmenlehrplänen der Kultusministerkonferenz für den berufsbezogenen Unterricht in der Berufsschule und ihre Abstimmung mit den Ausbildungsordnungen des Bundes für anerkannte Ausbildungsberufe. Berlin

Severing, E./Weiß, R. (Hrsg.) 2011: Prüfungen und Zertifizierungen in der beruflichen Bildung. Anforderungen – Instrumente – Forschungsbedarf. Berlin: Bundesinstitut für Berufsbildung

Seyd, W. 2002b: Sozialkompetenzerwerb im BBW – mehr als ein guter Vorsatz? In: Berufliche Rehabilitation 16 (2002) 5, S. 211–228

Seyd, W. 2004: Qualitätsstandards in der beruflichen Rehabilitation. In: Seyd, W./Thrun, M./Wicher, K. (Hrsg.): Die Berufsförderungswerke - Netzwerk Zukunft. Buchveröffentlichung zum gleichnamigen Kongress der Arbeitsgemeinschaft Deutscher Berufsförderungswerke am 17./18. November 2004 in Hamburg. Hamburg, S. 158–174

Seyd, W. 2006: Berufsbildung – lernend handeln, handelnd lernen. 2. Auflage. Hamburg

Seyd, W., Brand, W. unter Mitarbeit von Aretz, H., Diettrich, U., Keller, A., Lönne, F., Meinass-Tausendpfund, S., Müting, I., Warnke, M. und Eggerer, R. 2002: Ganzheitliche Rehabilitation in Berufsförderungswerken. Abschlussbericht über das Transferprojekt. Hamburg

Seyd, W./Pechtold, T./Schulz, K./Vollmers, B. (Hrsg.) 2009: Durch Kooperation zum Erfolg. Erkenntnisse und Perspektiven für die Verzahnte Ausbildung. Hamburg

Seyd, W./Vollmers, B./Schulz, K. (Hrsg.) 2007: Verzahnte Ausbildung – Erkenntnisse und Perspektiven für die berufliche Rehabilitation. Hamburg

Siebert, H. 2009: Selbstgesteuertes Lernen und Lernberatung. Konstruktivistische Perspektiven. 3. Auflage. Augsburg

Siebert, H. 2010: Methoden für die Bildungsarbeit. Leitfaden für aktivierendes Lernen. 4., aktualisierte und überarbeitete Auflage. Bielefeld

SKILL-Autorenteam 1996: Kreativ lehren und lernen. 2. Auflage. Offenbach

Standar, M.: 2013: Internationalisierung der Berufsausbildung in international tätigen Großunternehmen. Arbeitstitel der beantragten Dissertation an der Universität Hamburg.

Straka, G./Macke, G. 2006: Lern-lehr-theoretische Didaktik. 4. Auflage. Münster

Thomas & Robinson 1972: Die PQ4R-Methode zum leichteren Textverständnis. http://www.teachsam.de/arb/arb_les_strat_6.htmder

Trilling, G. 2003: Die schriftlichen Abschlussprüfungen der Industrie- und Handelskammern – Kritik und Perspektiven. Regensburg

Universität Mannheim - Koordinierungsbüro Leistungspunkte (Hrsg.): ABC der Hochschulreform. Überblick über wichtige Begriff und Akteure. Mannheim o.J.

Ver.di (Hrsg.) 2004: Das Prüferhandbuch – Eine Handreichung zur Prüfungspraxis in der beruflichen Bildung. Hamburg

Verordnung über die Berufsausbildung im Bereich der Informations- und Telekommunikationstechnik vom 10. Juli 1997 (BGBl. I S. 1741)

Verordnung über die Berufsausbildung in den industriellen Elektroberufen vom 24. Juli 2007 (BGBl. I S. 1678)

Verordnung über die Berufsausbildung in den industriellen Metallberufen vom 23. Juli 2007 (BGBl. I S. 1599)

Verordnung über die Berufsausbildung über die Berufsausbildung im Bereich der Informations- und Telekommunikationstechnik vom 10. Juli 1997 (BGBl. I S. 1741)

Verordnung über die Berufsausbildung zum Industriekaufmann/zur Industriekauffrau vom 23. Juli 2002 (BGBl. I S. 2764)

Verordnung über die Berufsausbildung zum Kaufmann für Versicherungen und Finanzen/zur Kauffrau für Versicherungen und Finanzen vom 17. Mai 2006 (BGBl. I S. 1187)

Verordnung über die Berufsausbildung zum Mechatroniker und zur Mechatronikerin vom 21. Juli 2011 (BGBl. I S. 1516 und S. 1888)

Verordnung über die Berufsausbildung zum Technischen Produktdesigner und zur Technischen Produktdesignerin sowie zum Technischen Systemplaner und zur Technischen Systemplanerin vom 21. Juni 2011 (BGBl. S. 1215)

Vester, F. 1974: Denken – Lernen – Vergessen. Stuttgart

Volpert, W.1974: Handlungsstrukturanalyse als Beitrag zur Qualifikationsforschung. Köln vos Savant, M. 1996: Brainpower Training. Das Aktivprogramm für Wissen und geistige Fitneß. Niedernhausen/Ts.

Wagner, H. 1996: Musik liegt in der Luft oder: ...music of the future ... music of the past! In: Ackermann, R./Gebhard, F./Molzahn, R./Pfetsch, H./Wagner, H.: Kreativ lehren und lernen, Offenbach, 2. Auflage. S. 79–94

Wagner, H. 1996: Streß laß nach … oder: In der Ruhe liegt die Kraft. In: Ackermann, R./Gebhard, F./Molzahn, R./Pfetsch, H./Wagner, H.: Kreativ lehren und lernen, Offenbach, 2. Auflage. S. 10–22

Wenzig, A. 2004: Auf dem Weg zum Lernberater – Rollenwechsel als Herausforderung. In: Rohs, M./Käpplinger, B.(Hrsg.): Lernberatung in der beruflich-betrieblichen Weiterbildung. Konzepte und Praxisbeispiele für die Umsetzung. Münster, New York, München, Berlin, S. 47–66

Wilhelm, W. 1992: Handlungskompetenz mit Schlüsselqualifikationen. In: Position – IHK-Magazin für Berufsbildung, Heft 2, S. 17–18.

Wilhelm, W. 1998: Betriebliche Beurteilung von Auszubildenden – Eine empirische Untersuchung an den Berufsbildenden Schulen Landau, Landstuhl, Germersheim und Südliche Weinstraße im Regierungsbezirk Rheinhessen-Pfalz. Hamburg

Wilhelm, W. 2008: Das Ausbilder-Lexikon. 2., überarbeitete Auflage. Hamburg

Wilhelm, W. 2009: Der Ausbilder vor Ort. Ein Kompendium für den Praktiker. 2., grundlegend überarbeitete Auflage. Hamburg

Wilhelm, W. o.J.: Ausbildung am Arbeitsplatz 1. 4. Handlungsfeld. Lernheft der Studiengemeinschaft Darmstadt

Wilhelm, W. o.J.: Ausbildung vorbereiten und bei der Einstellung mitwirken. 2. Handlungsfeld. Lernheft der Studiengemeinschaft Darmstadt

Wilhelm, W. o.J.: Lernprozesse, Ausbildung in der Gruppe und Abschluss der Ausbildung. Lernheft der Studiengemeinschaft Darmstadt

Wocken, H. 2013: Das Haus der inklusiven Schule. Baustellen – Baupläne – Bausteine. 4. Auflage. Hamburg

Wocken, H. 2013: Zum Haus der inklusiven Schule. Ansichten – Zugänge – Wege. Hamburg

Wolff, R./Fürstenau, B./Jödicke, C./ Tawileh, W./Heller, C. 2012: Qualifikation von Führungskräftenachwuchs mit praxisnahen Fallstudien. In: Berufsbildung Heft 138 Jg. 66 (2012), S. 26–28

Personenverzeichnis

Stichwortverzeichnis

Der Aus- und Weiterbildungspädagoge Lehrbuch 2 © FELDHAUS VERLAG, Hamburg

Der Aus- und Weiterbildungspädagoge Lehrbuch 2 © FELDHAUS VERLAG, Hamburg

Das WINDMÜHLE-Verlagsprogramm: Fachbücher für Führungskräfte auf den Gebieten Personalentwicklung/Personalführung · Aus- und Weiterbildung · Erwachsenenbildung und Fachbücher mit Seminarkonzepten für Trainer, Dozenten und Personalentwickler.

Arbeitshefte Führungspsychologie

- Psychologie der Persönlichkeit
- Grundlagen der Führung
- Führungsstile – Management by Objectives
- Motivation und Management des Wandels
- Kommunikation I
- Besprechungen zielorientiert führen
- Arbeitsmethodik
- Gezielte Verhaltensänderung
- Transaktions-Analyse
- Psychologie der Gesprächsführung
- Psychologie der Auszubildenden
- Anti-Stress-Training
- Konflikttraining
- Erfolgreiche Teamführung
- Das Mitarbeitergespräch als Führungsinstrument
- Psychologische Grundlagen im Führungsprozess
- Mitarbeiter-Coaching
- Methodik der Konfliktlösung
- Führungsethik
- Entwicklung zur Führungspersönlichkeit
- Chancenorientiertes Management mit System
- Kommunikation macht gesund
- Innovative Teamarbeit
- Führungsprinzip Achtsamkeit
- Rhetorik und Präsentation
- Projektmanagement im globalen Umfeld
- Neue Ideen mit System
- Soziale Kompetenz
- Der Kontinuierliche Verbesserungsprozess (KVP)
- Führung braucht Coaching
- Customer Relationship Management
- Intervision
- Führen mit Autorität – aber nicht autoritär
- Effizientes Verhandeln
- Motivation durch Zielvereinbarungen
- Gestaltung personalwirtschaftlicher Prozesse
- Talent Management
- Soft Skills
- Führen in Projekten
- Kreativität und Innovation
- Techniken geistiger Arbeit
- Positive Psychologie in der Führung
- SMPLT
- Personalbeurteilungssysteme
- Selbstmotivierung und kompetente Mitarbeiterführung
- Wie Menschen ticken: Psychologie für Manager
- Prozessorientiertes Personalwesen
- Führung ist dreidimensional
- Psychologisches Kapital
- Unternehmensnachfolge
- Global im Kopf

Arbeitshefte Personalpraxis

- Taschenbuch Personalbeurteilung
- Die Stellenbeschreibung
- Das Vorstellungsgespräch
- Mobbing, Bullying, Bossing
- Techniken der Personalentwicklung
- Schwierige Mitarbeitergespräche
- Führen, Verhandeln, Überzeugen

Personalentwicklung/Personalführung

- Neue Normalität
- Ich bin dann mal im Seminar...
- Organizing Talent
- Moderationsfibel
- Das Prinzip der minimalen Führung
- Lizenz zum Führen?
- Erfolg durch Coaching
- Führung: Theorie und Praxis
- Führung: Übungen für das Training mit Führungskräften
- Kündigungsgespräche
- Business Talk
- Die ersten Tage im Betrieb
- Das AC in der betrieblichen Praxis
- AC als Instrument der Personalentwicklung
- Qualitätsstandards für Personalentwicklung in Wirtschaft und Verwaltung

Methodik/Didaktik

- ModerationsMethode
- KurzModeration
- Winning Group Results
- Seminar für Trainer
- Beratung in Aktion
- Verhalten und Einstellungen ändern
- Das pädagogische Rollenspiel in der betrieblichen Praxis

Seminarkonzepte/Übungen/Moderationspraxis

- So entkommen Sie der Falle Stress
- Quellen der Gestaltungskraft
- Mehr Erfolg im Team
- Strategien der Konfliktlösung
- Die Teamfibel
- Icebreaker
- 111 x Spaß am Abend
- Arbeitskatalog der Übungen und Spiele
- Übungen zur Transaktionsanalyse
- Kreativ sein kann jeder
- Das Outdoor-Seminar in der betrieblichen Praxis
- So und nicht anders – Ingenieure im Coaching
- Kurskorrektur Schule
- KonfliktModeration in Gruppen
- Prozesskompetenz in der Projektarbeit
- Visualisieren in der Moderation
- Kundenkonferenz
- Potential: Konflikte
- SeminarModeration
- Woran Workshops scheitern

WINDMÜHLE VERLAG · PF 730240 · 22122 Hamburg
Telefon +49 40 679430-0 · **www.windmuehle-verlag.de**